モヤモヤする正義

感情と理性の公共哲学

ベンジャミン・クリッツァー

晶文社

ブックデザイン　鈴木成一デザイン室

まえがき

ネットを眺めたりテレビを見たり雑誌を読んだりしていると、「マイノリティばかり優遇されている」とか「フェミニストの横暴は目に余る」とかいった意見が目に入ってくる。「過剰なポリティカル・コレクトネス」は以前から騒がれていたし、最近ではキャンセル・カルチャーという言葉もすっかり定着した。こういった意見を言っている人たちは、だいたい以下のようなことを問題視しているようだ。

・少数派ばかり配慮されて、多数派の意見や利益が無視されている。
・些細なことや昔のことで有名人が炎上し、大量の非難を浴びたり仕事を失ったりする。
・性的な表現や攻撃的な表現が強く非難されたり、表現を封じられたりする。
・悪気のない発言までもが「差別」と言われて、批判される。
・女性の苦しみには注目が集まるのに、男性の苦しみには目を向けられない。

本を開くと、前述したような問題が分析されていることがある。日本人が書いた本の場合には「正義の暴走」が原因だと指摘されていることが多い。あるいは「善意」であったり「道徳」であったり、「優しさ」や「意識の高さ」、「秩序」や「社会正義」などなど、とにかく一見すると良さそうで正しそうな考え方や気持ちが、実は人々を苦しめたり世の中を息苦しいものにさせたりしているのだ、という議論が定番になっている。そして、暴走するような「正義」は放棄してしまうこと、社会を良くしたいという気持ちや物事を正しくしたいという考えから遠ざかることが、解決策として示唆される。

残念ながら、こういった解決策はまるで無益だし、そもそも実行することも不可能だ。世の中で起きている問題について向き合うときに、良さや正しさなど、規範に関する思考や感情を避けることはできない。ポリティカル・コレクトネスやキャンセル・カルチャーを問題視している人も、結局は別の「正義」を唱えているに過ぎない。たとえば、以下のように。

・多数派の意見も取り上げられたり、多数派の利益にも配慮されたりするべきだ。
・些細なことや昔のことをあげつらって個人を非難するのは、よくない。
・性的なものや攻撃的なものも含めて、表現の自由は守らなければいけない。
・悪気のない発言と「差別」を混同すべきではない。
・女性に対するのと同様に、男性の苦しみにも目を向けたほうがいい。

そして、ほとんどの人は、さまざまな問題についてどっちつかずな考えや気持ちを抱いており、どちらの「正義」にも同意や共感をしている。有名人に対して有象無象の非難が集まるのはいじめのように思えて気分がよくないが、その有名人の行為による被害に遭った人には同情する。表現の自由が大切だということは理解するが、あまりに攻撃的な表現は許容すべきでないとも判断する。ちょっとした発言と深刻な差別を分別すべきだとは思うが、悪意がなくても人を傷つける言葉はあるだろうとも考える。多数派や男性のことが無視されるのはおかしく感じるが、少数派や女性に対してより配慮すべきだという主張にも納得するところがある。

本書では、正義についてわたしたちが抱くモヤモヤに正面から取り組んでいく。さまざまな問題や論点について、結局どちらの意見が正しいのか、物事はどのような状況に落ち着くべきなのか、間違っている物事は具体的にはなにがどう間違っているのか、そしてわたしたちはどのような態度や行動を実践したほうがいいのか、ひとまずの結論や方針……答えを提出していく。互いに対立するものも含めた多くの理論や主張を取り上げていき、ああでもないこうでもないと考えていくため、中庸で日和見的な答えとなることも多いだろう。一方で、主張すべきところでは、わたしは自分の意見や考えをはっきりと主張していく。

本書は「規範」を堂々と取り扱う。現状目立っている「正義」の問題をあげつらったりイヤだと拒否したりすることで済ませるのではなく、認めるべきところは認めて肯定すべきところは肯定しながら、それに代わる別の「正義」を提示していく。また、本書では現代の社会においてわたしたちが実践すべき生き方をも、間接的に考えていくことになる。

わたしの目的は、すこしでも物事を正しくして社会を良くすることだ。そして、同じ願いを抱いている人は、きっと読者のなかにも多くいるだろう。読者の方々にも、本書を通じて「規範」について考えをめぐらし、自分でも「正義」をきちんと主張できるようになっていただければ幸いである。

本書の概要

　本書で扱う問題はいずれも公共的だ。社会的な批判や抗議と個人の保護とのバランスはどうすべきか（一章）、議論を行うための制度や環境はどのようであるべきか（二章）、異なる立場の人に対して主張や要求を伝える際にはどうすべきか（三章）、逆に相手から主張や要求を伝えられた側がとるべき態度とはなにか（四章）、個人が感じる心理的な苦痛に社会はどの程度まで対応すべきか（五章）、マジョリティとされる男性は不利益を被っているのか否か（六章）、被っているとして男性の不利益に対処するための政策を実現することはできるのか（七章）。終章では、現代社会でわたしたちに発揮できる「公共性」のかたちを探っていく。

　とはいえ、ひとくちに「公共」といってもその意味は曖昧だ。まず、本書においては制度や手続きに政策、または文化や環境や風潮といった公的な物事について論じる。対照的に、規範が関わる問題のなかには、私的な範囲で済まされるものもある。自分の生き方や幸福についてどのように考えるか、あるいはジレンマが発生している場面で自分はどのような決断をすべきか、など。それらの問題に取り組む際には、原則的には他人のことを気にする必要はなく、自分がどうするかを考えればいい（もっとも、公的な問題について考えることも結局は自分の生き方という私的な問題につながってくるし、逆もまた然りなのだが）。……だが、公的な問題の場合、自分がどうするかだけでは済まされない。「制度はこのように改善されるべきだ」とか「世の中の風潮がこんな方向に変わったらいいな」とか思っているだけでは意味がない。制度や風潮を変えるためには、社会に向かって、つまり自分以外の他人たちに向かって、その意見を発信して伝えることも必要になる。

したがって、本書では、この社会を共にしている人々と意見や主張を共有すること、そのための営み……議論や対話、批判や社会運動についても取り扱う。これらの営みの重要さを強調するとともに、現状においてこれらの営みに含まれている欠陥や改善点も指摘していく。それと同時に、本書自体が、自分とは異なる立場の人々と意見や主張を共有しようと試みる営みのひとつである。したがって、本書は女性やマイノリティの人々にも向けられているし、彼女らや彼らにも意見を発信して伝えることを意識しながら執筆されている。

本書では、公共的な問題を通じて、「感情」と「理性」についても考えていく。とくに強調するのは、相手に対して主張や要求を伝える際には相手の理性に訴えて納得させるのが重要であるということ、逆に相手の感情を操作して主張や要求を通そうとするのは避けるべきということだ。前者は「公共的理性」、後者は「レトリック」として、本書の重要なキーワードとなる。また、物事から自分が受ける「印象」に振り回されず、認知と感情を理性によってコントロールすることが、人生という私的な場面と議論という公的な場面の両方において大切であることも説いていく。

ただし、本書では理性的であることの難しさも示していく。たびたび登場するのが、女性たちを「感情的」と罵り彼女らの意見や主張に向かい合わず、自分たちのことを「理性的」だと思っているが実際には理不尽で独り善がりになっている男性たちの姿だ。理性的になるためには自分の認知と感情を疑い確認する必要がある一方で、公共的に議論するためには他者の感情を無下に否定せず配慮することも必要になっていく。

本書には心理学や社会学などのさまざまな学問の知見を取り入れている。そして、とくに「哲学」の議論を参考にしながら公共的な問題に取り組んでいく。軸となるのは、万人の自由と価値観を守るための手続きと平等と尊厳を守るための分配を考案する、政治哲学としての「リベラリズム」だ。また、感情と理性の問題について考え抜いた古代ギリシャの哲学、そのなかでもアリストテレスやストア派の思想を補助線として活用していく。そして、リベラリズムに対して批判を行い、また感情について独自に取り組んできたフェミニズムの思想にも、目を向けていく。

最後に、わたしは、アイデンティティを根拠とした主張、自分がマイノリティであったり弱者であったりすることがそれだけで他の人々に対して意見や要求を通す根拠になるかのように強弁する主張は是としない。意見や要求は客観的な立場からも認められるようなかたちで正当化される必要があり、アイデンティティだけでは正当化の根拠にならないことは、本書でも論じていく。……その一方で、他の人々に対して意見や要求を提示するためには、そして自分自身が理性的であるためにも、自分がどんな立場にいてどんな感情を抱いているか、自分の主観はどのようなものであるかを直視して、恥ずかしがらずに堂々と明示することも必要になる。

したがって、本書には、わたし自身が人生で経験してきたさまざまなエピソードもたっぷりと取り入れた。それらの多くは、わたしのアイデンティティに由来するものだ。つまり、男性の異性愛者で中流階級というマジョリティ性を持つ一方で、父方がユダヤ系の在日アメリカ人二世というマイノリティ性も持ち、また、京都生まれという地域的な特徴や１９８９年生まれという世代的な特徴などを備えたひとりの人間として、この日本社会で生きていくうえで経験してきたさまざまな場面と、それを通じてわたしが抱いてきた感情やわたしが得てきた理解が、本書には収められている。

わたしのエピソードに興味を抱いてくれる読者もいれば、読み飛ばしてしまう読者もいるだろう。いずれにせよ、私的な物事と公共的な問題は切っても切り離せない。本書を読むことで読者の方々にも自分の経験や感情を振り返ってもらい、これまでとは違ったかたちで公共について考えられるようになってもらうことも、わたしの願うところだ。

モヤモヤする正義＊目次

第一部 社会的批判と自由の問題

第一章　キャンセル・カルチャーの問題はどこにある？

1　「キャンセル・カルチャー」が問題視されるようになった背景

1-1　近年に起こったキャンセル・カルチャーの事例

「キャンセル・カルチャー」という言葉は、英語圏では２０１０年代の後半から用いられるようになり、日本でも２０２０年前後に普及した。

この言葉は明確に定義されているわけではないが、基本的には「著名人の過去の言動やＳＮＳの投稿を掘り返して批判を行い、本人に謝罪を求めたり、出演や発表の機会を持たせないようにメディアに要求したり、その地位や権威を剥奪するよう本人の所属機関に要求したりする運動」のことと、そのような運動が活発に行われるような「風潮」や「文化」のことを指して使われる。

また、企業のCMの内容や経営者や重役の言動が問題視された際、その企業の製品の購買や、その企業が経営する店舗の利用がボイコットされることが「キャンセル」と表現される場合もある。さらに、小説や映画などのフィクション作品やノンフィクションの本、学術的な書籍などについて、その内容自体に差別的であるなどの問題があったり、監督や出演者の言動に問題があったりするという理由で購読や視聴のボイコットを呼びかけることが「キャンセル」と表現される場合もある。

洋画ファンの人たちにとっては、キャンセル・カルチャーはなじみ深いかもしれない。2010年代に活発になった#MeToo運動によって、過去の性的暴行や性的虐待を告発された俳優のケヴィン・スペイシーや監督のウディ・アレンなど多くの映画関係者が「キャンセル」されて、新作映画やドラマに出演できなくなったり、作品を制作・発表することが困難になったりした。また、児童文学『ハリー・ポッター』シリーズのファンなら、原作者のJ・K・ローリングによるトランスジェンダーに関する発言が問題視されて、映画版の出演者である女優のエマ・ワトソンや俳優のダニエル・ラドクリフがローリングを批判し、2023年に発売されたゲーム『ホグワーツ・レガシー』や同年に制作が発表されたドラマ版シリーズのボイコットが呼びかけられたことを知っている人も多いだろう。

そして、海外の事情に詳しくない人たちからも「キャンセル・カルチャー」という言葉が注目を浴びてこの言葉が日本の人口に膾炙するようになったのは、東京オリンピック・パラリンピックの開閉会式に関して二つの出来事が起こった、2021年からであるように思われる。

まず、開会式の作曲の担当者のひとりであったミュージシャンの小山田圭吾が辞任する事件が起こった。その原因は、太田出版から発行されていたサブカルチャー系雑誌『クイック・ジャパン』1995年8月号に掲載された小山田へのインタビュー記事にある。このインタビューは当時に同誌で連載されていた「いじめ紀行」というシリーズに含まれていたが、そこで小山田は、小学校から高校にかけての学生時代に知的障害者の同級生をいじめ続けていたことを肯定的に語っていたのだ。

ネット上においては「いじめ紀行」の内容を取り上げて小山田を批判するブログが何年も前から存在しており、小山田のインタビューの内容も一部の間では知られていたが、オリンピックという世界的イベント、そしてパラリンピックという「障害者の機会均等」を理念とするイベントに彼が参加することは、大々的な批判を呼び寄せた。それに伴い、インタビューの内容はマスメディアにも取り上げられて世間一般に周知されることになった。当初、オリンピックの組織委員会は「行為は断じて許されるものではないが、開会式が迫るなか、引き続き、準備に努めていただく」として続投を表明していたが、その表明が火に油を注ぎ、批判の声はさらに高まる。結局、小山田から辞任を申し出ることになった。[*1]

小山田に続いて、開閉会式のショーディレクターであった、元お笑い芸人で現演出家の小林賢太郎をめぐる騒動も起こった。1998年5月に発売されたビデオ「ネタde笑辞典ライブ Vol.4」に収録された、当時の小林が結成していたお笑いユニット「ラーメンズ」によるNHKの人気教育番組「できるかな」をパロディしたコントのなかで、ジョークの文脈で「ユダヤ人大量惨殺ごっこ」というセリフが発せられていたのだ。このコントの動画は以前からインターネット上にもアップロードされていたようではあるが、開会式の直前になって、だれとはなしに問題視する声がネット上に投稿されるようになった。そしてアメリカのユダヤ系団体「サイモン・ウィーゼンタール・センター」が「東京オリンピックの開会式のディレクターによる反ユダヤ主義の発言を非難する」という声明文を出して、小林は「思うように人を笑わせられなくて、浅はかに人の気を引こうとしていた頃だと思います」としながら謝罪文を発表して、オリンピックの組織委員会は小林を解任したのであった。

小山田と小林の辞任・解任は、1990年代に掲載されたインタビューや発表されたコントが2021年になってから大勢の人に問題視されて、オリンピックという世界的イベントに関わる機会と名誉が奪われるに至ったという点で、まさにキャンセル・カルチャーの典型例であったといえるだろう。

1-2 インターネット時代に特有の現象か?

キャンセル・カルチャーという言葉が普及したのに伴って、多くの人が「キャンセル・カルチャーが多発するような風潮や事態は問題である」とみなすようになった。本章でも、キャンセル・カルチャーには具体的にはどのような「問題」があるのか、深掘りして考えていきたい。

＊1—小山田には知識人や文化人のファンが多いということもあり、騒動の当時から、彼を援護する声も多く目立った。批評家の片岡大右は著書『小山田圭吾の「いじめ」はいかにつくられたか　現代の災い「インフォデミック」を考える』(集英社新書、2023年)で小山田に対するバッシングは不当であったと論じている。

ただし、言葉が普及したのは最近であっても、キャンセル・カルチャーという言葉が指し示す現象は以前から存在していたことには留意したほうがいいだろう。

たとえば、「炎上」という言葉は2000年代の中頃、SNSが普及する以前のブログが主なネットメディアであった頃から使われていた。元々はブログ記事のコメント欄に批判や誹謗中傷が集まる現象を指していたようであるが、現在では、個人がSNSに投稿した内容に批判が集まることや、フィクション作品や企業CM等の内容が問題視されて否定的な意見が多く投稿されたり議論が巻き起こったりすることも「炎上」と表現されるようになっている。

近年では、批判を起こしやすい要素をわざと投入することで、話題になって注目を浴びることを狙う「炎上マーケティング」も行われるようになってきた。とはいえ、基本的には「炎上」が起きることはその対象となる個人や企業にとっては不利益な事態となる。当事者が想定していなかった大量の批判を呼び寄せることは、個人にとっては精神的な負担が多大にかかるし、企業にとってもブランドイメージに傷がついて経営上の影響を生じかねさせないものであるからだ。

また、キャンセル・カルチャーがSNSの普及に伴って隆盛したことは明らかであっても、「インターネット時代に特有の現象だ」とまで考えるのは間違いであるかもしれない。

社会道徳に違反している、差別的であるなどの問題をもつ人または表現について抗議が巻き起こって、批判対象の人が就いている立場を解任させたり雑誌連載を中止させる、あるいは批判対象の表現をテレビで放映させないように要求する……つまり「キャンセル」を求める運動は、インターネット以前から頻繁に行われてきた。

とくに日本のマスメディアや出版社が「事なかれ主義」的であり、ごく少人数からのクレームでもそれに簡単に屈してしまうことは、昔から問題視されている。たとえば、タレントが不倫などのスキャンダルを起こすと出演しているCMや番組がすぐに放映されなくなるし、犯罪を犯した場合には（それが薬物所持など、直接的には他人を傷つけない犯罪であっても）出演している映画が公開中止になるだけでなくすでに販売されているCDや映像作品すらもが回収の対象になってしまう。わたしが子どもの頃に楽しんで見ていたバラエティ番組のコーナーも、「暴力的だ」というクレームが入ったことが原因で打ち切りになっていた。[*2] 日本のメディアには「自主規制」の悪習も存在しており、まだだれかからのクレームも入っていないのに、物議を醸したり批判されたりするおそれのある表現の掲載や放送を事前に取り止めてしまうこともある。

したがって、キャンセル・カルチャーは最近になって登場したものではなく、元々から社会に存在していた傾向や風潮がインターネットやSNSによって増幅されたものとみなしたほうがいいだろう。

＊2―同世代の人なら察しがつくかもしれないが、『めちゃ²イケてるッ!』の「七人のしりとり侍」というコーナーのことだ。

1-3 抗議や批判を否定するレッテルとしての「キャンセル」

キャンセル・カルチャーについて考えるときに失念してはならないのが、基本的に、この単語は「他称」として使われる言葉であるということだ。つまり、抗議のための提言や運動などを行っている人たちが自分たちの行動を表すために使う言葉ではなく、むしろその抗議に対して否定的な意見や感情を持っている人たちによって使われる言葉である。

海外では事情がやや複雑で、「キャンセル・カルチャー」はともかく「キャンセル」という単語自体は、抗議をしている人たちによっても積極的に使われているようだ。欧米のSNSでは、俳優やミュージシャンやインフルエンサーなどが差別発言をしたり不祥事を起こしたりするたびに「◎◎をキャンセルしよう」というハッシュタグがトレンドにのぼっている（たとえば、わたしが英語圏で不祥事を犯したら「#cancel_Benjamin」がトレンドになるかもしれない）。……とはいえ、そのようなキャンセル運動が絶え間なく行われる状況を指す「キャンセル・カルチャー」という言葉や、日本ではあまり使われていない類語の「コールアウト・カルチャー」は、欧米でも否定的な文脈で用いられることが多いようだ。有名なところでは、バラク・オバマ元大統領がコール・アウト・カルチャーに対する懸念を表明している。*3

近年ではオバマのようなリベラル派のなかにもキャンセル・カルチャーに対する批判的な意見を表明する人が目立つようになったとはいえ、基本的には、この言葉を用いて抗議運動のことを否定する人の多くは保守派や右派である。逆にいえば、海外でも日本でも、キャンセル（と他称される）行動をしている人の多くはリベラル派や左派であるのだ。そして、彼や彼女たちは、自分たちの運動を「反差別運動」や「市民としての抗議」、あるいは「マジョリティに対する批判」や「マイノリティへの連帯の表明」などと表現することが多い。

キャンセルと呼ばれる行動の多くは、インターネットやSNSという現代的な領域で実践されているから新奇に見えるだけで、実際のところは昔ながらの民主主義が実践されているだけなのかもしれない。権力を持っている人やメディアへの露出が多くて社会的な影響力の強い人が不当な行為をしたり、社会的な良識に反したり、他者を傷つけたりしたときに、その人の言動を批判したりその人の関わる組織の責任を追及したりするために抗議運動が巻き起こってデモや集会が行われる、というのは民主主義の社会では当たり前の営みであるとみなすこともできる。

実際、リベラル派や左派のなかには、「キャンセル・カルチャー」とは自分たちに対する保守派や右派の不当な言いがかりでしかなく、この言葉を用いた議論は反動的なものにしかなり得ない、と反論する人もいる。彼や彼女からすれば、自分たちはただ正当な「抗議」や「批判」をしているに過ぎない。その行為に「キャンセル」とのレッテルを貼ることは、抗議や批判の声を封殺して告発を無力化することであり、民主主義を否定することでもあるのだ。したがって、キャンセル・カルチャーを懸念する議論に耳を傾けたり相手にしたりする必要はない、と彼や彼女は主張する。

このような主張には、たしかに的を射ているところもある。とくに日本語圏では「キャンセ

＊3—https://rollingstonejapan.com/articles/detail/32334

ル」という単語が乱用されていることは否めない。たとえばある俳優の言動やあるアニメの表現について、その俳優の出演を取り止めさせたりそのアニメの表現を修正させたりすることを要求するのでもなく、ただ単に「この言動／表現にはこのような問題がある」と指摘することすらも、キャンセル行為と呼ばれる場合がある。指摘する人のほうとしては俳優の人格やアニメ作品そのものの是非とは切り離して一部の言動や表現についての是非や巧拙を論じているつもりであっても、それが第三者に伝わらず、人格や作品そのものの否定として受け止められる。どこの国でも一般の消費者は「論評」や「批評」に対して拒否反応を起こしたり「批評家」を嫌ったりするものだが、日本ではその傾向がとくに強い。

また、差別的な言動や反社会的な行為をしている人に対する批判の声が上げられないような社会では不平等が放置されて不正が横行することになり、多くの人にとっては生きづらく抑圧的な世の中になるかもしれない。「キャンセル」というレッテルが妥当であろうとそうでなかろうと、そのような行為が民主主義を機能させてきて、世の中を改善する役割を担ってきたことは否定できそうにもない。数十年前に比べると現代では差別や不平等の規模や程度は大幅に減少していることや、「なにが差別であり、なにが不正であるか」という点に関して社会は昔よりもずっと敏感になっており、過去なら放置されていた差別や不正も看過されないようになっていることは、くれぐれも忘れてはならない。

わたしたちはつい目の前で起こっていることにばかり気を取られてしまい、現代の世の中がひどいところであるように思ってしまうが、昔に比べると現代はずっと道徳的で安全な世界になっている。そうなった要因のなかでも大きいのが、過去になされてきた人権運動や反差別運動であるのだ。[*4] つまり、リベラルであろうが保守であろうが、わたしたちは過去に実践されてきた民主主義運動＝キャンセル・カルチャーの恩恵を受けながら生きている、と論じることもできる。

……とはいえ、このように論じたところで、オバマ元大統領のような著名人に限らず多くの一般人が「キャンセル・カルチャー」と他称される現象や風潮を問題だと思っていることは変わらない。ＳＮＳはキャンセル行為の主戦場であると同時に、そこではそれに反対する意見表明も盛んに投稿されている。民主主義的な抗議運動や批判活動に原則として賛成する人であっても、キャンセルと呼ばれる行為には賛同できないと考えることが多いようだ。

また、従来はキャンセル・カルチャーの事例の多くが左派によるものだったが、最近では保守派や右派によるキャンセルの事例も目立つようになってきたことには留意するべきだ。左派によるさまざまなキャンセルが行われてきたのを目にしてきた右派が自分たちの主張や目的のために同じ手法を利用する発想に行き着く、というのは自然な流れである。そして、一般的に左派やリベラルの著名人は右派や保守よりも道徳的・規範的な主張を多く行っているからこそ、過去の問題ある言動を掘り返された場合には「偽善者だ」「自分の行いを忘れて都合の良い主

＊4―スティーブン・ピンカーの『暴力の人類史』（幾島幸子、塩原通緒訳、青土社、２０１５年）をはじめとして、差別や不正、暴力などが減少していく歴史的な過程を論じる本は多々あるが、その大半では（経済や国家制度の発展と並んで）民主主義や社会運動が重要視されている。

張をしている」と激しく批判されるリスクも大きい。

　やや古い事例を挙げると、２０１８年に『ガーディアンズ・オブ・ギャラクシー』シリーズで有名な映画監督のジェームズ・ガンが過去の過激なツイートを発掘されて炎上し、ディズニー社から監督を降板されそうになった事件の背景には、ドナルド・トランプ前大統領を批判するガン監督がリベラル派とみなされてアメリカの右派メディアの標的になったことや、「ポリコレ」の筆頭とみなされているディズニー社によからぬ気持ちを抱いていた大衆が「普段から偽善的なことを言っているディズニーがガン監督をスルーするのはおかしい」と批判する機会にここぞとばかりに飛びついた、という側面があっただろう。

　いずれにせよ、キャンセル・カルチャーには単に「民主主義的な営み」と言って済ますことができない、よからぬ側面がありそうだ。

　英語圏のものを含めてキャンセル・カルチャーを批判する書籍や論考を読んでいけば、とくに「デュー・プロセスが侵害される」という点と「表現の自由が侵害される」という点の二つが問題として指摘されることが多い。

「表現の自由」というテーマについては第二章で詳しく論じるので、次の節ではデュー・プロセスの問題について掘り下げていこう。

2 デュー・プロセスの侵害

2-1 権力から個人を守るための「適正な手続き」

「デュー・プロセス」とは「適正手続きの保障」や「法における適正な手続き」といった意味合いを持つ言葉である。イギリスで発祥し、アメリカの憲法でとくに重要視されているが、この考え方は日本を含む近現代の大半の国家における法律運用でも重んじられている。

近代以降、国家が個人に対して刑罰を施す際には、法に則った刑事手続を経なければならないこと、あらかじめ法律で規定されている罪状や量刑に基づいた刑罰しか施せないことなど、「国家が個人に対して権力を行使すること」の正当性を担保するための十分な条件が必要とされるようになった（なお、個人ではなく法人に罰金などの刑罰を行使する場合や、刑罰を目的としない行政処分などにおいてもデュー・プロセスは重視される）。

そして、国家ではなくとも、なんらかの「集団」や「組織」が個人に対してペナルティを施す際、または立場の強い存在が立場の弱い存在に権力を行使する際には適正な手続きが保障されるべきである、という考えは広く行き渡っている。たとえば、企業が労働者を懲戒処分するためには処分の要件を就業規則に明記する必要があるし、降格や解雇などの重い処分を下す前に段階をふむ必要がある（正当性のない解雇は労働基準法に反して無効となる）。

学生時代、わたしの通っていた大学で、ある学生が性犯罪で警察に逮捕されるという出来事があった。大学側はその学生にヒアリングを行って事実を確認したのち、大学内で検討会を開いたすえに退学処分を決定した。すでに刑事手続きの対象になっている学生に対してわざわざ大学側が事実を確かめるのは二度手間であるようにも思えたが、大学という組織が学生という個人に退学という重たい処分を下すだけの正当性を担保するためには刑事裁判とは関係なく大学側として手続きを経なければならない、という考えが背景にあったのだと考えられる。

対等な立場の学生たちが結成したサークルでも「ルール」や「規約」は作られるものであり、「だれかに対してペナルティが与えられる際にはそれを正当化するための手続きが必要になる」という考えは、現代なら多くの人に理解できるものだ。

ただし、デュー・プロセスが機能するためには、ペナルティを与える「主体」が明確であることが必要になる（「国」や「企業」に「大学」など）。

キャンセル・カルチャーの問題、あるいは社会運動や民主主義的な営み全般の問題は、「主体」が明確でないことだ。ある人が問題のある行為を起こしたときやその人の過去の問題行動が発覚したときには、わたしたちはその人に対する批判的な意見を表明したり「そんな人が社会的に影響力を持っているのは問題だ」「こんな人が権威のある立場に就いているのは間違っている」と主張したりするかもしれない。このとき、わたしたちは、問題となっている人の影響力が失われたり立場が剥奪されたりするなどの「ペナルティ」が発生することを望んでいる（単に批判的な意見を発信することすら、その人に対する批判が広く共有されて評価や信用が損なわれるという ペナルティを望んでいるという面がある）。だが、わたしたちは、自分がその人に対してペナルティを与える主体だとは認識しない。わたしたちの批判を受けてその人の所属する組織がその人をクビにしたり追放したりした場合にも、手続きに関する責任を負う主体は組織だけであり、批判を行ったわたしたちではない。

前節では、他人に対するキャンセルを求める行為を「民主主義的な営み」と表現した。民主主義といえば、なんだか理想的で立派に聞こえる。しかし、同じ行為を「社会的制裁」と表現すれば、キャンセル・カルチャーには危険性が潜在することや、キャンセルを求めることにはどこかいやらしさが存在することが伝わりやすくなるかもしれない。

冒頭で述べたとおり、2021年の日本では、東京オリンピック・パラリンピックの開閉会式に関わった二人の芸能人がキャンセルされた。もうひとつ、キャンセル・カルチャーと直接的に関連することではないかもしれないが、わたしの印象に残った出来事がある。それは、2019年に起こった東池袋自動車暴走死傷事故の加害者への判決だ。

事故が起きた直後、警察は逃亡や証拠隠滅のおそれがなかったという理由から加害者を現行犯逮捕せず（逮捕の要件を満たさなかったため）、またメディアでは「容疑者」と呼称されていなかった（事故直後は警視庁による事情聴取が行われておらず、刑事手続きに入っていなかったからとされる）。しかし、加害者が旧通産省工業技術院の元院長であり、勲章も授与されていたエリートであったことから、「加害者は〝上級国民〟であるから逮捕されず、マスメディアも丁重に扱ったのだ」と臆測する書き込みが相次いだ。そして、そもそも母子二人が死亡した凄惨な事故であることや、加害者が公判中に「ブレーキとアクセルの踏み間違いはなかった」から自動車の欠陥が事故の原因であると主張して無罪を訴えたことも相まって、ネット上における加害者へのバッシングは激化し、自宅周辺に動画投稿者が訪れたり街宣車が周回して「日本国民の恥」との罵声を浴びせたりするまでに至った。

２０２１年の判決では、加害者に対するバッシングが「過度な社会的制裁」とみなされ、量刑を決定するうえで被告側に有利な事情として考慮されることになった。その結果として、検察の求刑であった禁錮７年を下回る、禁錮５年の実刑判決が下されたのである。これは、処罰感情を抱いていた遺族の心情を裏切る結果でもあったのだ。

とはいえ、民主主義的な営み＝社会的制裁という行為をむげに否定することもできない。わたしたちが生きる社会には法律や国家や経済といった近現代的な制度や活動が存在しており、デュー・プロセスを理想とするようなルールや手続きが存在してはいるが、その手前には、それぞれに異なる価値観や感情を持った市民たち……わたしたちが存在する。だれかがどのような犯罪を行っても怒りや軽蔑の声を上げる市民がたった一人もおらず、ただその犯罪者に法の裁きが下されるのを皆が粛々と待つだけという世の中は想像し難い。そして、手続きを規定するための法律自体も、手続きに基づかない社会運動や民主主義的な要求によって新しく加えられたり改正されたりする。「法律」の手前には、社会を構成するわたしたち個々人の「感情」や、曖昧だが不可欠な「道徳」といったものが存在するのだ。むしろ、法律とは、市民の感情によって成立させられ、道徳の変遷によって変化させられていくものでもある。[*5]

2-2　#MeTooの功罪

たとえば、近年では世界各国で#MeToo運動が「性的な加害行為」や「性的同意」に関する社会通念を変化させており、それに伴い刑法の改正も議論されるようになって、一部の国では法改正が実現している。

日本でも2023年に性犯罪関連の刑法が改正されて「強制性交等罪」は「不同意性交等罪」に変わり、「同意のない性行為は犯罪である」ということが強調されるようになった（また、これまでは異性間の性暴力を前提にした規定が、同性間も含めた多様な関係間における性暴力を想定したものへと変更された）。不同意性交等罪に関しては、成立要件が広く曖昧に過ぎるために過度に恣意的に運用されたり被疑者の弁解が困難であったりするという問題も指摘されているし、この指摘は全くもって正当なものである。だが、世の中に「性暴力は許されない」「同意のない性行為は性暴力だ」という価値観が共有されて社会の「道徳」が変わり、性暴力の被害者に対する同情や加害者に対する憤りなどの市民の「感情」が社会運動を通じて反映された結果として法律が改正されること自体は、ごく健全な民主主義の営みといえるのだ。

#MeToo運動には当初からバッシングや妨害も行われたが、世界でも日本でも継続して行われてきた結果、（当初は反対していた人たちも含めて）多くの人が性暴力に関する認識を改めていき、性加害を行った人に対する視線は十年ほど前に比べてもはるかに厳しくなった。2023

＊5—第四章では、法律が成立するためには感情が不可欠だと論じるマーサ・ヌスバウムの著書『感情と法　現代アメリカ社会の政治的リベラリズム』を取り上げる。

年にはジャニーズ事務所の創業者であるジャニー喜多川が生前に行っていた性加害が明らかになり、当初はマスコミや芸能人のなかにはジャニーズを擁護している者もいたがその立場はどんどん苦しくなっていき、結果としてジャニーズ事務所は解体と社名変更を余儀なくされ、年末のNHK紅白歌合戦にもジャニーズに所属していたタレントは出演しなくなるなど、一時期は一世を風靡していたジャニーズは社会的な露出の機会や影響力をあっという間に失っていった（最近では元ジャニーズのタレントをテレビで見かける機会はまた増えてきているが）。

また、2024年には、お笑い芸人たちにとっては「ボス」のような存在だった漫才コンビ「ダウンタウン」の松本人志が性加害を行なっていたと告発され、裁判が継続中の現在はテレビ出演などの活動を休止している。それまでは毎日のように見かけていた松本の顔を目にする機会は、すっかり減ったのだ。

これらの一連の流れについては、（ジャニーズやお笑いの熱心なファンを除く）ほとんどの人が「当然のことだ」「仕方のないことだ」と考えているだろう。これは一昔前には想像もつかなかった事態だ。#MeToo運動が法律と価値観の両方を変えたことには疑いもないし、その変化は基本的には良いものといえる。

だが、先述したように、社会運動にはデュー・プロセスが存在せず、個人を批判・糾弾してペナルティを与える際に「それは適正であるのか」と確かめる手続きが保障されていない、という問題が存在する。

#MeToo運動の場合には、「性加害をされた」という告発の真偽を判断したり確かめたりす

ることが忌避されて、原則的に「告発は真実である」として扱われるという点が、当初から批判者たちによって問題視されてきた。これも難しいところではあり、既存の法律では性的加害の存在や性的合意の不在を（法的に認められるかたちで）立証することが難しく、そのために泣き寝入りさせられてきた女性が数多くいたからこそ、法律とは別の領域で運動を実践する必要があった、というのが#MeToo運動がスタートしたそもそもの理由である。また、告発を疑うことで被害者をさらに傷つけてしまったり「セカンドレイプ」と表現されるような問題を引き起こしてしまったりすることを懸念する必要もある。そして、「告発者は嘘をついており、告発された人を貶めようとしている」と頭ごなしに決めつけて立証のハードルをひたすら高くしていき、被害者がなにを言っても信じない、という人は実際に多々いるだろう。

しかし、告発の真偽を確かめなかったり、あるいは立証のハードルを下げたりすることが、「告発される側」にとって不利益となることも、また事実だ。#MeToo運動に対してはその当初から「虚偽の告発がなされたときにどうするか」という問題が懸念されてきたし、その問題はほとんど解決できていないように見受けられる。

洋画ファン（または『ハリー・ポッター』ファン）の方々にとっては、元妻の女優アンバー・ハードにDV被害を告発された俳優のジョニー・デップが悪役を演じていた映画シリーズ『ファンタスティック・ビースト』シリーズの3作目『ファンタスティック・ビーストとダンブルドアの秘密』（2022年公開）を降板させられたこと、しかしその作品の公開直後に裁判でデップの無罪が認められたことは記憶に新しいだろう。[*6] デップの事例は、無実の人間がキャンセル・カルチャーによってキャリアに傷をつけられ名誉が毀損されたり不利益を与えられたりする典型例だ。

原則論をいえば、「裁判で無罪判決が出る」ことや加害者と被害者の間で示談が成立することと、「その人が性暴力や加害行為を行わなかったということが証明された」ということは、必ずしも等しくない。単に証拠が不足していたり事件が起きてから時間が経ち過ぎていたりするなどの理由から、実際に行為があった場合でも裁判では有罪にならないという事態は往々にして起きるものだ。……その一方で、ある人が罪を犯したかどうかや加害行為をしたかどうかを確かめるのに、裁判以上に厳密で公正な手続きはこの社会に存在しないことも確かである。

デュー・プロセスの理念の根本は、国家という権力から個人を守ることだ。そして、「権力」を持つのは必ずしも国家に限らないこと……民間の組織も構成員に対して権力を持つだけでなく、社会運動やSNSを通じて個々の市民たちの声が集合した場合にもある種の強制力として機能し得ること、そして無実の個人がその力の犠牲になり得ることは、常に念頭に置いておくべきだろう。

2-3　社会的制裁が恣意的な「いじめ」になる危険

個人に対して下されるペナルティが偶然の要素に左右されて恣意的なものになってしまう点も、社会的制裁やキャンセル・カルチャーにデュー・プロセスが欠如していることの問題だ。

東池袋自動車暴走死傷事故の加害者は、現在ほど経済的な格差が激しくなく、若者・ロスジェネと高齢者・団塊世代との世代間対立が顕著でない時代に事故を起こしていれば、あれ程までのバッシングの対象にはならなかっただろう。事故当時87歳という年齢や「上級国民」という境遇が彼に対する世間の敵意を煽ったことは明白であるが、本来、それらの属性は「事故を起こして母子を殺したこと」の罪の重さや道徳的な問題性とは無関係の要素であるはずなのだ。

小山田圭吾についても、彼が行ったのが他の不法行為ではなく「いじめ」であったことこそが、ネット上における批判が以前から継続し、オリンピックという世界的な舞台で活躍する機会を目前で失うことになった要因である。学生時代にいじめられた経験を持つ人は多いし、そのうちの少なからぬ人数が、成人した後にもいじめられたことについての恨みやトラウマを抱えている。そのなかには、自分をいじめた張本人だけでなく、他の学校でいじめをしていた人やいじめを容認したり助長させたりしていた人のことも、恨みや敵意の対象にする人がいる。いじめられていた人がそうなるのは仕方がないことであるし、批判できることでもないだろう。しかし、ある行為が多くの人からの「恨み」の対象となるかどうかと、その行為に対して与えられてしかるべき罰の大きさとは、本来は無関係であるべきはずだ。

「とはいえ過去のいじめがあまりにひどいのだから、小山田が開会式を辞退することは当然だ」と考えている人であっても、小林の解任は妥当でないと判断する人は多いだろう。わたしの目から見ても、実際に他人に対して物理的・精神的な危害を与えてきたとする小山田と、コ

＊6―本章の冒頭で取り上げたケヴィン・スペイシーについても2023年に無罪判決が出されている。

ントのなかで不謹慎で過激なジョークを放った小林とでは、その行為の不当さや悪質さの度合いはまったく異なる。問題となっているコントについてはセリフの書き起こしも読んでみたが、ホロコーストに関するもっとドギツいジョークを放っているものはアメリカの人気コメディドラマ『となりのサインフェルド』を代表として１９９０年代当時の欧米の映画やドラマのなかにも存在していたし（もっとも、その大半はユダヤ系の出演者や製作者によるものであることには留意すべきだが）、ユダヤ系アメリカ人であるわたしの目から見てもさほど差別的だとも思わない。実際のところ、先に小山田に対する非難が盛り上がっていたという経緯がなければ小林は無事であっただろうし、組織委員会が事なかれ主義ではなくもっと堂々と対応できていれば結果は異なっていたかもしれない。つまり、小林がキャンセルされてしまったことには、偶然や運の悪さも大きく影響しているはずなのだ。

運用が恣意的であるという点や「いじめ」という点に関連して、キャンセル・カルチャーは「弱い者いじめ」になりがちである、という問題にもここで触れておこう。

２０２０年、アメリカ言語学会に所属する会員たちから、同学会に所属する言語学者・認知科学者のスティーブン・ピンカーを学会の名誉職から除名することを請願する公開書簡が発表された。この書簡には、博士課程の学生や准教授・教授を中心とした６００名以上の会員たちの署名がつけられていたが、結局は請願が認められることはなくピンカーの立場は守られた。しかし、左翼の運動家であるダン・コヴァアリクは、著書のなかで、ピンカーの立場が守られて彼が教授を続けられているのは「ピンカーに対する批判が不当である」と立証されたからではなく、たまたまピンカーがテニュア（終身在職権）を持つ教授であったからに過ぎない、と指摘している（このことはピンカー本人も認めている）。[*7] 博士課程の院生や非常勤職のアカデミシャンにとっては、公開書簡を提出されるなどしてキャンセルの対象になると、彼の立場が守られる可能性は低く、キャリアに著しい不利益が生じるリスクが高い。そのため、立場の弱い若いアカデミシャンほど、議論を招いてキャンセルを呼び寄せそうな意見や主張ができずロをつぐんでしまい、結果として学問の自由や表現の自由が侵害される事態が起こっている……というのは昨今の欧米のアカデミアにおける問題としてよく取り沙汰されることだ（本書でも第二章でこの問題を詳しく取り上げる）。

また、コヴァリクは、裕福で「意識の高い」学生たちが、差別的な言動をしたとされる労働者やブルーカラーを攻撃したり糾弾したりする事例が相次いでいたことについても、左翼の立場から苦言を呈している。

もっとも、非常勤職であろうが労働者であろうが、そのこと自体を差別的・攻撃的な言動が許される免罪符にすべきではない。差別的な言動を意識的に繰り返しながら、自らが批判されると立場の弱さを言い訳に用いる者がいたとしたら、そんな人間を甘やかす必要はないだろう。また、「ブルーカラーの労働者は差別に関する学術的な見解や世間の風潮に疎いから、彼らが差別的な言動をするのは仕方がない」と言い出すのも、それこそ差別的である。

＊7―Cancel This Book: The Progressive Case Against Cancel Culture（『本書をキャンセルせよ　進歩派によるキャンセル・カルチャーへの反論』）Hot books, 2021

ここで重要なのは、集団的な批判や社会的制裁が与える影響はその対象となる人の立場によって変動するということ、そして立場の弱い人ほど受ける影響が大きいために、逆進性が強くて不公正な側面があるということだ。キャンセルを行う人たち――必ずしもマルクス主義者ではないとしても、いわゆる左派や「リベラル」の人たち――は「弱い者」の味方でありたいと思っているはずだから、自分たちの行為が自分たちの目的や価値観とは相反する結果を生み出す面があることは認識しておくべきだろう。

もちろん、法律だって完璧に運用されているわけではない。地方裁判所の裁判官がとんちんかんな判決を出したというニュースは頻繁に話題にあがっているし、同じ罪を犯しても弁護士の力量によって不起訴になるか有罪になるかが分かれたりすることはごまんとあるだろう。金を積めば有能な弁護士を雇って有利な処分を得られやすくなったり、大金や権力をチラつかせることで被害者との示談を成立させられやすくなったりするなど、経済的・社会的立場の強さが法的手続きに影響を与える場合もある。

とはいえ、理念としては、法廷は問題となっている行為に対して相応の判決を出すように機能することを目指している。加害者の属性や立場の強弱、関係のない人間が持つ恨みなどのネガティブな感情、時の情勢や世の流れなど、事件や行為と無関係な要素が判決に影響しないように努められているはずだ。情状酌量の余地が考慮される場合はあるが、その際にも過去の判例などの「基準」に基づいた判断がなされる。なにより、特定の犯罪に対する量刑の上限は明確に規定されており、それ以上の罰を下すことは裁判官にも不可能だ。

法律という領域では、客観性や専門性がある程度以上は担保された手続きや運用がなされることが前提となっており、「行き過ぎ」を起こさないための制度的なブレーキも設定されている。それは、残念ながら社会的制裁やキャンセル・カルチャーには期待できないことなのだ。

3 キャンセルをする人たちはどこが「おかしい」のか?

3-1 「徳」と「中庸」

われながら、ここまでの議論は行ったり来たりのものになってしまった。

キャンセル・カルチャーは度を過ぎれば個人に対して過剰なペナルティを与える社会的制裁となるが、度が過ぎないのなら健全な民主主義的営みとして歓迎すべきものかもしれない。制度化された法的手続きとは異なり個々人の感情や価値観に基づく意見表明や社会運動は恣意的で不公平な面が強いが、とはいえ人々の意見表明や社会運動がなければ法律は改正されず不完全なものであり続ける。そもそも世の中で起こっている問題の全てを「法律」によって処理することは現実的でなく、「道徳」の領域に任せるべき問題は多々あるが、そこにはやはりデュー・プロセスが不在だという不安が残る。結局のところ、超過もさせず不足もさせず、ほどほどを目指すべきだとしかいえない。

ここで、これまでの議論からは少し視点をずらして、古代ギリシャや古代ローマの哲学者たちが語っていた「徳」という観点から考えてみよう。

倫理学においては、物事の良し悪しについて、ある行為がどんな結果を生むかということが判断基準になる場合もあれば（功利主義や帰結主義）、その行為をする人の動機や意志はどのようなものであったかということが判断基準になることもある（義務論）。そして「徳倫理」という考え方では、その行為は「有徳な人」がすることであるかどうか、あるいは（行為の内容に関係なく）その人自身は有徳な人だといえるかどうかが問われるのだ。

また、徳について議論を行った哲学者の代表格であるアリストテレスは、徳とは「中庸」であると主張した。たとえば、勇気が不足している人は臆病であり、勇気が超過している人は無謀になってしまうので、勇気が不足も超過もしていない状態が真の意味で「勇気のある」人だといえる。お金を出し渋る人はケチだが、なんにでもお金をホイホイ使ってしまう人はただの浪費家なので、節度を持ちながら使うべきときにはしっかりお金を使う「気前のよさ」を持った人を目指すべきだ。有徳な人間になるためには、日々、思慮や理性をはたらかせながら中庸を目指すことが欠かせない、というのがアリストテレスの主張だ。

英米の専門的な倫理学ではアリストテレスの考え方を復活させて現代流にアップデートされた徳倫理学が盛んに論じられてはいるが、実際に社会で起きている問題について「徳」の観点から論じられることは少ない。「中庸」は物事の判断基準にするには曖昧で具体性に欠け過ぎているし、人々が為した行為ではなくその人たちの人格や人柄を云々することは筋の悪い議論だとみなされることが多い。

だが、過度な社会的制裁にならないようにしながら問題のある人物に対する批判の声を上げるためには、あるいは「法律」と「道徳」のバランスを適切に保つためには、先ほども述べたようにほどほどを目指す……つまり「中庸」を目指すことが不可欠だ。また、先の文章では社会的制裁にはいやらしさがあるとも指摘した。キャンセル・カルチャーという現象だけでなく、キャンセルを行っている人たちにも、なにか人間として重要なところが不足していたり超過していたりするためにおかしくなっているという問題があるように思える。

3-2　称賛を求めて行われる「ネットリンチ」

「ネットリンチ」という単語は、キャンセル・カルチャーとは切っても切り離せない。インターネット上では、ある人が別の人に対して非難の言葉を呈しているとき、その本人は正当で適切な批判をしているつもりであっても、第三者の目からすれば大多数の人が一緒になって行う「私刑」に加担しているとしか見えない、ということがあるものだ。

以下は『ルポ　ネットリンチで人生を壊された人たち』[*8]という本からの引用である。

> 最初に何人かが「ジャスティン・サッコは悪人だ」と意見を述べた。その何人かに対して即座に称賛の声があがった。かのローザ・パークス（訳注：バスに白人席と黒人席があった時代に、運転手に注意されても白人に席を譲らなかった黒人女性）のように、差別に敢然と立ち向かった人として扱われたのだ。すぐに「称賛」というフィードバックがあったことで、称賛された側はそのままの行動を継続する決断を下した。
>
> （ロンソン、480頁）

つい先ほど、非難の言葉を投げかけることは第三者の目からすれば私刑にしか見えないことがある、と書いた。だが、その同じ行為が、別の人からすれば称賛の対象ともなる。自分が嫌いな相手や気に食わない相手がいたときに、そいつに対して非難を浴びせてくれる人がいたら、ついその人のことを褒めたくなるものだ。

SNSを観察していると、抗議運動や社会的制裁の音頭をとったり旗を振ったりする役を担う人の数は意外と少ないことに気付かされる。左派と右派、あるいはフェミニスト女性と反フェミニスト男性という風に対立するグループがあるとき、各々のグループのなかで「こんなひどいことを言っているやつがいるぞ」「こんなに悪いことが起こっているぞ」という風に非難の対象となる人物や事件を発見して喧伝する人は、だいたいいつも一緒で代わり映えしない。そのような旗振り役の人たちのもとには、対立する陣営からの反論や罵倒が寄せられると同時に、価値観や問題意識を共有する仲間からの共感や応援の声も集まっていく。非難行為に対する批判の声が大きくなればなるほど、それに対抗するかたちで、仲間たちからの称賛の声も強まっていく。

ここで紹介したいのが「美徳シグナリング」という発想である。[*9] 通常、だれかを非難したり社会で起こっている問題を指摘したりするなどの道徳的な振る舞いは、相手の行動や考え方を改めさせたり問題を解決したりするなどの「状況を改善させる」ことを目的して行われるものである、と考えられるだろう。しかし、「美徳シグナリング」の考え方によると、状況を改善させることは道徳的な振る舞いの目的ではない。声高にだれかを非難したり不道徳な状況に対する懸念を表明したりすることで、周囲の人たちに「自分は道徳的である」ことや「自分はみんなと同じ価値観を持っている」ことをアピール（シグナリング）するのが、道徳的な振る舞いの本質だとされるのだ。

だれかを非難したり社会で起こっている問題を指摘したりしている人の大半は、本人の意図としては自分の行動によって状況が改善することを期待しているはずだ。とはいえ、非難という行為には周囲に自分の美徳をアピールする効果もあること、それによって称賛という「報酬」を得られるという副次的なメリットもあることは、やはり無視できない。最初は純粋な問題意識や正義感から他人を非難していた人であっても、その行為によって報酬を得る経験をすることで、より多くの報酬を期待して、より頻繁により過激な非難を行うようになる、というのは想像に難くない。

3-3　ふつうの人がネットで他人を非難しない理由

たとえば、不祥事が発覚して話題になっている芸能人についてＳＮＳやニュースサイトのコ

＊8―ジョン・ロンソン著、夏目大訳『ルポ ネットリンチで人生を壊された人たち』光文社、2017年

＊9―「美徳シグナリング」は進化心理学の発想に基づいているが、学術的に定義・証明されているわけではなく、あくまで世俗的な概念であることには留意してほしい。また、シグナリング理論を用いればほとんどどんな行為も「シグナル」と解釈してしまうことができるが、これには不毛で冷笑的な人間観を招く副作用もある。

メント欄で非難することは、ふつうに考えれば本人にとって時間のムダでしかない。一般市民が生活のなかで芸能人と関わる機会はほとんどないものだし、社会的非難が集まったことによりその芸能人がテレビに出なくなったところで、わたしたちの生活になにか大きな変化がもたらされるわけでもない（テレビ番組の出演者が入れ替わって、番組が前よりつまらなくなったり逆に面白くなったりはするかもしれないが）。しかし、非難という行為には美徳をアピールする効果や「報酬」が伴うことを理解すれば、わざわざネット上で社会的制裁に加担する人が存在する理由も理解できるようになる。

むしろ、ここで忘れてはならないのは、報酬が伴うわりには非難という行為をする人は少ない、ということだ。先ほども述べたとおり、社会的制裁の旗振り役の数は限られている。インターネットは少数の意見が極端に目立ちやすい仕組みになっており、一見すると大々的なネット炎上であっても、実際に書き込んでいる人はネットユーザーの総数に比べるとごくわずかでしかない。ネットの世界は炎上や社会的制裁に加担する少数派とそうでない多数派に分かれているし、そもそもSNSをやらない人も大勢いる。キャンセル・カルチャーが目立つようになっているからといって、それに大多数の人が参加しているかのように錯覚してはならない。

先の文章では、「法律」の領域と「道徳」の領域を区別し、キャンセル・カルチャーや社会的制裁は後者に属すると論じた。道徳は曖昧なぶん、法律よりずっと複雑だ。道徳に関するわたしたちの感覚や、明文化されていない日常的な規範のなかには、「ズルをしたり他人を傷つけたりして集団に害をもたらすやつは、いくらでも非難して構わないし、集団から排斥してもよい」といった苛烈で懲罰的な傾向が含まれているだろう。だが、それと同時に「他人のことを非難ばかりしているやつも、ロクでもない」とみなす傾向も含まれている。

　会社や学校、サークルやクラブなどの人間の集団とは、多かれ少なかれなあなあに運用されているものだ。聖人君子はなかなかおらず、少しばかりのズルやサボりは大半の人間がしている。さらに、わたしたちは独善的な存在であり、他人がしているズルには敏感である一方で、自分がズルをしている事実は自覚すらできないことがある。[*10] 人間の道徳心理では、「他人の目のなかのおが屑は見えても、自分の目のなかの丸太は見えない」という状態がデフォルトなのだ。

　他人のズルを告発して非難することには、自分がしているズルを告発し返される危険が付きまとう。非難や告発が推奨される集団はすぐに「万人の万人による闘争」といった状況に陥り、生産性や効率性が失われて、業績を出したり大会で活躍したりするなど集団の本来の目的を果たすことができなくなる。非難ばかりする人が、集団にとってプラスになるとは限らないのだ。だからこそ、健全な集団ではある程度までのズルやサボりに対してはただちに苛烈な制裁が下されることはなくほどほどで済まされるし、他人を非難する人よりも仕事したり練習したりしているなど自身のやるべきことをきちんとやっている人のほうが評価されるような雰囲気が醸

＊10―「他人の道徳的な問題には敏感だが、自分の道徳的な問題には鈍感」という心理学的な問題を扱った書籍として、『だれもが偽善者になる本当の理由』（ロバート・クルツバン著、高橋洋訳、柏書房、２０１４年）をおすすめする。

成されている。

　現実の世界では、非難という行為には称賛というリターンだけでなく、コストやリスクが設定されている。非難の対象とした相手に実際に問題があり、非難は正当であったと周りから認められたなら、その非難はやはり称賛されるだろう。しかし、本人は正当であると思っていても周囲からはそう評価されないような非難をしたり、非難した対象から自分の問題を逆に指摘し返されたりした場合には、非難をした人のほうが鼻白まれたり軽蔑されたりすることになる。そのため、現実の集団のなかで非難をする際には、多かれ少なかれ「覚悟」が要求されるのだ。大半の人は非難をする前に「自分のほうにも落ち度はないか」「これはほんとうにわざわざ告発して非難するほどの問題なのか」と考えを巡らすだろうし、考えたのちに非難を取り止めることもあるだろう。「いや、やはりあいつは非難に値する」と決断した場合にも、もし非難の正当性を示すことができず周囲の人を説得できなかったら、逆に自分が非難の対象になることを受け入れなければいけない。

　ただし、非難にコストが設定されていることは、問題のある人物がいてもそれを告発することを人にためらわせるという点で、現状維持を促す保守的な側面がある。また、集団内で力を持っている人やすでに周りからの信頼を得られている人は、多少のコストをものともせずに他人を非難することができる一方で、味方がいない人は、だれかに傷つけられたとしてもそれを告発するための覚悟が他の人よりも多く必要とされるだろう。このような集団内の力学としての「道徳」には不正さや不当さがあることが否めないし、だからこそそれを外側から是正するために「法律」が必要になる、という側面もある。そして、インターネットのようなメディア空間が、集団内で立場の弱い人が自集団で起こっている（が、法廷に訴えられるような類ではない）問題について外の集団に訴えることを可能にして、立場の弱い人の状況を改善することに貢献してきた、という歴史についても忘れるべきではない。

とはいえ、ネット上で他人を非難する際には、現実の集団で他人を非難するときのような「覚悟」が必要とされないことにも、問題は伴う。非難の対象も、非難の様子を眺めている第三者たちも、会社や学校のように現実的な利益を共有する集団の仲間ではない。しょせんは他人事であり、称賛する側も無責任になれる。さらに、今時はほとんどのSNSやニュースのコメント欄にすら「いいね」ボタンやシェア機能が設定されているので、他人の投稿に賛同の意を表明するのに自分で言葉を連ねる手間も省けられる。これらの要素により、インターネット上で他人を非難することは、現実の集団内で他人を非難することよりもずっとお手軽に称賛を得られやすくなっている。「称賛中毒」となる人が出てきても無理はないのだ。

それでも大半の人はインターネットで他人を非難しておらず、ネット上の称賛も求めていない。きっと、だいたいの人は、ネットで称賛を得ることのむなしさや不毛さがわかっているのだろう（たくさん「いいね」をもらえたからといって、なんだというのか？）。

キャンセル・カルチャーについて考えるときにわたしにとってもっとも奇妙に感じられるのは、ネット上では毎日のように繰り広げられている光景なのに、現実の世界における自分の周囲でキャンセル行為に加担している人の顔はさっぱり思い浮かばないことだ。きっと、わたしと同じような人は読者の方々のなかにも多くいるだろう。

3-4　キャンセルに加担しなければそれでいいのか？

本章で述べてきたように、キャンセル・カルチャーは民主主義の伝統に連なる営みでもある。キャンセル行為をしている人は社会の多数派ではなく、ごく一部の「おかしな人たち」であるかもしれないが、これまでの歴史においても民主主義とは良くも悪くもおかしな人たちによって担われてきたのかもしれない。現在わたしたちが住む世界は過去よりも不正や不平等が減っており、多少は望ましいものとなっているが、それは民主主義的な抗議を行ってきた先人たちのおかげである。それと同じように、いま「おかしな人たち」によってなされているキャンセル・カルチャーは、弊害を生じさせると同時に、世の中を良くしている面もあるのだろう。

中庸は個人が目指すべきものではあるが、社会の総体における中庸についても考えておく必要がある。「中立的でありたい」「冷静でありたい」と思い続けて、社会問題が起きたときにも自分の意見を言わず、だれかの問題が発覚したときにも批判を行わないような人ばかりであったなら、社会が進歩することはなく、強者による暴力や加害が放置されて弱者が犠牲になり続ける構造が維持されてしまうだろう。あなたが「おかしな人」ではなくキャンセル・カルチャーや社会的制裁に加担したことがないとしても、おかしな人のおかげで救われる人がいたり社会が改善したりする可能性について、そして自分が民主主義的な営みにタダ乗りしてしまっている可能性について、考えを巡らせてみるべきだ。

第二章

「思想と討論の自由」が守られなければならない理由

1 アカデミアでは「真実」よりも「社会正義」が重視されている？

1-1 スティーブン・ピンカーの事例

アメリカやイギリスなどではキャンセル・カルチャーやポリティカル・コレクトネスの風潮は日本よりも以前から登場していたし、その勢いもずっと強い。それと同時に、それらの風潮に対する懸念や反対も盛んに表明されている。そのなかでもとくに目立つのが「キャンセル・カルチャーやポリティカル・コレクトネスは学問の自由を侵害している」と批判する議論だ。

日本では、学問の自由に対する制限は「上」からやってくるというイメージが強いかもしれない。つまり、政府や省庁といった国家権力が大学に介入して、研究の内容や人事をコントロールする、というものだ。2020年に日本学術会議に推薦された会員の任命を菅義偉前首相が拒否した事件などを思い起こすと、本邦において学問に対する「上」からの制限を危惧することには十分な理由があるといえるだろう。また、中国のような権威主義的国家では国の体制や権力者を批判するような研究が弾圧されていることは公然の事実だ。民主主義国家でもあるアメリカにおいても、ドナルド・トランプ前大統領が気候変動や科学関連の研究予算を大幅に削減してそれに反対する科学者が抗議運動を行った事例をはじめとして、学問の自由が「上」から制限されることが問題視される場合はある。

しかし、昨今の英米のアカデミアで起こっているキャンセル・カルチャーについては、学者たちが他の学者を糾弾するという「横」からの制限、または学部生や院生などの学生たちが学者に対して集団的に抗議するという「下」からの制限によって、学問の自由が危機にさらされることが問題視されている。

前章でも触れたが、2020年、認知心理学者のスティーブン・ピンカーに対して、彼をアメリカ言語学会の要職の立場から除名することを請願する公開書簡が同学会の会員たちによって発表された。この書簡のなかで主に問題視されていたのは、当時にとくに重大な問題となっていたアメリカの警官による黒人の射殺事件やアメリカの警察制度に関してピンカーがツイッター（現X）に投稿してきた意見の内容であった。

黒人射殺の問題については、多くの学者が「アメリカの社会には制度的なレイシズムが存在しており、警官による黒人の射殺問題も制度的なレイシズムのあらわれである」という理論を提唱しており、ブラック・ライヴズ・マター運動の活動家たちもこの理論に同意している。[*1] ピンカーの投稿は、彼がこの理論に賛同しておらず、黒人射殺の問題の原因が他にある（アメリカの警官は他の国の警官に比べて銃を発砲する機会が多すぎること、黒人のほうが白人よりも警察に通報される機会が多くて警察が犯罪現場で遭遇する可能性が高いことなど）という意見をピンカーが持っていることを示唆していた。これに対して、公開書簡は、ピンカーの投稿は「制度的なレイシズム」の存在を否定して「人種差別の暴力に苦しむ人々が上げてきた声をかき消す」ものであると批判したのだ。

この事例においては、ピンカーの専門となる研究の内容が直接的に批判されたわけではなく、専門外の分野も含めた事象に関して彼の抱いている意見が批判されたことに留意しておこう。また、公開書簡で訴えられているのはあくまで学会内での特別な地位からピンカーを除名することであり、ピンカーの研究そのものを制限したり学問の世界から彼を追放したりすることを目的としているわけではない。これらの事情から「公開書簡は学問の自由を制限しようとするものではなかった」と擁護する声もある。

しかし、ある学者が社会や政治に関わる問題について特定の意見を発表したことを理由にして、その学者に認められた何らかの学術的な地位を奪うというペナルティを課そうとする行為は、結果的に学問の自由を制限する。ピンカーが「人種差別の問題を矮小化している」と非難されて地位を奪われようとしたことは、アメリカ言語学会に所属する他の学者たちや、ネットやメディアを通じて騒動を見聞していた別分野の学者たちにも強い印象を与えただろう。彼ら

＊1—この議論の背景にはいわゆる「白人特権」を主張する理論が存在する。「特権」に関する理論（とその問題）については第三章で改めて取り上げる。

のなかには、「制度的なレイシズムが存在するという言説には疑いを抱いており、警官による黒人射殺事件の原因は他にあると考えているけど、その意見を表明したら自分もピンカーのように非難されてアカデミックなキャリアに支障が生じるおそれがあるから、自分の身を守るために黙っておこう」と思った人もいるはずだ。そのなかには社会学者や犯罪学者など、自身の研究分野で警官による黒人の射殺問題を扱うことができた人もいるかもしれない。

この事態は、警官による黒人の射殺問題に対処するうえでも有害となる。この問題の原因は「制度的なレイシズム」であるという理論は、あくまでひとつの仮説や意見に過ぎない。そして「制度的なレイシズム」という理論の真偽を確かめて、理論の正確さや妥当さがどれくらいであるかを測るためには、この理論と対立する別の意見を表明する自由が保障されなければならない。もし「制度的なレイシズム」が存在しなかったり、その影響力が実際以上に過大視されていたりしたら、黒人の射殺問題の背景に存在する他の原因を発見して対処する必要があるだろう。しかし、「問題の原因は制度的なレイシズムではない」という意見を非難したり弾圧したりすればするほど、見逃されている原因の発見や対処が遅れることになるのだ。[*2]

1-2　トランスジェンダーに関する意見をめぐる問題

ピンカーの事例に限らず、特定の意見を発表した学者が、論文などの撤回を要求されたり、講演や討論会などに登壇する機会を奪われたり、学会や大学での地位や研究するためのポストを剥奪されたりするという事態は、英語圏では多々起こっている。ある学問分野やアカデミアの内部で少数派である意見に対して、論文や議論によって反論するのではなく、多数派が公開書簡や抗議運動などの手段を用いてペナルティを与えることで意見を取り下げさせようとする事態は、すっかりおなじみのものになってしまっているのだ。

そのなかでも近年とくに目立っているのが、トランスジェンダーの人々に関連する意見をめぐる問題だ。

イギリスの哲学者であるキャスリーン・ストックは、「法律や制度を設計する際には、生物学的性別よりも性自認のほうが基準とされるべきである」という考え方を批判する議論を行うなど、生物学的性別を重要視する主張を続けてきた。そのために、彼女はトランスジェンダーの人々に対して差別的であると問題視されてきた。2021年には大英帝国勲章がストックに授与されたが、それに対抗するかたちで、600名以上の哲学者の署名が付けられた「哲学におけるトランスフォビア」を懸念する公開書簡が発表されたのだ。[*3] また、ストックに対する学生や活動家からの抗議活動は激しく、脅迫的なものにまで発展して警察による身辺の警護が必要となり、彼女は勤めていたサセックス大学を辞職することを余儀なくされたのである。

＊2―2022年に私がピンカーにインタビューを行った際に公開書簡の問題についてもコメントをもらったところ、彼は「制度的なレイシズム」が存在するという主張に対する反論を改めて述べた。また、書簡では自分の意見が不正確だったことが証拠で示されたわけでもなく、単に（学会の多数派である）左派的な意見に相反する意見だったから批判されただけだと所感を述べて、「自分たちの気分を良くする特定のドグマを無条件に正しいものと認定することは、間違っているだけでなく、危険な結果を生み出します」と語った。
https://gendai.media/articles/-/102334

＊3―https://sites.google.com/view/trans-phil-letter/

2017年にはカナダの哲学者レベッカ・トゥベルがフェミニスト哲学誌『ヒュパティア』に「トランスレイシャリズムを擁護する」という論文を発表した。この論文では「ジェンダーが社会的に構築されているなら人種も同様に社会的に構築されていると言えるのであり、『自分の人種を変えたい』という主張は『自分のジェンダーを変えたい』という主張と同様に認められなければならない、ということになるのか?」といったトピックに関する議論が展開されていた。これに対してソーシャルメディアを中心として非難が起こり、トゥベルの論文の撤回を『ヒュパティア』に求める公開書簡が発表された。その書簡には多くの学者の署名が付けられており、賛同者は830人にも上った。

1-3 「世間」と「多数派」による意見の弾圧

思想の自由や意見の自由を含む「表現の自由」を擁護した議論のなかでも古典的なものが、19世紀イギリスの哲学者ジョン・スチュアート・ミルによる『自由論』である。

表現の自由については「国家や権力による弾圧や検閲から表現を守るためのものであり、市民間の批判によって表現が萎縮することまでを防ぐためのものではない」といった主張がなされることも多い。そのような主張では、問題ある表現について多数派が批判を浴びせることでその表現が取り下げられたり、社会の規範や良識に反する表現が市場や学問で流通することが自主的に規制されたりすることは、国家や権力による弾圧とはまったく種類が異なる問題であるとされる。むしろ、意見や表現に対して自由な批判が行われることは民主主義の社会では当然の営みであり、批判の結果として特定の表現が発表されることがなくなるのも民主主義の帰結である、と論じられるのだ。

しかし、『自由論』やその他の著作でミルが問題視しているのは、国家や権力による弾圧や検閲だけではない。彼は「世間」や「多数派」によって「異端」や「少数派」の意見や表現が封殺されることについても、大いに危惧している。

ミルの主張の要点は「少数派の意見が発表される場が守られることは少数派にとってだけでなく多数派や社会全体にとっても利益をもたらすから必要である」というところにある。

トゥベルの論文に対して反論する論文を提出するのではなく、公開書簡によって撤回が求められたことは、多数派による少数派の意見の抑圧の典型的な事例だと言えるだろう。公開書簡が効力を発揮するのは、そこに書かれている内容の説得力や妥当性によってではなく、数百人の署名が付けられて圧力が発生することによってだ。哲学という学問では他の分野に比べると「異端」とされる意見や世間では人気のない意見が取り上げられることが多い。難しいトピックやセンシティブなテーマについても抽象化を行い、論理的に突きつめ、考え抜いたうえでの自由な議論が展開されることにこそ、哲学という分野の価値がある。だからこそ、哲学者たちが数を頼りにする公開書簡という手段に訴えたことやその書簡が受け入れられてしまったことは、哲学業界やアカデミアの内外にとって衝撃的な事態であったようだ。

たとえば、ジャーナリストのジェシー・シンガルによると、公開書簡のなかでトゥベルの論文に対してなされている指摘はいずれも的外れであり、書簡の執筆者たちが「トゥベルの論文はトランス女性に対して差別的なものに決まっている」と決めてかかったことにより誤読したとしか考えられないものである。[*4] そして、公開書簡に署名した哲学者たちの全員がトゥベルの論文を読んでいたとも考えづらい。批判者たちの誤読に基づいた要約や「差別的な論文が掲載された」というネット上のうわさ話に惑わされて署名した人も相当数いることだろう。シンガルは、トゥベルに対する糾弾は「魔女狩り」のようなありさまになっていたと指摘する。

社会心理学者のジョナサン・ハイトは、トゥベルの論文に対する哲学者たちの反応は、特定の意見だけを受け入れてそうでない意見を排除する権威主義がアカデミアのなかで横行している事態の典型例だと論じている。[*5] 彼が危惧しているのは、いちど差別的なものと見なされた意見や保守的なものだと見なされた意見に対して、（論文による反論ではなく）憤慨した集団による糾弾が行われるのが当たり前になっていることだ。また、ハイトが以前から問題視しているのが、アメリカの大学で人文学や（経済学以外の）社会科学を専攻する研究者のなかで保守主義的な意見を持つ人やリバタリアニズム的な意見を持つ人の数が年々減っており、文系の学問がリベラルな意見を持つ人だけに独占されるようになっている、という事態である。それに伴い、意見が「差別的」と見なされる範囲もどんどん拡大している。

1-4 「社会正義大学」では「制度的反証」が機能不全となる

ある学問をする人たちの間で政治的な意見の多様性が失われると、その学問の内における議論のプロセスが不公平で偏向したものになる、とハイトは主張する。カール・マルクスとミルの主張を対比させながら、大学の目的について彼は以下のように論じる。[*6]

マルクスは、私が「社会正義大学（Social Justice U）」と呼ぶ大学にとっての守護聖人だ。

社会正義大学は権力構造や特権を転覆させて世界を変革することを目的としている。社会正義大学にとって、政治的な多様性は行動の障害である。ミルは「真実大学（Truth U）」の守護聖人である。真実大学は、誤りのある個人たちがお互いのバイアスや不完全な推論を指摘して挑戦し合うプロセスに真実を見出している。このプロセスは全ての人を賢くする。そこにいる人々の知的傾向が均一になったり、そこが政治的な正当さを主張する場所になったりした時に、真実大学は滅んでしまう。

心理学者であるハイトは、個人がひとりで行う思考は「確証バイアス」（自分が抱いている信念や意見を支持する根拠を積極的に探して、自分の信念や意見を支持する根拠を無視しがちになる傾向）に影響された、「動機づけられた推論」になりがちであることも指摘している。[*7] 人の思考は「物事はこうなっている」ということを偏見なく客観的に判断するために機能す

＊4—https://nymag.com/intelligencer/2017/05/transracialism-article-controversy.html?mid=Twitter-share-di
＊5—https://heterodoxacademy.org/blog/on-rebecca-tuvel-consequences-of-orthodoxies-in-academia/
＊6—https://heterodoxacademy.org/blog/one-telos-truth-or-social-justice-2/
＊7—「制度的反証」に関する議論は、『傷つきやすいアメリカの大学生たち　大学と若者をダメにする「善意」と「誤った信念」の正体』（ジョナサン・ハイト、グレッグ・ルキアノフ著、西川由紀子訳、草思社、2022年）の157頁、163頁で詳しく論じられている。

るとは限らない。むしろ、まず「物事がこうであったらいいな」「もし物事がこうであったら自分にとって都合が良い」といった動機が存在したうえで、その動機に基づいて「物事はこうである」と自分に信じさせるための主張を形成したり、その主張にとって有利な証拠を探したりするように機能するほうが一般的だ。

動機づけられた推論を行う傾向は、一般人と同じく研究者たちにも存在する。個人としての研究者は特別な存在ではなく、ほかの人たちと同様に心理的バイアスに影響される。しかし、通常の学問には、個々人の心理的な傾向やバイアスの影響を除去する「制度的反証」が存在する。

ある研究者が論文で展開した議論が動機づけられた推論に基づくものであったとしても、その動機を共有していない別の研究者が論文の内容を査読したり別の論文を書いて反証したりすることで、最初に論文を発表した研究者は自分の間違いや偏向に気が付く。このプロセスが繰り返されることで、ひとりで動機づけられた推論を行っていてはたどり着くことのできないような知識や真理に近づくことを、学問は可能にするのだ。

逆に言えば、自分の頭だけで考える一般人や企業の営利を第一とするマーケティング部門、偏った見方をするシンクタンクなどが事実に関して何らかの見解を主張しても、その主張がどれだけ真理に近いかは疑わしい。彼らの主張は自分たちの利益に都合よく操作されたものかもしれないし、願望や思い込みによって歪められたものであるかもしれない。そうでないことを保証するためのプロセスを経ていない以上、彼らが事実について正しく認識できていると判断する理由は乏しい。他の人々や制度とは異なり、制度的反証が機能している限りは、学者やアカデミアは事実に基づく論点の判定者となる権限を主張することができるのだ。

しかし、ある学問に関わる研究者たちの間の政治的見解が均一になったら、その研究者たちは政治に関して同じような動機を共有してしまうことになる。自分と同じ政治的動機を持っている研究者が論文を書いたときに、間違いや偏向を査読で指摘したり論文で反証したりすることは難しい。「物事がこうであったらいいな」という願望を共有している人たちの間では、その願望を補強してくれるような主張や証拠を否定するというインセンティブが存在しない。そのため、知識や真実に近づくどころか、誤った理解や虚偽の主張が助長されて伝播してしまうおそれもある。それを防ぐためには、「物事はそうではない」ときっぱり言える、他の人たちとは違う政治的見解を持っている研究者の存在が必要だ（具体的には「制度的反証を担保するには、左派対右派の割合は少なくとも2対1ないしは3対1であるべきだ」とハイトらは論じている）。

特定の意見を持つ研究者を排除して同じような意見を持つ研究者ばかりが集まった学問では、制度的反証は機能しない。そして、制度的反証が機能していない状態にある学問から生み出された知見については、真理であると立証するプロセスに集団的な歪みがあって信頼が担保されていないために、その学問の外側にいる人たちがその知見を真理と認めて受け入れる理由もなくなる。

言うまでもなく、公開書簡によって論文を批判することは、制度的反証とは正反対である。学術誌に掲載された論文が後から多数派の要求によって撤回されることは、論文による反証というプロセスを怠るだけでなく、査読というプロセスの意義をふみにじるものでもあるからだ。また、学界のなかでは少数派である意見を論文に書くと査読や反証ではなく公開書簡によって批判されるリスクがあるという状況では、その学会の多数派と動機を共有しない研究者は、自分の主張を論文で展開することにも尻込みするようになるだろう。公開書簡によって論文の撤回を迫られたり個人名を挙げて非難されたりすることは、精神的に多大なプレッシャーが生じるばかりでなく、アカデミックなキャリアや社会的な評判にも影響する可能性が高いからだ。

結果として、少数派の意見はますます封殺されて、確証バイアスは抑制されず、多数派による「動機づけられた推論」の間違いが訂正される機会はなくなり、制度的反証は機能不全になる。そのような状態になった学問は、外側にいる人たち、公衆にとって何の価値もないものとなるだろう。

自分たちのものと異なる意見を査読や反証ではなく制裁やペナルティによって退けようとすることは、それだけ危険な行為なのだ。[*8]

1-5　拡大解釈される「危害」

ミルが『自由論』で提出したトピックのなかでも、もっとも有名であり現在でもよく持ち出されているのが「個人の自由は、他人に危害を与えない範囲内において最大限に認められるべきだ」とする、「危害原則」である。

なお、『自由論』の第三章「幸福の一要素としての個性について」や第四章「個人に対する社会の権力の限界について」では個人が各自の個性を発揮して生きられることの大切さが説かれている。また、危害原則は人間の行うもろもろの活動や表現、信じる宗教や実践する生き方などの幅広い領域に適用できるものだ。『自由論』では、第二章の章名にもなっている「思想と討論の自由」よりも「生き方の自由」に関する議論のほうに紙幅が割かれている。この点を考慮しつつも、本章では議論の都合から『自由論』の第二章を主に取り上げる。

さて、「意見の自由」に危害原則を適用すれば、以下のようになる：意見を発表する自由が存在することは、その意見が正しいか間違っているかを問わず意見を発表する本人にとっても他の人たちにとっても有益である。したがって、他人に危害を加えない限りにおいて、意見を発表する自由は最大限に認められるべきだ。[*9]

逆に言えば、それが他人に危害を加えるものであれば、意見を発表する自由を制限することは認められる。ミルは以下のような例を挙げている：「穀物商は貧しい人から略奪している」

＊8—ピンカーの事例については、認知心理学や言語学に関して彼が書いた学術論文の内容が糾弾されたわけではなく、また先述したように学会自体からの除名ではなく要職の立場を取り下げることが請願されたに過ぎないから、彼が意見を発表する機会が直接的に奪われようとしたわけでもないことなど、やや微妙な要素もふくまれている点には留意しておこう。…とはいえ、ピンカーに対する公開書簡のなかでは『暴力の人類史』という彼のセミアカデミックな著作の内容も取り沙汰されていたこと、そしてピンカーが糾弾されることが「見せしめ」としてアメリカ言語学会に収まらずアメリカのアカデミアに所属する人々全般に委縮効果を与えた可能性などを考慮すれば、やはりアカデミアの信頼性や制度的反証のプロセスを毀損する事件ではあったと、わたしは思う。

＊9—文中の引用は光文社古典新訳文庫版（２０１２年）に基づくが、章名については岩波文庫版（２０２０年）に基づいている（前者の「思想と言論の自由」より後者の「思想と討論の自由」のほうが本章の議論にとって適切な訳であるため）。

という意見を公の場で言うことは通常は認められるべきだが、興奮した群衆が穀物商の家の前に集まっているときにその意見を連呼すると、暴動を引き起こして穀物商に危害を与える可能性が高いだろう。後者のような場合には意見の自由を制限することも許容され得る。

哲学者のジョセフ・ヒースは、危害原則には「危害」という概念がきちんと定義されていないという問題があることを指摘する。ミルが挙げている例ですら、意見を言っている人が穀物商に対して直接に「危害」をもたらしているわけではない。穀物商に対して危害を与えるのは、あくまで、意見によって扇動された群衆だ。そして、意見を言っても群衆が扇動されない可能性も存在する。この事例において意見がもたらす危害は間接的なものであるし、実際に危害が生じるかどうかはあくまで可能性の問題なのだ。

ヒースを含む多くの論者が指摘しているのは、現代では「危害」の範囲が拡大解釈されており、それによって危害原則も乱用されていることだ。

危害原則の伝統的な解釈では、「その表現によって不快になった」とか「その行動のせいで心が不安になった」とかいったことは「危害」にはあたらないとされる。不快感や不安はだれのどんな表現や行動にも感じられ得るものであり、それだけで自由が制限されるとなると、実質的にどんな表現や行動も禁止することができてしまうためである。

しかし、近年では「意見や表現によって不安にさせられることは、メンタルヘルスに影響を与えてうつ病や自傷行為などを引き起こす」として、不快感や不安を「危害」に直結させるロジックが発展されている。さらに、「マイクロアグレッション」や「ステレオタイプ」や「へイトスピーチ」がマイノリティに危害をもたらしているという主張が普及したことで、過去に比べてはるかに多くの行為や表現を「危害」であると解釈することが可能になった。そして、これらの拡大解釈は、マジョリティのものとされる意見を危害原則によって排除することに利用されている。

シンガルは以下のように書いている。

> ある種の議論を「暴力」と呼ぶことが一部の学界でいくら流行しようとも、少し立ち止まって、［議論のことを］このように捉えるのがいかに見当外れで逆効果であるかを考えることは大切だ。トランスの人々は、アメリカや世界中の大半の部分で、毎日のように現実の物理的な暴力の脅威にさらされている。［だが、］マニアックな哲学論文でアイデンティティとアイデンティティ移行についての詳細をはっきりさせようとすることは、暴力的な行為ではない。この種の「言論は暴力だ」という物言いが定着してしまったのは実に残念なことだ。トランスの権利（または他の周縁化された集団の権利）に反対する人にとっては、暴力に対する正当な抗議までをも「ヒステリーだ」と一蹴することがかなり簡単になってしまうからである。[*10]

*10—https://nymag.com/intelligencer/2017/05/transracialism-article-controversy.html?mid=Twitter-share-di

ヒースによる批判はさらに具体的で辛辣だ。

トゥベルの論文の場合、撤回を要求する論拠が存在しなかった以上、ネットの陳情の目的は明らかに懲罰的なものだった。陳情が要求しているのは明らかに「論文の」検閲であったのに（それ自体はリベラリズムに反している）、撤回を要求する（こちらはリベラリズムに反しない）という体裁をとっていたのである。

陳情書における、論文の撤回を求めるための中心的な議論は、トゥベルの論文が生じさせた「危害」に関する問題や、論文の掲載が「危険」であるという主張によって構成されていた。多くの人は「フェミニスト学術誌に掲載された、アイデンティティと社会的構築に関するまったく抽象的な議論を扱っている論文が、どんな危害を生じさせられるというのだろう?」といぶかしがった。一部の署名者はトランスジェンダーの自殺率の高さを指摘して、「トランスジェンダーの人々の［アイデンティティに関する］主張に疑問を投げかけたり議論をけしかけたりする者はトランスジェンダーの人々を自傷行為に追いやっている」と主張することで、陳情書を擁護しようとした。

この主張が間違っていることは明らかだ。自殺率の高い社会的グループに属する人を動揺させることが「危害」と見なされるべきであり、言論を撤回させることを正当化するのに十分な理由となる、という考え方における「危害」の解釈は擁護できるものではない。銃を所有する若い白人のアメリカ人男性の自殺率も非常に高いが、彼らの気持ちを傷つけることを懸念する人はいないだろう。より一般的に言うと、このようなかたちで「危害」が適用される範囲を拡げていくと、実質的には、あらゆる行為について「危害が含まれる」と解釈できるほどに「危害」の範囲が拡がってしまうのだ。そうなると、表現の自由は徹底的に弱められてしまう。署名者たちの主張では、明らかに、一部の人々が不快に感じる特定の意見を禁止するために「危害」という概念が恣意的に改変されているのだ。[*11]

筋金入りのリベラリストであるヒースと、保守主義に理解を示すハイトは、さまざまなトピックについてそれぞれ相反する意見を持っている。しかし、学問や言論の自由という問題については、両者ともがミルの『自由論』に言及しながら類似した主張をしているのだ。[*12]

1859年に書かれた『自由論』は、現在に至るまで、表現の自由を支持する主張の支柱となっている。昨今における学問の自由や意見の自由（とその自由に迫っている危機）について考えるうえでも、ミルの議論に立ち戻ることは避けられない。

以下では、「思想の自由市場」論と呼称されることも多いミルの主張について、さらに掘り下げよう。

＊11—https://www.readtheline.ca/p/joseph-heath-woke-tactics-are-as

＊12—ただし、ヒースはハイトの「アカデミア内の政治的な意見の多様性を保つために、一定の割合で保守や右派の教授も採用すべきだ」といった主張については強く批判している。
https://induecourse.utoronto.ca/affirmative-action-for-conservative-academics/

2　「思想と討論の自由」を擁護するJ・S・ミルの議論

2－1　「思想の自由市場」論の概要

「思想の自由市場」論の考え方を簡単にまとめると、以下のようになる：ある物事についての事実や真理とはなにかを知ったり、何らかの論点についての妥当な解答とはどういうものであるかを理解したりするためには、どんな意見でも発表できて、異なる意見を持つ者同士が議論できる場所が不可欠だ。

ある人が持つ意見や少数派の意見を多数派が「間違っているはずだ」と決めつけて、議論の俎上に載せもせずに排除することは認められない。わたしたちが真理にたどり着くためには、対立する意見をぶつかり合わせて、より真理に近い意見はどちらかということを判断していく必要がある。したがって、どんな意見を持つ人であっても、議論の場に参加できるようにするべきだ。異端である意見を排除すればするほど、わたしたちは真理から遠ざかってしまうのだから。

多数派の意見と少数派の意見のどちらが正しいか、あるいはどちらにも正しさがあるかどうかということ自体が、そもそも議論を経なければ判明しないことである。そして、実際の事態が以下の三つのうちのいずれであったとしても、少数派の意見を弾圧したり制限したりしてはならない、とミルは論じる。

一・多数派の意見が間違っていて、少数派の意見が正しい場合
二・多数派と少数派のどちらの意見にも、それぞれに正しさがある場合
三・多数派の意見が正しく、少数派の意見が間違っている場合

このうち、一つめと二つめの場合については、少数派が意見を言う自由が守られるべき理由を理解するのは簡単であるだろう。

まず、そもそも、現時点で多数派である意見のほうが誤りであって、少数派の意見のほうが真理だということがあるかもしれない。天動説と地動説との論争をはじめとして、このような事態は歴史上に多々存在してきた。現時点で多数派である意見のほうが誤っているとすれば、少数派の意見を排除し続ける限り、わたしたちは永遠に真理にたどり着くことができなくなってしまう。

また、実際の議論においては、「片方の意見は完全に正解であり、もう片方の意見は完全に間違っている」という状況のほうが珍しい。多数派の意見はおおむね正しいが一部の誤りが含まれており、少数派の意見は基本的には間違っているが一部の真理を含んでいる（あるいはその逆）、という状況も多々あるだろう。このような場合には、意見をぶつかり合わせることで、多数派の意見のどこがどう間違っていて、どのように修正すればいいかが明確になる。逆に言えば、一見すると完全に間違っているような意見であっても、その意見を提示することが許されないような状況では、一見すると正しいように思える意見に含まれている一部の誤りが気づ

かれないままになってしまうのだ。

では、「多数派の意見が正しく、少数派の意見が間違っている場合」はどうだろうか？　現時点の意見が正しいと確信が得られていて、少数派の意見が間違っていると判断することが可能である場合には、少数派の意見をわざわざ取り上げて相手にする必要がないのではないか？

ミルによると、「世間で受け入れられている意見は正しいが、その正しさをはっきりと理解し、深く実感するために、反対意見の誤りと闘うことが不可欠な場合」が存在する（ミル、112頁）。また、彼は以下のようにも書いている。

どんなに正しい意見でも、十分に、たびたび、そして大胆に議論されることがないならば、人はそれを生きた真理としてではなく、死んだドグマ［教条］として抱いているにすぎない。（ミル、87頁）

現時点で世間に受け入れられている意見が誤りを含まない真理であったとしても、議論が存在しない場では、わたしたちはその真理が「なぜ正しいのか」を示す根拠を知ることができない。

ある意見の「正しさ」を知るための最善の手段とは、反論をぶつけて、反論に対して矛盾なく解答されるかどうかを判断することだ。議論を経ることなく、「この意見は正しい」と言い張られるだけでは、わたしたちはその意見の正しさを理解することも信頼することもできない。「正しいと言われているのだから正しいのだ」と無批判に受け入れてしまうか、「正しいと言われているが、ほんとうに正しいのか?」という不安を抱いたままになってしまうだろう。

2-2 科学的知識をめぐる議論の難しさ

哲学者のジョナサン・ウルフは、「多数派の意見が正しく、少数派の意見が間違っている場合」の具体的な事例として、進化論に関する問題を挙げている。

ウルフによるとダーウィンの理論にはおおむね正しいながらもいくつかの欠点があり、知性的で科学の訓練を受けた人であっても、ダーウィニズムを認めずに生物の起源に関する他の仮説を支持する、ということは有り得てきた。しかし、進化論を支持する生物学者たちは、「知性のある人ならみんなダーウィニズムを認めるだろう」と考えて、進化論に対する反論をまともに取り扱うことをしてこなかった。そのため、宗教的原理主義者がダーウィニズムに対する洗練された反論を提出したときに、生物学者たちはその反論に答えることができなかったのである。結果として、宗教的原理主義者は「ダーウィニズムは反論にも答えられない虚偽の理論だぞ」と喧伝して、自分たちの唱える「創造科学」の支持者を増やすことができてしまった。

創造論の科学的な価値は「ゼロ」であり、実際には進化論に釣り合うものではないことは、ウルフも認めている。だが、反論を相手にしてこなかった進化論は、ミルが言うところの「死んだドグマ」になっていたために、本来得られるべき支持者を失っていたのかもしれない。

とはいえ、とくに科学や歴史など何らかの形での「事実」を取り扱う学問において、正しい意見に対する反論を取り上げることについては、危惧を抱く人も多い。

現代の社会では、わたしたちは子どもの頃から学校で科学的な思考の方法を教えられており、生物学や化学などについても基本的な知識を学ばせられるとはいえ、すべての人が成人した後にも科学的な思考方法や知識を保持しているとは限らない。わたし自身がいわゆる典型的な「文系」の人間であるからわかるのだが、多くの人にとっては、自然科学（や社会科学）にはブラックボックスのようなところがある。

わたしが科学的な知識を「事実」だと原則として受けとめているのは、たとえば生物学や天文学や薬品化学などの理論や研究の積み重ねを科学者のように理解しているからではなく、「科学的な学問である以上は厳密な議論や査読などのプロセスが存在しているはずであり、そこから生み出された知識は信頼に値するだろう」という、ある種の権威主義に基づいている。

とくに現代ではミルが生きた時代に比べても科学という制度が発展しており、幅広い分野の科学に関して骨子となる理論や最新の研究成果をすべての市民が理解するということは、そもそも不可能だ。したがって、「この科学的知識は正しい」という了解が広く社会に行き渡るためには、「権威」に対する信頼という要素がどうしても必要になってくる。

しかし、たとえば、生物学者が創造論者の意見を取り扱って議論がはじまった段階で、生物学に詳しくない人たちからは進化論と創造論が「対等」な理論に見えてしまうかもしれない。生物学者たちは普段からの研究やこれまでの勉強を通じて進化論の科学的な厳密さを理解しており、創造論の間違いを理解できているとしても、第三者は進化論について生物学者のように厳密な理解をしているわけではない。そのため、創造論のように的外れな理論にも〝もっともらしさ〟を感じてしまう可能性がある。そして、進化論について反論がされているというだけで、その反論の質や妥当さとは関係なく「反論がされているんだから、進化論が真理だというわけではないんだな」と思ってしまうかもしれない。結果として、創造論者の意見を取り扱って反論するだけでも、「進化論は生物の起源に関する正確な理論だ」という世間の了承が揺らいでしまうおそれがあるのだ。

アメリカなどの国に比べると、日本では創造論の影響はそれほど強くない。しかし、主流派である意見と異端である意見が対等に扱われるだけでも問題が起こる分野は、他にもある。たとえば、医学や公衆衛生などにおいては、主流派とは異なる（そして、科学的にも間違っている）意見が流通するだけでも個人や社会にとって危害を及ぼすおそれがある。このような意見に何らかのかたちで制限を加えることは、「危害原則」によって認められるだろう。

2022年11月まで、ツイッターは新型コロナウイルスやそれを予防するためのワクチンに関して誤解を招く情報を発信することについて警告やアカウント凍結などのペナルティを課していた。[*13] とくに医学に関する情報について、プラットフォームやメディアは異端の意見を取り上げたり流通させたりすることに慎重になるべきだという主張には、多くの人が同意するはずだ。

＊13―https://help.Twitter.com/ja/rules-and-policies/medical-misinformation-policy
なお、「表現の自由」を重視することで有名なイーロン・マスクに買収された後、旧ツイッター社はこのポリシーを撤回した。

2-3 「歴史修正主義者」の意見は制限されるべきか？

歴史学においても、異端である意見の扱いには慎重になるべきかもしれない。

多くの歴史学者は、ホロコーストや南京大虐殺の存在を否定する「歴史修正主義者」の主張をまともに取り扱うべきではないと考えている。歴史修正主義者は歴史学の学位を持たない素人の著作家であることも多く、その主張は通常の歴史学の議論に求められるような厳密さや手続きに欠けていることが大半だ。また、歴史に関して正しく把握することを目的にするのではなく、個人的な利害や政治的なイデオロギーのために結論ありきの主張をしているとしか思えないような事例もある。さらに、すでに否定された議論が何度も繰り返し主張されることもある。そのような議論が歴史学者によって取り上げられて反論の対象にされること自体、外側にいる人たちに「ホロコーストや南京大虐殺が存在したかどうかはまだ議論の対象になっているんだから、存在しなかった可能性もあるんだな」と思わせてしまう危険性があるだろう。

「歴史修正主義は無視するべきである」と歴史学者たちが考える理由について、自身も歴史学者である武井彩佳は著書『歴史修正主義』のなかで以下のように解説している。

多くの人は無視するのが一番だと考えた。ホロコースト否定論に注目すること自体が、否定論者の宣伝になるからだ。歴史家ヴィダル＝ナケは、ホロコースト否定論者について「月がチーズでできている」と主張するような人と譬えて、彼らと天文物理学者は議論できないと言った。ホロコースト否定論者は学術レベルを満たしておらず、対話自体を拒否すべきだということである。つまり、彼らを同じ土俵に上げてはならないということだ。

しかし、ホロコースト否定論者は月がチーズでできていると確信しているから、主張するのではない。月がチーズでできている「可能性」を繰り返すことで、人々の認識の揺らぎを呼び起こすことを意図している。真《ファクト》と偽《フェイク》のあいだの境界が曖昧になれば、当然視されているあらゆることの土台が緩み、その上にある社会制度が軋み出す。こちらの方がより深刻なのだ。

（武井、１１３～１１４頁）

このような危惧があるために、歴史修正主義者の主張を取り扱う際にも、彼らの主張が主流派の歴史学の主張と「対等」ではないことを強調する必要がある、と言われることは多い。

２０００年、ホロコーストを否認したイギリス人作家のデイヴィッド・アーヴィングと、彼を批判する本を出版したアメリカ人歴史学者のデボラ・リップシュタットおよび出版社のペンギン・ブックスとの間での裁判が開廷した。２０１６年には、この裁判を題材にしたイギリス・アメリカ合作の映画が公開された。この映画の原題はDenial（否定）であったが、邦題が『否定と肯定』となったことについては、国内で批判が起こった。この邦題は、ホロコーストの事実に関する「否定論」と「肯定論」の主張が対等に並び立つものであるかのような印象を与えてしまい、映画の趣旨に反しているからだ。

歴史修正主義に対する歴史学者の危惧はもっともなものだ。

しかし、歴史修正主義者や反ワクチン論者などの主張を無視することや、主流派の意見と対等のものとして扱わないこと、彼らが意見を発表する自由を制限することにも、危険は存在する。
　オーストリアではホロコーストの否定が法律によって禁止されており、これに違反したアーヴィングは2005年に逮捕されて、2006年に3年の服役という判決を受けた（ただし、2006年内に釈放されている）。倫理学者のピーター・シンガーは、当時に発表した記事のなかで『自由論』を引用しながらオーストリアの法律や裁判所の判決を批判している。[*14] シンガーが指摘するのは、アーヴィングを投獄することが、彼以外の否定派が抱いている「ホロコーストはなかった」という（誤った）信念を弱めるどころか強化してしまう事態だ。アーヴィングの意見に少しでも賛同している人は「ホロコーストの事実の肯定派は、証拠や議論によってアーヴィングの主張に反論することができなかったから、逮捕や投獄という手段で彼の口をふさいだのだ」と考える可能性が高いだろう。
　第二次世界大戦直後のオーストリアが民主主義を確立する過程においてはナチスの理念やプロパガンダを支持する言論を制限する措置も妥当であったが、現代のオーストリアではすでに民主主義が普及しておりナチズムが復活する危険は現実的なものでないから、言論の自由という理念を優先することのほうが重要である、とシンガーは論じる。ホロコーストの否認を禁止する法律はオーストリアのほかにもドイツ・イタリア・フランス・ポーランドに存在するが、この法律はどの国でも廃止されるべきだ。その代わりに、ホロコーストが起こったという事実や、その背景にある人種差別的なイデオロギーがなぜ否定されるべきかということについて、国家が責任を持って市民に教示しなければならない……というのが、彼の主張だ。[*15]
　歴史修正主義に限らず、ワクチンに関する議論においても、異端の意見が主流派と対等に扱われなかったり、メディアやプラットフォームで制限されたりすることを根拠として、異端の意見を抱いている人たちが「自分たちの意見は正しいものであるからこそ、証拠や議論によって反論することができない主流派は不当な手段によって自分たちの意見を制限しているのだ」と主張することはある。

とくに「事実」に関する問題については、多数派の意見が正しく少数派の意見が間違っている場合に論争が起きることにも起きないことにも、それぞれ特有の問題が存在する。論争を行うこと自体が誤った意見の宣伝になるかもしれないが、議論を制限することは誤った意見をより強固なものとするだろう。結局のところ、ある意見の誤りは、対立する意見を持っている人との議論によってしか示されないものだからだ。……しかし、誤りであると自分でわかっていながら「月がチーズでできている」と繰り返す人には、議論も無意味である。

この問題はかなり難しく、簡単に結論が出るようなものではない。たとえば、反駁された議論を何度も繰り返すような人の主張は主流派の議論に比べて格下げして扱うことや、事実について正しく認識することよりも個人的な利害やイデオロギーを目的として主張していると疑われる主張についてはその「疑わしさ」を周知するといった措置は必要であるように思われる。

＊14—https://www.project-syndicate.org/commentary/free-speech--muhammad--and-the-holocaust-2006-03

＊15—シンガー自身がユダヤ系であり、彼の祖父母もホロコーストの犠牲になったことは記しておいた方がいいだろう。

一方で、シンガーが指摘しているように、特定の意見について刑事罰の対象にするなどの苛烈なペナルティを課すことは逆効果となる危険がある。問題となっている事実の種類や深刻さによって、適切な対処方法は異なってくるだろう。「危害原則」などを指針としながら、個別の事例ごとに最良のバランスを探していくしかなさそうだ。

2-4 「規範」に関する問題でこそ「思想と討論の自由」が重要になる

わたしが思うに、ミルが主張するような「思想と討論の自由」の重要性は、「事実」よりもむしろ「規範」に関する問題においてさらに増す。

世間の人々は、ある物事についてどう扱うべきか、ある問題についてどう対応するべきか、ある人たちと別の人たちの利害が対立しているときにどう解決するべきか、といった「〜べき」（規範）が関わるトピックについて、各々に異なる意見を抱いていることがある。このとき、事実についてのトピックのように、「多数派の意見が正しく、少数派の意見が間違っている」または「小数派の意見が正しく、多数派の意見が間違っている」ときっぱり判断できることはほとんどない。規範に関して人々が抱いている意見の大半には、それがどんなものであっても、何らかの正しさや理が含まれている。そのため、規範に関して二つ以上の意見が対立しているときには、それらの意見のどれをも排除せずに公正な議論を行うことが必要とされるのだ。

アカデミアの世界に目を向けると、規範に関する学問では事実に関する学問のように「主流」と「異端」がはっきり分かれていないことに気づくだろう。

たとえば、倫理学や政治哲学の教科書では、功利主義やカント主義や共同体主義やフェミニズムなどの対立する理論が、いずれも並び立つ対等なものとして扱われている。倫理学者や政治哲学者は、対立するさまざまな理論について学んだり検討したりしたのちに、論理や証拠や直観に基づきながら判断して、ひとつ（または複数）の理論について「この理論は他の理論に比べて正しいものだ」と結論づけて、その理論を支持することになる。彼は、自分が支持する理論の正しさを主張して、他の人たちも自分と同じ理論を支持すべきだと説得するだろう。……とはいえ、他の理論を支持している学者たちが自分と同じような過程を経たうえで「この理論は他の理論に比べて正しいものだ」と結論づけていることも、倫理学者や政治哲学者はちゃんとわかっている。

基本的に、規範が関わる学問で行われる議論ではどちらかの主張が「正解」や「真理」であると客観的に判定されることは期待できない。さらに、「不正解」や「誤り」が確定するとも限らない。明らかに筋が通っていない理論や他の人たちから賛同される見込みがほとんどない理論、客観性や中立性のない恣意的な理論や自己中心的な理論は論駁されて退けられるだろう。だが、一定の妥当性や説得力があっていちど支持を得た理論は、その後も残り続ける（たとえば功利主義は20世紀の後半に勢力を失ったが、その支持者は残り続けたし、21世紀になってからは勢いを取り戻している）。

規範に関する学問で行われる議論の意義は、道徳や政治といった物事についてとり得る考え方や、具体的な問題について抱き得る意見が明晰になることだ。考え方や意見を明確なかたちで主張して、他の立場からの批判や反論がなされることで、その考え方や意見の問題点や特徴が浮き彫りにされていく。あまりに筋が通らない考え方や理に適っていない意見は反論に耐えられず、説得力がないことが周知されて支持者を失っていくだろう。一定以上の強度を持った考え方や意見についても、批判を受けて修正されたり、再反論のために考え方や意見の強みをよりはっきりとさせることが必要になったりする。この過程を通じて、議論に参加している人々は、自分自身と相手が抱いている考え方や意見についての理解を深めていくことができる。

そして、規範に関する議論で哲学者たちが提唱する理論や主張の大半は、世間において人々が抱いている考え方や意見から乖離したものではない。哲学の議論で行われているのは、世間の人々には見当もつかないような正解や真理をどこかから引っ張り出して教示することではない。哲学者たちが行っているのは、世間の人々が抱いている見解の矛盾を整えて論理的なものにしたり、その見解の背景にある前提や推論の構造を明示したり、その見解を他の物事に適用するとどんな判断になるのかを提示したりすることである。

わたしたちは、いろいろな考えや意見を心の内に抱いている。ときには、その意見を家族に言ったり、友人と議論したり、ＳＮＳやブログに書いたりするだろう。しかし、大半の場合には、それらの意見は自分でもうまくまとめられていなかったり、論理がきちんとつながっていなかったりする。本題とはあまり関係のない余計な主張が混ざっていたりすることも多い。しかし、書物や講義を通じて哲学者たちの議論に触れることによって、雑味を取り除いてクリアにまとめられた「説明」を得られて、自分の考え方や意見（とそれに対立する他人の考え方や意見）についてより明晰に理解できるようになる。

つまるところ、規範に関して学者たちが行う議論について、公衆はより深く理解できるようになる。アカデミアは知識だけでなく理解を産出する制度や環境であること、制度的反証は知識だけでなく理解の質も良くしたり確かさを保証したりするということは、やや掴みづらいかもしれないが、重要なポイントだ。

確証バイアスについても、その単語が存在しない19世紀の時点で、ミルは問題を認識していたようだ。議論がうまく進行するためには、異なる立場の人たちが議論の場に参加することが必要であると彼は論じている。わたしたちが論敵の意見を自分の頭のなかで想像するときには、それを「論破」しやすいように相手の意見を非論理的なものや間違ったものとして想定する誘惑から逃れることは困難であるからだ。たとえば功利主義者しかいない場所でカント主義に対して反論しようとしても、功利主義者たちが「カント主義者たちの考え方はこのような議論に基づいており、カント主義者ならこの問題についてはこのような意見を主張するだろう」と想定するものは、カント主義者たちが実際に行っている議論や主張からはズレたものとなるだろう。一方で、議論の場にカント主義者が参加していれば、彼の主張を最善のかたちで聞くことができる。

人の意見は、それをほんとうに信じている人から直接聞くことができなければならない。本人なら自分の意見を熱心に語るし、なるべくこちらにわかってもらえるよう精一杯努力するはずだ。

つまり、人の意見はもっとも納得できる形で、そしてもっとも説得力のある形で受けとめなければならない。その問題を正しく眺めようとするときに遭遇し、対応せざるをえない難事が、どれぐらい手強いものなのか、きちんと実感しなければならない。それを避けていたら、自分がいだいている真理のうちにある、その難事に対応してそれを除去してくれる部分を、けっしてほんとうには把握できないであろう。（ミル、91〜92頁）

2-5 ピーター・シンガーの事例：「新生児の安楽死」に関する議論

倫理学や政治哲学などの抽象的な理論に関してだけでなく、規範が関わる具体的な問題についても「思想と討論の自由」は重要になる。

たとえば、シンガーが『実践の倫理』などの著書で行った主張はさまざまな批判の対象となってきた。そのなかでもとくに問題となったのが、「両親の同意があるなどの条件が満たされるとき、重度の障害を持つ新生児を安楽死させることは許容されるべきだ」という主張だ。

新生児の安楽死に関するシンガーの主張それ自体を詳しく掘り下げることは本稿の目的ではないので、この主張の紹介は簡潔に済ませよう：まず、新生児は意識や自己認識に関する能力が未発達であり、「自分とはこういう人間だ」「自分はこれからこう生きたい」という信念や選好を持っていない。このような存在が自分自身の「生」について利益を持っているとは言いがたいから、新生児を殺害することは、成長した子供や成人を殺害することのようには不当ではない。むしろ、意識や自己認識に関する能力という点では、新生児は成人や子供よりも胎児のほうにはるかに近い。したがって、新生児を殺害することの不当さは、妊娠中絶によって胎児を殺害することの不当さとほぼ同等である。だから、特定の条件で胎児の殺害が許容されるなら、同じ条件で新生児の殺害も許容されるべきだ。
また、一部の親は、重度の障害を持った子供を産み育てることに不安やプレッシャーを感じて、その子供の代わりに健常な子供を新たに妊娠して育てることを望む。そして、重度の障害を持つ子供よりも健常な子供のほうが、本人がその人生で幸福を感じられる見込みは高いだろう。これらの理由から、出生前診断によって胎児に重度の障害があると判明したとき、妊娠中絶によってその胎児を殺害することは許容されると考えられる。それならば、重度の障害がある胎児と同じように、重度の障害を持つ新生児を安楽死させることも認められるべきである。

察しの通り、この主張は障害者差別であるとして、アカデミアの内外から批判されてきた。倫理学や社会学や障害学などのアカデミックな領域においては、シンガーの議論に反論する論文や書籍は多数発表されている。また、その主張が原因で、シンガーが公的なイベントで自身の意見を発表することはたびたび中止に追い込まれてきた。たとえば、１９８９年にドイツの哲学シンポジウムで行われる予定だった講演は学者や市民グループによるボイコットのために中止されて、２０１５年にも同じくドイツの哲学イベントに招待されていたのが取り消されてしまった。[*16] また、２０２０年にも、ニュージーランドで行われる予定だった講演が現地の市民やメディアによる批判のために中止させられたのだ[*17]（このように抗議運動によって講演を取り止めさせて、問題があるとされている意見を持つ人が公の場で発言することを妨げる活動は「デプラットフォーミ

＊16—https://theconversation.com/cologne-peter-singer-and-disinvitations-43412

ング」と呼ばれている)。

しかし、仮にシンガーの主張が障害者差別であるとしても、その議論は現時点の社会で一定以上に受け入れられている意見を洗練させたものであることには留意すべきだ。結局のところ、出生前診断によって障害があると判明した胎児を中絶させること（選択的中絶）は、現在の社会でも許容されているのだ。シンガーの主張は選択的中絶の背景にある論理を一歩進めて、胎児だけでなく新生児もこの行為の対象にされるべきである、と論じるものだ。

もちろん、現在の社会で認められている選択的中絶についても「障害者差別」や「生命の選別」であると批判されているし、選択的中絶を禁止するために法律や社会のルールを変えるべきだという声もある。しかし、差別であるかないかに関わらず、医療関係者や市井の人々の一部は「出生前診断に基づく障害児の選択的中絶は許容される」という意見を抱いている。この時点で、選択的中絶の問題は議論の対象にならざるを得ない。選択的中絶を否定する側にも肯定する側のどちらにもそれぞれの理や正しさがあるだろうから、両者の主張について論点や前提や議論の筋道を明示したうえで、それぞれの主張の良し悪しについて考える必要がある。

そして、シンガーが著書や論文で行っている主張は、選択的中絶を肯定する側にとっては自分たちの主張を明確に認識するために役立つし、選択的中絶を否定する側にとっては相手の主張を明確に認識するために役立つであろう。つまり、シンガー（や他の生命倫理学者たち）が「重度の障害を持つ新生児の殺害は許容されるべきだ」という主張を展開する自由が保証されていることは、わたしたちのだれにとっても有益であるのだ。

自分が言いたいことしか知らない人は、ほとんど無知にひとしい。彼の言い分は正しいかもしれないし、誰も論駁できなかったかもしれない。けれども、彼もまた反対側の言い分を論駁できず、あるいは相手の言い分の中身も知らないなら、彼がどちらの言い分を選ぶにせよ、その根拠はゼロである。

（ミル、90〜91頁）

また、シンガーの主張は「国家や社会の利益のために障害者は殺害するべきだ」というナチズム的な思想に結び付けられることも多い。２０１６年に起こった相模原障害者施設殺傷事件に関しても、犯人の植松聖とシンガーの思想は類似していると主張する議論が国内でも海外でも散見された。

しかし、シンガーが主張しているのは「障害を持って生まれてくる当人」「生まれてくる障害者の両親」「障害を持った人を中絶・安楽死した場合に代わりに生まれてくるであろう存在」それぞれの幸福や利害を考慮したうえで障害を持つ胎児や新生児の殺害が許容される（場合がある）ということであり、「国家や社会の利益のため」に殺害することを認めるものではない。

この違いがシンガーの議論では明示されていることも、選択的中絶の肯定派と否定派の双方にとって有益だ。肯定派は、選択的中絶を認めながらもナチズム的な思想に反対するという考え方が存在し得るのを知ることができる。もし彼がシンガーの主張を知る機会がなければ、自

＊17—https://www.theguardian.com/world/2020/feb/19/peter-singer-event-cancelled-in-new-zealand-after-outcry-over-disability-stance

分自身で誤った前提や推論に基づく主張を展開して、「選択的中絶を認めるなら、国家や社会の利益のために障害者を殺害することも認めるべきだ」という信念を抱くようになってしまっていたかもしれない。

否定派は、ナチズム的な思想に基づかずに選択的中絶を擁護する考え方が存在し得るのを知ることで、自分たちが批判している意見の実体についてより深い理解を得られる。もし否定派がシンガーの議論に触れずに「ナチズム的な思想を論駁すれば選択的中絶を許容する議論も否定できる」と考えていたなら、ナチズム的な思想とは異なる理路によって選択的中絶を許容している人々の意見に反論することができず、有効な主張を展開できなくなるだろう。そうすると、「選択的中絶は禁止されるべきだ」という彼らの意見の説得力も失われて、その意見が社会的に認められる可能性は低くなってしまうのだ。

ミルは「真理は常に迫害に打ち勝つから、迫害は真理が通過すべき試練である」という意見に対して以下のように反論している。

> 真理は迫害されて傷つけられるようなものではないから、真理への迫害は不当なことではない、と主張する理論である。われわれは、この理論が新しい真理の受け入れに積極的に敵対するものだと非難することはできない。しかし、人類に新しい真理をもたらした人への迫害を許容する点は賛成できない。
>
> （ミル、70頁）

シンガーが意見を発表したことについて、講演を中止に追い込むなどの手段でペナルティを課すことは無益だ。彼が論文や著作で意見を発表する自由は守られているとしても、講演によってそれをさらに広く知らしめる権利が失われてしまう。それ以上に、アカデミックな手続きを経た反論ではなく非正式的な抗議によって意見や人格が非難されることは、意見を発表し続けるモチベーションを彼から失わせるかもしれない。さらに、シンガーがキャンセルの対象になっているのを目にした彼よりも立場の弱い学者や若い学者は、「障害者差別」と批判される部分のある意見を持っていたとしても、その意見を論文などのかたちで発表するのを尻込みするようになるはずだ。

とくに規範に関する意見を弾圧することは、その意見を抹消するというよりも、意見を地下に潜らせるという結果をもたらす。もしシンガーや他の生命倫理学者たちが障害を持つ新生児の安楽死や出生前診断に基づく選択的中絶を擁護する議論を発表しないようになったとしても、それらの主張と類似していたり共通していたりする意見は世間に残り続けるだろう。アーヴィングが逮捕されたのを見たホロコースト否認論者と同じように、彼らは自分たちの意見をますます強めるかもしれない。「選択的中絶を批判する人たちと議論しようとしても、人格非難をされたり不当な方法で黙らせられたりしてしまうのだ」と考えた人たちは、表向きに意見を発表することを控えるようになるかもしれない。だが、自分たちの意見に基づいた行動は粛々と実践し続けるだろう。

2-6 「トランスジェンダー問題」も議論されるべきだ

前述したような事態は、選択的中絶に限らず、人々の意見が割れていて議論の対象となっているどんな問題にも起こり得ることだ。

たとえば、トランスジェンダー女性の利害とシスジェンダー女性の利害をどう調整するか、両者の権利が対立しそうな場合にはどう調停すればいいか、という問題に関する議論が現代の社会で必要になっていることは明らかだ。言うまでもなくトランスジェンダー女性はマイノリティであり、自身のアイデンティティが社会的・制度的に承認されていないことで、さまざまな不利益を被っている。その一方で、シスジェンダー女性のなかには、トイレや銭湯や刑務所などの女性専用スペースに身体的には男性である人が入れるようになることで自分たちに危険が及ぶことや、トランスジェンダー女性が女子スポーツに参加することで身体的に女性である人が活躍する機会が奪われることを懸念する人がいる。

トランスジェンダー女性やその支持者は、シスジェンダー女性の抱いている懸念が誇張されたものであることを指摘したり、その懸念は差別的な偏見に基づいたものであると論じたりすることが多い。また、シスジェンダー女性が安易に「懸念」を持ち出すこと自体がトランスジェンダー女性に負担をかけていると主張される場合もある。

実際のところ、ネット上のコメントなどを見ると、トランスジェンダーに関する話題が上がるたびに、その話題とは具体的に関係がなくても「女風呂」や「スポーツ」の問題を持ち出す、という類の人が多いのはたしかだ。トランス当事者である著者らによって書かれた『トランスジェンダー入門』（周司あきら、高井ゆと里著、集英社新書、2023年）には、以下のような記載がある。

> 繰り返しますが、トランスジェンダーの法的な性別承認は権利の問題です。そうした人権の問題を話しているときに、すぐに公衆浴場やスポーツなどの局所的な場面の話が持ちだされることに、トランスの人たちは本当にうんざりしています。それらは、それぞれ事業者や団体が個別運用の次元で対応すべきことであり、性別承認というトランスの人権の話とは次元が違います。どうか、本当に話すべきことを見失わないでください。
>
> （周司、高井、171頁）

トランス当事者が「うんざり」していることは察するに余りある。

しかし、仮に差別的な偏見に基づいていたり的外れであったりするとしても、実際にかなり多くのシスジェンダー女性がその懸念を抱いているという事実を無視することもできない。シスジェンダー男性であるわたしの目から見ても、この問題は選択的中絶の問題と同じように未解決だ。どちらの側の意見にも（程度の差はあれども）正しさや理が存在しているようであり、どちらの意見が正しいかを判断したり利害を調停する落としどころを見つけたりするためには議論が必要になる。

だからこそ、トゥベルやストックの論文や主張を公開書簡によって非難して、彼女たちの意見にペナルティを与えることは無益なのである。懸念を抱いているシスジェンダー女性たちは、「自分たちの意見は哲学者にすら反論できないものであるから、非正式的な手段で黙らせられたのだ」と思うようになるだろう。彼女たちはもはやアカデミックな議論に期待を抱けなくなり、自分たちだけで練り上げた議論を喧伝するようになる。だが、その議論はアカデミックなものとは異なり反論や批判を受ける過程を経ていない独善的なものだ。また、事実に関する問題で彼女たちが参照する情報も、一方の側に寄った信頼性の薄いものとなるだろう。そうなると、トランスジェンダー女性に対して彼女たちが抱いている懸念は消えるどころか増してしまい、危うく過激なものに変化する可能性のほうが高い。

論争の片方の側に「自分たちの意見は相手側の意見と比べて対等に扱われておらず、不利で不公平な状況で議論を強いられている」と思わせてしまうのは、もう片方の側にとっても有害なことなのである。

3 ロナルド・ドゥオーキンの「表現の自由」論

3-1 ミルの議論の弱点

前節では、「思想の自由市場論」に基づきながら「思想と討論の自由」を擁護するミルの議論を紹介してきた。

しかし、実はミル的な議論も万能ではなく、さまざまな弱点が存在する。

まず気になるのは、わたしたちの知性や理性についてミルはあまりに楽観的に過ぎやしないか、というところだ。たしかに、歴史学者が歴史修正主義者を無視することなく議論を行うことで、歴史学の知識の正しさと歴史修正主義の間違いが改めて浮き彫りになる可能性もある。しかし、歴史学者が危惧する通り、その議論を眺めていた人たちはレトリックに惑わされたり雰囲気に流されたりして「歴史修正主義のほうが正しそうだ」と思ってしまうかもしれない。……というか、実際に多くの人々が歴史修正主義に説得されてしまっている事実があるからこそ、歴史学者たちは歴史修正主義者との議論を拒否するようになったのだ。

価値に関する主張についても、哲学者や学問的な思考に慣れている人なら議論や立証の質の良し悪しを判断できるかもしれないが、そうでない人は、論証の内容に関係なく自分の気に入っている結論を支持している主張を肯定するかもしれない。結論ありきの人には、その主張の問題をいくら示しても無駄だ。

政治哲学者のジェレミー・ウォルドロンは、ミルの主張の核となる部分を以下のように要約している。

『自由論』におけるミルの立場とは、真理の探究は論争の唯一の重要な点ではない、というものだった。彼の言うところでは、論争は公衆の間に確立された真理についての「生き生きとした理解」を維持し、それらの真理が「感情の中に浸透し、行動に対する真の支配を獲得する」ようにするためにも、言い換えれば、それらがたんに教説の空っぽの殻にならないようにするためにも、重要である。

（ウォルドロン、229頁）

ヘイトスピーチ規制を支持するウォルドロンはミルの議論に反対している。ミルは多数派の意見に反対する少数派の存在は喜ばしいことであり、彼らに感謝すべきとも書いているのだが（少数派が議論を行ってくれることで多数派の意見の正しさを確かめる機会が得られるから）、そうするとわたしたちは明白な差別主義者にも感謝しなければならなくなる。ウォルドロンは「アフリカ系の人々は劣等な形態の動物だと信じている少数の狂信者」を例に出して、そのレベルの人種差別的な主張は間違っているとして決着はもう着いているのだから、このような意見までわざわざ取り上げて議論するのはこれまでの社会の進歩を台無しにするものだと論じる。これはもっともな指摘だ。

さらに不安なのが、真理についての「生き生きとした理解」を得られる人が実際にどれだけいるのか、というところだ。そもそも真理が何であるかということに興味を持たない人も多くいるかもしれない。[*18] 真理について興味を抱いている人々も、残念ながら、議論を分析して検討するためのスキルや意欲や時間に欠いているかもしれない。物事を伝えたり教えたりすることが仕事や趣味の人であれば、どれだけ言葉を積み重ねたり伝え方を工夫したりしてもまったく理解してもらえなかったり、とんちんかんな誤解をされたりするという事態を経験したことがあるだろう。

さらなる弱点は、ミルが功利主義者であり、彼による思想の自由市場論も「事実や規範についての知識」や「真理についての生き生きとした理解」などの帰結が得られること（さらにその帰結が人々の幸福に寄与すること）が前提となっているところだ。わたしとしては、この前提は正しいと信じたい。だが、もし「思想と討論の自由」が疑似科学的な意見や差別的な意見を世に広めて、社会に益よりも害を多くもたらすのなら、このまま思想の自由市場を肯定するわけにもいかない。

ウルフは、『自由論』について「人間が道徳的進歩を遂げることができるという考えにどっしりと依存している。これはミルにとって、信仰箇条《アーティクル・オブ・フェイス》であった」（ウルフ、171頁）と評している。[*19] 逆に言えば、真理を通じて人々が道徳的進歩を遂げていることが確かだと示されないのなら、ミルの信仰に付き合わされる理由もなくなるのだ。

3-2 言論の自由を擁護する「道具的議論」と「道徳的議論」

哲学者のナイジェル・ウォーバートンは、言論の自由を擁護する議論を「道具的議論」と「道徳的議論」に区別している。ミルの議論は、言論の自由そのものに価値があると主張するのではなく、言論の自由は知識や理解や幸福をもたらす――目的のための手段としての道具的価値がある――から擁護されるべきだと論じるものなので、前者に該当する。[*20] それに対する「道徳的議論」のあらましは、以下の通りだ。

＊18―人間の認知や思考は客観的な事実について正確に把握することが必ずしも得意ではない、むしろ事実を正確に把握することを拒否する傾向も存在する、というのは心理学の重要な知見だ。この問題を扱った本としてはターリ・シャーロット著、上原直子訳『事実はなぜ人を変えられないのか　説得力と影響力の科学』（白揚社、2019年）などがある。

＊19―ウルフの評は、「思想と討論の自由」と「生き方の自由」の両方に関する、ミルの主張を対象にしている。

言論の自由を擁護する道徳的議論は典型的には、人であるとはどのようなことかに関する概念から出発し、言論を抑制することは誰かの自律ないし尊厳――話し手であれ聞き手であれ、あるいはその双方であれ――の侵害であるという理念に至る。私が自分の見解を語ること（あるいは他者の見解を聞くこと）を阻止するのは、私が言うことから善が生じようと生じまいと単純に不正である。なぜならそれは私を自分自身のために思考し決定することのできる個人として尊重することに失敗しているからだ。このような議論は、言論の自由の保護から生ずる何らかの計量可能な帰結ではなく、言論の自由の内在的価値という観念、および言論の自由の〔原文ママ〕人間の自律との関係という概念に依拠している。

（ウォーバートン、19頁）

法哲学者のロナルド・ドゥオーキンの著書『自由の法　米国憲法の道徳的解釈』（石山文彦訳、木鐸社、１９９９年）では、「真理を追求するため」というミル的な道具的議論によって学問の自由を擁護しようとしても、大学や政府が研究に投入できる資源には限りがあることから、明らかに誤っていたり瑣末であったりする研究を制限したり止めさせたりすることが認められてしまう、という問題を指摘する。そのうえでドゥオーキンが提唱するのは、言論の自由や学問の自由はリベラルな社会の中核にある「倫理的個人主義」という考え方や「独立性の文化」を体現するものだから守らなければならない、という道徳的議論だ。

『自由の法』においてドゥオーキンが「学問の自由」を擁護している箇所の議論をごく簡単に

まとめると、以下のようになる：リベラルな社会では、体制や権威や多数派に強制されずに、各人が真理を自分自身で追求できることや自分の意見を発信できること（＝倫理的個人主義）が重要だ。そして、「自分自身で真理を追求して自分の意見を発信する」ということそのものが職務になっている点で学者という存在や大学という機関は倫理的個人主義の「お手本」であり、象徴的な価値を持つ。したがって、人々が自分の頭で考えて自分自身の意見を発信して、自分の信念に基づいて生きられるような社会を成立させるためには、学問の自由を前提にした教育制度が欠かせない。

学問を通じて生み出される知識や理解の内容などに関係なく、各人が自分の信念に基づいて生きる文化（＝独立性の文化）を守るために学問の自由は保障されるべきである、というのがドゥオーキンの主張の要点だ。

また、大学が学者を新しく雇用するときには候補者が研究している内容に基づいて判断することは認められるが、すでに雇用されている学者が研究する内容に大学側が介入することは「独立性の文化」を毀損するので認められない。テニュアをとった教授が（年老いてもうろくしたとか右傾化したとかの理由から）愚にもつかないような研究をはじめたとしても、それを許容する

＊20—ただし、『自由論』を読んでいると「ミルがほんとうに重視しているのは幸福ではなく自由なのではないか」「帰結に関係なく、自由そのものが大切だから守られるべきだと主張したいのではないか」と思わされることも多い。政治哲学者のマーサ・ヌスバウムは著書『感情と法』（慶應義塾大学出版会、２０１０年）で、ミルの主張は功利主義（＝道具的議論）ではなくカント主義（＝道徳的議論）に基づかせたほうが筋は通る、といった提案をしている。

という「文化」の存在が、大学の外にいる人々をも自由に生きやすくさせる。

3-3 「歴史修正主義者」の授業を履修した経験から

学問によって生み出される知見や知識の内容は度外視しているという点で、ドゥオーキンの議論はこれまでに紹介してきたミルの議論とはまったく異なっている。彼の主張の意義をすこしでも理解しやすくするため、ここで、わたしの体験談を語ってみることにしよう。

大学の学部生時代にわたしが所属していたサークルには、時代の問題もあってネトウヨ的な人間が多くいた。一方で、通っていた大学は左翼的なイメージが抱かれている大学であり、サークルの人間たちは「この大学の教授たちは偏っている」「サヨクの大学だから信用できない」とよく言っていた。

ところが、四年生の履修登録の際に講義リストを眺めていると、講師の欄に南京大虐殺の「否定派」、つまり「歴史修正主義」的な主張を行っている教授の名前を発見した。それも外部から招聘したわけではなく、常任教授として大学に雇用されていたのだ。専攻はまったく異なっていたが同じ文学部ということで授業の履修は可能だったので、興味本位で登録してみた。たまにサボりつつも授業を受けた結果、その教授の主張にはやはり怪しいところがあるな、とわたしは判断することになった。歴史学の議論を厳密に検証できるような知識があるわけではなかったが、授業中に繰り返される論理やレトリックに説得力がないことは、当時のわたしにも判断できたのだ。おかげで、講義を受ける前から持っていた「歴史修正主義と批判されるような議論は間違っている」という知識について、わたしは以前よりも確信を得られて「生き生きと理解」できるようになった。

とはいえ、後年になってその経験を友人に話したとき、授業を受けた他の学生たちのなかにはその教授の議論に説得された者もいたのではないか、と指摘された。それも確かにそうだ。結局のところ、わたしが授業によって説得されなかったのは、本を読んだりネット上の論争を眺めたりすることで歴史修正主義に対する「免疫」を事前に身に付けていたからに過ぎない。逆に、もともと右派的・保守的な考え方を抱いていて歴史修正主義的な考えに賛同や共感していた学生なら、授業を通じてその考えがますます強固なものになった可能性が高いだろう。

……そう考えると、誤っていたり間違っていたりする考えも授業で教えられることによって学生は真理や正しい考えについて理解を深めやすくなる、という論法で学問の自由を「道具的」に擁護することには、やはり危なっかしいところがある。議論の良し悪しを判断する能力が学生の側にあるとは限らないからだ。[*21]

むしろ、左翼的とされる大学にも保守派や右派の教授がいて、本人の意見を講義の場で開陳するのが許容されていることは、「道徳的」な議論によってのほうが擁護しやすい。わたし自身としても、例の講義を履修したことで、ドゥオーキンが論じるような「倫理的個人主義」の

*21—もちろん、実際には教授の主張がほんとうに正しく、右派や保守派の学生も授業を通じて事実に関する正確な理解を深めた一方で、わたしはネットの議論によって事前に「偏見」を抱かされていたためにせっかく授業を受けても知識を得たり理解を深めたりすることができなかった、という可能性もあるだろう。

理想を自分自身で体験することができた。また、自分の通っている大学が（左翼的だと批判されているのにも関わらず）意見の多様性を尊重しており、さまざまな考えに触れる機会を学生に提供してくれていると身をもって知ることができたのは、わたしにとって良い経験であった。

3-4 表現の自由が擁護されるべき「手続き的」理由

上述した「学問の自由」に関するドゥオーキンの議論は、基本的には学者のみが対象となる。一方で『自由の法』の別の箇所では、一般的な市民が意見を表明する自由を擁護する主張も行われている。

こちらの議論をまとめると、以下のようになる：道徳的な責任を持った人なら、人生や政治に関する価値判断を自分自身で行うことができるため、政府が「危険な意見や不快な意見は聞かない方がいいだろう」と判断して特定の意見を市民に聞かせないようにすることは、市民に対する侮辱である。さらに、市民には、自分の意見を表明する責任（と権利）がある。特定の市民が意見を表明する自由を政府が禁じることは、その市民の投票する権利を禁じるのと同じことであり、政府は市民に対して政治的な権限を行使する正当性を失うことになる。

ウォルドロンはドゥオーキンの議論について「上流の法律と下流の法律」という表現を使って説明している。上流の法律とは「ヘイトスピーチを規制する法律（意見や表現に関する法律）」のことであり、下流の法律とは「暴力や差別に対処する法律（行為に関する法律）」のことだ。

通常、ヘイトスピーチ規制を支持する人は、差別や憎悪を理由とする具体的な暴力行為や不利益な取り扱いをする行為に対して取り組むためにこそ、上流においてヘイトスピーチを規制する必要があると論じる。ヘイトスピーチによって人々に差別心や憎悪が伝播されたり醸成されたりすることが、差別的な暴力行為や不利益な取り扱いの原因であると考えているからだ。

しかし、ドゥオーキンは、立法手続きにも関わる上流の法律での規制を認めてしまうと、下流の法律にて強制力を持って具体的な行為を取り締まるための正当性が失われてしまう、と論じる。取り締まりの対象となる人々は、その取り締まりの根拠となる下流の法律に関して意見を表明したり議論したりする機会を、上流の法律における規制によって奪われているからだ。

短くまとめれば、民主主義的な社会における政府や法律の正当性を保つためには市民が自分の意見を表明し合うという手続きが不可欠であり、したがって意見表明の自由を規制することは許されない。この議論は、表現の自由を擁護するための「手続き的」な理由を主張する議論と呼べる。

上記の議論は政治や法律に関するものであり、これまでに本章で論じてきたような「知識」や「理解」を対象にはしていない。しかし、知識や理解に関しても「手続き」を重要視した議論を行うことはできるかもしれない。

たとえば、「制度的反証」はアカデミアから産出される知識や理解の正確さや適切さを実際に向上させるという帰結をもたらすのと同時に、特定の意見が事前に排除されず異なる意見を持つ人同士が公平に議論を行うという手続きが経過されているという事実自体が、アカデミアから産出される知識や理解を信頼したり尊重したりすべき理由をわたしたち（公衆）に与える。

逆に言えば、制度的反証のプロセスに歪みが生じている場合には手続きが適切に経過されず、アカデミアから産出される知識や理解を公衆が信頼する理由も失われることになる。

同じく学問の自由や意見表明の自由を扱う議論ではあるが、前述したようにミルとドゥオーキンとではその主張の理路や重点はかなり異なるため、両者の観点を同時に持つと議論がややこしくなる。

本章の第4節以降は、第2節以前と同じように、ミル的な「道具的議論」の観点に基づいて論じよう。この第3節であえてドゥオーキンの議論を取り上げたのは、表現の自由は「道徳的議論」によっても擁護され得ることやミルの議論にも弱点や異論があることを示すため、そして本章の最後で改めて論じるように、表現の自由を擁護することは簡単ではなく、複雑で難しい問題を考える必要があるということを読者に理解してもらうためであった。

4　ネットやマスメディア、書籍の議論があてにならない理由

4-1　ネットや書籍には「制度的反証」がはたらかない

ここまでは、主に大学やアカデミアにおける「思想と討論の自由」について扱ってきた。

ミルが『自由論』において「思想の討論の自由」が認められるべきだと想定している対象はアカデミアに限らず、市井の議論も含まれている。インターネットやマスメディア、書籍出版

などの現代的なメディアについても、ミル的な「思想と討論の自由」の対象になると、一般的には解釈されているだろう。

しかし、知識の探求や物事についての適切な理解を得るためには言論の自由が保障されなければならない、という道具的議論に基づいた「思想と討論の自由」の擁護を、だれもが自由に意見を発信できる（しかし字数や他人の目など独特の制約を伴う）インターネットや、書籍や情報を「商品」として取り扱うマスメディアや書籍出版にそのまま適用することは難しい。

第1節では、アカデミアには制度的反証が存在するのが前提になっているためにこそ、そこから産出される知識や理解には他にはない信頼性や権威が存在するし、逆に制度的反証が適切に機能していないと疑われる場合にはもはやアカデミアから産出される知識や理解を信頼する根拠もなくなる、と論じた。そして、インターネットや書籍出版にはアカデミアのような制度的反証がそもそも存在しないために、そこから産出される知識の正確さや理解の適切さの信頼性も乏しくなるのである。

この主張は権威主義だと批判されることがある。しかし、ここで十分に理解しておいてほしいのは、アカデミアの権威の根拠は「人」ではなく「制度」にあることだ。なにも「学者はネット民に比べて賢かったり高潔であったりするから、前者の議論は後者に比べて信頼に足りるのだ」と言いたいわけではない。アカデミアには確証バイアスや評判や金銭的インセンティブなどによって主張や議論が歪められることを防ぐための仕組みが存在するが、ネットや書籍などにはそのような仕組みが必ずしも存在するわけではない、ということだ。

4-2 ネットの議論は「社会的感情」と「金銭インセンティブ」に歪められる

本業では立派な成績を残している学者がネット上では愚にもつかない主張を連発したり陰謀論や疑似科学的な情報に騙されたり怪しい連中とつるんだりする、というのはよくあることだ。ジョセフ・ヒースの著書『啓蒙思想2・0 政治・経済・生活を正気に戻すために』では、人間の知能や理性を有効に機能させるためには環境や制度などの外的な補助装置、「外部足場」が不可欠である、と繰り返し論じられている。

紙やペンというごく原始的な道具から、国を左右する問題について時間をかけて議論する国会の二院制といった大規模な制度まで、理性の外部足場の種類は幅広い。そして、アカデミアという制度も外部足場の一種と言える。

『啓蒙思想2・0』の原著が書かれた2014年の時点で、ヒースはインターネットが政治に与える影響について下記のように書いている。

> 政治的言説の質にインターネットが与える長期的な影響はまだはっきりとはわからない。これはテクノロジーが急速に変化しているからでもあり、伝統的なメディア——特に新聞——に対する影響がまだ定まっていないからでもある。当然ながら、ツイッターは字数の制限があるため、合理的な討論には不都合だ。それは言葉による平手打ちのけんかを助長している。ツイッターが課す驚くべき「スピード欲求」もまた、合理性の立場から見ると破滅的である。だからジャーナリストや専門家がいまや毎日何時間もつぶやいたり、つぶやきを読んだりに費やしているのが、よいことであるはずはない。

ブログにはもっと大きな可能性があって、明らかに政治文化の重要な要素になった。しかし興味深いことに、合理的な討論をつづけたいと考えているブログやメディアのサイトは、「荒らし」という他人を怒らせることだけが目的でコメントを投稿する連中を積極的に検閲しなければやっていけない。

（ヒース、398頁）

2024年の現在となっては、ツイッターにおける議論にはさまざまな害があり、その害を帳消しにするだけの価値や有益さといったものももはやツイッターには存在しないという主張に、多くの人が同意するだろう。

ヒースも指摘している通り、そもそも字数に制限があるツイッターでは、物事について時間と字数をかけてじっくりと論じることはほぼ不可能だ。また、気軽に書き込みやすく、他の人たちの投稿が次々に流れていって情報がどんどん更新されていき、ついつい気になって話題にしたくなるようなトピックが「トレンド」に表示され、「リツイート」や「いいね」機能があるために他人からの評価を強制的に意識させられるツイッターというプラットフォームは、そもそも長期的な思考よりも短絡的な感情に基づいた反応を誘発するように設計されている。

ツイッターに投稿するとき、下書きをつくって自分の文章が適切なものになっているかどうか時間をかけて検討する、という人はほとんどいないだろう。字数も限られているために、但し書きや留保を付けて丁寧な議論を行うことは難しく、荒っぽく断定的な主張になりがちだ。そのため、本人にそのつもりがない場合ですら、他人の感情を煽り反発を招き寄せるような文章になりやすい。そして、扇情された相手もまた短い時間と字数で反論を行おうとするため、ツイッターでの「議論」は泥沼になりやすい。

さらに、ツイッターではだれか特定の相手とやり取りするときにもそれが他の大勢の目にさらされていることも問題だ。ツイッターでの議論は、物事についての理解を目指して相手と自分の主張の妥協点を目指したりするような穏当で前向きなものよりも、「論破」を目指して相手の主張を切り捨て揚げ足を取り合う、不毛なものが大半だ。その背景には、議論を通じて勝ち負けを決定して、どちらが賢いかとかどちらのほうに知性があるかとかを競い合う「ディベート」という文化を好む人たちがこの社会に一定数いる（とくに高学歴の男性に多い）という面もあるだろう。ディベート文化の問題は、観衆の目を意識しながら勝ち負けを目指して行う議論は、物事についての適切な知識や理解を得てそれを他の人たちに共有するという目的にむしろ相反していることにある。

そして、ネットやＳＮＳでは「クラスタ」と呼ばれる党派ができやすい。自分の主張の問題に気が付いて意見を変えたくなっても、過去の自分と同じような意見を持っている人に囲まれている状態では、それを実践するのは難しくなる。「裏切り者」として周りから非難されてしまう可能性もあるし、そうでなくてもＳＮＳ上で交流を持っている人たちと異なる意見を表明することに気まずさや面倒臭さを感じてしまうからだ。また、長年にわたってネットをやればやるほどキャラというものができあがっていき、他人からは「この人はこういう意見を持っていてこの話題にはこういったコメントをする」といった期待を抱かれるようになる。いちどキャラが付いてしまったら、自分のキャラに反する意見を表明して他の人たちの期待を裏切ることをためらってしまうものだ。

おそらく、ツイッターで議論をやっていて「少数派の意見を言ってしまったら周りから自分はどう見られるだろう」とか「この人の言っていることは間違っていると思うけど身内だから放っておこう」とか「自分の主張が間違っていることにはうすうす気が付いているけれどここで主張を引っ込めると格好悪いからあとには引けない」とかいった思考を経験したことのない人の方が少数派だろう。……白状すると、ここまで他人ごとのように書いてきたが、わたしがツイッターで意見を表明したり議論を行ったりしていた時期にも、こういった考えを抱いたことは幾度もあった。

これらの思考そのものは人間がごく当たり前に持っている社会的感情に基づくものであり、ネットに限らず、ある程度以上の人数がいて「議論」の存在する社会的な集団なら発生し得るものだ。問題なのは、このような社会的感情は適切な知識や理解を個人で得たり集団で共有したりすることを阻害する足かせになること、そしてSNSやネットは社会的感情を抑制するのではなく増幅させる装置であることだ。

金銭的インセンティブも、知識や理解を阻害する大きな要因となる。嘘を吐いたり、極端で大げさな表現をしたり、対立を煽ったり、あるいは差別的な主張をしたりすればお金が得られる可能性のあるという環境なら、そうする人は必ず現れる。

デマや極論や分断や差別は以前からツイッターに存在している問題だったが、２０２３年８月に収益化が開始されてからはますます目立つようになった。２０１１年の東日本大震災の時には情報の収集や共有をするためのツールとして有意義に活用されていたのに対して（当時にもデマなどの問題は多々あったが）、２０２４年の能登半島地震では収益目的で閲覧数を稼ぐための偽情報が多数投稿された。多くのユーザーは、もはやツイッターは情報や知識を収集・共有するためのツールとしてはまったく役に立たないものになっていると認識したことだろう。

２０１３年からの10年間ブログを続けた経験のあるわたしとしては、「ブログにはもっと大きな可能性がある」というヒースの言葉には同意したいところだ。ブログなら文献やニュース記事などを引用しながら長文で議論を展開しやすい。また、投稿前に内容を確認することが促されたり、投稿後にも誤字脱字やレイアウトの乱れを確認するついでに文章の内容を見直すことができたりと、ブログはＳＮＳよりも時間をかけたり反省したりすることが要請されるような設計になっているため、感情を抑制させて適切に思考することを多少ながら促進する側面がある。

だが、現代のインターネット環境ではブログとＳＮＳは密接につながっているため（ブログに新しい記事を投稿してもＳＮＳで宣伝しないとだれも読んでくれない）、ブログを書いているときにも「読者にどう思われるだろう」といった社会的感情の問題はちらついてしまう。また、アフィリエイト広告などの手段でブログを収益化することは以前から可能であったし、金銭目的で誤情報をばらまくブログやサイトが検索結果を汚染するという問題はインターネット初期から存在した。とくに広告収入を得ることや知名度を上げることを目的としてブログを書いている人は、より多くシェアされてＰＶを得るために「極端な主張や人々の感情を煽る文章を書いたほうが話題になるぞ」という誘惑に屈することもあるはずだ。趣味や学問に関する知識提供を目的に運営されている、収益化されていないブログの書き手ですら、「多くの人に読まれてほしい」という思いを優先して自分の書いている内容が事実や堅実な論理に基づいているかどうかを後回しにしてしまうことがあるかもしれない。

ブログの運営者とウェブメディアの編集者が共通して悩まされているのが「煽りタイトル」の問題である。インターネットには読者に記事をクリックさせて読ませるための注意や時間をめぐる競争（アテンション・エコノミー）が発生している。読者に対して適切な知識や理解を共有することを目指した、まっとうな内容の記事であっても、そもそも潜在的な読者層の注目を惹くことができなければ読んでもらえる機会もない。そして、記事の内容を堅実に反映した地味なタイトルを付けても、他のブログやウェブメディアが人の感情を刺激する扇情的なタイトルの記事を公開している場合には、読者はそちらに誘導されてしまう。そのため、知的に誠実でありたいと望んでいるブロガーや編集者ですら、人の感情を煽り刺激するタイトルを付ける、「底辺への競争」と表現すべき事態が発生しているのだ

煽りタイトルの問題は、タイトルによって予断を持たされた読者が記事の内容を理解しづらくなることや、タイトルだけで判断して本文をほとんど読まない読者を量産して見当外れなコメントや議論を招き寄せることである。記事をきちんと読み通す良心的な読者は適切に知識や理解を得る可能性があるかもしれないが、残念ながらそのような読者は少数だ。さらに、的外れなコメントや議論を誘発させて盛り上がったりプチ炎上したりした方が多くのＰＶが得られてブログやメディアにとって利益になる、という面もある。

上述したような問題を考慮すると、現状のインターネット環境には、適切な知識や理解を生産して人々に共有する営みを誘発するようなインセンティブはほとんど存在しない。むしろ、知識や理解から人々を遠ざけるような行為をしたほうが儲かる。そのような環境のなかでも善意や信念に基づいて公衆を啓蒙しようとする人々も多々いるが、その影響力は限定的であるし、インセンティブが存在していない環境のなかで啓蒙の努力を継続することも困難だ。

4-3　知識や情報を「商品」とするマスメディアと出版社のジレンマ

新聞・テレビなどのマスメディアや出版社は、アカデミアと同じように、知識を生産して公衆に共有する制度という側面を持つ。

マスメディアについては「偏向した情報を発信して人々を洗脳する装置である」と批判されることも多い。しかし、インターネットが普及して30年余りたった現在では、ネットやSNSの限界が見えてくるにつれてマスメディアの役割も見直されるようになってきた。

たとえば、ネット上では自分が興味を抱いている分野の情報や自分の価値観や信念に沿う意見しか目にしなくなる「選択的接触」が起こりやすい。各ネットサービスがユーザーの閲覧履歴などに基づいて表示する情報をコントロールする「パーソナライゼーション」を行っていることも、この傾向を助長する。それに対して、一般的な新聞やニュース番組では、スポーツや芸能に関するニュースを交えながらも政治や経済や国際事情などに関する問題も満遍なく取り上げられるために、読者や視聴者は選択的接触を抑えやすくなる。また、複雑な社会問題について調査や取材を行い公衆に理解しやすく伝える能力を持った記者やジャーナリストを養成することを通じて、マスメディアという制度は公益に多大に貢献している。[*22]

出版社もまた、公衆としてのわたしたちが知識や理解を得るためには欠かせない制度だ。アカデミアという制度がいくら質の高い知識を生産するとしても、だれもが論文を入手してそれを読んで理解できるわけではない。そもそも論文というメディアに面白みを感じられる人もアカデミアの外側では少数派である。アカデミアに所属している人であっても、他のアカデミシャンの考えを知ったり研究の動向を追ったりするためには学術書や人文書などが必要になることもあるはずだ。学問的な知識や考え方は、新書をはじめとする書籍によって媒介されることがなければ、公衆に広く伝わることはないだろう。

マスメディアと出版社は、精度の高い情報や価値のある知識とそうでないものとを選別する「キュレーション」という機能も持つ。そもそも個人が処理できる情報には限界があること、また全ての分野の知識についてその質の高低や信頼性を適切に判断することは一個人には不可能である以上、公衆としてのわたしたちが知識や理解を適切に得るためには、制度を通じたキュレーションは不可欠だ。

＊22—とはいえ、「朝日新聞は左寄りに、産経新聞は右寄りに偏向しているのではないか」という疑念を抱く人は多いだろう。実は朝日も産経も含めて日本のマスメディアは政治的ニュースをおおむね中立的に提供しているということは、『マスメディアとは何か　「影響力の正体」』（稲増一憲著、中央公論新社、２０２２年）で指摘されている。この新書では他の面でもマスメディアが社会にもたらす効能や、インターネットというメディアの問題が解説されているので、本節での議論に疑問を抱いた人はぜひ手にとってほしい。

とはいえ、マスメディアも出版社も、知識を生産・共有する制度であると同時に営利企業である。当然、会社としても個々のジャーナリストや編集者としても、金銭的インセンティブに影響されることになる。

発行部数や視聴率などを目当てに信頼性の薄い報道や偏向報道が行われたり、公益に貢献せずいたずらに対象者に迷惑をかけたり傷つけたりするようなゴシップ報道や問題のある取材が行われたりする事例が多々あることが、公衆に「マスコミ不信」を生じさせて、現代でマスメディアが嫌われて疑われているそもそもの理由でもある。個々の番組や雑誌に目を向ければ、偏った情報や無益な知識ばかりを提供しており存在意義が疑われるものがごまんとあることも否めない。

出版社とて、正確な知識と適切な理解だけを公衆に提供しているわけではない。歴史と権威のある大手出版社のなかにも、疑似科学に基づいた書籍や歴史修正主義的な書籍を多数出版している会社はいくつか存在する。無論、「誤っている」とされる少数派の意見であっても書籍というかたちで出版して、読者がその意見に自分自身で触れて判断できるようにすることは、ミルが『自由論』で呈しているような理念には適うだろう。しかし、結果論としてはミル的な「思想と討論の自由」が達成されるとしても、出版社や編集者の側は明らかに金銭目的で「誤った」意見の書籍を出版しているという事実を見過ごすことはできない。

4-4　出版社の「炎上マーケティング」がマイノリティ当事者に負担を与えた

2020年代から、英語圏の書籍の邦訳出版が「トランスジェンダー差別を助長としている」としてSNS上で批判が行われる事態が相次いでいる。『美とミソジニー　美容行為の政治学』（シーラ・ジェフリーズ著、GCジャパン翻訳グループ訳、慶應義塾大学出版会、2022年）のように対象となる書籍の内容そのものがトランスジェンダー差別であるとして批判される場合もあれば、書籍の内容そのものにはトランスジェンダーに関する記述はあまり含まれていないがその著者がSNSなどで差別的な言動を繰り返していることが取り沙汰される場合もある。

これらの批判が妥当なものであるか過剰なものであるかはケースバイケースだ。たとえば、『むずかしい女性が変えてきた　あたらしいフェミニズム史』（ヘレン・ルイス著、田中恵理香訳、みすず書房、2022年）も著者がトランスジェンダー差別的であるとして、刊行前から批判されていた本のひとつである。本書のなかにはたしかにトランスジェンダーに対してややネガティブな記述が含まれていたとはいえ、その記述は書籍全体の分量のなかではごくわずかなものであったし、そこまで悪質なものではないとわたしは判断した。しかし、SNSでの批判は本書の刊行前から大いに盛り上がり、「このような書籍は自分の店には置かない」と明言する本屋が登場するまでに至った。おそらく、批判者の多くは本書を手に取って読んでおらず、「この本の著者は差別的であるらしい」という伝聞情報に基づいて批判を行っていたのだろう。このような事態はミル的な「思想と討論の自由」の理念とは真逆のものであるし、『むずかしい女性が変えてきた』という書籍に含まれている問題の大きさに見合わない過剰反応であったように思える。

一方で、批判者のほうがもっともで、出版社の側に問題が感じられる事例も存在する。2022年11月15日、作家のヘレン・プラックローズと数学者のジェームズ・リンゼイの共著

『「社会正義」はいつも正しい　人種、ジェンダー、アイデンティティにまつわる捏造のすべて』が早川書房から出版された際、訳者である山形浩生による解説がオンラインで公開された。しかし、その訳者解説は公開当初から「差別的」であるとしてSNSで炎上してしまい、12月5日に訳者解説の公開は停止されたのだ。[*23]

ちょうど1年後の2023年12月5日には、ジャーナリストのアビゲイル・シュライアーの著書の刊行（『あの子もトランスジェンダーになった　SNSで伝染する性転換ブームの悲劇』）を予定していたKADOKAWAが、同著の刊行中止を告知した。[*24]

本書の内容は「SNSやインフルエンサーに影響を受けて〝自分はトランスジェンダーだ〟と思い込むようになった若者が不可逆的な医療処置を受ける事例が急増しており、イデオロギーに影響された医師や活動家たちなどがその風潮を助長している」という（アメリカなどで起こっているとされる）事態を告発する、といったものである。シュライアーの主張はデマや陰謀論であると海外でも批判されており、当然のごとく、邦訳の刊行が告知されたら日本でも多くの知識人や当事者が懸念を表明して、国内外の出版関係者20数名の賛同コメントが付けられた意見書も寄せられた。

どちらの事例についても「当事者や活動家が過剰反応してキャンセル・カルチャーを起こし、言論を封殺した」という見方をする人も多い。しかし、わたしとしては、どちらの事態についてもマーケティングのために人々の感情を煽った出版社に原因があると判断している。『「社会正義」はいつも正しい』の訳者解説には「ジェンダーアイデンティティ選択の自由の名のもとに、子供への安易なホルモン投与や性器切除といった、直接的に健康や厚生を阻害しかねない措置が、容認どころか推奨されるという異常な事態すら起きつつある」というシュライアーの主張に類似するような一文が含まれており、おそらくこの箇所が、訳者解説に対する批判を招き寄せた原因だ（反差別運動を揶揄するような山形の文体にも批判は寄せられていたが）。しかし、『「社会正義」はいつも正しい』の本文中には「子供への安易なホルモン投与や性器切除」に関する言及はなかったのである。訳者解説をオンライン公開する早川書房の手法は、ネットで話題になることを狙って本書が実際以上に「過激」で「差別的」であるかのようにミスリーディングしたものであり、いわゆる「炎上マーケティング」を意図的に行ったものだと判断できる。

『あの子もトランスジェンダーになった』については、刊行後に想定される批判に対抗するための応援を、KADOKAWAの編集部が右翼系の知識人やインフルエンサーに事前に頼んでいたことが判明している。彼らの多くは性的マイノリティに対する差別的発言を行ったり陰謀論を主張したりしてきたし、ジェンダーが関わる問題に関して知識があるわけではない。早川書房と同じように、KADOKAWAも炎上マーケティングを狙っていたと判断できるだろう。

また、両者とも原題に比べて扇情的な邦題を付けているが、『あの子もトランスジェンダーになった　SNSで伝染する性転換ブームの悲劇』はトランスジェンダー当事者にとって攻撃的であるだけでなく子供を持つ親の不安を煽るという点でも、かなり悪質なものだ。

『あの子もトランスジェンダーになった』が指摘しているような問題……性自認の安易な変更

＊23—https://www.hayakawa-online.co.jp/new/2022-12-05-182401.html
＊24—https://www.kadokawa.co.jp/topics/10952/

や不可逆的な医療処置を煽るような風潮は、それが本当に存在するなら社会問題として広く周知されるべきだ。そして、トランスジェンダー問題に関心を持つ人なら、「どうにも海外ではそのような風潮が存在するらしい」という情報を――多くの場合にはあまり確からしくない情報源から発信されているのだが――目にしたことがあるだろう。わたしのようにその情報を疑っている人であっても、「実際のところはどうなっているのだろう」と気にはなっているし、「機会があれば、あると言っている人とないと言っている人、両方の意見にきちんと目を通して確認してみたい」と思っている。したがって、『あの子もトランスジェンダーになった』の翻訳が出版されること自体は――「生き生きとした理解」を公衆に得させるというミル的な観点からしても――有益なものとなり得た。だが、炎上マーケティングが計画されていたという事実は、出版社や担当編集者が同著の内容を真剣に捉えており公益に資するような議論を促すために翻訳の出版を目指した、という可能性をぐっと低くする。[*25]

さらに始末が悪いのは、早川書房とKADOKAWAの両社とも、具体的にどのような問題があると判断して、どのような経緯で記事公開停止／刊行中止を決定したかを明らかにせず、「批判があったから止めました」という程度しか伝わらない内容の告知を行ったことだ。[*26] 営利企業としては、社内における判断の過程を詳細に公表できないのもやむを得ないことかもしれない。しかし、結果として、多くの人が「トランスジェンダーの活動家がキャンセルを行って言論や出版の自由を阻害した」という印象を抱いたり、公開停止や刊行中止の事実を活動家や当事者を非難する口実に用いたりすることになった。出版社が安直な判断で行った炎上マーケティングが失敗したことで、マイノリティとその支援者に余計な負担がかかり、マイノリティに対する攻撃や差別が助長されたのである。[*27]

前述したような事態には、マスメディアや出版業界はアカデミアと同じく知識や理解を共有・媒介する制度であると同時に、情報や書籍を「商品」として生産・販売する営利企業でも

*25—結局、シュライアーの著書は2024年4月に産経新聞出版局から『トランスジェンダーになりたい少女たち　SNS・学校・医療が煽る流行の悲劇』という邦題で出版された。この本については『情況　2024年夏号』(情況出版)収録の「『焚書』のレトリックに踊らされないために：『トランスジェンダーになりたい少女たち』宣伝手法の問題について」で論じている。

*26—KADOKAWAについては、刊行中止直後にホームページに掲載されていた「学芸ノンフィクション編集部よりお詫びとお知らせ」には「本書は、ジェンダーに関する欧米での事象等を通じて国内読者で議論を深めていくきっかけになればと刊行を予定しておりましたが、タイトルやキャッチコピーの内容により結果的に当事者の方を傷つけることとなり、誠に申し訳ございません」と記載されていた。また、2024年3月、朝日新聞の取材により、「議論に一石を投じるために相応の準備が必要だったが、それを怠った」「社内で内容を検証して、識者からも意見を求めるなど、編集意図を明確にしてから告知すべきだった」などと総括する社内向けの声明が出されていたことが判明した。
https://www.asahi.com/articles/ASS3X75WPS3XUTIL006.html

*27—『放送禁止歌』(森達也著、知恵の森文庫、2003年)には、昭和時代にマスメディアが自律した判断を行わずに事なかれ主義でいくつかの歌を「放送禁止」にしたことが、「同和団体が表現規制をした」「やはり同和団体には権力がありマスメディアを支配しているのだ」といった憶測を呼ぶ事態になった、という経緯が詳細に記述されている。令和の現代でも、トランスジェンダーやフェミニスト、左派の活動家などを対象にして同様の事態が繰り返されているということだ。

あることのジレンマが表れている。
難しいのは、一切のマーケティングを禁じたら出版社は商売が立ち行かなくなって倒産してしまい、公衆が書籍を通じて知識や理解を得られる機会もなくなってしまうことだ。そもそも、宣伝や扇情を通じて感情や注意を刺激されなければ本を手に取らないという人も多いだろう。そのため、「意義のある書籍を多くの人々に読んでもらう」という公益を目的にしてあえて軽薄で下品なマーケティングが行われることもある。このようなマーケティングもブログやウェブメディアの「煽りタイトル」と同じように弊害を生じさせるだろうが、出版社の存続のためには見過ごさざるを得ない面もある。しかし、過剰なマーケティングによってマイノリティに危害がもたらされる事態は看過できない。

営利企業である出版社が、わたしたちを正しい知識や理解に導いてくれる保証はない。公衆としてのわたしたちが知識や理解に近づくためには、ネットやマスメディアだけで足りない。社会的感情にも金銭的インセンティブにも左右されずに議論を行って知識や理解を生産するためのアカデミアという制度が、やはり不可欠なのだ。

4-5 「危険」な話題こそ、アカデミアで議論される必要がある

第1節で論じたように、大学や学会などのアカデミアにはネットやマスメディアなどにはない「制度的反証」が存在するために、ほかの制度や環境よりも厳密で信頼性のある知識や理解を産出することが可能になる。

論文を書いて発表することと、ブログや雑誌に記事を書くこととの大きな違いは、議論や主

張の内容と社会的感情や金銭的インセンティブを切り離す仕組みが、論文を評価する制度には存在するということだ。

理念上は、論文とはそこで扱われているトピックや提示される結論の内容によってではなく、結論を出すまでの手続きの厳密さや議論の構成、正確性や新規性などの基準によって評価される。ある論文が高い評価を受けるときにも、その論文の結論が査読する人や掲載誌の読者にとって都合が良かったり快適だったりするからではなく、結論に至るまでの立証が優れているということが理由となる。

基準を満たしさえしていれば、研究者は「他の人たちからどう思われるか」「こんなことを論じたら身近な人たちから嫌われるのではないか」といった社会的感情に左右されず、主張を展開することができる。逆に、多くの人にとって心地の良い主張や、人々を刺激する扇情的な主張——書籍やネットの有料記事にしたら売れる主張——を展開したところで、その議論や立証が不完全であるなら論文は評価されない。

この特徴は、社会のなかで未解決となっている問題や深刻な利害の対立が発生している問題ほど、ネットや一般書籍を通じてではなくアカデミアで議論したほうがいい理由にもなる。シンガーの著作やトゥベルの論文のように、学問的な基準を満たす議論であっても結果として特定の人々にとって不愉快であったり「差別的だ」と思われたりするような主張になることはあるだろう。しかし、最初から誰かを傷つけることを意図している論文や差別的なメッセージを喧伝することを目的としているような論文は、そもそもアカデミックな基準を満たさず、却下されてどこにも掲載されない可能性が高い。

論文を書く人はまず自分自身が抱いている意見について冷静に検討したうえで、それでも「書くべきだ」と判断した意見を、客観的で公正な基準を満たしながら筋道立てて書くことになる。結果として、その意見がどんなものであれ、アカデミックなかたちで書かれた意見はネットや一般書籍に掲載されるものと比べて留保や条件の多い穏当なものになる。だからこそ、アカデミックな場での議論はネットや一般書籍で行われるそれに比べてはるかに安全なものとなるのだ。

したがって、シンガーやトゥベルの議論を「マイノリティに対して攻撃的なメッセージが掲載されているから」という理由でアカデミックな場から制限したり排除したりすることは本末転倒だ。第2節で論じたように、安楽死やトランスジェンダーに関する意見そのものは、哲学者たちでなくとも持っている。哲学者たちが行うのは、それらの意見を精緻化することだ。だが、「自分たちの意見はアカデミックな場で制限されたり排除されたりしている」と認識した人たちは、哲学者などによって自分たちの意見が代表されることもない以上、「ネットなどを通じて自分たち自身で意見を発信するしかない」と思うようになるだろう。そこで行われる議論は、残念ながら、アカデミアで行われるよりも粗雑かつ有害なものになる可能性が高い。

2018年、シンガーを含む数名の倫理学者によって*Journal of Controversial Ideas*（JCI、『議論を招く意見のためのジャーナル』）という学術誌が立ち上げられた（2021年に第1号が刊行）。背景には、立ち上げに関わった倫理学者のフランシス・ミネルヴァが児童の安楽死に関する論文を医療倫理のジャーナルに投稿したら殺害予告を受けて就職も難しくなった、という経緯がある。ＪＣＩは他の学術誌に発表したら政治的に問題になったり、所属している大学から目を付けられたりする可能性のある意見を発表する場を設けることを目的としており、匿名による発表も可能としている。そして、この雑誌には、トゥベルの議論への応答や『女性』をどう定義すべきか」というトピック、「ロシアに侵攻されたウクライナ政府が男性のみを徴兵や出国禁止の対象にしていることは男性差別である」「科学においては政治的な配慮は必要なく業績のみを評価の基準とすべきである」といった主張など、まさに議論を招く危険な意見を扱った論文が投稿されてきた。

ここで重要なのは、ＪＣＩは他の学術誌と同様に専門家による査読制度を設けており、掲載された意見に対する反論も受け付けているということだ。２０２２年に発表したエッセイで、シンガーは言論の自由を擁護するイーロン・マスクの主張に賛同しながらも、ツイッターには文字数の制限があることに言及しつつ、ＪＣＩの趣旨について以下のように書いている。[*28]

> 私たちが求めているのは、ポレミックなものではない、理に適った議論だ。
>
> マスクの賞賛すべき目標を達成するためには、理性や証拠に訴えながら私たちの共感や理解を広げようとする発言と、他者を中傷し憎悪を煽る発言とを区別する必要がある。前

＊28―https://www.project-syndicate.org/commentary/elon-musk-meaning-of-healthy-debate-on-twitter-by-peter-singer-2022-11

者は私たちの考えを変えるよう説得するために行われるものであり、後者は他者に対する悪意を煽り立てるものだ。

ポレミック（polemic）という英語には「ためにする議論（結論ありきの議論）」や「特定の立場を支援するために、反対の立場に対して敵対的に意見を述べること」といった意味合いがある。

とくに政治やアイデンティティが関わるトピックについての論争がネット上などで繰り広げられる際には、どちらの陣営も互いに揚げ足を取り合ったり相手を悪魔化する一方で、自分たちの主張について冷静に振り返ったり反省したりすることを行わない、ポレミックな言い争いに終始することが大半だ。自分の主張に問題がある場合にはそれを自覚して修正しながらも、自分と異なる立場や意見を持つ相手にも通じる議論を行うためには、それを実現するための外部足場が、制度と環境が不可欠なのだ。

5　「言論の闘技場」としてのアカデミア

5-1　「寛容」のためにマジョリティの意見を抑圧する？

前節では、ネットも商業出版も知識や理解を生産する装置としては欠点を抱えており、論争の対象となっているようなトピックこそアカデミアという制度で議論されるべきだと主張した。

歴史や政治、生命倫理やジェンダーの関わる事柄など、人々が重大な関心を持っている話題ほど、対立する意見が公正に扱われる適切な環境で堂々と議論される必要がある。制度的反証を経て「この事柄に関する適切な知識や理解とはこういうものだ」とひとまず確定させることで、そうでない「誤った」意見の影響力を失わせることもできるからだ。アカデミアは、対立する意見をそれぞれ代表する人たちが、衆目のなかで一定の基準に従いながら意見を交わし合い論争を行う、「言論の闘技場」に例えられる。

しかし、本章の前半で触れたように、議論の手続きではなく主張の内容や結論を理由にして、対抗する議論による反論ではなく公開書簡や抗議運動などの方法で特定の意見を抑圧しようとする傾向が強くなっている。闘技場のたとえでいうなら、試合において反則が行われたり特定の選手にとって有利なようにルールが変更されていたり、そもそも闘技をする以前に闇討ちや場外戦術で一方的に勝者が決まっていたりするような状況だ。もちろん、そんな茶番に付き合いたいと思う公衆はいない。

本来、アカデミックな議論に参加する人には、自分のものと異なる意見や自分にとって不愉快な意見にも向きあうことについての準備や覚悟が要請されるはずだ。だが、近年では、アカデミアには闘技場とは真逆の「避難所」としての役割が期待されている様子がある。世間で傷つきやすい立場にいる人や差別を受けやすい立場にいる人のことを守って、彼らの意見や利害を積極的に代弁して、彼らが安心感を持って過ごしやすい場にすること。あるいは、自由市場や資本主義のもとでは肯定されづらいオルタナティブな価値観を擁護して、多様性を担保する場であること。そういうことが大学の目的であるとして、その目的に反する議論や意見には抗議や制限を行う必要がある、と考えている人が増えているようなのだ。

「道徳的・政治的な目的のためには、アカデミックな場でも議論を制限することが必要になる」という発想は、見かけ以上に浸透している。ハイトは「社会正義大学」の守護聖人としてマルクスを挙げていたが、ウルフの著書でも自由に関する議論のなかでミルとマルクスが対比させられていることは示唆的だ。

政治科学者のエイプリル・ケリーウォスナーが指摘するのは、「新左翼の父」と呼ばれているヘルベルト・マルクーゼが唱えた「寛容」に関する議論が、現代の学者や若者の多くに受け入れられているということだ。[*29] マルクーゼは、権力や立場の差を考えずに全ての言論の自由を等しく認めることは、実際には強者を利して弱者にとって不利益をもたらす「抑圧的寛容」であると論じた。彼によると、右派の言論を認めず左派の言論に対してのみ寛容になる「開放的寛容」こそが真の寛容なのである。

マルクーゼの名前を出すとは限らないが、彼と同様の議論をする人は現代にも多々いる。彼や彼女は、マジョリティとマイノリティとの間には権力勾配が存在するから、マイノリティの意見を優遇することでようやく対等な議論が成立する、と論じる。したがってシンガーやトゥベルのような「抑圧的」な意見を排除することも、対等な議論のために必要とされる、と主張するのだ。

「開放的寛容」の問題点は、「右派の言論は制限されるべきだ」ということが議論する前から前提されていること、そしてこの前提によって議論自体が制限されるために、そもそもの前提が正しいかどうかを確かめる手段がなくなることだ。このような事態は、まさにミルが『自由論』で批判しているものである。

> もちろん、封ずる側は相手の意見の正しさを否定する。しかし、自分たちはけっして間違わないといえるはずもない。人類全体に代わって問題を判定したり、ほかのすべてのひとびとから判断の手立てを奪ったりする権限もない。
> その意見は正しくないと確信しているからといって、意見の公表を禁ずるのは、自分たちにとって確実なことは絶対的に確実なことなのだというに等しい。議論を封ずることは自分たちは絶対に間違わないというに等しい。
> （ミル、47頁）

5-2 アカデミアが「避難所」になってしまう理由

言論の闘技場たるアカデミアがそれとは真逆の避難所になってしまう背景には、より込み入った問題も存在する。

＊29—https://quillette.com/2016/03/01/how-marcuse-made-todays-students-less-tolerant-than-their-parents/

大学とは知識を生産するための制度であると同時に、学生たちを教育するための学校でもある。学者たちも、知識や理解を追及する研究者であると同時に学生を指導する教育者だ。教育の過程で学生たちにむやみに危害を与えるような事態は避けなければならず、多くの学者たちは「差別やハラスメントから学生を守る」「学生を傷つけてはならない」という責任を強く感じているだろう。そのため、意見や言論によって学生が傷つく可能性にも学者は過敏に反応しがちになり、マイノリティにとって攻撃的な側面がある意見に対する目線も――自分の指導する学生のなかにもマイノリティがいるかもしれないわけだから――厳しくなりがちだ。

学生たちを差別やハラスメントの危害から守るという目的は善意に基づいているとしても、本章の冒頭で指摘したような「危害」の拡大解釈という問題が絡むと、厄介な事態が生じる。[*30] 本書の第二部では、「特権」「トーン・ポリシング」「マイクロアグレッション」などの近年に生み出された概念や理論の問題について論じることになるが、これらはいずれも危害や攻撃、差別やハラスメントといった事柄の定義や解釈を拡大させる側面を持つ。そして、これらの理論や概念について理解したり賛同したりしているのは、理論や概念を扱うこと自体を生業にしている、文系の学者や院生であることが多い。

一方で、大学の外の一般社会に暮らす人々はこれらの理論や概念の存在をそもそも知らないことが多いし、知ったとしてもそれを真に受けるとは限らない。結果として、どのような言動が差別や攻撃であるかということについて、一部の学者や学生とその他の一般の人々の間で定義や認識がすれ違い、大学で行われる議論と公衆の関心や問題意識との間にもズレが生じることになる。

2021年、日本の出版社「MYU Group」が刊行している分析哲学の英文ジャーナル*Review of Analytic Philosophy*に、第1節で言及したキャスリーン・ストックが編集委員に迎えられたことを受けて、同じ出版社から刊行されている哲学雑誌『フィルカル』の編集部は「今後の編集方針について」と題した声明を発表した（のちにストック教授は編集委員を辞任）[*31]。声明では「若手分析哲学研究者を中心にSNSなどで現在多くの方が懸念を表明」していることや、トランスジェンダー当事者である哲学者がFacebookで「日本の分析哲学研究者のコミュニティ全体が性的マイノリティの方々への差別を許容する一律な傾向をもつというメッセージとして受け取られ、若手の哲学研究者や学生、当事者の方々への不安を広げることになりかねないと危惧の念を表明」したことに触れて、「このような不安を少しでも和らげるために（…）『フィルカル』はあらゆる差別に反対し、性的マイノリティの方々を含め、マイノリティの方々の生活や権利を脅かす可能性をもった一切の記事を掲載いたしません」と記載されていた。

現在の日本においてトランスジェンダーに関する学術的な議論や書籍は哲学者によるものが

＊30―『傷つきやすいアメリカの大学生たち』の著者らは、1990年代後半に生まれてネットやスマホと共に育った「i世代」の若者は心理的な不安を抱きがちであり、そのi世代が大学に入学するようになった2010年代の中頃から、学生たちの不安や要求に対応するため学者たちも危害を拡大解釈するための様々な概念や理論を創出するようになったことが、ポリティカル・コレクトネスやキャンセル・カルチャーの問題が深刻化している一因である、といった議論を行っている。

＊31―https://philcul.net/?p=1263

中心になっていること、そして第2節で言及したように哲学こそが「危険な意見」を率先して扱うべき学問であることをふまえると――『フィルカル』は純粋な学術誌ではなく有志が集まって運営する同人誌的な側面の強い雑誌であることを差し引いても――ストックの議論のどこがどのように排除的・差別的であるかを論じることもなく若手研究者や学生の「不安」に寄り添った『フィルカル』の声明は、日本の哲学業界や人文学全般に対する公衆の信頼を毀損するものであったように思える。実際にＳＮＳでは声明に対する批判も多く寄せられたし、多かれ少なかれストックと同様の意見を持っている人たち――トランスジェンダーを差別していると他称されている人たち――は日本の哲学者たちの議論を信頼する理由をそれまで以上に見失ったはずだ。闘技場では自分たちの意見を代表する選手がフェアに扱われていない、そもそも闘技場に参加する機会も失われていると認識したなら、「自分たち自身が闘技場の外で戦うしかない」と考えるのも無理はない。

　学者たちの共同体には同じ興味や関心を持つ人が集まるものだし、生産的な議論を行うためには「真理を追求する」「適切な理解を得る」といった志や目的などが最低限一致している必要はある。同じ学問を学ぶことで同じような考え方や感性を身に付けるということもあるだろうし、そもそも学者を目指したり特定の学問を志したりする人たちはパーソナリティ的な特徴や家庭環境に人生経験などのバックグラウンドが共通しているという傾向もあるだろう。したがって、学者たちが同質的な考えや感性を持つようになり、自分たちの仲間である人々の意見や心情をまず気にしてしまう内向きな集団になることには、無理からぬ面もある。だが、とくに人文学や社会科学などで「規範」に関わる問題を扱っている場合、学者集団が内向きになることは、公衆にとってはその集団から生産される知識や理解の信頼性を失わせる効果がある。傷つきやすい立場や差別を受けやすい立場の人が安心感を抱ける場所が必要だとは、わたしも思う。しかし、「闘技場」であるべきアカデミアがあべこべに「避難所」になろうとする昨今の風潮は、実社会に害を引き起こしているかもしれない。

5-3 「あなたの言葉で傷ついた」という訴えは無視すべきか？

最後に、「危害原則」について改めて考えてみよう。

ヒースやハイトなどが危惧しているように、「言論によって不安にさせられること」が危害であると主張して表現を制限する風潮は、21世紀になってからとくに顕著になっている。しかし、同様の発想は１９９０年代から存在していたようだ。

第3節で紹介したドゥオーキンの『自由の法』の原著が出版されたのは１９９６年だが、そのなかでも、「感受性の欠如した」教授たちがセンシティブなトピックを扱ったためにマイノリティの学生から批判や抗議をされるという現象が取り上げられている。そして、ジャーナリストであり同性愛者の権利を守るための社会運動も行っているジョナサン・ローチの著書、『表現の自由を脅すもの』の原著が出版されたのは１９９３年だ。本書のなかでローチが問題視しているのは、当時のアメリカにおいて「あなたは他人を言葉でもって傷つけてはならない」という原則が浸透していったことである。

ローチによると、正しい知識にたどり着くための研究や討論においては、どこかで誰かが傷つく事態は必ず発生する。その「傷つき」の対象とは人種的マイノリティや性的マイノリティには限らない。たとえば、一見すると人の生活やアイデンティティと関係のなさそうな地球科学や生物学の研究ですら、地球平面説や創造論を信じるキリスト教原理主義者を傷つけてしまう可能性がある。また、1991年にサルマン・ラシュディの小説『悪魔の詩』の日本の翻訳者が刺殺された事件をはじめとして、そうした「傷つき」に対し、イスラム教原理主義者たちは物理的な暴力を持って実際に表現の自由を脅かしてきた。

キリスト教やイスラム教の原理主義者が傷つくからといって、思想と討論の自由が制限されることがあってはならない。同じように、マイノリティが傷つくからといって、思想と討論の自由が制限されることがあってはならない。ローチの主張は、他人が傷つくことに配慮するのに慣れ切った現代のわたしたちの目からすると、かなりタフで強烈なものだ。

私は、人道主義者や平等主義者が、道徳的に高い立場にあるという主張は偽りであるということ、そして、人を傷つけることを許容、ときには推奨しさえもするという誓約をもつ知的自由主義が、唯一の本当に人間らしい体制であるということを示したいと思う。私は、「言葉で傷つけられた」人々には、補償という形で何かを要求するという道徳的権利はいっさいないということを示したいと思う。自分が傷つけられたというので何かを要求する人に対する正しい答えとは何か。それは、「お気の毒、だけどあなたは生きていくでしょう」というに尽きる。「人種差別主義者」「同性愛恐怖者」「女性差別主義者」「神を冒瀆する者」「共産主義者」、あるいは、どんな化け物であろうと、これらのものを処罰せよと主張する人たちはどうかといえば、彼らは知的探求の敵であり、彼らの騒がしい要求は全く無視されて然るべきであり、いっさい付き合ってはならない。（ローチ、44頁）

その一方で、彼の議論には30年後の現代を予言していたかのような鋭さもある。

それが無神経なように聞こえるとしても、気持ちを傷つけられない権利というものが確立されると、より礼儀正しい文化に至るどころか、誰が誰にとって不愉快だとか、誰がより多く傷つけられていると主張することができるかといったことをめぐって声高な泥仕合が一杯起きるだろう。（ローチ、２０５頁）

ローチは、言葉による攻撃と物理的暴力が同等のものと見なされるようになると、「つらくてきつい批判」も暴力として扱われるようになるだろう、と指摘する。そうすると「科学」（学問）そのものが暴力として見なされるようになり、「人を傷つける思想や言論を取り除く権限を持った当局者」が立てられて、意見が権力によって取り締まられるようになるだろう（ローチ、２０７頁）。この予言は、現在のアメリカの大学で起こっている状況を、多かれ少なかれ言い当てている。

また、後述するように欧米ではイスラエル政府に対する批判が「ユダヤ人に対する差別」に、日本でいえば統一教会（世界平和統一家庭連合）に対する批判が「信者や元信者に対する攻撃」にすり替えられて、それらの批判が封殺される、といった場面は多々ある。そして、批判がどれだけもっともなものであるとしても、ユダヤ人や統一教会の信者が不愉快に思ったり傷ついたりするという事態は起こり得るだろう。権威や既存の秩序を批判するためには表現の自由が不可欠であること、「傷ついた」や「不安」という訴えに耳を貸すことは現在の権力構造を温存する事態につながる可能性があること、これらの問題を指摘するローチの訴えには、いまなお耳を傾けるべきだ。

5-4 表現の自由を擁護することは難しい

わたしが『表現の自由を脅すもの』を最初に読んだときには、『自由論』に比べても過激であるし、現代には受け入れられない議論であると感じた。しかし、現在欧米や日本のアカデミアで起こっているさまざまな事態を見聞しながらこの二冊の本を読み返しているうちに、「傷つき」や「抑圧」に配慮することの危険性を以前よりも強く認識するようになり、以前よりもローチの議論に説得力を感じるようになった。

……とはいえ、ローチの議論はやはりマッチョであるし、極論が過ぎる。

この文章を書いている現在（2024年2月）、イスラエルはパレスチナに対する侵攻を続けており、ガザ地区の住民に対する民族浄化に等しい虐殺を行っている。短期的に見れば2023年10月のイスラム組織ハマスの襲撃に端を発する事態だとはいえ、イスラエルの所業は到底許容できるものではない。そして、今回の事態は、近年の欧米でイスラエルを批判する意見が「ユダヤ人差別」であるとして制限されたり弾圧されたりし続けたことの問題も浮き彫りにしている。イスラエルの行いに関して欧米諸国では適切に議論をすることもできず、見て見ぬふりしてきた経緯が現在の所業を助長させているという面は確実にあるだろう。これもまた、表現の自由が制限されることの（深刻な）悪影響だ。[*32]

一方で、自分自身がユダヤ系であるわたしの立場から気にかかるのは、イスラエルに対する批判にとどまらず正真正銘のユダヤ人差別としか言いようのない意見が、少なくとも日本のインターネット上では以前にも増して目立つようになってきたことだ。つまり「ユダヤ人を絶滅させておければよかった」とか「ナチスによるホロコーストはユダヤ人の自業自得だった」とかいった意見が、イスラエルに関連するニュースのコメント欄やSNSなどで頻繁に登場するようになっているのである。

おそらくローチが同性愛差別的な言説にほとんど傷つかなくなったのと同じように、わたしも、日本のネット上でのユダヤ人差別言説にはあまり傷つかないようになってきた。20年弱ネットをやっているうちに慣れてきたという側面も大きいし、第4節で論じたようにインターネットという制度・環境は人を短絡的・感情的にさせて愚かな意見を引き出しがちなものであるという事実を理解することで、「いちいち真に受ける必要はないな」と認識できるようになってきたからだ。[*33]

とはいえ、このような物分かりのよさを、他の人々に強要することは理不尽だ。結局のところ、攻撃的な言説や差別的な言説は、この社会のなかにはごまんと存在している。その言説を

＊32―イスラエル‐パレスチナ間の戦争や、イスラエルへの批判が「反ユダヤ主義」と断定されて封殺される事態については、本書の最後に改めて取り上げる。

投げかける相手が具体的にいて、「こいつを傷つけてやろう」という意図で発せられる場合もあるだろう。それよりもさらに多いのが、自分の言説が対象の当事者に伝わること——たとえば自分が日本語で書いたユダヤ人差別言説をユダヤ系であるわたしに読まれること——をその言説を発した当人がまったく想定していないが、内容は明確に差別的であるという言説だ。一般的にこのような言説は「ヘイトスピーチ」と呼ばれる。そして、「ヘイトスピーチは物理的・身体的な暴力ではないし、感情が傷ついたり不快感を抱いたりすることは危害に当てはまらないのだから、ヘイトスピーチは野放しにしていいのだ」という主張に同意する人はほとんどいないだろう。

ヘイトスピーチをどう扱うか、あるいは危害原則で規制される「危害」の定義を結局のところどうするか、という問題はかなり厄介であり、それを論じるだけでも一冊の本を書く必要がある。議論があまりに長大になることを避けるため、本章では、知識や理解を得るための「思想と討論の自由」に関する道具的議論を主に行ってきた。また、ここまでに触れてきたような危害の拡大解釈の問題、とくに、攻撃や差別の意図がない言説に対して受け手の側が傷ついてしまうことを指す（そしてそのような事態を助長させる）マイクロアグレッション理論の問題は第五章で改めて扱う。それ以上の問題については、もはや本書の手に余る。

ひとまず読者に認識してもらいたいのは、危害原則も万能ではなく、表現の自由を擁護するのは実際にはかなり難しいということだ。「思想と討論の自由」に限定して擁護するだけでもこれだけのページ数が必要になる。より広い範囲の表現の自由を擁護するためには、ヘイトスピーチの問題に向きあう必要が増す。ウォルドロンは、ヘイトスピーチはマイノリティの「安心」を損ない「尊厳」を傷つけるから規制すべきだと論じている。彼の著書『ヘイト・スピーチという危害』で行われているのは、不快感や「心が傷つく」といった要素を排除しつつもヘイトスピーチ規制を正当化できるようなかたちに「危害」を定義することであり、ウォルドロンの議論は拡大解釈の側面があると同時にもっともらしさも感じられる。

ドゥオーキンは道徳的議論に基づきながら表現の自由を強力に擁護しているが、その彼も表現の自由は絶対的なものではなく他の種類の自由や価値と競合する相対的なものであることを認めている。そして、第3節の冒頭で言及したようにミルのような道具的議論の成否は帰結に委ねられるのであり、想定していた価値がもたらされないなら再考を迫られる。

現代の日本において、「表現の自由」は必ずしも評判がよくない。その背景には、表現の自由を擁護している人たちの多くが、本来考えるべき複雑な問題を無視した、単純で粗雑な議論を行っているという事実も影響しているだろう。

おそらく自分はヘイトスピーチの対象となる機会がほぼないであろうマジョリティ男性が、マイノリティに生じ得る危害をあまりにも簡単に無視した主張を行っている場面を目にしたと

＊33―たとえば、わたしが18歳のときに初めて付き合った同年齢の女性は、当時流行っていたSNS「ｍｉｘｉ（ミクシィ）」のプロフィール欄の「愛読書」の項目に『我が闘争』と記載していた。現在では多少マシになっているが、わたしが子供時代や青年時代を過ごした１９９０年代から２０１０年代には、フィクションでもネット上でもナチスやヒトラーをカジュアルに持ち出したり好意的に表現したりすることは、第一章で言及した「ラーメンズ」のネタに限らず、日本では平然と行われていたのだ。

きには、さすがのわたしも「それは違うでしょ」と思う。そんな場面を目にする機会は実に多い。そして、複雑で長尺な議論を行うにはまったく適していないネット空間にこそ、表現の自由を短絡的に擁護する主張があふれている。

あるいは「リベラルなのに表現の自由を制限するのはおかしい」といった主張が嫌みや皮肉を交えて行われる場合も多いが、これも的外れな場合がほとんどだ。そもそも、現代の日本で「表現の自由」を問題視している人々は、必ずしもリベラリストを自称していない。現代日本における左派の論客や学者はフェミニズムやジェンダー論、マルクス主義や批判理論などに基づいた主張や議論を行うことが一般的だが、これらの理論にはいずれもリベラリズムを批判したり相対視したりする側面がある。

その一方で、前述したように表現の自由を多かれ少なかれ相対視するドゥオーキンやウォルドロンは、現代のリベラリズムを代表する哲学者だ。21世紀になってもミルの議論を忠実に反復する論者もいるし、それもひとつの考え方ではあるが、そうでないリベラリズムもあり得ることは理解すべきだ。

自由を守りたいと本気で思っている人ほど、自由の制限を主張する人の懸念や問題意識も理解したうえで、それでも相手を説得することを目指した議論を丁寧に行うべきだろう。本章にて、わたしはそのような議論を行ってきたつもりだ。

引用・参考文献

・ジョン・スチュアート・ミル著、斉藤悦則訳『自由論』光文社古典新訳文庫、２０１２年
・武井彩佳著『歴史修正主義　ヒトラー賛美、ホロコースト否定論から法規制まで』中公新書、２０２１年
・ジョナサン・ウルフ著、坂本知宏訳『政治哲学入門』晃洋書房、２０００年
・ジョナサン・ローチ著、飯坂良明訳『表現の自由を脅すもの』角川選書、１９９６年
・ジェレミー・ウォルドロン著、谷澤正嗣、川岸令和訳『ヘイト・スピーチという危害』みすず書房、２０１５年
・ジョセフ・ヒース著、栗原百代訳『啓蒙思想２・０　政治・経済・生活を正気に戻すために』ＮＴＴ出版、２０１４年
・ナイジェル・ウォーバートン著、森村進、森村たまき訳『「表現の自由」入門』岩波書店、２０１５年
・周司あきら、高井ゆと里著『トランスジェンダー入門』集英社新書、２０２３年

第二部　マイノリティとレトリックの問題

第三章
特権理論と公共的理性

1　特権理論とはなんだろうか

1－1　マジョリティは「特権」を持っている？

近頃の社会学や社会運動に関わっている人たちの、あるいは哲学に関わっている人たちの間では、「特権」（privilege）という言葉が用いられることが多くなっている。

辞書によれば、特権とは「特別の権利。ある身分・資格のある者だけがもっている権利」を意味する。[*1] また、「貴族」のことは「一つの社会において、格段に高い政治的ないし法的な特権と栄誉をもつことを社会的かつ伝統的に承認された集団」と定義されていた。[*2] 通常の用法では、特権とは貴族のように特別な地位を占める集団が保持しており、平民たちには与えられていない権利のことを示している。人数だけを見れば、特権を持っていない平民たちのほうが多数派であり、特権を持っている貴族たちのほうが少数派となる。特権とは、一握りの特別な人たちにしか与えられていない権利であるからこそ、特権なのだ。

しかし、近頃に問題視されている「特権」とは、貴族のような少数派ではなく、ある社会における「マジョリティ」が持つものだとされている。人数のうえでは必ずしも多数派でなかったとしてもある社会でより多くの権力を持っていたりより有利な位置を占めていたりする属性やグループのことをマジョリティと呼称することもあるが、実際に多数派である人々が特権を持つとされる場合もある。

具体的な例を挙げると、アメリカでは「白人特権」(White Privilege) などが問題となっている。日本でとくに話題に上がるのは「男性特権」(Male Privilege) だ。本章でも、主に男性特権について取り上げながら、「特権」とはなにを意味してどのような効果をもたらす単語であるかを考えていこう。

1-2 性暴力の被害にあいづらいことは「男性特権」?

男性が持っていて女性が持っていない特権とはなにか?

＊1—https://kotobank.jp/word/%E7%89%B9%E6%A8%A9-105369
＊2—https://kotobank.jp/word/%E8%B2%B4%E6%97%8F-50723

近年のニュースからは「入学試験での優位」を想起する人が多いかもしれない。たとえば、東京の都立高校や都内を含む一部地域の私立中学では「男女別定員制度」が設定されている（都立高校では2024年度から撤廃）。男子と女子は同じ試験を受けながらも、女子は女子の人数の枠内で他の女子たちと競い、男子は男子の人数の枠内で他の男子たちと競うことになる。やや古い話題になるが、2021年の都立高校入試では、男女合同定員制であれば合格していたはずの女子が約700人も不合格になっていたことが判明した。つまり、女子間の競争には負けたが、入学した男子たちよりは高い点数を取っていた女子たちが失格させられていたのだ。

一般的に中学入試や高校入試では女子のほうが高い点数を取れることが多いので、男女別定員制度は女子に競い負ける男子を優遇する制度であるといえる。また、東大をはじめとする国立大学や難関私立大学への合格者を多数輩出している進学校は、そもそも女子を入学させない男子校であることも多い。

さらに、2018年には東京医科大学の一般入試で女子受験者の得点を一律に減点して、合格者数を抑えられていたことが判明した（同様の事態は他の大学の医学部の入試でも起こっていたと考えられる）[*3]。問題が発覚したことを受けて女性の減点が廃止されたであろう2022年には日本で初めて医学部の合格率で女性が男性を上回ったという事実は、それ以前は多くの男性受験生が下駄を履かされてきたことを示唆している。中学校受験から医学部受験に至るまで、試験で同じ点数を取っても男性は入学できて女性は入学できないことがあるという事態については、男性が特権を持っていると表現しても的外れではなさそうだ。

とはいえ、近頃における「特権」とは、入学試験での優位のような積極的なものではなく、もっと消極的で間接的なものを表す言葉として使われている。

たとえば、男性は女性に比べて、性に関する暴力や攻撃の被害を受けづらい。男性が受ける性暴力被害はこれまで見過ごされてきており、日本では2023年にジャニー喜多川による性加害問題が発覚したことを受けてようやく注目されるようになった、という経緯には留意しておく必要はある。それでも、性的暴力を受けた実際の被害者の数は、女性のほうがずっと多いことは明白だ（そして、加害者の数は、男性のほうがずっと多い）。職場や学校におけるセクシャル・ハラスメントに関しても、数や可能性としてはやはり女性のほうが被害にあいやすいだろう。したがって、男性よりも女性のほうが性的な被害を受ける経験が多くて、被害のリスクが高い環境に生きている。

満員電車に乗るとき、多くの女性は痴漢の被害に遭う可能性を想定して警戒したり不安になったりしているだろう。一方で、多くの男性は、電車に乗るときに警戒したり不安を抱いたりすることなく生きている。夜道を歩くとき、飲み屋やクラブに行くとき、初対面の異性と会うときや異性の知人の部屋を訪問するときなどにも、女性はその身体的な性別のゆえに被害を受けるリスクにさらされていてそれによる精神的な負担も生じさせられているが、男性はそうではない。

＊3—https://bunshun.jp/articles/-/51395

このような状況については以前から問題視されてきたし、女性のほうが性暴力にあいやすいという事実をわざわざ否定する人も少ないだろう。性暴力という問題に関して、一般的に、女性は男性よりも不利益を被っている。男性に比べて、より多くの女性が被害者になりやすいし、なっている。あるいは、これは「差別」という言葉の定義によってても変わってくるだろうが、性暴力という問題に関して女性は被差別者である、つまり差別されていると表現することもできるかもしれない。

要するに、自然な考え方をすれば、性暴力という問題における男女間の状況の違いを表現するときには女性側に発生しているネガティブな状態のほうが注目されて、それが強調されるということだ。

そもそもの前提として、女性にせよ男性にせよ、性暴力なんて受けないほうが望ましい。女性にとっても男性にとっても、正常でニュートラルな状態とは、性暴力を受けていなかったり性暴力のリスクにさらされていなかったりする状態のことだ。通常、ニュートラルな状態がわざわざ注目されることはなく、名前が付けられることもない。なんらかのモノや事態についてわたしたちが思考するときには、異常であるほうに注目することがデフォルトだ。

ところが、社会学や社会運動の文脈では、ネガティブな状態ではなくニュートラルな状態のほうを特徴付けるために「特権」という言葉が用いられる。性暴力という問題に関しては、女性が被害にあいやすいことではなく、男性が被害にあいにくいことのほうが強調される。つまり、性暴力の被害にあう可能性が低いことや、性暴力について恒常的に警戒せずとも生きていられることが、「男性特権」だと表現されるのである。

1―3　構造、属性、罪悪感

性暴力のほかにも、「男性特権」として表現される事象はさまざまに存在する。

たとえば、著述家の清田隆之は、男性は結婚したときに苗字を変更するという選択肢について考えなくて済まずに生きられることも男性特権であると指摘している。[*4] 社会の慣習や規範のために日本ではほとんどの場合に夫ではなく妻のほうが姓を変えているから、女性は若いうちからいつか結婚して姓を変える未来を想起させられながら生きているが、男性はそうではない。

このように、ネガティブな事態ではなくニュートラルな事態のほうを特徴付けるものとしての「特権」という言葉が広まるにつれて、「マジョリティとは自分の特権に気づかなくても生きていける人たちのことだ」といった物言いも盛んになされるようになった。

また、批評家の杉田俊介は、著書『マジョリティ男性にとってまっとうさとは何か』（集英社、2021年）の中で、特権という言葉について以下のように説明している。

> マジョリティが特権集団であるとは、その全員が金持ちだったり幸福だったりするという意味ではなく、マジョリティはただ単に存在しているだけでさまざまな一定の利益を得ているということであり、多種多様なマイノリティ集団のことを抑圧し、不利益を強いて

＊4―https://qjweb.jp/journal/12613/

いるということです。

ここで、抑圧と差別を区別しましょう。差別とは、何らかのアクティヴな行動のことです。抑圧とは、構造的に他者を抑圧し続けることです。たとえ言葉や行動によって差別しなくても、あるいは道徳的な善意を持っている場合ですら、マジョリティ集団が存在すること、生活を維持することそのものが構造的な抑圧を維持し、強化していることになります。

たとえば女性が男性に対してステレオタイプ的な見方をしたり、同性愛者が異性愛者に偏見を持ったり、在日コリアンが日本人を嫌悪したりすることはあるでしょう。しかし、それらの偏見や嫌悪は、ここでいう意味での構造的な「抑圧」ではありません。女性やマイノリティの中にも偏見やレッテルを拡散する人々がいる、という事実は、現在の社会には抑圧的な構造がある、という現実を相対化したり、打ち消したりするものではありません。

そもそも、マイノリティが日々自分たちのマイノリティ性に直面せざるをえないのに対し、マジョリティは日常生活のほとんどの場面で自分たちがマジョリティであるとことさら意識せずにすみます。自覚し、意識しなくても、生活を送れるのです。そのこと自体が最大の特権であり、優位性なのです。それはしばしば「水の中の魚」にたとえられます。水の中にいることが当たり前であるならば、自分たちが水の中に住んでいること、自分の周りに水が存在することに気づくことも難しいのです。

（杉田、40〜42頁）

特権に関する議論に初めて触れる人であれば、「マジョリティ集団が存在することと生活を維持することそのものが構造的な抑圧を維持し、強化していること」という議論に対して違和感を抱いたり、あるいはショックを受けたりするかもしれない。

これが「差別」に関する議論であれば、基本的には話は簡単だ。だれかを直接的に傷つけたりだれかに不利益を被らせたりする行動に対して「差別的だ」と批判することについては、多くの人が賛同するだろう。「気付いていないかもしれないけれど、実はこういった理由から、あなたの行為は特定の属性の人に対する差別になっているんですよ」と言われた場合にも、そこで説明される理由に妥当性があるなら、多くの人は納得して、「これからはそういう行為を止めたり控えたりしよう」と考えるようになるはずだ（意固地な人や、ほんとうに差別主義者である人ならそうもいかないだろうが）。行為に関する議論はわかりやすいし、解決や改善をしやすい。

しかし、特権に関する議論では、差別的な行為をまったくしない人であっても、マイノリティに対する抑圧構造が存在する社会のなかでマジョリティとして生きているだけで、抑圧に加担することになる。ここでは「構造」と同時に生まれ持った「属性」が関わってくることも重要だ。あなたが男性であったり、アメリカやヨーロッパで白人であったり日本で日本人であったりするなら、それだけで、あなたは構造的な抑圧を維持して強化していることになる。

しかし、原則として、性別や人種や国籍などの属性を変えることはできない。差別的な行動や思考については問題を指摘されたときに反省して改めることができるのに対して、特権を指摘されたときに、自分に改められることはないのだ。そのため、「特権に関する議論は、マジヨリティとして生まれ落ちることを原罪であるかのように論じるものだ」といった批判もなされてきた。

また、特権について指摘する議論には、「特権を指摘された人たちの反応」に関するトピックも含まれていることも多い。『ホワイト・フラジリティ　私たちはなぜレイシズムに向き合えないのか？』（貴堂嘉之監訳、上田勢子訳、明石書店、２０２１年）などの著書があるアメリカの社会学者ロビン・ディアンジェロは、白人特権を指摘された白人が「特権なんてない」「不当な言いがかりだ」などと反応することを「ホワイト・フラジリティ（白人の心の脆さ）」と表現している。杉田も、前述した著書のなかで特権とは「制度論的な事実」であると表現している。特権が存在するのは事実であるとされるからこそ、それを指摘されたときに否定するほうが間違っていることになって、否認する人には「心の脆さ」などのラベルが貼られることになる。

だが、わたしには、「特権に関する議論は人に原罪を背負わせるものだ」という批判にも一理あるように思える。

多くの人は、「あなたには特権がある」と指摘されたとき、それを単なる事実の指摘だとは考えずに、自分に対する非難や批判として受け止めるはずだ。

実際のところ、特権について論じる側も、単に事実を指摘するだけの議論で済ませることはほとんどない。男性が男性特権について語る場合には他の男性たちに「君たちもわたしと一緒に反省しましょう」という呼びかけが含まれていることが多いし、女性が男性特権について指摘する場合には「お前たちはわたしたちに対して責任があるのだぞ」といった批判が含まれていることが大半だ。

特権に関する議論では、「社会の構造はマイノリティを抑圧するものになっている」という事実に関する主張と同時に、「だから、マジョリティはマイノリティを支援すべきだ」といった規範に関する主張が続く。

そして、「日常をふつうに過ごせるというだけでもマジョリティの特権なのだ」とか「特権を否定することには心の脆さがあらわれている」とかいった主張は、それを聞いたマジョリティに罪悪感を抱かせることやマジョリティが反論するのを防ぐことを狙っているように思われる。その主張を耳にした人に特定の感情を抱かせることを意図したり、反論を防ぎやすくするための工夫がなされたりしているという点で、特権に関する主張はレトリック——人々の意見や行動を誘導するために、特定の感情や印象を人々に与えることを狙った表現——という側面が強いのだ。

次節では、特権という単語にはどのような意味が含まれているのか、特権というレトリックはどのように機能するのかについて、掘り下げて考えてみよう。

2　レトリックとしての特権理論

2-1　「特権」というレトリックの仕組み

特権という概念の特徴のひとつは、それが引き算によって導出されることだ。

まず、社会のなかに「抑圧を受けている集団」が存在することが前提となり、社会からその集団を引いた残りの人々が「特権を持つ集団」ということにされる。

一見すると、「特権／抑圧」の構造は、「搾取／非搾取」など、他の社会問題や道徳的な問題に関する構図と似たようなものに思えるかもしれない。

しかし、搾取とは、搾取者が利得を得るために非搾取者の利得を不当に侵害することだ。搾取とは目的を持って行われる行為である。「資本家による労働者の搾取」といった狭い意味での搾取だけでなく、「グローバル資本主義における先進国の消費者の、発展途上国の労働者に対する搾取」といった広い意味での搾取にも、このことは当てはまる。たとえばアフリカの児童労働によって収穫されたカカオを使ったチョコレートとそうでないチョコレートがスーパーに並んでいて、安いからという理由で消費者が前者のチョコレートを購入することも、搾取だと言うことはできそうだ。消費者は「チョコレートを安価に食べたい」という目的のために、それを選択して購入するという行為をしているからである。

目的を持って行われた行為が不当であったり不道徳であったりしたときに、その行為をした人には道徳的な責任があると見なすことは、ごく自然な発想だろう。したがって、搾取の問題について資本家や先進国の消費者を批判するのはもっともなことである。

一方で、特権に関する議論では、問題となるのは行為ではない。マジョリティが「抑圧を受けないこと」や「マジョリティであると意識せずに生きること」は、行為ではなく状態である。状態に目的はない。さらにいえば、それらの状態は、「抑圧を受けずに生きるぞ」とか「マジョリティであることを意識せずに生きていくぞ」とかいった目的に基づく行為の結果としてもたらされたものですらない。それらは、通常の議論では注目されないようなニュートラルな状態であり、世の中から「抑圧を受けている状態」を引き算した結果に名前が付けて特徴付けられたものでしかないからだ。

これだけを見れば、特権という単語は、世の中の状態についてトリッキーなかたちで記述する言葉であるようにも思える。あるいは、「抑圧の構造があり、そのなかでマイノリティが不利益を被ったりマイノリティ性を自覚させられたりしながら生きているのに比して、マジョリティはそうでないこと」と毎回表現するのはまだるっこしいから、この長い一文を「特権」と言い換えた速記的表現、と見なすこともできるかもしれない。

しかし、先述したように、特権という言葉が使われるときにはほぼ必ず批判や非難が伴う。だれかに「あなたには男性特権がある」と言われたときに、「この人はわたしを責めているわけじゃなくて、ただ世の中の状態について記述しているだけなのだな」と受け取ることは的外れであるだろう。特権という単語自体は記述的なものであったとしても、それが使われる文脈は規範的なものだ。

2-2 特権という言葉が与える「印象」

心理学と倫理学の両方を研究するジョシュア・グリーンは、「権利」という言葉について、以下のような指摘をしている。

> 道徳家として論争しているときの私たちは、主観的感情を客観的事実の認識として提示できるために、権利と義務の言い回しが大好きだ。私たちが、権利と義務の言い回しを好むのは、主観的感情が、「そこに」あるものの心像であるかのように（実際にはそうでなくても）しばしば感じられるからだ。（…）ある人にある権利があると言うとき、あなたは、その人に指が一〇本あるという事実のように、その人が所有するものについての客観的事実を述べているように見える。
>
> （グリーン、404〜405頁）

特権という単語にも、権利という単語と似たような性質が存在する。

たとえば、男性特権という言葉は「女性が受けている抑圧や被っている不利益を、男性は受けたり被ったりしていないこと」という状態を指すものであった。しかし、「男性特権」という名詞は、ことではなくモノを指しているかのように聞こえる。個々の男性たちが、特権を所有しているという印象が与えられるのだ。

権利と特権の違いは、前者が正当なものであるのに対して後者は不当なものであることだ。「ある人は特権を所有している」と言われたら、「ある人は盗品を所有している」というのと同じような不当さを感じるだろう。「わたしには権利がある」という主張が事実の記述ではなく「わたしのモノに手を出すな」という要求として機能するのと同じように、「あなたには特権がある」という主張は事実の記述ではなく「あなたは不当にモノを所有しているのだ」という非難として機能する。

さらに、男性特権である場合には女性から盗んだモノであるかのような、白人特権である場合には黒人から盗んだモノであるかのような印象も伴う。ある人がモノを不当に所有しているとすれば、そのモノを不当に奪われた人もいるということになるからだ。結果として、特権という概念自体は「抑圧」に関するものであったはずなのに、「搾取」に関するものであるかのようにイメージが滑っていく。そして、先述した通り、搾取のような行為に対しては責任を問うことができる。だから、「あなたには特権がある」という主張を認めてしまうことは、女性や黒人に対して自分が行ったこととされる搾取についての責任を取らされることにまで、つながりかねない。

ふつう、身に覚えのないことで非難をされたり責任を追及されたりした人は、その非難や追求に対して反発するものだ。自分はなにも不当に所有しているつもりはないのに、そうであるかのように非難されて、その責任まで追及されそうになったら、まず真っ先に出てくる反応は「それは違う、不当な言いがかりだ」だろう。……しかし、特権という言葉を使う人たちは、その自然な反応に「心の脆さ」などのラベルを貼る。

特権について論じる人は、自分の主張が実質的には相手に対する非難や責任の追及として機能していることをおそらくは自覚しながらも、表向きには事実を記述する主張を行っている。

そのため、「その非難は当てはまらない」「わたしにはそんな責任がない」と相手側が規範的な主張に対して反論をした場合にも、「事実について論じているのだからそんな反応は的外れだ」と、批判を封殺することも可能になるのだ。

2-3 レトリックで感情を動かすことの危うさ

先述したように、「特権」という言葉を用いた主張は実際には規範的な主張であるのにそうでないかのように見せかけることでマジョリティ側の反論を封じる仕組みになっているなど、堂々としていなくてズルい側面がある。

そのため、自分が享受しているとされる特権を指摘された場合には、多くの人はイラッとした気持ちを抱いて反発することになる。

たとえばマジョリティに罪悪感を抱かせること（を通じてマイノリティを支援する方向に誘導すること）を狙って特権というレトリックを用いたとしても、狙い通りに罪悪感を抱いてくれるのは、マジョリティのなかでも元々まじめであったり心が優しかったりする人、気が弱かったり素直であったりする人に限られるだろう。とくに悪人であったり差別的であったりするわけでなくても、頑固であったり意志が強かったりする人が、特権のレトリックによって心を動かされる可能性は低い。

そして、自分の意に反してネガティブな感情を抱かされて認識を誘導されること自体、相手の目論見がこちらに伝わったときにはイラッとさせられるものだ。堂々とした論理を主張するのではなくレトリックに頼る議論は、失敗したときには相手に拒否反応を生じさせて目的とは逆の結果をもたらすという点で、もろ刃の剣でもあるのだ。

付言すると、第4節で紹介するように、マイノリティに対する「罪悪感」ではなく「共感」や「想像」を生じさせることが目的で、マジョリティの特権が云々される場合もある。この場合は引き起こそうとされている感情はネガティブではなくポジティブなものであるため、失敗した場合にも拒否反応が生じることは少ないように思われる。また、共感や想像を通じて、マジョリティがマイノリティの被っている状況を改善するための運動に前向きな気持ちで協力するようになる、ということは実際に起こりそうなものだ。レトリックを用いるとしてもそれが引き出すものがポジティブな感情である場合には、一概に否定すべきでもないだろう。[*5] また、他者に対する共感や想像力は、第4節で登場する「共通する人間性」や第5節で紹介する「公共的理性」にも連なるものである。

それでも、たとえばマイノリティ個人の苦境に対して共感や想像を行うだけでは、より広い視点に立ってその苦境がなぜ引き起こされているかという「理由」を理解することはできないし、原因を特定して適切な改善策や対処法を考案して実施することもできない。差別や抑圧の

＊5―拙著『21世紀の道徳』の第八章では「共感」を重視するタイプの倫理学（フェミニズム倫理学や「ケアの倫理」と呼ばれるもの）を批判する一方で、第二章や最終章では民主主義や道徳的思考にとって「想像力」が重要であると論じた。これは「共感」や「想像」といった言葉をどう定義するかということにも左右されるが、とくに「想像」については感情も関係する一方で認知的・理性的な営みでもあり、道徳や政治にとって重要なものであることは否めないだろう。

問題に対処するためにはレトリックや感情だけでは足りず、「理性」が必要となってくるのだ。

2-4 政治にも「理性」が必要だ

哲学者のドナルド・ロバートソンの著書『ローマ皇帝のメンタル・トレーニング』では、古代ギリシア・ローマにおけるストア哲学と修辞学やソフィストを対比させながら、以下のように論じられている。

簡潔さという顕著な例外があるものの、伝統的な修辞学とストア派のそれは価値基準のほとんどを共有しています。ところが両者は完全に逆のものだと見なされていました。感情に訴えるレトリックを使って他者を説得しようとするのがソフィストです。一方、ストア派は感情に訴えるレトリックとか強い価値判断をともなう言葉を意識的に使わないようにしていました。そうすれば、相手の理性に働きかけることができ、知恵の共有が可能になるからです。私たちは通常、他人を動かしたいとき、悪く言えば他人を操縦したいときにレトリックを用います。しかし、自分相手に何かを話したり考えたりするときにもそのレトリックを使っていることに気づいていません。

(…)

誇張したり、過度に一般化したり、情報を省略したりするレトリックには、強い感情を呼び起こす力があります。そのためストア派は、出来事をできるだけ簡潔かつ客観的に表現することで、レトリックによる感情効果が生じないよう心がけたのです。また、この考え方が怒りなどの不健全な感情を癒す古代ストア派の心理療法の土台を成しています。

（ロバートソン、80〜81頁）

とくに政治が関わる事柄では、「相手の理性に働きかけて、知恵の共有を可能にする」ことは軽視されがちだ。自分の主張に無理があったり自分の表現が誇張したものであったりすることを自覚しながらも、自分の目的や理想に従う方向に相手を誘導させられるなら、ついついレトリックを用いてしまう。だが、レトリックは自分自身の知性や認識も歪めかねない。

そもそも、理性と知恵ではなく感情と表現によって社会を動かすことには不安がつきまとう。たとえば反差別運動の目的を実現するためにレトリックを用いて、それがしばらくは成功したとしても、もし差別を肯定する側がより効果的なレトリックを用いたならば、社会は以前と同じかそれよりも悪い状態に引き戻されかねない。地道ながらも、人々の心だけでなく頭にも訴えかけて、差別の問題やあるべき社会の理想についてしっかりと理解してもらい同意してもらうことを目指すほうが、やはり望ましいだろう。

3 「物象化」された特権理論

3-1 「規範」を主張する「応用ポストモダニズム」?

前章にも登場した『「社会正義」はいつも正しい』は、ポストコロニアル理論やクィア理論、批判的人種理論やフェミニズムなど、現代の学問におけるさまざまな理論――主にアイデンティティが関わるような、「クリティカル・セオリーズ」とも総称される理論群――の問題を指摘した本だ。[*6]

同書の主な筋書きは、1960年代にフランスで誕生した「ポストモダニズム」が1980年代以降にアメリカに渡り、マイノリティが行う政治運動と接続された結果「応用ポストモダニズム」に変貌して前述の理論群を生み出した、というものである。

『「社会正義」はいつも正しい』の著者ら(ヘレン・プラックローズとジェームズ・リンゼイ)によると、フランスのポストモダニズムとアメリカの応用ポストモダニズムには規範性という点で大きな違いがある。前者の理論は相対主義を前提としており道徳や政治に関する主張を敬遠してきたのに対して、後者は人種差別や性差別に反対する政治的な主張を提唱するために用いられている。とはいえ、応用ポストモダニズムは西洋の啓蒙主義に基づく「知識」や「個人」という概念を懐疑し、科学性や客観性を重視しないという点が過去のポストモダニズムと共通していると、著者らは主張する。

現代において倫理学や政治哲学などの規範を扱う学問は、基本的には近代の啓蒙主義的な発想に連なっている。科学の営みをモデルとするような適切な手続きを経ながら、各個人が自分の頭でしっかりと考えたうえで相互に話しあったら、「どのような行為が悪くて、どのような行為が良いか」といった倫理的な判断や「社会の状況はどのようであるべきか」という政治的な判断について、大半の人が納得するような結論を出して社会的な合意を成立することは可能である、ということが前提にされている。

しかし、先述したようにフランスのポストモダニストたちは「知識」や「個人」といった概念から疑うため、倫理学や政治哲学の前提も否定する。どれだけ厳密な手続きを経て、真剣に考えて対話したとしても、社会に存在する権力は言語を通じて手続きの過程や個人の思考や対話そのものに影響を与えているのだから、規範的な判断に関する結論や合意が客観的であったり中立的であったりすることはあり得ない、というのがポストモダニズムの基本的な発想だ。

これに加えて、応用ポストモダニズムには「客観的な知識は存在しない代わりに主観的な知識がいくつも存在しており、ある特定の人の主観的な知識は別の人のものよりも優れた知識である」という前提が導入された。

自身もマイノリティである応用ポストモダニストたちは「被差別者である自分たちは、差別

＊6―「クリティカル・セオリーズ」を漢字で書けば「批判理論」となるが、狭義には、批判理論とはドイツ語圏のフランクフルト学派と呼ばれる哲学者たちの思想を指す。フランクフルト学派については終章で取り上げるが、便宜上、本章で触れる現代アメリカの思想については「クリティカル・セオリーズ」とカタカナで、フランクフルト学派の思想は「批判理論」と漢字で表記することで区別する。

の経験を通じて、差別の現実に関する特別な知識を得ることができる」と論じる。マイノリティに対しては法律などの制度のみならずメディアの表象や日常のコミュニケーションなどにも含まれる「権力」によって抑圧がはたらいており、その抑圧の存在はマイノリティ当人でないと認識できない、とされるのだ。

権力と同じく「特権」も、その存在を客観的な知識によって立証することはできず、マイノリティの主観的な経験によってしか認識されないとされる。つまり、マジョリティが特権の存在を否定したり特権理論に対して反論したりすることは、原理的に不可能になっている。『「社会正義」はいつも正しい』のなかでは、大学の授業で学者たちが差別に関する自分たちの理論についてマジョリティの学生が異論を唱えることを禁止したり、「自分たちの研究に賛成しない学者は不公正な権力構造を温存して社会的な不正義に加担している」と非難したりする事例が紹介されている。

3-2 使い手もレトリックに惑わされる「物象化」現象

『「社会正義」はいつも正しい』におけるポストモダニズムの解釈は、自身をポストモダニストと自称する人もそうではない人も含んだ哲学や思想の専門家たちから多々批判されていることは記しておいたほうがいいだろう。そもそも、マイノリティの立場と規範性を重視した現代アメリカ発祥の理論群に、フランスの相対主義的なポストモダニズムがどれだけ関係しているかは疑わしい。

本章の文脈で重要なのは、『「社会正義」はいつも正しい』ではクリティカル・セオリーが「物象化」された過程が詳細に紹介されていることである。[*7]

つまり、当初はマイノリティにとって不利な社会の状況を変えるためにあえて極論を主張したという側面もあった理論群が、アカデミアや社会運動に普及して定着していったことで、当の提唱者たちもそれ以降の世代の学生や活動家たちも、「社会に権力や特権が存在すること」や「客観的な知識は存在せず、マイノリティの経験だけが尊重されるべきだ」ということを「客観的な事実」と考えるようになったのだ。

物象化（reified）というのは「本当のものにされる」という意味であり、抽象概念が実体であるかのように扱われることを指す。二〇一〇年頃に始まって着実に勢いを増してきた、「社会正義」という広い旗印の下で実践されてきた学問――これを〈社会正義〉の学問と呼ぼう――はポストモダンの取り組みの新しい第三フェーズの中で形作られていった。このフェーズで、学者や活動家たちは、かつては抽象的で当人たち自身ですら半信半疑だ

＊7―『「社会正義」はいつも正しい』における「物象化」という言葉の扱いはやや特殊であることに留意。通常、この言葉はマルクス主義の文脈で使われるものであり、人間が行う労働や人間どうしの関係が「モノ」のように扱われたり感じたりしてしまうことを指す（「疎外」という、同じくマルクス主義のキーワードとも関係している）。……この意味合いでの「物象化」には終章で触れるが、本書の他の箇所では『「社会正義」はいつも正しい』の用法にしたがい「仮説であるはずの理論が確定した客観的事実であるかのように扱われる」という意味での「物象化」を用いる。ややこしくなってしまうが、ご容赦願いたい。

ったポストモダンの知の原理と政治原理の物象化を、当然のことと見なすようになった。
（プラックローズ、リンゼイ、２３２頁）

何十年にもわたり、学術研究とアクティビズムの一部界隈では既知の事項として扱われてきた、〈理論〉の原理、主題、主張はいまや既知の既知となった——世界についての本当の主張として当然視されている思想、人々が事実だと「考えるまでもなくわかっている」ものだ。その結果、社会は明確ながらほとんど見えない、アイデンティティに基づく権力と特権のシステムで構築されており、そのシステムが物事についての語り方を通じて知を構築するのだという信念を、社会正義系の学者や活動家たちは、社会の組織原理についての客観的な事実主張だと思っている。
（プラックローズ、リンゼイ、２３３頁）

日本における特権の語られ方を見ていても、まるで特権が実際に存在することが当たり前の、「客観的な事実主張」であるかのように論じられていることは多々ある。だが、前節で論じたように、特権理論とは社会の構造について「引き算」を用いて独特の仕方で記述したものであったり、マジョリティとマイノリティの経験する状況の違いを示すための速記的表現に過ぎなかったりすることが大半だ。これらは事実の主張や理論の提起というよりも、単なる表現やレトリックである。

だが、これも前節で指摘したように、表現の仕方によって特権がほんとうに実在するかのような印象が与えられ、相手に罪悪感を生じさせたりすることができる。……しかし、レトリックを使うことによって、使っている側の人たちも自分たちのレトリックを真に受けてしまい「物象化」が起きてしまう。

より微妙なのは、学者は特権理論がレトリックであることを理解していたり、社会の状況や差別の構造などについて他の解釈が存在することを了承したりしているうえであえて特権理論を使っているとしても、その理論を聞かされた一般の人々は特権理論が唯一の解釈であるかのように思ってしまう問題だ。

そもそも多くの人には、学者や教師などの主張を聞いたとき、他の考え方があり得ることを想定しながら留保を付けて相手の主張を受け取るという習慣がなく、それが正解であったり真理であったりするかのように受け取ってしまいがちだ。そして、理想的な学者や教師なら単に自分の主張を真に受けるのではなく他の主張を比較検討したり自分自身で考えたりすることを聴衆や教え子に促すとしても、差別や抑圧が関わる事柄の場合には、学者であっても政治的な目的を優先して、自分が語っている理論をただそのまま信じるように誘導してしまいかねない。

4　在日外国人の視点から「日本人特権」を考えてみる

心理学者の出口真紀子は、インタビューのなかで、以下のように答えている。

特権に無自覚だったマジョリティー側の人が、自分の世界観や信念を否定されるような情報にぶつかると、抵抗を示すことがあります。女性差別が語られる場で、男性が「差別されているのは自分の方だ」と主張するようなケースです。

抵抗の背景には、その人の抑圧体験があります。マイノリティー性に伴う問題で苦しんでいるときに、「あなたには特権がある」と言われても受け入れられないのも理解できます。自らのマイノリティー性の課題に向き合い、ケアをしない限り、自分の権力を弱者に行使し、加害行為に発展してしまう可能性もあります。男性の敵は女性ではなく、家父長制です。男性が生きづらさを感じているのであれば、女性に怒りをぶつけるのではなく、家父長制を形成している社会に怒りの矛先を変える必要があります。[*8]

このような主張は、出口に限らず、特権について論じている人の多くが行っているものだ。つまり「男性特権を指摘されて抵抗を感じても、男性特権の存在を否定するのではなく、自分が持っている他の属性やマイノリティー性に起因する抑圧の経験に思いをはせることで、女性の受けている抑圧のことも連想して共感することができる」といった議論である。

このような議論をしている人は、特権理論は罪悪感といったネガティブな感情だけではなく共感や想像などのポジティブな感情も誘発できると考えているのだろう。

とはいえ、日本に生まれ育って日本の国籍を持っている男性のなかで、自覚できるほどの「マイノリティー性」を持っている人はなかなか少ないかもしれない。その点に関しては、在日アメリカ人として日本に生まれて日本で育った経験を持つ私は、ある意味では恵まれているといえる。

というわけで、本節では視点を変えて、わたし自身が経験した「抑圧」をテコにしながら、特権の問題について考えてみよう。

わたしが日常でマイノリティ性を感じるのは、なんといっても、ひとりで居酒屋やバーに行ったときだ（結婚して以降はひとりで飲み屋に行く機会はほとんどなくなったけれど）。白人の見た目で日本語が流暢に喋れる人は、２０２０年代の東京であってもまだ珍しい。そのために、とくに酔っ払いが多くいるような場所に行くときには、話しかけられたり絡まれたりすることを警戒しなければならない。

だいたいは日本に滞在している期間とか日本語が上手に喋れる理由を伝え、相手がそれについて感想やコメントを言えば会話は終わるのだが、それで済まずに執拗に質問され続けたり不愉快なことを言われたりするときもある。バーは人との交流を期待していく側面もあるから多少は我慢すべきだとしても、食事を楽しみにして居酒屋に入ったときにしたくもない会話をさせられることは、かなりキツい。店に入った瞬間に客の目つきや顔つきから酔っ払い具合や性格の雰囲気を察知して、「絡まれそうだ」と思ったらすぐに退散することもある。

おそらく、大多数の日本人男性は、飲みに行く店を選ぶときに自分が他の客から絡まれたり

＊8―http://ictj-report.joho.or.jp/2106/sp01.html

不愉快なことを言われたりするリスクを想定する必要がない。一方で、女性の場合には日々そのようなリスクを警戒しているであろうことは察しが付く。だから、この点に関しては、わたしは女性の感じている抑圧に共感することができる。

また、日本では賃貸物件の多くが「外国人お断り」であり、引っ越しをする際に部屋の選択肢が非常に限定されることも、わたしが感じたことのある抑圧だ。不動産業界による「差別」だと表現してもいいかもしれない。

「いいな」と思った部屋がことごとく外国人お断りであり、しかもその情報がネットでも公開されていないために、選択肢が狭まるだけでなく部屋探しにかかる手間や時間もかなり増えてしまう。とくにリベラルで開放的なイメージのある高円寺で部屋を探していたときには、ほとんど全ての物件を外国人だからという理由で断られてしまい、面食らったものだ。ちなみに、「外国人でもＯＫだが女性限定」という理由で入居できなかった部屋もあることは言っておいていいだろう。賃貸物件の選択肢という点では、女性のほうがむしろ有利だと言えるかもしれない[*9]。

選挙の時期に友人たちがどこに投票するか話しあっているのを聞くたびに、自分には参政権がない事実を思い知らされることも、抑圧と言えるかもしれない。永住権は持っているが日本国籍は持っていないので、どこに投票することもできないのだ。ヨーロッパ諸国やアメリカの一部の州では外国人でも地方参政権が認められているらしいので、それくらいなら日本でもやってほしいものだと思う。

そして、２０２３年に結婚と母親の死という二つの大きなライフイベントを経験したことにより、わたしは日本の戸籍を持たないことの不利益を大いに味わった。

「市役所に婚姻届けを提出すれば結婚できる」と思っていたら、アメリカ大使館に行って独身証明書を入手し、期限の切れていたパスポートを更新する必要があったために、結婚できたのは本来予定した時期から数ヵ月遅れになってしまった（円安なこともあって独身証明書やパスポートに関するドル払い手数料がかなり高くなってしまったことも痛手だ）。

そして、日本での戸籍や出生証明書を持たなかった母親の死亡に関する手続きはただでさえ大変な状況で残された家族に大きな負担となったし、親子関係の証明が容易ではないために遺産相続や諸々の契約の名義変更もいまだに済んでいないありさまだ。

慶事にせよ弔事にせよ、制度による不便に直面したせいで、素直に喜んだり悲しんだりすることもできないというのはかなり不快である。これも「抑圧」と表現することができるかもしれない。

なお、白人の在日アメリカ人であるわたしでさえこれだけさまざまな不利益を抑圧を被っているのだから、日本国内にいる他の国籍や人種の人たちはさらに多大な不利益や抑圧を受けていることには言及しておくべきだろう。

日本語を流暢に喋れるアフリカ系の人が居酒屋やバーで絡まれたり不愉快なことを言われた

＊9―もっとも、女性からすれば「オートロックの部屋や独立洗面台が設置された部屋などが少な過ぎるために、実質的には賃貸物件の選択肢は男性よりも制限されている」と言いたくなるかもしれないが。

りする可能性は、白人よりもさらに高くなるはずだ。

不動産者から部屋を紹介されるときに、「アジアの人ならダメだけど、欧米の人なら借りられるよ」と言われることもあった。

歴史的な経緯から、参政権は在日コリアンや在日中国人の人々にとってとりわけ重要な関心事であり、わたしのように「なければないでいいや」で済まされないことも理解している。

そして、日本の警察は外国人の見た目を持つ人をとくに狙って正当な理由もなく職務質問を繰り返す「レイシャル・プロファイリング」を行っていることで悪名高いが、わたしのようにヨーロッパ系の見た目を持つ人は、アフリカ系や南米系の見た目を持つ人に比べればレイシャル・プロファイリングの被害を受ける可能性が低い。


さて、「絡まれる心配なく居酒屋に入れること」や「国籍を理由にして賃貸物件を断られないこと」、「参政権を持っていること」や「戸籍を持っていること」は、「日本人特権」になるのだろうか?

本章で紹介してきた「特権」の定義からすると、そういうことになるはずだ。マイノリティであるだれか(わたし)が不利益を被ったり抑圧を感じたりしているときには、それらの不利益や抑圧から逃れられている人は特権を持っているということになるのだから。

しかし、居住や結婚の自由に関する権利や参政権などを「特権」と呼ぶことは、ばからしいレトリックでしかないように思える。それらは特権ではなく人権だ。もちろん、わたしのような外国人にもそれらの人権が制度的に保障されるとすれば有り難いことであるが、すでに日本人にはそれらの人権が保障されていることを特権呼ばわりするのは不毛に思える。

また、どこかの日本人男性が居酒屋に入るたびに「おれが外国人や女性のように絡まれる心配がなく居酒屋で飲めることは特権なのだな」と思いをはせたり、あるいは親が死んだ後に遺産相続を滞りなく済ませられた人が「特権を持つ私と違って外国人は遺産を相続するだけでも大変なのだ」と罪悪感を抱いたりしたとしても、こちらとしてはなんの得にもならない。大切なのはわたしが絡まれることなく酒を飲めたり、戸籍関係の手続きを滞りなく済ませられたりすることであって、だれかに特権を自覚してもらうことではないのだ。

以上のように、自分自身のマイノリティ性に向き合って考えてみると、特権というレトリックに基づく議論の役に立たなさや不毛さがさらに際立ってしまう。抽象的で曖昧な構造についてあれこれ考えて、だれかを非難することやだれかに罪悪感を抱いてもらうことよりも、個別の問題に目を向けてその問題の対処法を考えるほうがずっと生産的だ。

また、どの問題についても、それを解決することを難しくさせている理由があることから目をそらすわけにはいかない。国民国家という制度の存在意義を考慮すれば、外国人の参政権には多かれ少なかれ制限が必要かもしれない。わたしには居住の自由に関する権利があるとしても、家主や不動産業者のほうにも契約の自由に関する権利がある。酔っ払いが人に絡むことを抑止するのはそもそも困難だ。現状の戸籍制度は外国人だけでなく性的マイノリティや家庭環境に問題のある人にも不利益を与えているから改善は明らかに必要だが、戸籍制度の存在によって大多数の日本人は身分や家族関係の証明が容易になっているし、行政の運営が効率化されている可能性も考慮はすべきだろう。

これらの理由が存在するからといって、問題に向き合わないことが正当化されるわけでもないし、問題に対処することが不可能になるわけでもない。ただし、どんな問題であっても、それに対して実践的に向きあうためにはレトリック以上のものが必要になるということだ。

はっきりしているのは、わたし以外のだれかの特権をあげつらったところで、わたしが直面する問題はなにひとつ解決しないということである。

5　アイデンティティ・ポリティクスが引き起こす問題

5-1　「アイデンティティ」が重視される時代

近年になって特権という概念が多く用いられるようになった背景には「アイデンティティ・ポリティクス」と呼ばれる風潮も関わっている。この言葉には多くの意味を含まれているし、他の人々が行っていることを否定的に表現する場合に使われることもあれば（つまり「キャンセル・カルチャー」と同じく「他称」の言葉として）、自分たちが行っていることを肯定的に表現するのに使われる場合もある。

前章でも紹介した『傷つきやすいアメリカの大学生たち』では、同じく前章に登場したジョナサン・ローチの定義を引用しながら、アイデンティティ・ポリティクスを「政治活動のために、党、イデオロギー、金銭的な利害とは対照的に、人種、ジェンダー、性的指向といった集団特性を中心に組織化し、人々が結集すること」(92頁)と表現している。

『傷つきやすいアメリカの大学生たち』の著者であるジョナサン・ハイトらによると、アイデンティティに基づいて結集すること自体は特別視したり批判したりするようなことではない。そもそも「政治とは、自分たちの目標を実現すべく、集団同士が同盟を組むことに他ならない」(92頁)。たとえば牧場経営者やワイン愛好家やリバタリアンが、自分たちの主張を代表させたり利益を促したりするために組織化するのがごく当たり前の政治的営みであるのと同じように、女性やアフリカ系アメリカ人や同性愛者が組織化することもごく正常な政治である、とハイトらは説明している。

アイデンティティ・ポリティクスについて否定的に語られるときに想定されているのは、たとえば女性や人種的マイノリティ・性的マイノリティが自分のアイデンティティだけを理由にして男性やマジョリティに対して配慮を求める、という状況だ。また、「アイデンティティ・ポリティクスが原因で、左派やリベラル派の政党・知識人などがマイノリティのことばかりを取り沙汰するようになり、労働者階級や貧困層の苦境が無視されている」と論じる人も多い。

政治学者のマーク・リラは2016年にトランプ大統領が当選した直後にニューヨークタイムズ紙に「アイデンティティ・リベラリズムの終焉」という記事を発表して話題になったが、

その記事を原型にした著書『リベラル再生宣言』（夏目大訳、早川書房、2018年）でも「アイデンティティ・ポリティクスはリベラリズムの理念に反しているし、現実の政治におけるリベラル派の勢力も弱めている」という議論が展開されている。現在の日本でも、左派の政党がマイノリティに配慮する政策を打ち出すのに熱心になるあまり支持者を失っている、という話題はよく上がる。

　このような議論は「階級や経済の問題だけが重要なのであり、それに比べたら性別や人種に基づく差別や抑圧は大した問題ではない」という主張につながりがちなことには留意すべきだ。また、一部の学者や論客などが「マイノリティの問題を取りあわずに階級や経済の問題だけに注目する自分こそが真の左派やリベラルであり、そうでない連中のほうが偽物の左派やリベラルなのだ」といった、パフォーマンスを目的にしたような主張を行うこともある。

　しかし、もちろん貧困層の苦しみは無視されるべきではないが、だからといってマイノリティの苦しみを無視すべきでないことは当たり前だ。どちらの問題をどれだけ重視するかは個人の考え方や価値観によって異なるだろうし、一方だけを重視して片方を無視するよう他人に対して要求すべきでもないだろう。

　とはいえ、わたしとしても、少なくとも言論や学問や社会運動の世界では、日本でも「アイデンティティ」が以前にもまして重視されるようになっていることは事実だと思う。左派の書き手や論客などの間で「男性特権」の存在を指摘されたら、男性は反論も行わずに主張を引っ込めたり反省を示したりするという場面が起こりがちになっているのも確かだろう。

　ある人が個人としてはどんな人間であるか、その人の主張の内容や根拠などはどのようなものであるかよりも先にその人の「属性」が取り沙汰される、という傾向は現に存在しており、特権理論はこの傾向をさらに勢い付かせるものとして機能している。

5-2 「分断」を引き起こす内集団バイアス

近年の日本では「分断」を問題視する議論も盛んだ。

分断という言葉はアイデンティティ・ポリティクスよりもさらに曖昧だし、「分断を憂う」という体裁で発表される主張も具体的に何を問題視しているのか判別のしないものであることが多い。……とはいえ、ハイトが『社会はなぜ左と右に分かれるのか　対立を超えるための道徳心理学』（高橋洋訳、紀伊國屋書店、２０１４年）でも論じていた、人間に備わる部族主義的な傾向が「分断」の問題にも関わっていることは確かだろう。

わたしたちには、「自分が所属している」と認識した集団に忠誠を尽くし、集団と自分を同一視する傾向が備わっている。

ここでいう「集団」の単位や種類はさまざまであり、自分の属する家族や学校や国家などである場合もあれば、政治的派閥や職業や趣味など自分の思想や関心に基づいて選択した事柄、あるいは階級や性別といったかなり広い範囲の属性などについても「集団」であるかのようにイメージして、それに所属意識を抱くことがある。たとえばゲームやアニメを好む人々が自分のことを「オタク」と自認するだけでなく、自分が「オタク集団」に所属しているかのような認識も持って、会ったり会話したりしたこともないような「オタク仲間」に共感や連帯感を抱く、ということもあるのだ。

そして、わたしたちは自分が属する（と認識した）集団を共にする人々のことを「味方」と見なすようになり、その人たちの欠点を認識しづらくなったり問題があっても積極的に擁護したりするようになる。その一方で、自分の集団の外にいる人々のことは「敵」と見なして、その人たちの欠点ばかりが目につくようになったり、機会があれば攻撃したくなったりする。

このような部族主義的な傾向に基づく「集団」同士の対立は人種間や性別間で起こるだけでなく、異なるスポーツチームを応援するサポーターたちの間や「任天堂のゲーム機のファン」と「ソニーのゲーム機（PS）のファン」との間などにも、はた目から見ればくだらないが本人たちにとっては真剣な対立を引き起こすことがある。また、日本のインターネット上では「フェミニスト」という集団と「オタク」という集団の対立が何年も前から激しく起こっており、同様の対立は海外でも「ゲーマーゲート事件」などの問題を引き起こした。[*10]

「内集団バイアス」とも呼ばれるこの傾向は人間に根強く備わったものであり、ハイトを含む多くの論者は、人類が進化の過程で身に付けてきたものだと主張している。

人類の進化とは、各集団内で個々人が競争するだけでなく、集団と集団が――ときに暴力的に――競争する物語でもある。われわれは皆、そうした競争にうまく勝ってきた集団に属する人々の子孫なのだ。トライバリズムとは、集団間の争いに備えて結束するという、人間が進化の過程で経てきた特性で、「部族スイッチ」がオンになると集団への結束がいっそう強まり、集団の道徳マトリックスを受け容れ、擁護し、自ら考えることを止める。道徳心理学（moral psygoloy）の基本原則に「道徳は人々を結びつけると同時に盲目にする」があり、これは「味方（us）」と「敵（them）」の戦いで集団の態勢を整えるには、使える策略だ。部族モードに入ると、自分たちの物語に異議を唱える主張ないし情報に対しては、理性を欠くようになるらしい。こうして集団内でまとまるのは、いたく気持ちのいいものだ――大学のアメリカンフットボールの試合で起こる、部族まがいの、首を傾げたくなるような行為からもよくわかる。

（ハイト、ルキアノフ、90〜91頁）

また、ジョセフ・ヒースの『啓蒙思想2・0』では内集団バイアスと人種差別の関係について以下のように論じられている。

よい知らせもある。内集団バイアスは生得的かつ心理的に強力である一方で、人が内集団と外集団を区別するときに注目する特徴は固定されていないらしいということだ。心理学者がくり返し発見してきたことだが、人間の集団成員性は非常に操作されやすく、当人た

＊10―とくにSNSには部族主義や集団同士の対立を悪化させてしまう傾向があるようだ。また、発言をした当人は自分の意見や主義主張を述べたつもりなのに、他の人々から「敵対集団の一員」の発言だと認識されて苛烈な批判や攻撃の対象になる、という現象もよく起きている。非常に広い範囲の物事について「集団」と認識できて、自分や他人がそこに「所属」しているというイメージを持ってしまえることが、この現象の原因となっている。

ちも重要ではないと承知している特徴に呼び起こされがちである。「X」とか「W」とグループ名をつけるだけでも有効だ。集団的アイデンティティと区別を決定づけるのは、絶対的な意味で「重要」な特徴ではなく、どんな特徴であれ判断の時点で最も際立った特徴のようだ。

このことは、内集団バイアスの強さにもかかわらず、人は生まれつき人種差別主義ではないと示唆している。進化論の視点から見れば当然のことだ。地理的に遠くに住む人々との交流はなかったから、進化的適応の環境には異人種というものは存在しなかった。人が人種差別に陥るのは、集団が形成されて人種が際立つことによってである。ほかのアイデンティティの基準が与えられたならば（例・カブズのファンか、ホワイトソックスのファンか）、もはや人種差別主義ではなくなるだろう。話す言葉が違うなど、どんな場合にも無視しがたい差異は、もとより際立っている。しかし人種の違いはこの種のことではない。だから人種の違いから転じて、ほかの区別を与えてやるだけで、内集団の連帯システムをだますことは可能になる。

（ヒース、382〜383頁）

ハイトらとヒースが共通して指摘しているのは、部族主義や内集団バイアスは現代社会でも不要な対立を引き起こしさまざまな問題を引き起こす原因になっている一方で、生産的で健全な目的のために有効利用することも可能であるという点だ。

たとえばヒースによると、ナショナリズムとは部族主義バイアスを狩猟採集民時代の小さな部族よりも大きな集団で機能させるためのトリックや装置のようなものである。ナショナリズムは「自国民」と「外国人」を分ける排他的なものであるが、それゆえに数百万人や数千万人や数億人もの国民が「一つの集団」にまとまって連帯感を抱き、協力しあって、経済や諸々の社会制度が機能することを可能にしてきた。

狩猟採集民の集団の規模はせいぜい数十人から数百人であったことを考えると、これは驚くべきことであり、現代になって弊害がいくら目立つようになっていても、ナショナリズムが経済や文明を発展させて人類に恩恵を与えてきた経緯を失念すべきではないだろう。

『傷つきやすいアメリカの大学生たち』では、公民権運動の時代にマーティン・ルーサー・キング牧師が「宗教や愛国心といった求心力ある言葉を用い、アメリカ人として共有する倫理観やアイデンティティに訴求した」(93頁) ことや、アメリカの同性婚法の推進運動で用いられた広告戦略（自分の子どもや同僚が同性愛者であることを知った共和党員やキリスト教徒などが、愛国心や宗教などに訴えながら同性婚の実現を求める映像を公開するなど）が、「共通の人間性を訴えるアイデンティティ政治」として肯定的に紹介されている。

当時の白人や保守派など、公民権運動や同性愛推進にとって敵対的な人々に対しても、「あなたもわたしも同じ人間だ」という風に対等に扱うことで、相手の想像力に訴えかけて自分たちの状況に思いをはせてもらうように導くことが可能になった。ハイトらはキング牧師や同性婚運動が敵対者の感情に訴求したことを強調しているが、相手と自分との「共通の人間性」に訴えかけることは次節で論じる「公共的理性」にとっても不可欠な営みである。

一方で、特権理論を持ち出す近年の風潮は、分断を煽る方向に部族主義や内集団バイアスを作用させているという点で、望ましくない。

マジョリティとマイノリティとの属性の違いを強調し過ぎると「あなたとわたしは異なる集団に属する人間だ」というメッセージを放つことになり、マジョリティがマイノリティに対して共感を抱いたり想像をはたらかせたりすることを、むしろ妨害する。

また、男性などのマジョリティのことを特権を持つ存在だと表現することは、マジョリティは自分たちを不当に抑圧する外集団であり「敵」である、というイメージをマイノリティの側に持たせることにもなるだろう。マイノリティとマジョリティとの間の差異を強調することは、「お互いに異なる集団に所属している」という印象を抱かせ、さらには「自分たちの集団は相手の集団と対立している」という認識につながり、互いに協力することを困難にしてしまうのだ。

5-3 インターセクショナリティ理論が引き起こす問題

特権理論と同じように近年になって目立ちはじめて、そして特権理論と同じように相手の感情を誘導するレトリックの側面が強い理論や概念として、「インターセクショナリティ（交差）」がある。

当初、インターセクショナリティとは、複数の属性を持つ人がそれらの属性に伴う不利益が重なる（交差する）ときに経験することのある、具体的な差別問題を分析する枠組みとして用いられていた。

たとえば、インターセクショナリティという言葉を最初に提唱した法学者のキンバリー・クレンショーは、論文のなかでゼネラル・モーターズ社で黒人女性が受けていた就職差別の構造を明らかにした。当時のゼネラル・モーターズ社は、工場現場の仕事では黒人も雇っており、事務仕事については女性も雇っていたので、黒人差別も女性差別も発生していないように見えた。しかし、工場現場では男性、事務仕事では白人が被雇用者の大半を占めていたことにより、結果として黒人女性はどちらでも雇われていなかったのだ。

このように、ひとつの属性だけに着目していれば見逃してしまうような問題を発見するためのものとしては、インターセクショナリティという概念は有益なものである。

しかし、インターセクショナリティ理論は特権理論と混ざり合って、複雑な問題を発見するためのものというよりも社会を単純化して粗雑に解釈する理論として用いられるようになってきた。

『傷つきやすいアメリカの大学生たち』のなかでは、ミシェル・フーコーの権力論に基づきながらキャスリン・ポーリー・モーガンという哲学者が作成した図表が紹介されている。図の真ん中には1本の太線が引かれており、上側が「特権」とされ下側が「抑圧」とされている。その太線にモーガンは14本の細線を貫通させており（ハイトらが紹介する図では簡略化されて7本）、それぞれの線の上側には「白人」「男性」「シスジェンダー」「富裕層」など、下側には「黒人」「女性」「トランスジェンダー」「貧困層」などと書かれている。つまり、太線の上側に位置する属性を多く持っている人ほど「特権」に恵まれており、下側に位置する属性を多く持っているる人ほど「抑圧」に苦しんでいる、ということになる。

このような発想は、問題の種類や状況によっては太線の下側ではなく上側に位置する属性を持っている人のほうが苦しむ場合もあること、下側の属性を複数持っている人よりも上側と下側それぞれに属性を持っている人のほうが不利益を被っている場合もあることを失念させてしまう点で、誤っている。たとえば、白人よりも有色人種のほうがレイシャル・プロファイリングの被害にあいやすいが、同時に女性よりも男性のほうがレイシャル・プロファイリングの被害にあいやすい。また、健康や犯罪の被害率に関わる一部の事柄では女性よりも男性のほうが不利だから、事象によっては黒人女性よりも白人男性のほうが不利だということがあり得る。

本来なら、分析枠組みとしてのインターセクショナリティはマジョリティ属性とマイノリティ属性が交差している場合も対象にすることができるかもしれない。しかし、現在の用法では、より多くのマイノリティ属性を持っている人が「最も抑圧されている人」であるといった単純化した発想を招くことのほうが多いようだ。

この傾向は第五章で論じる「被害者意識の文化」の問題とも接続して、「自分のほうがより多くのマイノリティ属性を持っているからもっと抑圧されている」と人々が主張したがる、地位争いのような現象を招くこともある。

5-4 スローガンと化した「インターセクショナリティ」

現代の左派の間では、インターセクショナリティは理論や分析枠組みというよりも「スローガン」として用いられている面が強い。

特権理論は、社会運動を行っている人々やマイノリティの人々が、相手のことを「特権を持つ側」と表現することでマジョリティに罪悪感を与える、いわば「外」に向けられたレトリックだった。対照的に、インターセクショナリティは社会運動を行っている人々や運動に関心のある人々同士の間で互いに用いられる、「内」に対して向けられるレトリックである。

たとえばフェミニストの人が「自分は性差別のことにばかり注目していて人種差別や経済格差の問題に無頓着であった、これからは気をつけよう」と表明する、自己批判や反省の文脈でインターセクショナリティを持ち出すこともある。だが、他のフェミニストやフェミニズム団体に対して「フェミニストであるなら、（シス）女性差別の問題だけでなくトランス差別の問題や人種差別など、他の種類の差別や抑圧にも反対するべきだ」と批判するために持ち出されることも多い。あるいは、階級や人種の問題について運動している人が「すべての問題はつながっているのだから女性差別の問題について運動している人も自分たちの運動に関わらなければならない」と主張したり、またはフェミニストがその逆の主張をしたりするのにインターセクショナリティが持ち出されることもある。

しかし、本来なら「インターセクショナリティ」という概念だけでは「○○差別に反対している人は××差別にも反対しなければならない」という結論を導くことはできない。

先述したようにクレンショーは「黒人女性は白人女性も黒人男性も経験しないような差別を経験している」という込み入った問題が起こっていることを示したが、それだけでは、反女性差別運動が反人種差別運動に協力すべき（またはその逆の）理由にはならない。

当然のことながら、女性差別に関しても黒人差別に関しても、クレンショーが示したような問題以外の問題も起こっているのだ。黒人女性が差別によって他の人々が経験しないような不利益を被っているとしても、白人女性も黒人男性もやはり差別によって不利益を被っているのだから、それぞれの属性の人々が自分の受けている不利益の改善を求めて運動をすること自体は、民主主義や政治の営みとしてごく当然のことである。このとき白人女性や黒人男性が黒人女性の運動に積極的に協力しないとしても、それを批判するのはおかしなことだ。

世の中にはいろいろな事柄に関するいろいろな問題が存在する。それらについて、人々は――マジョリティもマイノリティも――それぞれの経験やアイデンティティ、学んだことや考えたことに基づきながら「この問題についてはこういう立場をとろう」「この問題についてはこちらのほうが正しいと思う」「この問題についてはよくわからないし自分とあまり関係ないから保留しよう」といった判断や対応をしていくものだ。そのような、人々はそれぞれに固有の問題意識や考え方を抱いているという事実は尊重すべきである。「その考え方は間違っている」と思った場合にも、論理によって説得することを目指すべきだろう。しかし、インターセクショナリティを云々する主張は「○○に関する差別や抑圧の問題に反対するなら、××に関する差別や抑圧の問題にも反対しなければならない」という、同調圧力をかけるような脅迫めいたものになりがちだ。

インターセクショナリティのレトリックが操作しようとしているのは、なんらかの差別や抑圧を改善したいと思っている人々の良心や、自分自身が苦しまされている差別や抑圧に対抗したいと思っている人々の切実な気持ちである。こういったレトリックが望ましいものとして受け入れられ横行している現状は、かなり不健全であるとわたしは思う。

5-5 議論よりも「印象」が重視される現状

「すべての差別は構造的につながっているから、女性差別に反対するなら人種差別にも反対しなければならない」と主張されることもある。この議論では、「反女性差別運動の目的を達成するためには、反人種差別運動にも関わることが（手段として）必要になる」と論じることで、フェミニストが人種差別の問題にも関わるべき理由が提示されている。

ただし、この議論が正しいかどうかは「すべての差別は構造的につながっている」という、事実に関する前提が正しいかどうかに左右される。そして多くの場合、この前提は疑わしい。「西洋中心主義」なり「新自由主義」なりのひとつの事柄を根本的な原因だと指定して、すべての差別や抑圧がその根本原因に基づいているかのように論じられることもあるが、こういった議論にはほとんど説得力がない。

また、哲学や倫理学では「〇〇差別が問題だと見なすなら、〇〇差別と××差別は論理的に構造が一緒なので、××差別も問題だと見なさなければならない」と論じられることもある。このような議論は正当だ。ピーター・シンガーは『動物の解放』で「人間とは異なる生物種の動物に対する差別（種差別）を正当化する主張と、白人とは異なる人種の人間に対する差別（人種差別）を正当化する主張は論理的に構造が一緒だから、後者が否定されるなら前者も否定されることになる」という議論を行い、実際に一部の左派を動物の権利運動に参加させて運動の勢力を拡大する効果をもたらした。

しかし、基本的には抽象的な論理に基づくこの主張が、必ずしもすべての左派や反差別運動を行っている人たちにアピールできるわけではない。また、第二章で紹介したようにシンガーの主張は障害者差別と批判されることもあり、そのためにシンガーの議論に耳を傾けること自体を忌避する左派も多いようだ。

一方で、身体障害の当事者であるスナウラ・テイラーの著書『荷を引く獣たち　動物の解放と障害者の解放』（今津有梨訳、洛北出版、２０２０年）では、シンガーの主張を批判しながらも障害者差別や女性差別の問題と動物に対する差別との交差性（インターセクショナリティ）が論じられており、邦訳が出版された際には日本でも多くの左派やフェミニストがこの本について肯定的な反応をした。

だが、わたしが読んで判断した限り、「障害者差別と動物に対する差別のどちらもが健常者中心主義に由来する」と主張する『荷を引く獣たち』の議論にはまったく説得力がない。この本のなかで示されているのは、障害者差別と動物に対する差別には似ているところがある、ということに過ぎない。ある問題と別の問題が似ているかどうかと、その二つの問題が原因を等しくしているかどうかは、まったく別の話だ。もちろん、類似を指摘するだけでは、どちらかの問題に関心を持つ人が別の問題に関心を持つべき理由とはならない。

インターセクショナリティや特権に関する議論では、論理や自律がひたすら軽視されていることが、とにかくもどかしい。シンガーはさして難解な議論を行っているわけではないのだから、彼の主張がほんとうに障害者差別であるかどうか、それと切り離して種差別に関するシンガーの議論を受け入れるべきかどうかは、個々人が自分の頭で考えて判断できる事柄であるはずだが、それがなされない。逆にテイラーの著書では「障害者差別は許されない」という多くの左派がすでに認めている価値観に抵触しないかたちで「障害者差別と動物に対する差別はつながっている」という主張が展開されているので、左派にとっても抵抗感がなく受け入れやすい。つまり、その議論がほんとうに正しいかどうかを深く考えて判断しているのではなく、議論の印象の良し悪しによって受け入れるか受け入れないかが判断されているのだ。

問題なのは、当然のことながら、ある議論の印象が良いか悪いかとその議論が正しいかどうかにはまったく関係がないことだ。たとえば特権理論やインターセクショナリティ理論を真に受けて「すべての差別問題は○○に起因している」と思って運動したところで、その問題の実際の原因や構造が別のところにあったとすれば、的外れな運動をいくら行っても事態は改善しない。

社会に存在する問題に対処するために必要になるのは、自分にとって耳心地が良かったり他人を動かすのに都合が良かったりするレトリックではなく、理性によって物事を適切に判断することであるはずだ。

6　いまこそ「公共的理性」が必要だ

6-1　特権理論は「悪用」される可能性がある

差別や抑圧に反対する人々が特権のレトリックを好む主な理由は、マジョリティの特権を指摘することで「自分はこの問題には関係がない」と思っていた人に当事者意識を抱かせて問題に引き込むことができる、という効果が期待できるから、ということにあるだろう。……しかし、これまでに説明してきた通り、特権を指摘することはむしろ逆効果となる場合が多いように思われる。

実際のところ、たとえば男性特権を指摘されて素直に受け入れられる男性とは、指摘される以前からジェンダー論やフェミニズムに親和的であり、女性の直面している問題について関心や責任感を抱いているタイプの男性であるだろう。無知な人に問題について気付かせるというよりも、すでに抱かれている問題意識を再確認させるという効果のほうが主であるはずだ。

また、特権という言葉を広めるにしても、世間の人たちが自分たちの思う通りにこの言葉を使ってくれると期待してはいけない。

学問の場面で用いられるにせよ社会運動の場面で使われるにせよ、「抑圧」や「構造」や「権力」や「マジョリティ」といった言葉は、特定の思想や理論――社会学やクリティカル・セオリーなど――を前提にした用語である。これらの用語を使っている本人ですら、自分の主張がなんらかの思想や理論に基づいていることを（物象化によって）忘れてしまい、世の中や社会について他の方法でも解釈や記述ができるということも失念してしまいがちだ。

他の人たちが自分たちと同じレンズで世界を観察しているとは限らない。SNSを検索してみれば、多くの男性が「女性特権」について語っていることが見てとれる。意趣返しや皮肉、嫌がらせとしてその言葉を使っている人もいるだろうが、なかには「女性特権は実在している」と本気で考えている人もいるようだ。

また、男性特権という言葉すらも「身体的男性特権」に換骨奪胎されて、トランスジェンダーの人々に対して悪意や差別をぶつける文脈で用いられることがある。

特権というレトリックが人をイラッとさせるものであり、挑発的な仕方で人の感情を刺激させて誘導させるものであることを考えると、反発を抱いた人々によってこのレトリックが「悪用」されるのは無理もない。

マイノリティとしての経験という主観的な物事に基づいてマジョリティを批判する特権理論は、「ほんとうに抑圧されているのはどちらであり、ほんとうに権力を持っていてマジョリティであるのはどちらか」をめぐる不毛な争いをもたらしてしまうのだ。

このような事態を避けるためには、クリティカル・セオリーや応用ポストモダニズムが批判していた近代的・啓蒙主義的な考えに立ち戻り、レトリックではなく理性に基づく主張を堂々と行う必要がある。

たとえば男性特権を云々する代わりに、さまざまな場面で女性が男性よりも不利益を被っていて、差別されていて、被害者であるという事実を、そのまま論じればよい。そして、その事実が不正義や不平等、不公正であることを論じて、改善されるべきだと主張すればよいのだ。

6-2　リベラリストが重視する「公共的理性」

現代のリベラリストの代表格である政治哲学者のジョン・ロールズは「公共的理性」について論じた。この言葉はpublic reasonという英語の訳であり、reasonという単語には「理由」や「推論」という意味合いも含まれている。また、政治哲学者のスティーヴン・マシードの著書『リベラルな徳　公共哲学としてのリベラリズムへ』（小川仁志訳、風行社、２０１４年）では、公共的理性に近い意味を持つ「公共的正当化」という言葉が用いられている。

「公共的理性」という言葉の意味を端的に説明するのはなかなか難しい。社会学者の金野美奈子は、以下のように紹介している。

> リベラルな民主主義社会の理念では、私たちは自らの政治社会のあり方を対話によって定める。私たちが政治社会のあり方をめぐって対話する際に求められるのは、そこに「相互性」が具現化されていることだとロールズはいう。相互性という価値を具現化した対話の理念、それがロールズの提案する「公共的理性 public reason」である。公共的理性の理念は、「私たちが市民として他の市民とどのような関係を結ぶべきかに関する理念である」。

ここで、「理性」という言葉が多義的に使われていることには注意が必要だ。それは対話するという「活動」であり、対話の「内容」であり、また対話において各種の提案に添えられるさまざまな「理由」でもある。理性という言葉を聞くと、私たちは非人格的に該当する「正しい論理」の使用や探求をイメージしがちだが、ロールズのいう理性はそういうものではない（場合によってはそれも要素として含みうるが）。公共的理性はむしろ、他者への呼びかけであり、呼びかけへの応答である。公共的理性の営みのなかで私たちは互いに、お互いをひとつの政治社会の対等な一員とまなざす視点から、共生と呼べる社会の実現に向けて他者に呼びかけ、また応答する。公共的理性がめざすのは、さまざまな社会制度のよりよいあり方を探ることだけでなく、公共的理性をめざす共同の対話に他の市民とともに参加することそのものによって、私たちがひとつの政治社会を自由な共生として編み出していくことである。（金野、37〜38頁）

また、『リベラリズム　リベラルな平等主義を擁護して』（佐藤正志ら訳、新評論、２０２３年）などの著書がある政治哲学者のポール・ケリーは、「アイデンティティの政治」を推奨するアイリス・マリオン・ヤングやマイケル・ウォルツァーの議論に反対する論文のなかで、以下のように書いている。

本章のはじめのほうで、わたくしは、契約論的な分配的正義の優先性がなおその存在意義を失っていないことを説明するのは、理由を与えるというその構想と、民主的社会における公的な正当化との類縁性であることを示唆した。社会的協働の利益と義務を分配する正義の原理を正当化するとき、その目的は、同意を強制することではなく、共通の地盤をみいだすことにある。このことは、すべての人が、何を信じていようとも受け入れることのできる理由を探求することを伴い、またこのことは、理由の潜在的な受益者として〔すべての人を〕平等に承認することを含む。それはまた、各人への負担の押しつけに対して、それらの負担を受け入れるべき理由が与えられない場合には、それを拒否する権利を各人に与える。いいかえれば、契約論的自由主義の根本的に平等主義的な前提は、公的正当化の理念のなかに組込まれているのである。なぜこの結びつきがあるのだろうか。その答えは、平等から離れることを正当化するためには、われわれは、平等に扱われない人々に対して、不平等を正当化しうる理由を与える必要があるということ、そしてこのことは承認の平等を伴っているということであるように思われる。(…)ひとたび包含と排除を正当化する必要が提起されると、そのときには、なにが公的理性を構成するのかという問題が前面にもち出され、アイデンティティに訴えることは根本的な重要性をもたないとみなされるのである。(ケリー、269〜270頁)

「公共的理性」の考え方についてわたしなりに整理してみると、以下のようになる。

まず、一般的にリベラリズムでは「平等」と「自由」のどちらもが大切にされる。しかし、平等を実現するためには、だれかの自由や利益を制限することが必要される場合もある。たとえば、経済的な平等を実現するための再分配制度は、より多くの税金を支払う納税者の経済的な自由や利益を制限する。マイノリティとマジョリティとの地位の平等を達成するためには、前者を優先的に配慮して後者の利益を制限することが必要になるかもしれない。

　第二章で紹介したジェレミー・ウォルドロンの議論も、「安心」を「公共財」とみなしたうえで、安心が平等に分配されるためにはヘイトスピーチという表現の自由は制限されなければならない、と主張するものであった。

　原則論として、税金などが一切存在しない完全な自由放任を除けば、どんな社会制度であっても、人々の自由は多かれ少なかれ制限されることになる。警察や裁判所など、人々を拘束したり財産を奪ったりするなどの具体的な強制力が国家を通じて与えられた機関も必要とされるだろう。アナーキストでない限りわたしたちは「国も警察も裁判所も必要ない」とは思わないし、これらの制度や機関が存在するおかげで自分たちが安心して暮らしていけることを理解している。税金を取られたり法律によって行動に制限がかけられたりすることについても、たまにイヤだと思ったりすることはあっても、結局は「安心できる社会を存続させるためには必要なことだ」と納得できるだろう。

　ただし、税金の使い道が不明であったり政治家や利益団体の私腹を肥やすのに使われたりする場合や、まったく正当性もなく警察に逮捕されて裁判所に有罪として裁かれたりする場合には、その限りではない。国には税金の用途や政策の目的などについてわたしたちに説明する責任があるし、裁判所がわたしたちの自由を制限しようとする際にはその理由を判決文で細かく検討して正当化することが求められる。わたしたちの自由が制限される際には、説明によって納得させなければならないのだ。

説明によって納得させられるということは、国や行政と私人の間だけでなく、私人同士の間でも重要となる。そもそも民主主義の社会では、すくなくとも理念上は、税金の用途や政策、法律などは国会議員や官僚などのエリートたちだけではなくすべての市民の合意によって定まるものとされている。わたしたちは「望ましい社会とはどういうものであるか」についての考えを個々に持っており、国家制度を通じてその考えが実現することを望んで、投票を行ったり自分の意見を公の場で表明したりする。その考えは他の人たちと共通するところも多いだろうが、人々の価値観はそれぞれに異なるので、どんな社会を望ましいと思うかにはズレが生じる。そしてすべての人々の価値観を社会に反映させることは不可能なので、どこかで妥協は必要になるし、だれかには自分の考えが反映されないことを受け入れてもらう必要もある。

その際にも、政策などに反映させるべき考えや価値観とそうでない考えや価値観との違いについて、理由を挙げてきちんと説明することが大切だ。考えが退けられた相手に対して説明をすることで、説明を受けた人も納得を得ることができるかもしれない。説明を受けた人は他の人々に歩み寄るため主張を変えたり、他の人々に影響されて考えや価値観が変わったりするかもしれない。そうでなくとも、「こういった理由からあなたの考えや価値観を社会に反映することはできませんでした」と示すことで、その時点での社会で採用されている制度や政策について正当化することができる。それでも納得できない人には、自分の考えや価値観が社会に反映されるべき理由を他の人々に説明して、今度は自分が他の人々を納得させようとすることが求められる。

なお、互いに理由を挙げながら説明をして、納得や妥協を得ながら合意を図り続けていくというプロセスは、国家や社会という大きな括りだけでなく企業やサークルといった中小規模の集団でも多かれ少なかれ必要になるものであり、現に実践されているものであるだろう。

6-3 アファーマティブ・アクションは「正当化」される必要がある

個人としてのわたしたちの全員にはそれぞれの自由や利益があってそれぞれの考えや価値観があるのだから、だれかの自由や利益を制限することを正当化するには、客観的で中立的な理由を挙げなければならない。そうでなければ、わたしたちは平等に扱われていることにはならない。

このようなプロセスによっても、たとえば男性特権について論じているような人たちが問題視していること——入学試験の不平等、性暴力、夫婦同姓の問題など——の改善は図れるはずだ。男性であるわたしとまったく同じように個々の女性にも自由や利益があり、前述の問題は女性の利益や自由を侵害しており現状では女性が不平等に扱われているのだから、その問題を改善する必要があることは明らかだ。したがって、問題を改善するために税金や公的なリソースを割くことも十分に合理的であると、わたしは理解して納得することができる。

ただし、女性差別が関わる問題のなかには複雑なものも存在する。たとえば、政治家や企業の役員の女性比率を上げるように求めたり、大学の理工系学部などに「女性枠」を設けたりする、アファーマティブ・アクションと呼ばれる施策の是非についてだ。

単純に考えれば、この施策は女性たちを優遇する代わりに男性たちの利益や自由を制限するものであるように思える（とくに大学の入学枠に関しては、若い男性たちの学問の自由やキャリアプランなどの重大な利益が制限されることになる）。これに対して、「ある領域で男性が多数を占めているだけでもその領域は女性差別的な環境となって女性がその領域に進むことをためらわされるから、施策によって男女比を調整しない限りは女性の選択の自由が制限され続ける」と反論されることがある。この反論自体にも、さらに反論は可能だ（男性が多いだけで女性差別的な環境になるというのは本当なのか、女性が政治や理工系の学問に進まないのはそもそも女性たちがその領域に関心を持っていないからなのではないか、など）。アファーマティブ・アクションという施策そのものの正当性についても、政治哲学や倫理学を含むさまざまな学問で議論が積み重ねられてきたのであり、一概に肯定できるものでもなければ否定できるものでもない。

わたし自身としては、性別に関するアファーマティブ・アクションについて過去には懐疑的だったのだが、現在ではかなり肯定的な意見を持っている。「男性が多数を占める環境は女性差別的になる」という議論や、文化や環境が個々人の選択に与える影響を強調する議論に、以前よりも説得力を感じられるようになったのだ。この変化の背景にはわたし自身の経験やそのときに感じたことなども多少は関わっている。だが、最終的には、わたしはアファーマティブ・アクションを肯定する人々の議論に納得した。

ただし、アファーマティブ・アクションによって利益や自由の制限が発生させられそうな男性たち（とくに若い男性たち）がその是非について理由を問い、肯定する議論に対して反論をすることも、それ自体はまったく正当である。個々の女性たちとまったく同じように個々の男性たちもそれぞれの利益と自由をもっているのだから、それらを制限するためには正当化が必要となるし、反論も認められなければならない。

もしここで「男性特権」というレトリックを持ち出されたとしても、わたしも他のほとんどの男性たちも、納得することはないだろう。これまで本章で解説してきたように、特権という言葉を用いた議論は人を説得するためのものではなく「お前たちが不当な特権を持っている状況を是正するためにはお前たちの自由や利益が制限されることは当たり前であり、それに対してつべこべ言うべきでもない」と、反論を防ぐためのものであることが多いからだ。

また、男性特権の存在を指摘するだけでは、男性の利益や自由を制限することの正当化としてはそもそも不十分である。「ある事柄や状況において男性が相対的に女性より有利である」ということだけでなく、男性が女性より有利になっている原因に関する議論や、状況を是正する必要性についての規範的な議論が必要になる。

結局のところ、人々の理性に訴えようとしないことが、特権やインターセクショナリティといったレトリックの問題だ。相手がマジョリティであっても、その自由や利益を制限することに納得を抱かせず正当化も行わないのなら、相手を平等な存在として扱っているとはいえない。そうであるなら、マジョリティの側としてもマイノリティを自分と対等な存在と見なすことは難しくなるだろうし、彼や彼女らの自由や利益が不当に制限されている状況を是正するのに協力すること（そのために自分の自由や利益が制限されるのを受け入れること）もできなくなるだろう。

6-4　共通する人間性、共有される理性

『「社会正義」はいつも正しい』によると、応用ポストモダニズムは「客観的な知識は存在しない代わりに主観的な知識がいくつも存在しており、ある特定の人の主観的な知識は別の人のものよりも優れた知識である」という主張を生み出した。

たとえば、差別を受ける人々は被差別経験を通じて差別の現実に関する特別な知識を得ることができるが、差別を受けない人々はその知識を得ることができない、とされる。また、マイノリティに対しては法律などの制度のみならずメディアの表象や日常のコミュニケーションなどにも含まれる「権力」によって抑圧がはたらいており、その抑圧の存在はマイノリティ当人でないと認識できない、とされる。

さらに、主観的な経験を特別視することは「より大きな抑圧を経験しているマイノリティこそが、社会の状況についてより優れた知識を持っている」という発想を招き寄せた。このような発想は、マイノリティが受けている抑圧の改善を要求しながらも、改善すべき理由を客観的な知識に基づいて説明することは放棄させてしまう。マジョリティはマイノリティと経験を共有することはどうあがいてもできないのだから、抑圧を受けることでより優れた知識を得たとされるマイノリティの主張をただ受け入れるしかない、ということになってしまうのだ。

特権理論の背景にも存在するこういった発想の問題点は、「差異」を共有するあまりハイトらが論じるような「共通の人間性」を否定してしまうことだ。自分とはまったく異なる存在だと主張する相手から「特権」をあげつらわれ、理由を尋ねたり反論をしたりすることも許されずにただ協力を求められても、マジョリティとしては頭で納得することができず感情的な反発

を覚えるのは当たり前だ。

理性の重要な特徴は、拡がりを持つということにある。

ピーター・シンガーの著書 *The Expanding Circle*（『輪の拡大』）やスティーブン・ピンカーの著書『暴力の人類史』では、文明や社会が発展して人々をより合理的にさせたことで、人々は「自分がされて嫌なことは他人にするべきでない」「等しいものは等しく扱うべきだ」といった道徳に関する原則や原理を理解できるようになり、「もし自分がこの人の立場になったらどんな考えや気持ちを抱くだろうか」と他人と自分を置き換えて考えられるようにもなったために、国籍や人種や性別（そして生物種）の異なる相手についても道徳的な配慮の対象にできるようになったこと、そのような道徳的思考の進歩は世界における差別や暴力などの問題を実際に改善してきたということが、説得的に論じられている。[*11]

また、論理的な思考や客観的な知識は人々の属性やアイデンティティと関係のない普遍的なものであり、どんな立場の人とも共有することができる。平等や公正に関する道徳的な原理や原則を示しながら、ある人々が経験している抑圧の不当さやそれを改善するためには抑圧を受けていない別の人々の協力が必要であるという事実を説明するだけでも、マジョリティの多くは自分たちが協力しなければならないことを理解するし、実際に協力を示す人々もあらわれる

＊11―シンガーやピンカーによる「道徳の進歩」「道徳的配慮の輪の拡大」についての議論は、拙著『21世紀の道徳』の最終章で詳しく取り上げている。

だろう。さらに、「この抑圧が不当であるなら同じような構図で起こっているあの抑圧も不当である」ということも理解して、別の抑圧や差別の問題に関心を示し、改善するための協力を行うようになるかもしれない。そして、この営みに、特権やインターセクショナリティといったレトリックは必要とされない。

『「社会正義」はいつも正しい』と『傷つきやすいアメリカの大学生たち』の著者らが共通して危惧しているのは、応用ポストモダニズムやアイデンティティ・ポリティクスを重視する人々は、啓蒙主義やリベラリズムの理念がこれまで世界に改善と進歩をもたらしてきたという事実をあまりにも軽視していることだ。

左派やマイノリティがレトリックによって人々を動かそうとする背景には、一見すると理性が浸透したように思える現在の世界でも抑圧や差別の問題が存在し続けていること、説得や正当化を重視するリベラリズムのプロセスは現在進行形で起こっている問題に対処するにはあまりにまだるっこしく思えることがあるだろう。

だが、本章で示してきたように、レトリックに頼ることには弊害もあれば悪用される危険性もある。堂々と正当化できない手法で世の中の改善を目指すことはあまりにも頼りなくて危なっかしい。

むしろ、リベラリズムや理性が無力に見えるのは、現代でもまだそれらが十分に浸透していないことが原因なのかもしれない。つまり、抑圧の問題は理性やリベラリズムの過多ではなく不足によって引き起こされている。とすれば、必要になるのはやはり、公共的正当化のプロセスだ。マイノリティの人々は、自分が受けている抑圧の問題とそれが改善されるべき理由、平等や公正を実現するためにはマジョリティが協力する必要があることや、現在マジョリティが享受している利益や恩恵の一部が制限されたりマイノリティに渡されたりする必要があるということを、原理や原則に訴えたりもしながら、堂々と主張し続けるべきだ。そして、マジョリティはマイノリティの主張に耳を傾け続けて、彼らの主張に応え続けるべきである。相手の主張が理不尽であるならば反論をすべきだが、合理的であるなら受け入れるべきだ。

結局のところ、よりよい世の中を実現するためには、理性的な議論を続けるほかはないだろう。

引用・参考文献

・杉田俊介著『マジョリティ男性にとってまっとうさとは何か　#MeTooに加われない男たち』集英社、2021年
・ジョシュア・グリーン著、竹田円、西川由紀子訳『モラル・トライブズ　共存の道徳哲学へ』（上下）、岩波書店、2015年
・ジョナサン・ハイト、グレッグ・ルキアノフ著、西川由紀子訳『傷つきやすいアメリカの大学生たち　大学と若者をダメにする「善意」と「誤った信念」の正体』草思社、2022年
・ジョセフ・ヒース著、栗原百代訳『啓蒙思想2.0　政治・経済・生活を正気に戻すために』NTT出版、2014年
・金野美奈子著『ロールズと自由な社会のジェンダー　共生への対話』勁草書房、2016年
・ドナルド・ロバートソン著、山田雅久訳『ローマ皇帝のメンタルトレーニング』CCCメディアハウス、2021年

・ポール・ケリー著、佐藤正志、石川諒子訳「契約論的社会正義　いくつかの現代の議論の概観」『社会正義論の系譜　ヒュームからウォルツァーまで』ナカニシヤ出版、2002年

第四章

トーン・ポリシングと「からかいの政治」

1　「トーン・ポリシング」という概念とその問題

1-1　トーン・ポリシングはマイノリティを弱い立場に追い込む？

ＳＮＳの発達がわたしたちの生活を変えたことのひとつに、だれかに「要求」をしたりされたりする機会が増えた、というのがある。

フォロワーやクラスタによっても異なるかもしれないが、たとえばわたしが朝起きてネットを開くと、必ずと言っていいほど、どこかのだれかがなにかを訴えている。それは性差別的な制度に対する問題提起や実際にあったハラスメントの告発であったり、企業による環境破壊や労働問題に対する抗議であったりする。与党や野党が打ち出した政策に対する批判のときもあれば、有名人や匿名アカウントが行った発言に対する非難であったりもする。いずれにせよ、社会の状況やだれかの行動などを変えるために、多くの人が要求をしている。これ自体は、実に民主主義的な状況と言えるだろう。

とはいえ、数十年前に比べてだれかになにかを言ったり言われたりする頻度が増えたのに伴って、以前にはあまり注目されていなかったようなさまざまな問題が表面化することになった。そのなかでも大きいのが「言い方」の問題だ。人々が発する要求は、必ずしも礼儀正しかったり丁寧であったりするわけではない。激しい言葉が使われていたり、相手に対する罵倒が含まれていたりすることもある。押し付けがましく要求されることもあれば、アンフェアで一方的に思えるような要求がされていることもある。

それに対して、要求をされる側の人たちが「そんな言い方で要求されても聞き入れないよ」といなすこともあれば、「そんな強い言葉で罵倒されたり非難されたりするいわれはない」と抗議することもある。外側から様子を眺めている人たちも、「そんな言い方をするべきでない」「むしろ、そんな言い方をされる側の人に対して同情したくなってしまうよ」と、要求をしている人たちのほうを批判することがある。

このような現象には「トーン・ポリシング」という名前が与えられるようになってきた。ただし、トーン・ポリシングという言葉自体、中立的なものではない。それは、だれかからの要求を「そんな言い方が悪い」として批判したり却下したりしようとする、要求をされる側の人（および、その人の味方をする第三者の人たち）を非難するための言葉として使われているのだ。社会学者の森山至貴は「トーン・ポリシング」を以下のように定義している。

主に差別（…）に反対する意見に対して、「言い方が悪い」という批判によってその力を弱めようとすることをトーン・ポリシング（言い方の取り締まり）と言います。それ自体は差別ではないように見えるのですが、差別を維持したり、より強めたりする効果があります。

（森山、23頁）

また、森山は以下のようにも書いている。

理不尽な行為や態度への怒りを表明するときに、言葉づかいなんて考えていられません。だっていま、怒っているんですから。でも、そんなときにこう言われたこと、ありませんか。

「そんな言い方じゃ聞き入れてもらえないよ」。

こう言われると、ぐっとつまってしまいますよね。では、なぜこのとき私たちは「ぐっとつまる」のでしょうか？

たしかに、怒りを共有してもらえないことにがっかりしたから、という理由はありそうです。でも、理由はそれだけではないはずです。「言い方が悪い」という批判が当たっている気がするから、ということはないでしょうか。**きつい言い方をするのはよくないことだと思う気持ちは、たしかに私たちの中にあります。**ならば、やはり言い方には気をつけたほうがよいのでしょうか？

（森山、19頁）

「気をつけなくていい」というのが、森山の主張だ。

森山によると、「言い方が悪い」という批判が通じてしまうのは、「聞き入れる側（要求される側）」と「お願いする側（要求する側）」との間に立場の強さの不均衡があるからだ。前者の要求は立場の強さによって押し通せるのに対して、後者が要求を通すためには、前者に受け入れてもらうことが必要になる。さらに、求められる「礼儀正しさ」のレベルも、前者が恣意的に決めることができる。立場の弱い人がそれなりに礼儀正しく要求したとしても、その要求が立場の強い人にとって都合の悪いものである場合には、「そんな言い方じゃダメだ、もっと丁寧に要求しろ」と言い続けることで、延々と要求を無視し続けることができてしまう。

要求する側の人が「言い方が悪い」という批判を受け入れることは、自分を「お願い」する立場に固定してしまうことにつながる、と森山は主張する。そもそも立場に強弱があることによって起こっている問題を改善するように要求しているのに、要求のトーンを弱めさせられて「お願い」というかたちにさせられることで、再び弱い立場に追い込まれてしまうのだ。過去のマイノリティ運動ではそれを避けるために汚い言葉や手荒な方法などの「乱暴さ」が必要とされてきた。そして、自分の主張が「正しさの問題」に関わることを確認して、「お願い」をさせられる立場から脱出することが大切だ……と、森山は論じる。

1-2　マイノリティの主張にも「冷静さ」は必要だ

森山の主張はそれなりに正しい。また、彼以外にも、とくにジェンダーやアイデンティティの関わる社会運動をしている人たちや社会学者がトーン・ポリシングについて論じるときには、「立場の強弱」や「権力」というポイントが強調されることが多い。

だれかが要求することに対して「言い方が悪い」という批判が認められてしまうと、ただでさえ有利なマジョリティの立場を揺らがせることができず、マイノリティはずっと不利な立場に居させられ続ける。この点はたしかに危惧すべきだろう。また、言い方や礼儀正しさに客観的な基準なんてないから、要求をされる側の人はゴールポストを遠ざけ続けることができる、という批判は的を射ている。


とはいえ、立場や権力を強調する発想は、リベラリズムや民主主義とはおそろしく相性が悪い。

立場の強弱に注目した議論は、ともすれば「マイノリティからの要求は、彼らが弱い立場であるがゆえに、自動的に正しい」と言わんばかりのものになる。要求の仕方の乱暴さや「怒り」が肯定されるのも、立場に強弱のある構造そのものが不正義であるとか、そんな構造のなかでマイノリティがマジョリティの態度や行為を理不尽と感じたならそのマイノリティの感覚のほうが正しい、ということが前提にされている。

権力を持つ立場と持たない立場とでは前者のほうが圧倒的に有利であり、だからこそ、問題のある構造を覆すためには後者が「言い方」や「礼儀正しさ」といったルールにしたがう必要はない。要求を言ったり言われたりするという民主主義的な営みについて、立場や権力を強調する観点から論じてみたら、このような主張になるだろう。

現実の社会の状況を考えると、この主張を一概に否定することもできない。だが、政治的な手続きの重要性や、前章でも論じた公共的な理性と対話の大切さを考えると、簡単に認めることもできない。

通常の考え方では、だれかになにかを要求するときには「冷静」に行うべきだ、というルールはマイノリティだけでなくマジョリティにも適用される。

だれであっても、社会に対して、あるいは特定の相手や組織に対して要求があるときには、まずは自分の要求が正当なものだと言えるかどうかを自身で検討するべきだ。また、自分が要求を発したら必ず認められる、ということを期待してはいけない。要求の対象となる相手や組織にも、社会のなかにいる自分以外の個人たちにも、それぞれの利害や考え方や言い分があるからだ。

自分の要求が他の人の要求と対立する可能性があるのを認識しておくこと。また、いざ対立した場合に、どちらの要求のほうが認められるべきかを議論したり、要求の内容について相手と擦り合わせたりするという手続きに備えておくこと。自分と同様に、相手も自由や利益を持っている。相手の自由や利益を制限するような要求を正当化するためには、公共的な議論を行う必要があり、そこではこのような態度が前提となる。

つまり、他の人たちの要求を自分のものと対等に扱って考えることも必要なのだ。「自分の言い分はこうだ」と主張するのと同時に「他の人たちはこういった言い分を持っているのだな」と理解して、公平な立場からそれぞれの言い分を判断したらどうなるだろうか、ということも考えなければならない。現実にどこまで可能であるかはさておき、それくらいの「冷静さ」をみんなが持とうとすることは、大切だ。

森山が指摘するように、マジョリティが立場の強さを利用して自分の要求を押し付けることもあるだろう。そのような行為が常態化したら、リベラリズムや民主主義の理想は形骸化する。だからこそ、立場を利用して正当化されていない要求を押し付けることは不適切であり認めてはならない行為だということが、ルールとして広く共有されている。

そして、同じように、怒りにまかせた主張を是としないことや、最低限の礼儀は守るべきだという規範も共有されているのだ。「自分は理不尽な行為や態度を取られたのだから、弱い立場に押し込められるのを防ぐために、言い方など気にせずに乱暴に要求するべきだ」と思って実行する人が少数派であるうちはいいかもしれない。しかし、ルールを破る人が多数になると、公共的な議論や政治的な手続きはもはや機能しなくなってしまう。

1-3 「裏技」に頼ることの問題

トーン・ポリシングを批判する議論には、「立場の弱い人の主張には冷静さを求めなくていい」とか「マイノリティの要求が乱暴になるのは仕方ないことだ」とかいう含意の主張がしばしば登場する。「立場の弱い人たちの要求は特別に扱われるべきだ」という発想は、相手を対等な存在と見なしたうえで理性的に自分の要求や主張を訴えるという、公共的な対話や正当化のルールをすり抜けるための裏技として用いられる。

この裏技の問題は、想定していたのとは異なる人たちにまでも用いられてしまうことだ。

たとえば、大半の理論ではアメリカにおける白人男性の立場は強いものとされるが、彼らは彼らなりに弱者であると認める理論もあり得る。マルクス主義や共同体主義のなかには、性別や人種などの属性・アイデンティティよりも経済的な格差や階級のほうが重要な問題であるとしたうえで、「白人男性であっても貧しい労働者であるなら、他人種や女性や性的少数者ではあるが裕福な人よりも、弱い立場にいる」と主張する議論が存在するからだ（一部のリベラリストもこういった主張をする）。

理論の有無に関わらず、実際問題としてマジョリティ男性のなかには「自分たちは虐げられている」と考えている人がいるだろうし、「他の人たちに理不尽な態度や行動を取られている」と思っている人もいるはずだ。彼らは、自分たちが他人に対して抱く怒りは正当なものだと見なしているだろう。

「理不尽に対する怒りは作法を守らず乱暴に表現していい」という発想は、２０１６年の米大統領選挙でドナルド・トランプが支持を集めて当選したことや、そのトランプが失脚した直後の２０２１年１月にアメリカ議会占拠事件を引き起こす一因となったかもしれない。ひとたび裏技が認められると、わたしたちを取り巻く政治的な環境は危うくなってしまう。

2　「怒り」に関する哲学者たちの議論

2-1　アリストテレスとストア派の「怒り」論

トーン・ポリシングの典型は、マイノリティの要求に対して「お前たちの意見や言い方は感情的だ」と批判することである。そのため、前節で引用した森山の文章をはじめとして、トーン・ポリシングに関する議論は、「怒り」を主とした感情に関する議論と結び付いていることが多い。

また、フェミニズムをはじめとする昨今の社会運動では、怒りに基づいた主張や要求を行うことがむしろ美化されたり理想化されたりする風潮が存在する。

以下では、すこしまわり道となるが、西洋の哲学や倫理学において「怒り」という感情がどう論じられてきたかについて、『怒りの哲学　正しい怒りは存在するか』という論集のなかに収められているマーサ・ヌスバウムの小論「被害者の怒りとその代償」を軸としながら考えてみよう。

感情をどう取り扱うかという問題については、西洋哲学の歴史のなかでもさまざまな考えが存在する。「そもそも感情は理性によって制御できるものではない」「理性は感情を後付けで肯定することしかできない」といった主張がなされることもあるが、多くの場合には、「理性によって感情をどのように制御したり、方向付けたりするべきか」ということが論じられてきた。

たとえば、中庸の徳を重視するアリストテレスによれば、自分が軽んじられているときに怒りを表明しない人は愚か者である。ただし、怒るにしても、「しかるべき事柄について、しかるべき相手に対して怒りを覚え、さらにはまたしかるべき仕方で、しかるべき時に、しかるべき時間のあいだ」怒らなければならない（アリストテレス、294頁）。アリストテレスの議論を参照すると、感情を表出しないことではなく、個別の状況や事態に応じた適切な仕方や程度で感情を表出させることこそが理性的な営みである、ということになるだろう。

一方で、ストア派の哲学では理性による感情の統治が重視されており、原則として感情に基づく判断は是とされない。古代ローマのストア哲学者であるセネカには『怒りについて』という著作があるが、そこで論じられているのは怒りの感情を避けるべきということだ。

また、現代のストア哲学者であるウィリアム・アーヴァインによると、怒りの感情はそれを表出したとしても心の内に抑えたとしても、どのみち本人にマイナスの影響をもたらすものである（イライラしたときに周りの人やモノにあたることは周囲にも本人にも危害を及ぼすし、抑えた怒りは心の底でふつふつと湧き続けてストレスの種となってしまう）。だから、大切なのは、怒りという感情がそもそも湧かないように自分の心の持ち方を変えることだという。

アーヴァインが推奨するのは、悪いことが起こっても原因を他人に見いだそうとするのを止めることや、嫌な事件が起こったとしても「自分を傷つける事件が起こった」と見なすのではなく別のフレームやストーリーで事件を解釈することなどだ。彼の著書『ストイック・チャレンジ』では、感情を抑制するストア派な生き方を実践するための具体的なテクニックが紹介されている。

アリストテレスが怒りを肯定するにしても、それはしかるべきタイミングと方法によってのみである、ということは重要だ。彼が論じるような徳を持っている人は少数であり、だからこそ見習うべきだとされる。わたしたち凡人は、なにかあったときには徳のある人のことを心に浮かべて、「彼や彼女だったらこの事態に対してどう対処するだろう」と考えて、それを自分の行動や判断の基準とするべきなのだ。

とはいえ、感情というものの性質をふまえると、なにかの事態が起こったときにその場で「しかるべき」タイミングと方法を定めるのは実に難しい。「いまおれはこいつに軽んじられたぞ」と思っている人がその時に判断する「しかるべき」とは、十中八九、怒りを抑えることではなく表出することのほうに振れてしまっているだろう。ドナルド・ロバートソンの著書『認知行動療法の哲学』によると、ストア派の哲学者たちは感情をコントロールするための実際的な訓練を日々行っていたそうだ。徳を実践するにしても、感情には近視的であったり自己中心的な要素があったりすることを理解したうえで、どのような物事に対してどのような反応をするのが適切であるかを普段から考えて、実際になんらかのトラブルが起きたときへの心構えを常にしておく必要がある。

見方によっては、アリストテレスとストア派が言っていることに違いはあまりないかもしれない。どちらも、生活のなかにおいて自分の感情を戦略的にコントロールすることの重要さを説く主張であるからだ。

2–2 「変革のための怒り」と「後ろ向きな怒り」との区別

現代の哲学者であるヌスバウムは「怒り」について以下のように語っている。

　では、怒りについて考えてみよう。フェミニストの場合、怒りは激しい抗議であり、隷属的な停滞状態とは正反対のものだと考えられている。そのため、「怒り」は強く、確かに欠くべからざるもののように思える。しかし、私たちはまず、区別することから始めなければならない。怒りを分析すると、その構成要素には、西洋に限らず思想界の長い哲学的伝統に見られるように、怒っている当人や、彼らにとって大切な人々に影響したと考えられる、不当な行為に対する痛みが含まれている。ここに、すでに誤りが起こる余地がある。その行為が偶発的なものではなく、不当なものなのかどうかについて、またその行為がどの程度重要なことなのかについて、彼の判断は間違っているかもしれない。しかし、仮にその二点をパスしたなら、（これまでのところ）「怒り」は不正行為に対する適切な対応ということになる。それは「これは間違っている」、「二度と繰り返してはならない」という要求を表明するものだからだ。過去に触れながらも前を向き、未来に向けて世界を修正することを提案している。

　このような怒りを、私は「変革のための怒り」と呼んでいる。すでに怒ったことを記録に残しながら、将来的な対応措置を求めているからだ。このような怒りは、加害者を罰する提案を伴うことがあるが、その処罰は将来を見据えた方策ということになる。具体的には、改革として、重要な規範の表現として、同じ害をもたらす者に対する「特定の抑止力」として、そして同じような害をもたらす者に対する「一般的な抑止力」として、ということだ。
（ヌスバウム、131〜132頁）

ここでヌスバウムが念頭に置いているのは、哲学者のリサ・テスマンによる「重荷となる徳」の問題に関する議論だ。

テスマンによると、世の中に抑圧的な社会制度による不正行為があるとき、それと闘う人たちは、不正に対する激しく報復的な怒りや、一緒に闘う仲間への盲目的な忠誠心や連帯感などを持たなければならない。それらの感情がなければ、不正行為に対する闘いへのモチベーションを保って、不正をなくすための集団的な活動を継続することができないからだ。

しかし、報復的な怒りや盲目的な忠誠心は政治的闘争にとっては役立つ徳であるとしても、その闘争を行っている個々人が正しく生きるうえで必要な徳というわけではない、とテスマンは指摘する。むしろ、それは個人の人格をゆがめて、その人の人生の豊かさを減らすものであるだろう（たとえば、デモを行っているときだけでなく家族や友人と過ごしているときにも世の中の不正義について考えて怒ってイライラし続けている人の人生は、充実したものだとは言いづらい）。

テスマンは、個人の人生に悪影響をもたらすとしても、政治的闘争のためには怒りなどの「重荷となる徳」が不可欠である、という悲観的な見方をしている。それに対してヌスバウムが提示するのは、怒りの感情を後ろ向きなものと前向きなものとに区別したうえで、後者のみを肯定する考え方だ。

不正と闘うために変革を求める怒りは重要である。それは怒りに満ちた抗議だ。そして抗議活動は、間違っていることへ人々の注意を引き、対処をする活力を与えるために必要なものである。この種類の怒りは人格に「重荷」を負わせるものではない。前を向いて問題の解決策を考えれば、明るい気分にもなる。また、この種の怒りはあとを引いたり、捻じ曲げられたりする恐れもない。（ヌスバウム、132頁）

前向きで未来志向の怒りは「変革のため」になる一方で、後ろ向きな怒りとは「加害者に見合った痛みを与えたいという仕返し願望」を含んだ応報型のものである、とヌスバウムは指摘する。自分を不当に扱った相手に対する報復の感情は、その怒りを抱く本人にとってよい影響をもたらさないだけでなく、公平さや公共の福祉といったポジティブな理念にもつながらないので、「変革のための怒り」のように社会の改善をもたらすこともない。せいぜいのところ、それは刑事裁判の被告に対する厳罰化の要求や、死刑制度を支持する声しか生み出さないのだ。

アーヴァインもヌスバウムも、社会運動をする人の理想としてマーティン・ルーサー・キングJr.を挙げている。

アーヴァインが指摘するのは、社会運動を成功に導く人は逆境においても適切に振る舞える自信や内面の強さを持っており、社会の不正義に直面しても「犠牲者」の役を演じようとはせず、不正義に対して前向きで果敢に立ち向かう、ということだ。逆に言えば、日頃から甘やかされていて逆境に対処した経験もないような人は、精神的に成熟せずに弱いままであるから、不正義に直面したときには打ちひしがれてしまうだけとなる。

ストア派の哲学では、「他人や社会の状況など、自分の外側で起こる物事は自分にはコントロールできない」ということを当然の事実として受け入れたうえで、それらの物事に対する自分の向き合い方を変えることで、他人や社会に振りまわされることなく充実した人生を過ごすことが目指される。この考え方は、個人の人生をよくするというライフハックや自己啓発の文脈だけでなく、社会運動にも適用することができる。すでに起こってしまった不正義や存在している差別によって自分がダメージを受けて、過度な無力感を抱いて精神的に屈してしまうのを避けることは、未来において正義を実現したり差別を撤廃したりする運動を行うためにも必要であるからだ。

また、ヌスバウムは、彼女と同様にキング牧師も怒りを適切なものと不適切なものに区別したことを強調する。自身が率いた公民権運動において、「暴力的に反撃し、損害を与えようとする混乱と怒りが動機となった欲求」は「ラディカルなものでも建設的なものでもない」から活用できない、とキング牧師は否定したのだ（ヌスバウム、134頁）。その代わりに彼が求めたのは、アメリカという社会のなかで説明責任や法的処罰などの制度が正しく機能して、黒人と白人とが共通して持っている理念が実現することだった。

キング牧師が非暴力を貫いたことは規範的に正しかっただけでなく実際的にも公民権運動の成功に寄与していた、というのはヌスバウムに限らず多くの人が同意する、一般的な評価だ。

ヌスバウムが危惧するのは、フェミニストの議論では建設的な怒りとそうでない怒りとの区別がなおざりにされがちなことである。フェミニズム運動においては、「変革のための怒り」だけでなく、仕返し願望を含んだ応報型の怒りも認められてしまいがちなのだ。なぜそうなるのかという理由や、具体的な事例などは、ヌスバウムははっきりとは記していない。……とはいえ、日本での議論を眺めていても、現代の女性たちが行う政治的な要求のなかには後ろ向きな怒りのトーンを伴っているものが多々あること、市井の女性たちだけでなくアカデミックなフェミニストたちもその怒りを肯定していることは見て取れる。

また、「被害者の怒りとその代償」の前半部分では、ジョン・スチュアート・ミルの『女性の解放』や後世のフェミニストたちによって展開された、「服従」に関する議論が参照されている。それらの議論によると、性差別的な制度や構造は女性に経済的・政治的な不利益を与えるだけでなく、男性に対して女性を精神的・感情的に服従させるものでもある。

ここから、フェミニストが「怒り」を肯定する理路のひとつが理解できる。簡単にまとめてみよう：家父長制の社会が女性たちを支配して、彼女たちの意識を男性たちにとって都合のよいものに歪めているとしたら、女性たちは不利益を受けたり差別に直面したりしてもそれに対して怒りを抱くことすらできないかもしれない。性差別の構造は、感情を支配するほどに根深い。だからこそ、建設的なものであるかないかに限らず、怒りを女性たちがはっきりと自覚して表出できるようにすることが、まずは重要なのだ。

第3節や第4節で示すように、差別的な社会のなかで「女性の主張は感情的だ」という偏見がまかり通ってきたという歴史的な経緯は実際に存在していた。この状況が、逆説的に、理性よりも感情のほうを肯定する主張に女性たちを導くことになったのだ。

2-3 「怒り」と「理性」は共存できるか

ヌスバウムが論じるところの「変革を求める怒り」とは、あくまでも理性によってコントロールされて建設的なほうに誘導された感情であり、「怒り」という言葉で一般にイメージされるものからはかなりズレていることには留意するべきだ。

わたしとしても、彼女の議論からは「怒りは建設的なものになり得る」ということを読者に説得するためのものというよりは、「社会運動のなかで怒りを表明するとしたら、このようなものにするべきだ」という「建て前」を主張しているという感じを受ける。実際のところ、ヌスバウム（やキング牧師）の主張は、「怒りという感情はあるよりないほうがいい」と考えるストア派の発想に半ば近づいているように思える。

そして、現代の哲学者のなかには、ストア派やヌスバウムの主張は理想や理性を重んじるがあまりに「怒り」の本質を捉え損なっていると論じる人もいる。以下は、ヌスバウムと同じ論集に収められている、アグネス・カラードによる議論だ。

怒りを抑制しようという現実的な試みは、怒りを浄化するという現実にはありえない絵空事とは区別されなければならない。「義憤」や「変革のための怒り」という言葉を使って、永続性や復讐心をもたずに悪事に対して正当に抗議する感情を仮定することはできるが、その言葉が指すものは哲学者のフィクションだ。怒りの種類や特色、原因や名前が増えていくことで、怒りの中心にある危機から私たちの注意はそれていく。その危機とは、不正に対する感情的な反応には血の味がつきものだということだ。

不正に直面すると、私たちはしばしば怒りを覚える。このような怒りは「純粋」なものではなく、ある程度の道徳的な堕落に身をゆだねることを意味している。かといって「黙認」すれば、多くの場合それ以上に悪いことになる。しかし、私が強調したいのは、怒りという道徳的な堕落が最良の選択肢であったとしても、堕落であることに変わりはないということである。

（カラード、23〜24頁）

怒りは「血の味」や「道徳的な堕落」を伴うものであることを承知しながら、それを否定したり「建設的」なものに昇華したりしようとするのではなく、悪い側面も含めて怒りをそのまま引き受けるべきだと、カラードは主張する。

とはいえ、怒りが中心に「危機」を持つものであるとすれば、やはり怒りはどんなかたちでも肯定すべきでない、という古典的なストア派の発想に立ち戻る道も見えてくるだろう。たとえば心理学者のポール・ブルームは怒りについて進化論のアプローチから考慮したうえで、怒りが肯定される社会で起こる問題点を指摘したのちに、「感情だけが道徳を実践する手段ではない」と指摘してストア派や功利主義に基づく道徳を擁護している。

一方で、心理学にも造詣が深い哲学者のジェシー・プリンツは、怒りが間違った方向に進む場合（矛先を間違える、対象を広げ過ぎる、自己破壊につながる、など）を七つも挙げたのちに、それでも怒りには善い側面があり、わたしたちはコントロールによって怒りの悪い側面を抑制しながら善い側面を活用することもできるという、アリストテレスに近い主張を展開する。

いずれにせよ、怒りをそのままにして肯定する議論は分が悪いのだろう。わたしとしては、アーヴァインやブルームが論じているようなストア派の議論が最も有益なように思える。

ここまでに紹介してきたような「怒り」に関する哲学的な論争は、トーン・ポリシングに関する議論にも関わってくる。

一般論として、わたしたちは自分の感じる怒りについては警戒すべきだ。その怒りは不正に対する適切な反応かもしれないが、そうであってもなくても、「わたしを傷つけたあいつのことを傷つけ返してやりたい」という復讐への暗い欲求を含んでいるかもしれない。怒りに振りまわされないように心がけて、政治的な要求をする際にもその要求の根拠を怒りには全く基づかせないというのも、ひとつの見識だろう。

また、もし怒りに基づいて要求をするとしても、まずはその怒りをできるだけ建設的なものにしなくてはいけない。単に「あいつを傷つけたい」というだけでは他人からも認められるような正当性を持つ要求にはならないから、公正や平等や正義などの普遍的な理念に結び付くようなかたちに、怒りを研磨しなければならない。要求を表現する方法や形式についても、怒りにまかせた暴力や乱暴さはないほうがいい。そうしないと、だれもが野放図に怒りを表明するようになり、公共的な議論というものが成立しなくなる。そうでなくても、ごく実際的な問題として、乱暴な言い方で発せられた意見は他人から聞き入れられづらくなる。

もちろん、怒りを建設的なものにして要求の仕方を洗練されていくうちに、そもそも最初に抱いていた怒りという感情のなかにあった激しさは失われることになるだろう。結局のところ、怒りの激しさに魅力を見いだす発想が、そもそも間違っているのかもしれない。

2-4 ヌスバウムの「感情」論に関する補足

ヌスバウムは「感情」についてさまざまな著作を書いてきた。邦訳されていないものも多いが——*Anger and Forgiveness: Resentment, Generosity, Justice*（『怒りと赦し　憤り、寛容、正義』）や*The Monarchy of Fear: A Philosopher Looks at Our Political Crisis*（『恐怖の独裁　政治的な危機を哲学者が観察する』）、*Political emotions: why love matters for justice*（『政治的な感情　愛はなぜ正義に関わるか』）など——「怒り」については、邦訳されている『感情と法　現代アメリカ社会の政治的リベラリズム』でも扱われている。

しかし、『感情と法』を読んでいると、怒りやその他の感情についてのヌスバウムの議論は「哲学者のフィクション」である、というカラードの指摘にも同意したくなるところがある。

アリストテレスと同様に、ヌスバウムも「怒り」はしかるべき事柄について抱いたりしかるべき仕方で表明したりする必要がある、と主張している。怒りが不適切な対象に向けられたり過剰・過小になったりするということにも触れられてはいるが、それでも適切で理に適った怒りや憤りは不正や危害について正しく反応する、と彼女は論じる。先に紹介した議論でも「変革のための怒り」と「後ろ向きな怒り」が区別されたように、怒りは正しいものにも不適切なものにもなり得ると切り分けたうえで、前者は政治や法律にとって有益であり不可欠でもある、と主張するのがヌスバウムの議論だ。

哲学者の大谷弘は、２０１８年に東京メトロ千代田線の女性専用車両に３人の男性が居座った事件と、後日の取材で彼らが女性専用車両は男性差別であると主張して「自分は絶対に痴漢をしないのに」と憤りを表明した件を紹介したのちに、理性を重視する「主流派」に対して感情も重要だと強調するヌスバウムのような「非主流派」の主張を肯定的に論じている。

目下の論点にとって重要なのは、ヌスバウムの嫌悪感についての評価が正しいかどうかではなく、非主流の立場を採ったとしても、あらゆる感情に正当性を認める必要はない、ということにある。非主流の哲学者も感情を吟味し、それが適切かどうかを議論することができるし、実際に議論しているのである。

この点は先の女性専用車両についての事例で問題になった憤りの感情についても同様である。ヌスバウムは嫌悪感とは異なり、憤りは法や政治の場面で正当性を持ちうると主張するが、このヌスバウムの主張を受け入れたとしても、あらゆる憤りの感情が正当性を持つと考える必要はない。

憤りを感じることは、不当に害を加えられているという事実への反応であるが、実際にそのような事実が成立しているかどうかには吟味の余地がある。この点から言うと、先の女性専用車両に対する男性たちの憤りは正当性を欠くと考えることができる。というのも、男性たちは女性専用車両により不当な扱いを受けていると考えているが、その考えは吟味すれば妥当性を欠くと示すことができるからである。そして、この点を非主流派の哲学者たちも否定する必要はないのである。

（大谷、１４７〜１４８頁）

上記の議論や『感情と法』を読んでいてまず思わされるのは、どうせ理性で吟味されるのなら感情に重きを置いた議論はそもそも必要ないのではないか、ということだ。非主流派の哲学は、結局のところ理性を重視する主流派に回収されてしまうように思える。

また、正しい感情とはなにかという「答え」が客観的に定まっており、その答えに沿わない感情は「間違い」として否定されるべきものであるかのように主張する議論は、わたしには受け入れ難い。ヌスバウムも大谷も、怒りや憤りとは「不当に害を加えられているという事実」に対する反応であり、害を加えられているという事実が成立しているかどうかを吟味することで怒りや憤りが正しいものであるかどうかも判断することができる、といった議論をしている。感情がなんらかの意味で「合理的」であり得るという主張は古代ギリシャにまでさかのぼり、現代の心理学者たちのなかにもこの主張に同意する人は多々いる。[*1]

しかし、自分や周りの人たちが日々感じている「怒り」について振り返ってみると、ほとんどの場合は「不当に害を加えられているという事実」に対する反応としては成立しておらず、むしろ見当違いであったり過剰であったりする。怒りという感情はそれを抱いたときの自分のコンディションや周りの状況、どういったことに関心がありどういったことに執着があったりこだわったりするかという人それぞれの個性などにも影響される。また、ときとして、不正や危害とはほとんど関係のない物事にすら怒りを抱いてしまうこともある。

数年前、会社からの退勤中、電車のなかでわたしはスマホをいじりながらSNSやニュースサイトなどで犯罪や戦争や差別に関する情報を流し見しつつもほとんど感情を抱いていなかったが、電車を降りた後にスーパーに行って惣菜を買おうと思ったら、半額シール待ちの老人や主婦が惣菜コーナーの前に立ちふさがっていて、シールが貼られた瞬間に惣菜を次々と取っていき、わたしのぶんが全く残っていなかったときには、ほんとうに激しい怒りを抱いた。[*2]この日、わたしは怒るべき対象に怒りを抱かず、怒らなくていい対象に怒りを抱いてしまったわけだが、わたしだけでなく他の多くの人が抱く怒りという感情も見当違いであったりオーバーであったりすることがあるはずだ。むしろ、適切な相手や物事に対して合理的に怒りを抱いている人を目にすることのほうが珍しい。アリストレスが理想としているような、「しかるべき」時に「しかるべき」対象に「しかるべき」度合いで怒りを抱けるような「徳」を持つ人物は、実際にはほとんどいないのだ。

女性専用車両という制度については、わたしも大谷と同じように「男性に対する不当な扱いだ」「男性に対する差別である」という主張は間違っていると判断する。女性が痴漢の被害に遭うことやそのリスクについて心配させられるというコストを考慮すると、男性が一部の車両に乗れないことは、差別ではなく「合理的な区別」として正当化できると考えるからだ。しか

＊1—『1冊でわかる　古代哲学』（ジュリア・アナス著、瀬口昌久訳、岩波書店、2004年）と『1冊でわかる感情』（ディラン・エヴァンス著、遠藤利彦訳、岩波書店、2005年）では、「感情の合理性」に関する哲学者と心理学者それぞれの議論について、初学者にもわかりやすく整理されて紹介されている。

＊2—中野ブロードウェイ地下の惣菜売り場ではこういった事態が毎日のように起こっていたのだ。

し、十分に合理的で筋の通ったかたちで「女性専用車両は男性差別である」と議論する人も多くいるのであり、第二章で取り上げたさまざまな社会問題と同じように、対立するどちらの側にも理が存在するような種類の問題だ。理性的な議論の文脈においてすら、女性専用車両に反対する男性たちの訴えは簡単に切り捨てられるものではない。

なにより、「自分や自分と同じ属性の人たちの自由や利益を制限して、自分と異なる属性の人たちの自由や利益を促進する」という制度に対しては、まずは怒りや不快感、悲しみにやるせなさといったネガティブな感情を抱くのが人情というものだろう。そのような制度が必要にならざるを得ない事情や理由について自分から知ったり他人から説得されたりすることで「仕方のないことだ」と納得することは可能であるし、納得して認識を改めることにはネガティブな感情を抑える効果もあるはずだ。[*3] とはいえ、自分に不利益を与える制度に対してまず生じた怒りについて「その感情は正しくない」と他者からジャッジされたり、事実に対して適切に反応する完璧な感情を持つことを求められたりするのは、あまりに非人間的であるように思える。

ヌスバウムは怒りのみならず嫌悪感や恥辱などのさまざまな感情について論じているが、どれについても法律や政治などの公共的な事柄に関する規範的な議論と関連させながら、「正しい感情」と「正しくない感情」との区別が重視されている（たとえば、嫌悪感は正しくはなり得ないので法律に嫌悪感を反映させるべきではない、など）。ざっくり言えば、ヌスバウムの主張は、公共的な事柄に「感情」を持ち出すとしても建設的で前向きな場合だけにするなどの「建て前」が大切だ、といったものに終始している。

わたしとしても建て前は大切だと思うし、ヌスバウムの前向きなスタンスには共感や好意も抱く。しかし、「感情の合理性」を強調する彼女の議論は、感情の本質を捉え損なっているし、人情というものをあまり理解できていないようにも思える。ヌスバウムやアリストテレスが理想とするような賢人は「哲学者のフィクション」に過ぎないとするカラードの指摘は、もっともなものだ。

いずれにせよ、感情を持ち出したところで、結局はその感情が合理的であるかどうかが理性によって吟味されることになるのだから、感情だけに頼った議論が不十分であることは常に意識しておくべきだろう。

3 マジョリティは「理性的」であるか？

3-1 要求をする側とされる側、それぞれが取るべき態度

これまでに論じてきたことが正しければ、政治的な要求をしている人に冷静さを求めて、「言い方」がまずければ批判することは、一般論としては間違っていない。とくに、だれかが怒りやその他の負の感情に基づいて要求しているときには、別のだれかが「そういった言い方

＊3—一見すると「男性差別」に見える制度や政策についてもまずは背景にある理由を知ることは、ネガティブな感情を抑えて個々の男性にとっても益をもたらす、という議論は第六章でも行う。

はよくない」「冷静になるべきだ」と水を差すのは、望ましいことですらある。このような指摘は公共的な議論や対話が健全に保たれる環境を維持するのに必要なだけでなく、要求をしている本人のためにもなるからだ。

とはいえ……アーヴァインやヌスバウムが社会運動をする人の理想として挙げているのがキング牧師であることには、一抹の不安も残る。なにはともあれアーヴァインもヌスバウムも白人であり、公民権運動や反黒人差別運動という文脈では要求をする側ではなくされる側の属性だ。有利な立場にいる人たちから「怒りにまかせた乱暴な主張はよくないから、冷静で建設的に要求しなければいけないよ」と言われてしまったら、平等や公正を求めて要求している人たちが理不尽な思いを抱くであろうことは想像がつく。

それに、たとえば公民権運動においては、マルコムXなど、キング牧師よりも「過激」な主張をする人がいた。もし白人が「キング牧師の主張の仕方は冷静で建設的だから良かったが、マルコムXの主張の仕方は過激で乱暴だから悪かった」などと言い出すとしたら、いかにも危うい。いくら取りつくろっても「要求をされる側の人が自分の有利な立場を守るために、都合のいい要求と都合の悪い要求とを選別している」と見られることは避けられないだろう。

森山のようにトーン・ポリシングを批判している人たちが主に懸念しているのは、言い方や要求の仕方を問題視することそれ自体というよりは、マジョリティがマイノリティの要求の良し悪しを決定することで、マイノリティの要求に過度なハードルが課されたり、マジョリティにとって不利な結果をもたらす要求が認められなくなったりすることだ。

わたしとしては、トーン・ポリシングとして批判される言動のすべてがそのように機能するとは思わないし、マイノリティであっても言い方や要求の仕方が批判されるべき場合もあると考える。

ここで大切なのが公共的理性だ。要求をする側は、要求をされる側も自分と同じように自由や利益を持つ存在であるということを理解したうえで、その自由や利益を制限するに足りる理由をきちんと伝えなければならない。その一方で、要求をされる側も、相手の要求が正当な理由に基づくものなら受け入れなければならない。このとき、要求をする側は理性的に主張を発するべきであるのと同様に、要求をされる側も相手の主張を理性的に受け取るべきだ。

だが、現実の社会においては、マイノリティが乱暴な主張をすることもあるのと同様に、主張を受け取るマジョリティの態度がまったく理性的でないことも多々ある。前節は要求をする側の「怒り」という感情について論じてきたが、ここからは視点を反転させて、なんらかの要求をされた側の感情について考えてみることにしよう。

3-2 「感情的」だと反発を受けやすい反種差別や動物福祉の理念

前作『21世紀の道徳　学問、功利主義、ジェンダー、幸福を考える』の第三章では、現代の動物保護運動の前提となっている「反種差別」の理念を紹介した。簡単にまとめれば、道徳の基本となる「どんな人の利害にも平等に配慮しなければならない」という発想は人間以外の動物たちにも当てはめるべきである、という考え方だ。

わたしたちは針で刺されたら「痛い」と思って嫌がる。病気を予防するための注射などのしかるべき理由がないときに他人の身体に針を刺すことは、避けるべき非道徳的な行為だと見なせるだろう。そして、イヌやブタやニワトリなどの動物たちも、わたしたちと同じように、針で刺されたら「痛い」と思う。だから、しかるべき理由がないのに彼らの身体に針を刺すことも非道徳的だ。同様の推論は、他の種類の痛みや、家族から引き離されたり監禁されたりすることによって感じる苦しみについても当てはまる。そして、わたしたちの誰もが「殺されたくない」と（基本的には）思っているから、人を殺すのは非道徳的であるのと同じように、なんらかのかたちで死の概念を理解していたり自分が生き続けることに関心を持っていたりして「殺されたくない」と思っている動物がいるなら、彼らを殺すことも非道徳的である。

「動物に苦痛を与えて殺せば美味しい肉が食べられて、手軽に栄養を摂取できる」ということも、動物を殺害することを正当化する理由にはならない。「美味しい肉が食べられる」とか「手軽に栄養を摂取できる」とかいったことが、人間を殺害することを正当化する理由になると考える人はいない。人間と同じように痛みや苦しみを感じる動物を、「人間とは違う生物種だから」という理由で殺害することを肯定するとしたら、それは「種差別」なのだ。

欧米では、倫理学者のみならず他の学問をしている人や市井の人々の一部にも、種差別を批判して動物を保護する考え方が浸透している。

たとえば、動物行動学者のジョナサン・バルコムの著書『魚たちの愛すべき知的生活　何を感じ、何を考え、どう行動するか』では、魚の意識や感情、コミュニケーション能力や認知能力などに関するさまざまな知見が紹介されたのちに、「魚も痛みや苦しみを感じるのだから人間や他の動物たちと同じように道徳的配慮の対象にすべきである」といった提案がされている。

また、各国の法律では、食べるために動物を殺すことまでは否定されていないが、その飼育や屠殺などの過程においてはできるだけ苦痛を与えないことが望ましいとする「動物福祉」の理念が反映されるようになってきた。これまで、動物福祉の対象はイヌやネコなどのコンパニオン・アニマルやウシやブタなどの家畜、ニワトリなどの家禽に限定されていた。しかし、魚類や甲殻類や軟体動物に関する研究が深まり、彼らも痛みや苦しみを感じている（可能性が高い）ということが判明していくのに伴って、動物福祉の対象も拡がっている。

たとえば、2018年にはスイスの動物保護法が改正されて、生きたままのロブスターを熱湯に放り込む調理法を禁止して事前に気絶させてから絶命させることが義務付けられた。[*4] また、2021年のイギリスでも政府の審査委員会はタコやカニなどには苦痛の感覚があることを認めて、動物福祉法の対象にすべきだと提案したのである。[*5]

さて、日本では種差別に関する議論や動物福祉に関する話題が上るたびに、「そんなのは感情的だ」という反論がなされることが多い。

たとえば、バルコムの著書については「科学的な知見が書かれている箇所はおもしろいのに

＊4―https://www.afpbb.com/articles/-/3158081
＊5―https://www.cnn.co.jp/fringe/35179819.html

最後に動物愛護という感情的な主張がされてがっかりした」とレビューしている文章を見かけたことがある。スイスやイギリスのニュースについても、外国の法律であり日本人の食生活に直接的な影響が生じるというわけでもないのに、「ロブスターやタコまで保護しようとするなんて、欧米人の動物保護は感情的で行き過ぎている」というコメントを積極的に投稿する人が多々いたのだ。

しかし、種差別に反対する主張は、功利主義やカント主義などの論理的な倫理学理論によっても肯定されるものだ。むしろ、ピーター・シンガーやトム・レーガンといった種差別を批判する倫理学者の議論に対する典型的な反応とは、「論理としては正しいかもしれないが、心情的に納得できない」「そんな頭でっかちな理屈では人の心情や行動は変えられない」というものであり、論理的に正当な主張が感情によって反発を受けている、という構図がある。

動物福祉の理念については、苦痛を与えないようにしながらも殺害することは肯定するという点で、矛盾や曖昧さがあることは否めない。コンパニオン・アニマルや家畜の福祉はこれまでにも認められてきたのに魚類や甲殻類などの福祉は後まわしにされてきたことには、哺乳類に対してなら親近感を抱きやすく苦痛を受けている姿を想像して「かわいそう」と思いやすいのに対して、魚類や甲殻類には感情移入をすることは難しいから彼らの苦痛に対しても共感を抱きづらい、という感情的な側面も関係しているだろう。……だが、それならなおさら、バルコムが魚類を道徳的配慮の対象とすべきだと論じたりスイスやイギリスの法律で甲殻類や頭足動物が保護の対象とされたりすることは、「感情的」ではなく「論理的」と表現するべきだ。それらは、「魚類や甲殻類も苦痛を感じている」という科学的知見によって、「魚類や甲殻類には配慮する気が起きない」という感情的な判断の修正を迫るものであるからだ。

むしろ、ここで検討すべきは、種差別に反対する主張や動物福祉に関する主張について、大半の人は拒否反応をするという事実だ。ふつうの人は肉や魚を食べながら生活しており、革や毛皮などを用いた製品を使っていることも多いから、動物に対する道徳的配慮という概念を受け入れると、自分が慣れ親しんだ行動や生活のスタイルが否定されることになる。自分に対して「あなたは肉や魚を食べることを止めるべきだ」と直接に言われるのではなく、自分とは関係のない外国の法律が改正されるというときであっても、法律改正の背景にある種差別批判や動物福祉のロジックは自分が抱いている常識や通念とは相反することに気付かざるを得ない。

そのようなときの典型的な反応が否認だ。つまり、種差別批判や動物福祉のロジックに対して論理的に反論するのではなく、「取るに足らないものだ」と決めつけて、それ以上に考えることを拒む。このときに用いられるのが、「感情的」というレッテルである。

3-3　理性によって相手と自分の現状維持バイアスに対処する

種差別の問題に限らず、道徳が関わる問題についての要求は、要求される側の人々の行動や考え方や生き方になんらかの変更をすることを迫ることになる。

しかし、一般的に言えば、人間とは保守的な生き物である。わたしたちは、だれかに要求されたり論理で説得されたりしても、自分の価値観や行動を容易に変えようとはしない。そのため、社会問題の存在を指摘されても、まず、自分がその問題に向き合わなくてもいい理由を探したり、問題が存在すること自体を認めようとしなかったりする。

アメリカで動物愛護運動を行う活動家のニック・クーニーによる著書*Change of Heart: What Psychology Can Teach Us About Spreading Social Change*（『心を変える　社会変革を拡げるために心理学が教えてくれること』）では、わたしたちの心理に備わる保守的なバイアスがいくつも紹介されている。

・行動や価値観の変化を拒む「現状維持バイアス」
・「だれかが社会問題で被害を受けているときには被害者のほうにもなんらかの責任があるはずだ」と考えたがる「公正世界信念のバイアス」
・自分が少しだけ行動したことを「この問題について自分がすべきことはもうやった」と見積もりたがる「貢献度の過大視バイアス」

クーニーの著書の要点は、「社会運動をする人たちは、運動の対象となる人たちが保守的で容易に動かされないことを理解したうえで、バイアスに抵触しない方法やバイアスを逆利用した方法で問題を訴えるべきである」ということだ。その実践のための具体的なテクニックも、心理学や行動科学の知見を参考にしながら、多々紹介されている。

たとえば、責任を問われたり罪悪感を負わされたりした人は問題を否認しやすくなるので、まずは大企業といった特定の対象を非難する主張をしたほうが、一般の人たちが耳を傾けてくれやすくなる。また、統計やデータを示すよりも、特定の個人に関する具体的なエピソードを伝えたほうが、同情や共感を招いて運動の目的に賛同してくれやすい。

さらに、問題の犠牲者や社会活動家たち自身と一般の人との共通点を強調して、仲間意識や親密さなどのポジティブな感情を形成することで、問題について否認されるのを回避しやすくなる。この発想は、前章で紹介した「共通の人間性に基づくアイデンティティ・ポリティクス」に通じるものだ。

クーニーの著書のおもしろいところは、政治的要求においては要求する側だけでなく要求される側の感情も問題となること、むしろ見方によっては要求される側のほうが「感情的」な存在であるという事実が炙り出されている点である。『心を変える』で書かれているテクニックを実践することは、社会運動家が心理学や行動科学などの知見という「理性」を用いて一般の人たちの「感情」をハックするということなのだ。

もっとも、前章では、他人の感情を誘導するためのレトリックを乱用することは望ましくないという議論も行った。リベラリズムの理念では「市民たちの間では、双方が理性的な態度を取り続けながら議論を成立させることが可能である」ということが前提となっていることをふまえると、クーニーの考え方はシニカルであり、危うさを伴うものでもあることには留意したほうがいいだろう。

いずれにせよ、自分たちには保守的で現状維持的なバイアスがあり、問題の存在を指摘されても理性的ではなく感情的な理由から否認してしまいがちなことは、要求をされる側の市民たちも自覚しておいたほうがいい。公共的理性を機能させて、より良い社会を実現するためには、できるだけ多くの市民が個々に理性的であろうとする努力は不可欠である。そして、相手から要求を受けたときに起こる自分自身の感情的な反応に流されるのではなく、かといって他人に感情をハックされるのに委ねるのでもなく、自分自身の理性によって問題と向き合う「自律」を保とうとすることは、ある程度までは可能なはずだ。

自分が理性的であろうとするなら、だれかになにかを要求されたときに相手のことを「感情的だ」と決めつけて、相手の言い方を云々することは、まずは避けたほうがいい。相手のことを「感情的だ」とする自分の判断のほうが、「自分にとって都合の悪い問題に向き合うことを拒みたい」という感情に影響されたものであるかもしれない。また、実際には冷静な言い方でなされている主張であっても、そこで指摘されている内容が自分にとって耳に痛いものなら、本来よりも攻撃的で敵対的な主張に聞こえてしまうだろう。わたしたちの感情は自分に甘く、他人に厳しく作用するものだから。

感情とは外から採点できるものでなく、「ここまでは冷静だけれどここからは感情的」という基準が設けられるものでもないことにも気をつけたほうがいい。だれかの主張について感情的であるかないかを判断すること自体が難しい場合もある。

とはいえ、上述の議論も、あくまで程度問題である。

ある政治的要求や社会運動が実際に感情的であったり、言い方が悪かったり、暴力的であったりすることも、もちろんあるだろう（それを認めなければ、たとえば米国議会を襲撃したトランプ支持者を批判することもできなくなる)。

また、感情的だと決めつけずに相手の主張にちゃんと耳を傾けたうえで、その議論に反論することや、理が通っていないものだと論理的に指摘したうえで否定したりすることは、まったくもって正当なことだ。

重要なのは、相手を自分と対等の存在と認めて、相手に対してだけでなく自分の感情や思考に対しても厳しく疑いの目を向けるような公平さである。

3-4 「感情的」とのレッテルを貼られてきた女性の運動家たち

わたしが大学院生のとき、修士論文で扱ったトピックのひとつがアメリカにおける動物愛護運動だった。その歴史を調べていくうちに気が付いたのは、動物愛護運動について考えるうえでは「女性」という要素が切っても切り離せないことだ。

複数の歴史家は、19世紀のアメリカでは動物愛護運動は「社会改良運動」の一環として禁酒運動や児童保護運動に連なるものとして行われてきたことを指摘している。[*6] そして、社会改良

*6—Beers, D. L. *For the prevention of cruelty: The history and legacy of animal rights activism in the United States*. Swallow Press, 2006
Pearson, S. J. *The rights of the defenseless: Protecting animals and children in gilded age America*. University of Chicago Press, 2011

運動の構成員の大半は女性であった。運動家の女性たちは、当時の性別役割分業的な規範を前提としながら、「女性的な優しさ」や「母性的な価値観」に訴えて、一般の女性たちの心を動かすことで、運動への支持を得てきたのである（たとえば、「動物愛護は子どもの情操を守るためにも欠かせない」「鳥を殺して作られる羽根帽子は、優しい女性にふさわしいものではない」といったロジック／レトリックによるキャンペーンが行われていた）。

また、20世紀以降の動物の権利運動でも、運動家の多くは女性であった。社会的な性役割の他にも、動物に対して抱く愛着や同情の感情は平均的に女性のほうが男性よりも強いという心理学的な要素も影響しているだろう。

そして、過去においても現代においても、動物愛護運動に関わる女性は「感情的だ」との批判を受けてきた。たとえば、19世紀における生体解剖反対運動や現代における動物実験反対運動など、医学や科学は動物愛護運動の主要な標的であり続けてきた。そして、医学者や科学者たちは、運動を行っている女性たちは「ヒステリー」や「動物愛好症」などの病気を患っており、理性的な存在ではなくなっているとレッテルを貼ることで、運動に対抗してきたのだ。

現在でも、動物愛護運動は「女性的」というイメージと「感情的」というイメージとが結び付けられて批判されることが多い。社会学者エミリー・ガーダーの著作 *Women and Animal Rights Movement*（『女性と動物の権利運動』）では、現在のアメリカなどで動物の権利運動を行っている多数の女性運動家へのインタビューが掲載されている。そして、多くの女性たちが、自分の性別に基づいて「感情的」というレッテルを貼られて自分の主張を否定された経験があると語っている。

バルコムの著者やスイス・イギリスの法案に対する日本人の反応を見ると、たとえ動物愛護運動をしている人の多数派が女性ではなく男性であったとしても、その運動に「感情的」というレッテルが貼られていた可能性はあるかもしれない。

2019年に動物の権利団体が行った「動物はごはんじゃないデモ行進」のカウンターとして行われた「動物はおかずだデモ行進」の声明文やそれに賛同する人々の反応はかなり侮辱的・嘲笑的であった。反種差別や動物福祉を主張する人には揶揄が向けられやすいことを思うと、次節で論じるような「からかい」は必ずしも女性に対してだけに向けられているわけではなく、マジョリティの価値観や利益に相反する主張を行う人々全般が「からかい」の対象になるリスクを負っている（マジョリティは彼らの主張を取るに足らないものと受け止めて「否認」しようとするからだ）。

その一方で、女性はとくに「感情的」というレッテルの対象になりやすいということも確かだ。男性と女性が同様の主張をしているときに、女性だけが「言い方」を批判されるという事態はあるだろう。また、議論や他の場面において感情を示したときにも、男性であればスルーされるところが、女性であったら「ほら女だからすぐに怒ったり泣いたりするんだ」「やっぱり女は感情的なんだ」と言われてしまうということがある。実際、学校や職場、あるいはネット上において、そのような状況を目にしてきた経験はわたしにも多々ある。

したがって、とくに女性がトーン・ポリシングを警戒したり不当に感じたりするのには、十分な理由があるのだ。

4　公共的理性を毀損する「からかいの政治」

4-1　江原由美子の「からかい」論

女性が行う社会運動には「感情的」とのレッテルが貼られやすいこと、なんらかの社会的・政治的要求をする際には男性よりも女性のほうが「言い方」が批判されやすいこと。これらの事態に関連する問題を指摘したのが、社会学者の江原由美子の論考「からかいの政治学」である（初出は1981年）。

この論考で主に問題視されているのは、1970年代の日本におけるウーマンリブ運動に対する、当時の週刊誌などメディアでの取り扱いや表現など。当時の週刊誌には、『女・エロス』に見る猛女史らの性感覚」や「ウーマンリブ才女がぶちあげた女上位の強姦・妊娠防禦術」「北海道四日間『やっぱり男がいい』ウーマンリブ合宿」「大会に馳せ参じた猛女たちの『かわいい部分』」といった、運動を行っている女性たちのおそろしさまたは性的・恋愛的な要素を誇張する見出しが並んでいたのだ。そして、このような表現は1970年代の日本に限らない。「からかいの政治学」のなかでは1960年代〜70年代のアメリカにおける女性解放運動に対しても現地メディアが同様の表現をしていたことが指摘されている。ヌスバウムの『感情と法』でも、1980年代に起こった、アメリカの男性向けポルノ雑誌『ハスラー』がフェミニストの哲学者・活動家であるアンドレア・ドゥオーキン（の母親）を性的・侮辱的に表現した件に関する裁判が取り上げられていた。江原は、書き手も読み手も男性が主であったメディアにおける先述のような見出しを「からかい」や「嘲笑」、「冷やかし」などと呼ぶ。
「からかいの政治学」はフェミニストや社会運動に関わる人にとっては印象的な論考であり続けてきたようだ。2020年代でも、メディアなどにおける、とくに女性や社会運動に対する嘲笑的で侮辱的な表現のことは、現在でも江原の用法にしたがって「からかい」と呼ばれる場合がある。このトピックに関するわたしの問題意識も大部分は江原と共通しているので、本稿では彼女の用法にしたがって「からかい」という言葉を使用する。

……とはいえ、「からかい」という単語は差し示す対象が広い、多義的な言葉であることには注意したほうがいいだろう。江原（やわたし）が主に問題視しているのは、メディアや男性たちが社会運動や女性たちに対して向ける嘲笑的・侮辱的な表現であり、なおかつある集団に属する人たち（男性）が別の集団に属する人たち（女性、フェミニスト）に対して攻撃を行うこと、いわば外側に向けられる行為だ。

一方で、「からかい」とは、（二人以上の）集団の内側で行われる行為のことを指す場合もある。具体的には、友人同士の間や同僚・同級生同士、先輩と後輩の間や上司と部下の間、あるいは親子やきょうだいなどの間で、だれかの特徴や言動を取り上げて笑いやユーモアの対象にする、という行為だ。この行為は一対一の関係で行われることもあれば、一人のことを複数で笑う場合もある。このような行為は「じゃれあい」や「いじり」などと呼ばれることもある。

江原の論考では、集団内で行われる「からかい」に関する分析にも紙幅が割かれている。友人や同僚などの対等な立場にいる相手をからかうことは、親密性（仲のよさ）を確認したり強固にしたりするための行為である。また、部下や後輩が上司や先輩をからかうことには、正面から伝えると反撃される可能性のある意見や批判を遠回しながらも安全に伝えられるという効果がある。後述するように「からかい」は「遊び」として扱われる行為なので、からかわれた側が怒るのは大人気のないことだとされるためだ。

内側に対して行われる「からかい」と外側に対して行われる「からかい」がどこまで共通した性質を持つかは、判断が難しいところだ。たとえば、内側に対する「からかい」にも嘲笑や侮辱の側面はあるだろうが、からかう側はからかっている相手と今後も関係を持ち続けることを前提にしながら行っている。一方で、外側にいる、そもそも自分と関係を持たない相手をからかうことは、相手から嫌われて今後に関係を築く可能性がなくなったり、相手から対話してもらえなくなるリスクがあったりすることを承知で行われるはずだ。また、男性向けメディアと女性活動家の間に良好な関係が存在することはほとんどなさそうなので、前者が後者をからかう行為には「親密性の確認」という機能は含まれていないだろう。

一方で、内側に対する「からかい」と外側に対する「からかい」の双方に共通する特徴として、「遊び」としてのルールを相手側に押し付ける、というものがある。からかい行為には嘲笑や侮辱といった相手に対する攻撃という側面が明らかに含まれているのと同時に、「これは遊びであり、真面目になって反撃するのはルール違反であり、みっともないことだ」といった暗黙の規範を設定させる機能もあるようだ。そのため、相手を攻撃しながらも、相手から反撃を受けるのを回避することが可能になる。

「からかい」の言葉とは、「遊び」の文脈に位置づけられている。すなわち、「からかい」の言葉は、けっして言葉通りに、「真面目」に受けとられてはならないのである。「からかい」の言葉は「遊び」であり、余裕やゆとりであり、その言葉に対しては、日常生活における言葉の責任を免れている。

したがって「からかい」は通常、何らかの標識を伴っている。それはニヤニヤ笑いや声の調子、身ぶり、思わせぶりな目くばせなどである。これらの標識は、「からかわれる側」に直接示されるとは限らない。第三者がいる時は、その第三者に標識が示される場合もある。むろん、「からかわれた」側がその「からかい」の標識に「気づかぬ」場合もある。しかし、誰かがそれを認知しさえすれば、その言葉はその場においてその時点で、「からかい」であり「遊び」であることが宣言されているのだ（江原、242～243頁）。

4-2 公共的な議論に「からかい」が与える影響

本章や前章で、わたしは公共的理性や公共的正当化の理念を紹介して、これらの理念は大切なものであると肯定してきた。

そして、これらの理念を重視する立場から、マジョリティであってもマイノリティの主張に納得できないなら反論すべきであるし（とくにそれが自分たちの自由や利益を侵害するものであるなら）、マイノリティであっても自他の感情を操作して議論を都合よく誘導するためのレトリックを用いるべきではない、と主張してきた。大切なのは、マジョリティやマイノリティといった立場の違いに関わらず、客観的・中立的な観点からも正当性が認められるような主張を、自分で萎縮したり相手を萎縮させたりすることなく互いに堂々と行うことだ。

とはいえ、この主張はあくまで理想論である。現実の世界における社会運動や政治など、あるいは学界や言論界やネットなどで展開されている「議論」や「論争」には、フェアで明瞭な対話が成立するのを妨げる、さまざまな問題や制約が存在している。

江原が指摘しているなかでもとくに重要なのが、「からかい」にはからかう側の主体性を隠蔽して発言責任をごまかす効果と、からかわれる側が発言や抗議を続ける意欲を減退させる効果がある、ということだ。

> 「からかい」はそれが「真面目」なことでないからこそ、発言の主体責任の特定化を避けることになる。むろん、対面的状況では、誰が話しているかは明瞭であるが、しかし、その発言や主張や内容があたかも伝聞であったり、自明の事実であったりするように表明されるのである。「私はお前を○○だと思う」という形の、その言葉の内容が自分自身の思想や意志に帰着されてしまうような文体をけっして「からかい」はとらない。なぜならこうした文体は、言葉の責任の所在を明瞭にしてしまうからである。「からかい」は「遊び」であるからこそ、責任の明確化は必要ではないし、「遊び」のルールからして不要である。
>
> （江原、２４３頁）

したがって「からかわれた」側は、いかにその「からかい」に対し怒りを感じようとも、怒りを回路づけることに困難を覚えざるを得ない。このため、「からかわれた」側の怒りは屈折し内にこもることになる。「からかい」への抗議が出会うと予想される様々な困難を思うだけで、抗議への意欲は薄れがちである。したがって最良の策は「からかい」を全く無視することだとさとるのである。

この意味で、「からかわれる」ことは非難されたり攻撃された場合よりも、「からかわれる」側の骨身にしみることがある。信念や思想に対する非難や攻撃は、逆にそれらを強めることが多いが、「からかい」は怒りを回路づけえぬゆえに、一人相撲を取っているような虚しさを引き起こすのである。「からかい」の構造にまきこまれた者は、「からかい」の呪縛にとらわれてしまうのだ。それを解くことは、あたかもぬかるみの中に足をとられてあがくがごとくである。

（江原、255頁）

まず、江原も指摘しているように「私はお前を○○だと思う」と明言することを避ける人は、メディアで発言したり文章を発表したりする人のなかには実に多い。「からかい」の場合には相手に対する攻撃や侮辱の責任を回避しようとする点がとくに悪質だ。そうでなくとも、明らかに事実や価値に関する本人の判断が入り込んでいるのにそのことが明示されず、しれっと「客観的」に装われるというのは日常茶飯事である。

もちろん海外でもそういった表現は多々あるだろうが、主体性をごまかした表現は日本語圏ではとくに多いように思える。主語を省略しやすい言語であることは影響しているだろう。もしかしたら、新聞記事や一部のルポタージュにあるような「ジャーナリスティック」な文体が、よからぬ影響を与えているのかもしれない。最大の問題は、物事を表現する人のなかにもそれを受け取る人のなかにも、「客観的な表現は主観的な表現よりも賢そうで格好が良い」という考えが根強いことだ。

事実について客観的に判断することや、客観的にも正当化されるような意見を持つように努めることは大切だが、自分が負う責任や相手からの反論を回避するために主体性をごまかすことは全く望ましくない。その意見を持つに至った理由を明示しながら「自分は〇〇と考える」と互いに言い合わなければ、公共的な対話や議論は成立しない。

そして、自分が要求をしたら、真っ向から反論されるのではなく侮辱や嘲笑を受けるような環境では、要求を行うこと自体に心理的な負担が生じる。「また前のように侮辱されたらどうしよう」「他の女性が受けたような嘲笑を私も受けるかもしれない」と想起させられるような状況では、要求を発したり要求を続けたりするための意欲はくじかれてしまう。「からかい」が要求をする側の主張を妨げることは明白だ。

なぜならば、「からかい」の形式の使用自体が、他者を「真面目」にとりあげるに値しないものと規定することにもなるからである。

（江原、252頁）

ここで起こっているのは、批判や反論という正攻法ではなく、嘲笑や侮辱によって、要求をされる側が要求をしている側の主張を封殺しようとする事態だ。当然のことながら、要求をする側が「裏技」を使うのではないと同じように、要求をされる側も「裏技」を使うべきではない。要求する側からしたら、自分の要求を妨害する裏技を相手が使った時点で状況はアンフェアなものとなるのであり、いくら丁寧で適切な方法で要求しても、まともに受け止められることは期待できない。そういった行為は公共的な対話や正当化の建て前を壊して、人々が自分の主張や意見を相手に伝えたり相手の主張や意見を聞いたりするという営みについて真面目に取り組む理由を失わせてしまう。

さらに、侮辱や嘲笑の対象になりやすい人とそうでない人の間には偏りがある。からかいは相手の「弱み」を指差してあげつらう行為であり、「弱み」（と社会的にされているもの）が多い属性の人ほどからかいの対象になりやすい。

女性の場合には、「感情的」というレッテルを貼られやすかったり、性や恋愛に関係した要素に還元した表現をされやすかったりするなどの「弱み」がある。社会的な問題に関して意見を発信している女性が怒ったり泣いたりするなどして感情をあらわにすると、男性たちはここぞとばかりに「やっぱり女はヒステリックだ」「女の涙はずるい」と騒ぎ立てる。一方で、男性が同様に感情を示しても問題視されないどころか、「義憤」や「男泣き」と好意的に受け止められたりすることもある。男性の怒りを「ヒステリック」と解釈したり「男の涙はずるい」と解釈したりするようなコード（規範）や常套句は、この社会には存在しないからだ。同様に、男性の活動家が「意外と男らしくてモテる」とか「背景にはこんな性欲がある」とか書かれたりすることはほとんどないだろう。女性の活動を「モテ」や「性欲」に結び付けることは「鋭い」「きっとそうだ」と賛同されるが、男性の活動について同じことをしても賛同を得られない、といった文化や状況が存在するためである。

一部の人は週刊誌などの既存メディアやネット上でパブリック・エネミーのように扱われ、他の同じ立場にある人に比べて批判されやすいだけでなく侮辱や攻撃も受けやすい。マジョリティ男性であってもこういったポジションになることはあるが、やはり、女性であったり在日外国人であったりするなど多数派に反する属性を持つ人のほうがパブリック・エネミーとして扱われやすい。賛否を呼ぶ意見を発したり他の人と同様なミスをしたりしたときに、自分だけがメディアの的になったり匿名のＳＮＳユーザーから大量の攻撃を受けたりするという立場にいるときには、政治的・社会的な活動をすることについて他の人が経験しないような負担やコストを背負わされることになる。

ヘイトスピーチ規制を支持する根拠としてよく挙げられるのが、ヘイトにさらされた人々は多大な心理的ダメージを受けてしまい、発言するのを恐れて萎縮するようになるという問題だ。同様の問題は「からかい」でも起こり得る。そして、ヘイトを受けづらいマジョリティ男性たちが「表現の自由は大切だ」と主張しながらヘイトや「からかい」をあまりにも易々と許容し、それらによって女性やマイノリティの口が塞がれているという事実に頬被りしている有り様を目にしたことで、わたしは以前よりも「表現の自由」の意義を疑うようになった。

4-3　リベラルであるなら「からかい」を批判すべき

江原やヌスバウムの著書でも示されているように、女性やマイノリティなどの弱みを持つ属性の人たちのほうが「からかい」の被害を受けやすい状況があることは明らかだ。社会運動を行うことや政治的な発言をすること、要求をしたりされたりすること、それらを通じた公共的な議論や対話の背景には、女性やマイノリティを不利にして男性やマジョリティを有利にする「構造」や「文化」が存在する。そういった構造や文化は以前から存在していたし、おそらく近年ではネットやSNSによってさらに悪化させられている。

こういった構造や文化があるからといって、女性やマイノリティの主張を特別扱いしたり、彼女らの主張に対する批判を封じたりしてはいけない。マジョリティとマイノリティは同様に理性的な存在であり、それぞれの自由や利益を平等に持つ存在なのだから、差別的な構造や文化さえなければ、お互いの利害に関する対等なやり取りは成立する。「からかい」の文化によってマイノリティが要求を発したり要求し続けたりすることにハードルを課せられているとしても、それ自体は、マジョリティがマイノリティのために自分たちの自由や利益を制限されることを受け入れる理由にはならない。マイノリティの主張や要求は筋の通ったものであるか、客観的・中立的に正当化できるものであるか、といった点で判断すべきだ。

だからこそ、公共的な対話や正当化を重要視するリベラリズムの理念に賛同している人は、女性やマイノリティに対する「からかい」行為に反対すべきだし、それを成り立たせる文化や構造を問題視すべきだ。そういった文化や構造が存在することで、マイノリティにとっては自分の要求がフェアで対等に扱われることが期待できなくなるし、アンフェアな状況のなかで対話に参加する理由を見いだすことができなくなる。自分たちだけが不当な嘲笑や侮辱を受けることがわかりきっている状況では、正面から意見や要求を主張することのほうが不合理で馬鹿らしい。

　そもそも、「からかい」行為や関連する文化・構造を正当化することは困難であるし、良識がある人のほとんどは「このような行為や文化・構造を認めますか」と正面切って尋ねられたら「認めない」と否定することだろう。……ところが、どういうわけか、「自分はリベラリズムの理念に賛同している」と触れ回ったり「自分は対等な議論や公共的な対話が重要だと思っている」と主張したりしながらも、「からかい」行為に加担したり擁護したがったりする人がいる。そういった人たちが、同じ口で「フェミニストは批判を受け入れない」とか「マイノリティはマジョリティの利害を無視して自分たちの要求を一方的に押し付けている」とかいったことを主張するのだ。

　自分の批判を相手に聞いてもらいたかったり相手の要求に対して反論をしたかったりするなら、自分と相手の主張や要求がフェアに扱われる状況を保つように努めるべきだ。「からかい」を許容することで相手の側に対してだけ心理的な負担を与えておきながら「相手が対話に応じてくれない」と被害者ぶるのは、あまりに都合が良すぎる。

　社会学などには、「からかい」の構造や文化の存在を示す研究もごまんとあるだろう。だがそんな研究をわざわざ参照しなくとも、週刊誌やTV番組などのマスメディアにせよインターネットにせよ、そこで行われている表現やコミュニケーションを素直に観察していれば、「からかい」の構造や文化が存在することには誰でも気がつけるはずだ。

　自分たちを有利にする構造や文化があることに「からかい」を行ったり許容したりする人が

気づかないふりをするのは、弱みを持たない自分たちが相手のことを一方的に攻撃できて、相手の主張や要求を封じ込めて自分たちの自由や利益だけを守り続けられる、そういった環境や空間を維持することに固執しているためだろう。

もっとも、自分が他者に対して行っていた振る舞いの悪質さを指摘されたときにそれを受け入れるのは、心理的にはかなり困難だ。そして、「からかい」は単に間違っていたり不合理であったりするだけでなく、弱者に対する攻撃という卑劣な行為である。「からかい」に対する批判は、多かれ少なかれ「からかい」を行ったり許容したりしている人たち自身の人間性に対する非難も含んでしまうことになるが、自分の人間性を非難されてすぐに受け入れられる人は少ない。

したがって、「からかい」を批判された男性やマジョリティは保身のための反論を続けるだろうし、相も変わらず「からかい」を許容し続けるだろう。こういった人たちにうんざりさせられているからこそ、フェミニストやその他のマイノリティの理論家・活動家は公共的な対話や正当化を回避する理論や戦略を発展させてきた、という側面もあるはずだ。そのような理論や戦略はリベラリズムの理念に反しているだけでなくマイノリティにも不利益を与えるような副作用を生じさせるし、社会にとって望ましくない。だが、「からかい」に関するマジョリティ男性の不誠実な言動や振る舞いを目にしていると、公共的な議論を行おうとすることに女性やマイノリティが不毛さや虚しさを感じることも理解できるし、共感できてしまうのだ。

4-4 「怒り」は感情的で「笑い」は理性的？

第2節で紹介したように、政治的な営みや社会運動の文脈における「怒り」に関する哲学的な議論は多数あり、そのなかには怒りを肯定する議論も存在する。とはいえ、「からかい」の文脈では「怒っているフェミニスト」といった表現がよく用いられるように、世間一般では「怒り」にはネガティブなイメージがあるし、怒りは理性や知性と反するものとして扱われているだろう。

怒りに比べると、「笑い」や「ユーモア」はおそろしく評判がよい。これらは単にポジティブであるだけでなく、理性的・知性的なものと見なされることも多い。だれかに対して怒っている人とだれかを嘲笑している人とを対比させて、「感情的になっている前者よりも後者のほうが冷静であり、相手に対する攻撃性や加害も抑えられやすいから望ましい」といった主張をする人もいる。

たしかに、怒りという感情にはエスカレートする傾向がある。怒っている人は「わたしの怒りは正当である」と思い込み、相手に対する過剰な攻撃を行うことも多いだろう。その一方で、相手のことを侮辱したり嘲笑したりする行為に正当さは感じづらいから、「からかい」を行っている人が「自分は正しい」というセルフイメージを抱くことはなさそうだ。

しかし、「自分は正しい」と思うことも「自分は冷静だ」「自分はユーモアがある」と思うことも、自分にとって都合のよいセルフイメージを抱いているという点では同じことだ。また、怒っている人は「自分が過剰的になっている」ことを自覚できるのに対して、からかっている人は「わたしは冷静でありユーモアを保っている」という認識を持つために、そもそも相手に対して侮辱や嘲笑を行うに至った背景にある自分の感情——自分にたてつく相手をやり込めたいという気持ちとか、批判されてイラッとしたとか——のことを失念してしまいがちだ。むしろ、「自分は冷静だ」と思っている人のほうが、自分が感情的になっていてもそのことを認識できずに過剰な攻撃を行う可能性は高いだろう。

怒りの問題としてよく挙げられるのが、集団が個人に対して集合的な怒りを抱いて歯止めなく過剰な攻撃を行う、という事態だ。『傷つきやすいアメリカの大学生たち』でも、フランスの古典的な社会学者であるエミール・デュルケームが用いた「集合的沸騰」の議論を参照しながら、この問題について論じられている。

デュルケームは、人間には集団の一員でいるときにだけ味わえる「集合的沸騰」という感情が備わっており、多数の人間が集まって歌ったり一緒に踊ったり一斉に叫んだりするなどの「儀式」を行うと高揚した感覚を得られて、儀式が終わった後には集団への所属意識が強まる、と主張した。アメリカの社会学者アルバート・バーゲセンはデュルケームの議論を参照しながら、1960年代の中国における文化大革命や中世ヨーロッパにおける魔女狩りでは取るに足らない容疑をかけられた人や容疑が捏造された人でも「共同体に対する罪」を犯したとされたら容易に処刑されてしまう事態が起こっていたことを、「集合的沸騰」の負の側面として論じた。そしてルキアノフとハイトは、数百人以上もの署名を集めて個人を批判する公開書簡という手法も、「敵」と名指しされた人に対する怒りや義憤を共有することで共同体の結束を強めるという点で、集合的沸騰の一種であると主張する。

もっとも、集団的な怒りが危うくて望ましいものではない、といった考え方自体はデュルケームを持ち出すまでもなく、世間に広く共有されている。日本の漫画や映像作品では、「プラカードや抗議の旗を掲げて拡声器で怒り散らすデモ集団」といった表現が陳腐化するほどに定番となっている。

しかし、個人に対する集団的な攻撃は「怒り」というかたちをとるとは限らない。見過ごされがちだが「笑い」も「怒り」と同じように集団の結束を強める機能があり、「バカにしてもいい」と認定した相手に対して集団が一斉に侮辱や嘲笑を行うこともまた「集合的沸騰」の一種と考えることができる。江原も指摘するように、集団内で「からかい」が始まった場合にはそこから逃れることは難しく参加が半ば強制されるという点も、「からかい」には儀式的な要素があることを示唆している。


集団内で「からかい」が提起されれば、それに反対する理由が特にない限り、「からかい」の共謀者となることが、その場にいる全員に要請される。なぜなら「からかい」は「遊び」であり「冗談」だからである。「遊び」である以上、ルール破りは、最大の「遊び」に対する冒瀆なのである。したがって、ルールを破らないという消極的な共謀を、そこにいる人々すべてが要請されるのだ。ルール破りをあえて行なうにはかなりの勇気がいるだけでなく、その場にいる皆を納得させるだけの正当な理由が必要なのである。

（江原、244頁）

そして、怒りにはエスカレートしやすいという欠点がある代わりに、大半の場合にはいつか冷める、という利点もある。以前は怒っていた人であっても、時間が経てば「あの時は感情的になって過剰な攻撃をしていたな」と反省し、冷静になって自分が怒りを抱いていた対象について改めて客観的に捉え直すことができる。一方で、からかっている人は、からかいを行っている時点から「自分は冷静である」というセルフイメージを抱くことで侮辱や嘲笑を正当化する。そういった人が「感情的になっていたのは相手ではなく自分であったかもしれない」と考え直して反省する、ということは期待できない。

さらに、自分が行った侮辱や嘲笑が間違っていたかもしれないと反省するためには自分の悪質さについて直視する必要があるし、侮辱や嘲笑を撤回してしまうことには周りからみっともなく思われたり今度は自分が嘲笑の対象にされたりするリスクがある。「からかい」を行ってしまうことには、「後には引けない」という心理的ハードルを自分に課してしまう効果もあるのだ。

つまり、「からかい」はその対象となる人々が主張するのを妨げるだけでなく、嘲笑や侮辱を行っている側の人々の認知もゆがめて、彼らが物事について理性的に考えることを困難にする。相手の要求を妨げるだけでなく、それを受け止める自分たちの理性も失わせるという点で、公共的な議論を二重に毀損する営みなのだ。

4-5 「権威に対する反逆」なら肯定すべきか？

他者を嘲笑したり侮辱したりする行為を正当化する際によく持ち出されるのが「笑いは権威に対する反逆である」という主張だ。また、ユーモアのなかでも風刺というジャンルをとくに好む人は多いし、「政治や社会問題を風刺できる漫画家やお笑い芸人は他の同業者よりも優れている」と考える人もいる。

基本的に、いわゆる「左派」や「リベラル」の人々の多くは社会運動やフェミニズムに肯定的であり、マジョリティ男性を利する物事については否定的であるから「からかい」に対しても批判的である。だが、彼らであっても「風刺やユーモアは弱者が強者に歯向かうための手段であるから、強者であるマジョリティ男性は弱者である女性やマイノリティのことを笑いの対象にすべきではない」といった主張をすることがある。逆に言えば、弱者から強者に対して行われる場合なら嘲笑や侮辱も風刺として肯定できる、と主張する人は左派やリベラルの間にも一定数いるのだ。

わたしは、こういった主張はかなり危うく頼りないものであると思う。

イギリスの「批判的社会心理学者」であるマイケル・ビリッグの著書『笑いと嘲り　ユーモアのダークサイド』では、「権威に対する反逆ならユーモアは好ましい」とする風潮に異議が唱えられている。

ビリッグは「社会秩序」に関する影響に注目しながら、ユーモアを二種類に分ける。ひとつめは「懲罰的ユーモア」であり、秩序に反した言動をしたりその場のルールやコードをふまえない振る舞いをしたりした人をからかったり嘲笑したりすることで、笑いの対象になった人に恥ずかしさや屈辱感を与えて言動や振る舞いを抑圧させて、現状の社会秩序を強化するという機能をもつものだ。ふたつめは「反逆的ユーモア」であり、こちらは秩序そのものやそれに従う人々、または権威を持つ人などを笑いの対象にすることで、秩序を批判したり撹乱したりする機能をもつ。

　そして、ビリッグの議論のなかで重要なのは、反逆的ユーモアは保守や右派によっても利用されるという指摘だ。

> 人種差別的ジョークや性差別的ジョークを言う人はしばしば「政治的正しさ」の求めるものに反逆しているのだと主張して、自分自身を、いたずら好きで、抗争的で、無力な側に位置づけることがある。学者でさえこの方針を採ることがときどきある。［心理学者のチャールズ・］グルナー（…）はユーモアの心理学的分析の中で、いくつかの会議で男性が女性に色目を使っている風刺漫画を見せたことにふれている。これは「政治的に正しい」女性たちからの苦情をもたらした。グルナーは言う。「こうした苦情を言うレディーたちは風刺漫画のユーモアを好まないだけでなく、理解すらしない」（…）。グルナーは自己弁護する中で、いわゆる「政治的な正しさ」のもつ社会的権力に注意を向けているが、これは「政治的な正しさ」への反逆を理由にして、物議をかもす右派的なもの言いを正当化する人たちと同じことをしている（…）。グルナーの批判者たちは彼のことを、彼自身が考えているよりも力があり、高圧的と見ていることだろう。このような議論においては自分

自身の力は奇妙にも見えないものだ。というのは、力とは常に他人の側にあると主張されるからだ。権力をもつ人でさえ、自分のユーモアは権力を行使しているのではなく疑っているのだと理由をつけて、ユーモアを正当化することができる。

これが、なぜ懲罰的ユーモアを保守的であるとはっきり述べ、また反逆的ユーモアを客観的にラディカルであると述べるのに慎重でないといけないのかの理由である。それほど単純ではないのだ。否認、自己欺瞞、ひとりよがり、これらの影響がすべてあり得る。懲罰への反逆を好ましいとするイデオロギー的風潮がある時は特にそうだ。

（ビリッグ、359〜360頁）

どうやら反逆的ユーモアは保守的機能を果たすので、左派の批評家はユーモアに関して難しい立場にいると知らされることがある。「市場」への順応が絶え間ない革新を命じている場合、順応主義者たちの方がラディカルなジョークをするようだ。今日、度が過ぎるコメディアンに対する異論の多くは、左翼的なコメディアンについてのものではない。ある意味、会話の規範を守るよう強く主張し、身体障害や非異性愛的嗜好や外国の市民権をもつ人たちを表現する伝統的な用語を使うのが許されないことを指摘しようとしているのが、左派である。こうした状況では、平凡なコメディアンが簡単に勇気ある反逆者の立場を採ることができ、彼らは言ってはならないことを口に出し、伝統的なカーニバルの道化師のようにずけずけ話し、世間体という制限規範を逸脱する。（…）

このことが左派を守勢の側に置きかねないのは滑稽なことだ。右派とは基本的にユーモアを欠くものだ、と左派の人たちは長い間聞かされてきた。けれども今日の右派は、最高によくできた、そして最高にふざけたジョークのいくつかをもっている。大統領が自分を嘲笑して金持ちや権力者から拍手をもらっている時に、誰が彼の言い間違いを嘲笑うことができるだろうか？（…）ラジオの「ショック・ディスク・ジョッキー」は合衆国で、笑うために誰かを傷つけたい膨大なファンを獲得している。そこには嘲笑以外の話題はないようだ。ジョッキーたちはあらゆる社会のしきたりに反抗する生意気な少年たち（とたまに生意気な少女たち）であり、特にリベラルな感性のしきたりに反抗している。彼らはそのようなことをする過程で名声と富を獲得することができる。「政治的な正しさ」に反抗しているのだ、と彼らは何度も主張するだろう。そのような主張が彼らのユーモアといたずら好きの反逆者としての仮面を保証するかのように。（ビリッグ、４２５～４２７頁）

ビリッグが言及する大学教授やコメディアンと同じように、フェミニストなどに対する「からかい」を行う人も、自分たちが批判されたときには「いまやフェミニストや女性のほうが権力を持つ強者なのであり、自分が行う嘲笑や侮辱は権力に対する風刺である」と反論することがある。実際にそう考えているわけではなく自分の行為を擁護するための詭弁としてそのような主張をする人もいるだろうが、本気で「フェミニストは権力を持つ強者である」と考えている人もそれなりの数はいるようだ。そして誰にだって「自分は権力を持っていなかったり権力にいじめられていたりする弱者である」と自認することはできるから、誰にだって「自分のユーモアは反逆的なものだ」と主張することができてしまう。

もちろん、「権力」とは何であるか、強者と弱者を分ける基準はどこにあるかということを厳密に論じることで、こういった主張に反論することも可能だ。そのうえで「弱者に対するからかい」と「権威に対する反逆的ユーモア」を区別する、ということもできるだろう。しかし「自分は弱者である」という被害者意識を抱いている男性には、反論されても納得することは期待できない。

また、「自分が他人を嘲笑したら批判されるのに、他の属性を持つ人が嘲笑することは許される」となったら彼は理不尽な気持ちを抱くだろうし、その気持ち自体はもっともなものだ。

そもそも、たとえ相手が権力者であっても、侮辱や嘲笑を行うことにはさまざまな弊害がある。安倍晋三元首相には潰瘍性大腸炎という持病があったが、一部の人が「ゲリゾー」と揶揄したり「またお腹が痛くなっちゃうのでは」「大事な時に体を壊す癖がある」と嘲笑的な表現をしたりしたことは、多くの人の不興を買った。わたし自身も胃腸が弱いので安倍元首相に同情したものだ。

当然のことながら安倍元首相に持病があること自体は問題ではないし、彼について批判すべきことは他に大量にあった。しかし、一部であっても左派の人々が的外れな揶揄を行ったことで、他の人々はむしろ安倍元首相に対して共感して左派に対する反感を強めただろう。安倍元首相に対する侮辱や嘲笑は、彼に向けられた数多くの適切で真摯な批判の正当性を損ねさせもしたのだ。

また、強者に対する風刺にも、弱者に対するからかいと同じように、自分たちにかかる精神的ストレスを緩和するための「否認」としての側面や、集団の結束力を高めるための「儀式」という機能がある。そのため、からかいと同じように風刺においても、対象のことを浅薄に解釈して「真面目に考えるに値しない」というレッテルを貼るような表現が主になりがちだ。権力者側の事情や言い分、権力が肯定される背景にある社会的な状況、自分たちの側の問題点、そして妥協を行うための方策といった難しい事柄についていちいち考えていたら、笑うことはできない。複雑な問題から目を逸らして笑って安心を得るためには、物事を単純化することが必要になる。

わたしの親族はアメリカのリベラル向けのニュースやトークショーを好んで視聴するが、それらの番組ではゲストやコメディアンが共和党の政治家やその支持者たちをバカにするジョークを放つのが定番だ（おそらく右派向けにも同様の番組があり、そこではコメディアンが民主党の政治家やその支持者たちをバカにするジョークを放っているのだろう）。そして親族はそのジョークに大笑いしながら「ドナルド・トランプはほんとうに頭が悪い」「トランプ支持者は愚かだ」という同意をわたしに求めるのだが、当然のことながら、そのジョークを通じて彼がトランプやその支持者たちについての理解――なぜトランプが大統領になったことがあるのか、なぜ白人労働者たちはリベラルに反発しているのかなど――を深めている様子はまったくない。そういった事柄への理解を深めるためには政治や社会に関するニュースを中立的・客観的な観点から追い続けたり、学術的な本を何冊か読んだりする必要がある。こういった作業からも知的な興味深さや楽しさは得られるかもしれないが、時間的にも精神的にも負担がかかるし、笑いを得られることはまずないだろう。

ワンパターンであることも風刺の特徴だ。わたしが「からかい」を嫌いになったきっかけのひとつは中学生のときに友人が学校に持ち込んで貸してくれた『かってに改蔵』（久米田康治著、小学館）というギャグ漫画なのだが、この作品では世間や大衆から「笑いものにしていい」「軽んじていい」とされている人々や物事がほとんどどのエピソードでも同じような調子でネタにされている。一方でわたしは漫才コンビ「爆笑問題」の太田光氏を中学生の頃から尊敬しているし、彼がラジオで熱弁するトークや生放送で行う捨て身のギャグは素晴らしいと思うのだが、爆笑問題が毎年行っている時事ネタ風刺漫才はいつも同じ流れでつまらなく感じる。

漫画家やお笑い芸人のように「職業」として風刺を行うためには、コンテンツを定期的に生み出し続けるための「型」を作り、どんな物事についてもその型に押し込める必要がある。読者や視聴者としても、型に沿った笑いのほうが安心して受け取れるだろう。だが、その型に押し込める過程で、理解すべきさまざまな物事が捨象されることになる。

第一章でも触れた『となりのサインフェルド』は、１９９０年代の時代の雰囲気を反映しながら主人公たちや脇役などのさまざまなキャラクターを通じてドギツくブラックな展開が繰り広げられるシットコムだ。作り手も登場人物たちでもユダヤ人であるためにユダヤをネタにした笑いも多く登場し、そのなかにはユダヤ人差別やホロコーストを題材にしたかなり不謹慎なネタもあるのだが、これらはいま見てもかなり笑える。その一方で、同性愛者や障害者やアジア人に関したネタは笑えないものが多く、２０２０年代の現在になっては風化しているだろうが、時代の変化に伴いわたしを含む視聴者たちの感性や価値観が変わったというところもあるだろうが、根本的には、ネタの対象が「他者」であるか「自分たち」であるかによって、笑いの質や深さは段違いになるのだろう。

他人ではなく自分をネタにすること、安直でお手軽な方法で他人をバカにするのではなく自分たち自身や自分たちを取り巻く状況の可笑しさや滑稽さを深掘りしたうえで笑いに昇華することのほうが、優れた営みであるとわたしは思う。

5 「トーン・ポリシング」というレトリックがもたらす弊害

第3節や第4節で見てきたように、女性は「感情的」というレッテルを貼られるリスクがあるために、要求や主張をする際に男性よりも高いハードルを課されてきたことはたしかだ。そのため、政治的な要求や学問的な議論を行おうとする女性たちの多くは、男性たちよりもずっと厳しく感情をコントロールしなければならなかった。

近年のフェミニズムにおいて怒りをはじめとする感情に基づいた議論が肯定されるようになってきたことは、その反動でもある。女性たちがいくら理性に基づく議論をしても、男性たちから「感情的だ」というレッテルを貼られて否定されしまうリスクがあるのだとしたら、そもそも不利なルールを強いられていることになる。だとすれば「理性」という不利なルールに付き合うことはやめて、はじめから「感情」というルールで勝負してしまえばいい、ということだ。

しかし、怒りやその他の感情を安易に肯定することはやはり得策ではない。また、女性の主張には男性のそれと比べて「感情的」というレッテルが貼られやすいとしても、そのレッテルが実際に正しい場面もあるはずだ。男性の主張が感情的であったり乱暴であったり不当であったりするときがあるのと同じ程度には、女性の主張が感情的であったり乱暴であったり不当であったりするときもあるはずだから。

わたしが思うに、トーン・ポリシングという概念が広まることにはメリットもある一方で、マイノリティに対する罠として機能する側面もある。

たとえば、男性であるわたしがだれかの要求や主張を「感情的だ」と思ったり「不当な主張だ」と思ったりしたとき、とくにその相手が女性である場合には、わたしはまず自分の判断を疑ったほうがいいだろう。「女性は感情的だ」という偏見にわたし自身が影響されていないかを自省したり、自分にとって都合の悪い主張であるから不当に感じられていないかを確認したりしたほうがよい。その結果、わたしが最初に感じた拒否反応が正しくないと理解することで、相手の女性の主張に対してより適切に向き合えて、より理性的な議論や理解ができるようになるかもしれない。そういう点では、「自分はトーン・ポリシングをしてないか」と注意する意識が男性やマジョリティの間で広まることは有益だ。

だが、それは、女性やマイノリティの主張がどんなものであったとしても受け入れる、ということではない。自省した結果、やはり相手の主張は感情的であったり言い方がおかしかったりすると判断できるなら、それは相手に対して指摘するべきだ。「この人は女性やマイノリティであるから、冷静で丁寧に主張することができなくなっていて、感情的で乱暴な言い方しかできないのだな」と判断して指摘を控えることは、それこそ相手を自分と対等に扱わない差別的な発想というものである。

だが、トーン・ポリシングという概念は、たやすく乱用されてしまう。マイノリティや女性に対するマジョリティの指摘がトーン・ポリシングであるかどうかに、客観的な基準というものはない。結局のところ、その判断は、指摘されたマイノリティや女性に委ねられる。そして、マイノリティの人はマジョリティの人と同じように自分にとって耳に痛い指摘は拒みたがるものだし、女性は男性と同じように自分の不利益となる主張を受け入れたがらないものだ。そのため、適切な指摘や主張であっても、「それはトーン・ポリシングだ」といって拒否されてしまうことがある。

もしわたしがマイノリティや女性であり、社会一般やマジョリティに対してなんらかの要求を行う活動や社会運動をしている立場なら、トーン・ポリシングという概念を自分に都合よく乱用することに誘惑を感じるはずだ。しかし、そのようなことをしてしまうと、わたしは他の人たちから腫れ物に触るように扱われて、対等な議論ができる理性的な存在と見なされなくなるだろう。

マジョリティもマイノリティもそれぞれの自由と利益を持ち、それぞれに理性を駆使することのできる対等な存在である。ジェンダーがどうであったり立場の強弱がどうであったりしても、だれでも理性的になって要求したり議論したりすることは可能であるはずだ。ただし、そのためにはだれもが理性的な議論の場に参加できて、公平に扱われる環境を構築しなければならない。マジョリティの偏見を無くしたり、「からかい」のように女性やマイノリティに対して不当なハードルを課す行為を批判したり、そのような行為を助長する構造や文化を是正したりすることが必要になる。

しかし、「トーン・ポリシング批判」という裏技や特別扱いを認めることは、できるだけ避けたほうがいい。社会の構造や議論の場におけるポジションの不均衡に注目する発想が行き過ぎると、「女性やマイノリティは理性的になれない」という偏見を解体するどころか強化してしまうことになりかねないからだ。

引用・参考文献

・森山至貴著『10代から知っておきたい あなたを閉じこめる「ずるい言葉」』WAVE出版、2020年
・江原由美子著『増補 女性解放という思想』筑摩書房、2021年。
・大谷弘著『道徳的に考えるとはどういうことか』筑摩書房、2023年。
・アリストレス著、渡辺邦夫、立花幸司訳『ニコマコス倫理学』(上)、光文社古典新訳文庫、2015年
・ウィリアム・アーヴァイン著、月沢李歌子訳『ストイック・チャレンジ 逆境を「最高の喜び」に変える心の技法』NHK出版、2020年
・マーサ・ヌスバウム著、河野哲也訳『感情と法 現代アメリカ社会の政治的リベラリズム』慶應義塾大学出版会、2010年

・マーサ・ヌスバウム著、小川仁志監訳、森山文那生訳「被害者の怒りとその代償」『怒りの哲学　正しい「怒り」は存在するか』ニュートンプレス、２０２１年
・アグネス・カラード著「怒りについて」『怒りの哲学　正しい「怒り」は存在するか』ニュートンプレス、２０２１年
・ポール・ブルーム著「暴力の選択」『怒りの哲学　正しい「怒り」は存在するか』ニュートンプレス、２０２１年
・ジョナサン・バルコム著、桃井緑美子訳『魚たちの愛すべき知的生活　何を感じ、何を考え、どう行動するか』白揚社、２０１８年
・マイケル・ビリッグ著、鈴木聡志訳『笑いと嘲り　ユーモアのダークサイド』新曜社、２０１１年
・Cooney, N. *Change of heart: What psychology can teach us about spreading social change.* Lantern Books, 2011
・Garder, E. *Women and the animal rights movement.* Rutgers University Press, 2011

第五章

マイクロアグレッションと「被害者意識の文化」

1 「マイクロアグレッション」理論とはなにか

第二章では、昨今の学問や言論の世界では「危害」と見なされる行為や主張の範囲が拡がっている、という問題に触れた。

危害の範囲を拡大することは、二つの種類の問題をもたらす。一つめの問題は、「個人の自由は、他人に危害を与えない範囲内において最大限に認められるべきだ」という、ジョン・スチュアート・ミルに由来する「危害原則」が形骸化して、わたしたちの自由が不合理なまでに制限されてしまうことである。これは社会制度が関わる公的な問題といえる。

二つめの問題は、個人の内面に関わる私的なものだ。第三章で指摘した、レトリックの問題を思い出そう。ある物事がどのように表現されたり名付けられたりするかは、その物事についてわたしたちが抱く感情や印象を左右する。些細な言葉や振る舞いまでもが「危害」と定義されることで、わたしたちには自分の暮らす社会が以前よりも危険が増したかのように感じられる。すると、自分や他人のことをすぐに傷つけられる脆弱な存在だと見なすようになる。そして、わたしたちは自分の生きる世界をネガティブに捉えるようになり、他人と関わることを恐れるようになるのだ。

伝統的には危険だとされていなかった物事に危害を見いだすための概念や考え方はさまざまに登場している。そのなかでもとくに代表的なのが「マイクロアグレッション」理論だ。

本章では、マイクロアグレッション理論について批判的に分析しながら、「被害者意識の文化」とも呼ばれる昨今の風潮の問題を検討していこう。

1-1　「マイクロアグレッション」の定義と具体例

「マイクロアグレッション」いう概念は1970年代にアフリカ系アメリカ人の精神科医であるチェスター・ピアスという学者によって提唱されて、2000年代にアジア系アメリカ人の臨床心理学者であるデラルド・ウィン・スーが有名にした。スーによる定義は下記の通りだ。

マイクロアグレッションというのは、ありふれた日常の中にある、ちょっとした言葉や行動や状況であり、意図の有無にかかわらず、特定の人や集団を標的とし、人種、ジェンダー、性的指向、宗教を軽視したり侮辱したりするような、敵意ある否定的な表現のこと

である。（スー、34頁）

また、日本の人権活動家の渡辺雅之は、以下のように表現している。

それは日頃から心の中に潜んでいるものが口に出たということであり、口にした本人に〝誰かを差別したり、傷つけたりする意図があるなしとは関係なく、対象になった人やグループを軽視したり侮辱するような敵対・中傷・否定のメッセージを含んでおり、それゆえに受け手の心にダメージを与える言動〟であるということです。（渡辺、5頁）

スーがマイクロアグレッションの具体例として挙げるものについて、いくつか抜粋して紹介しよう。

・あるゲイの青年は、クラスメートたちの「それ、ゲイみたいじゃん」と言いながらふざけたり、ばかみたいな身振りをしたりすることに対してしょっちゅう不快感を感じていた（ここに隠されているメッセージは、同性愛者は倒錯している、ということだ）。

・ある目が不自由な男性は、人々が彼に話しかける時によく声のトーンを上げる、ということを報告している。ある善意に満ちた看護師は、実際薬を渡す時、彼にむかって「叫んで」きた。彼は「どうか、大声を出さないでください。私にはあなたの声が非常によく聞こえていますよ」と答えた（ここに隠されているメッセージは、障害を持っている人は、あらゆる機能が劣っている、ということである)。

・十六歳のジーザス・フェルナンデスの保護者面談の時、教師は母親に、ジーザスは学習上の問題を抱えている、とそれとなく伝えた。ジーザスは授業に関心がなく、やる気がなく、宿題を期日までに出さず、しょっちゅう席で居眠りをしているからだ。しかし先生は、ジーザスが学校が終わってから4～5時間、家族を助けるために働いていることを知らなかった(ここに隠されているメッセージは、貧しさの中で生きていくことがいかに人々のエネルギーを奪っていくのかに対して意識がない、ということである)。(スー、47～48頁)

日本においては、外国系のルーツを持つ人に対するマイクロアグレッションが注目されることが多い。

たとえば、心理学者の出口真紀子は初対面の相手に「お父さんはなに人? お母さんは?」と聞くこと、「ハーフってうらやましい」と言うこと、日本に暮らす外国人に「納豆食べられる?」「日本のどこが好き?」と聞くことはマイクロアグレッションである、と述べている。[*1]これらの行為は、「ハーフ」や「外国人」というステレオタイプを相手に押し付けるものであるからだ。

＊1―https://mainichi.jp/articles/20220512/k00/00m/040/095000c

1-2　マイクロアグレッション理論は記述的ではなく規範的

そもそも、アグレッション（aggression）という単語は「攻撃」を意味する。スーの著作では、マイクロアグレッションは対象にとって「ストレッサー」となり、生理的にも心理的にもストレスを引き起こしてさまざまな悪影響を生じさせる、と論じられている。この点に注目すれば、マイクロアグレッションが「危害」であるという主張はわかりやすい。

一方で、スーの著作の別の箇所や日本の議論を眺めていると、被害者に生じる影響よりも加害者が「無意識の偏見」や「ステレオタイプ」を抱いていること自体のほうが問題視されている場合も多い。

そして、マイクロアグレッション理論は第三章で論じた特権理論や、差別に関するその他の社会学的な理論や概念と結び付けて論じられるのが一般的であることにも留意すべきだ。

単純に考えると、マジョリティの人や社会的に差別されているわけではないがなんらかの特徴を持っている人に対しても、マイクロアグレッションは発生しそうなものだ。

たとえば、わたしには身長が185センチを超える男性の友人がいるが、彼はよく他人から「バスケが上手いんでしょう」と言われたり「モテるんでしょ」と言われたりしている。それに対して友人は「いつもそんなことを言われるけれど、背が高いからってバスケが上手いとかモテるとか限らないんだって」とボヤいている。通常、背が高いという特徴を持っている人は、それだけではマイノリティであるとか被差別グループに属しているとは見なされない（むしろ、背の高さはさまざまな面で社会的な有利さにつながっていることはよく知られている）。しかし、わたしの友人が「背が高い男はバスケが上手くてモテるもの」という偏見やステレオタイプを他人からぶつけられていることは事実だし、それによって彼はストレスを受けているかもしれない。

同じようなことは、東大や京大などの名門大学に通っている学生、医師や弁護士などの高度な資格業に就いている人、単にお金持ちである人などにも当てはまりそうなものだ。自分が東大生であることや医師であることやお金持ちであることに基づいた偏見やステレオタイプを他人からぶつけられていて、それによってストレスを受けている、という愚痴や文句はよく耳にする。東大生や医師やお金持ちはマイノリティではないし、弱者でもない。しかし、マイクロアグレッションがステレオタイプや侮辱に関するものだとすれば、彼らもマイクロアグレッションの被害者だと言ってもおかしくないはずである。

だが、スーの著作を見るとマジョリティの人に対するマイクロアグレッションはほとんど注目されていないし、そもそもマジョリティに対してマイクロアグレッションが発生し得るとは考えられていないことがわかる。マイクロアグレッションが発生するためには、加害者の側に「偏見」や「ステレオタイプ」があることや、被害者が「敵意」や「侮辱」を感じることだけでは十分でなく、それらが「差別構造」に紐づいたものであるということも必要な条件とされているのだ。

このため、マイクロアグレッション理論は中立的なものであるとは言いがたい。この理論は、個人の心理に対して発生する影響や社会のなかで行われるコミュニケーションの様態を単に記述するためのものではなく、多かれ少なかれ、規範に関する含みがある。マイクロアグレッション理論は、マイノリティが敵意や侮辱を感じてストレスを受けることを問題視して、マジョリティが偏見やステレオタイプを抱いていることを批判するという目標のために用いられる、政治的・社会運動的な要素の強い理論であるのだ。

1-3 「意図」を無視して「攻撃」を論じられるか？

英語圏では、マイクロアグレッション理論やスーの著作について批判する論文や書籍がいくつか発表されている。以下では、社会学者のブラッドベリー・キャンベルとジェイソン・マニングの共著*The Rise of Victimhood Culture: Microaggressions, Safe Spaces, and the New Culture Wars*（『被害者意識の文化の興隆　マイクロアグレッション、セーフ・スペース、そして新しい文化戦争』）や、第二章や第三章でも取り上げてきた社会心理学者のジョナサン・ハイトと憲法学者のグレッグ・ルキアノフの共著『傷つきやすいアメリカの大学生たち　大学と若者をダメにする「善意」と「誤った信念」の正体』などの書籍でなされている批判を参考にしながら、マイクロアグレッション理論の問題点について考えてみよう。

まず指摘されるのが、マイクロアグレッションという概念はきわめて主観的なものである、という問題だ。

通常の発想では、わたしたちが「攻撃」や「侮辱」という事象について考えるときには、多かれ少なかれ、加害者や差別者の意図の存在を前提にしている。たとえばAさんの行為によってBさんがケガをしたとき、Aさんに「Bさんをケガさせてやろう」という意図があったかどうかは、「Aさんの行為はどれくらい悪質であり、非難に値するか」を判断するうえで重要なポイントになる、と大半の人は考えるはずだ。これは子どもでも身に付けているような日常的で常識的な直感であるが、同時に、専門的な倫理学の議論や実際の法律の運用においても重視されている考え方である（たとえば傷害罪や殺人罪が成立するためには「故意」の存在が要件とされる）。

ある人が他人の行為によって死亡したとき、それが殺人であったとしても事故であったとしても、わたしたちは被害者のことを気の毒に思ったり悼んだりするだろう。しかし、殺人の場合にわたしたちが加害者に対して感じるような怒りやおぞましさは、事故の場合には感じられないものである（加害者が飲酒運転や危険運転などをしていた場合には、通常の事故に比べて怒りは増すかもしれないが）。

また、ある人が他人の言動によって傷ついたとき、その言動が相手を侮辱するつもりで発されたのではなく、たまたま相手のトラウマを刺激してしまったり誤解によって相手を傷つけてしまったという場合でも、わたしたちは傷ついた人のことを気の毒に思ったり同情したりするだろう。とはいえ、そのような場合に、言動を発した人のことを怒ったり非難したりしようとは思わないはずだ。だが、もしその言動が「相手のことを侮辱してやろう」という意図によって発せられたものだったとしたら、言動を発した人は怒りや非難の対象になるだろう。

つまり、意図の有無は「被害」について考えるうえではさほど重視されないが、「加害」や「攻撃」という物事を考えるうえでは欠かせない。ある加害行為がどれほど悪質であるか、攻撃をした人はどれくらい非難されるべきかを判断するうえで、意図という要素を抜きにすることはほとんど不可能なのだ。

とはいえ、故意なく相手を怪我させたり死亡させたりした人でも過失傷害罪や過失致死罪に問われるように、意図されていない行為であっても加害を生じさせること自体に問題が含まれている、ともわたしたちは考えている。たとえば、セクシャルハラスメントやパワーハラスメントは加害者に悪意がなくても起こり得る、ということが周知されるようになって久しい。だが、ハラスメントのような問題については、客観的で外形的な基準を設けて対処することが一般的である。

具体例を挙げると、日本の厚生労働省の指針ではパワーハラスメントの定義は「職場において行われる①優越的な関係を背景とした言動であって、②業務上必要かつ相当な範囲を超えたものにより、③労働者の就業環境が害されるものであり、①から③までの要素を全て満たすものをいう」とされている。[*2] また、セクシャルハラスメントは「職場において行われる、労働者の意に反する性的な言動に対する労働者の対応によりその労働者が労働条件について不利益を受けたり、性的な言動により就業環境が害されること」と定義されている。[*3] もちろん、厚生労働省の定義が絶対だというわけではない。この定義は狭すぎると批判する人もいれば、曖昧で厳密さに欠けると論じる人もいるだろう。しかし、すくなくとも、ハラスメントの問題については基準を設けられることや、実際にトラブルが生じた際にも基準に基づいてハラスメントか否かの判断ができるということについては、多くの人が同意しているのだ。

1-4 「基準」を提示することなく他人を批判できてしまう理論

マイクロアグレッション理論には、加害行為やハラスメントに関する通常の考え方とは異なるところがある。

まず、冒頭に引用したスーや渡辺の定義で示されている通り、意図の有無は問題とされない。そして、「どのような行為や言動がマイクロアグレッションとなるか」については、外形的で客観的な基準を設けることが困難だ。加害者側の行為や言動に「軽視」や「侮辱」や「敵意」が含まれているかを判断するうえで、加害者側の意図は考慮すべきでないとすれば、実質的には被害者側の主観に委ねるしかなくなる。つまり、BさんがAさんの言動に軽視や侮辱や敵意を感じたとすれば、それだけで、Aさんはマイクロアグレッションを行っていることにされるのだ。

ハラスメントについてよくある粗雑な批判が、「そんなことを言い出したらなんでもかんでもがハラスメントということにされてしまって、部下や同僚とのコミュニケーションもまともにできなくなってしまうじゃないか」というものである。このような批判は、ハラスメントの定義には「業務上必要かつ相当な範囲を超えたものにより〜」といった基準が設けられているのを無視しているという点で、的外れだ。しかし、マイクロアグレッションという概念については、この粗雑な批判でも的を射てしまうかもしれない。

たとえば、自分の受け持っている生徒が宿題を提出しておらず授業中に居眠りしているとき、

＊2―https://www.no-harassment.mhlw.go.jp/pdf/harassment_sisin_baltusui.pdf
＊3―https://www.mhlw.go.jp/file/06-Seisakujouhou-11900000-Koyoukintoujidoukateikyoku/0000181888.pdf

そのことを保護者に伝えるのは、生徒にどんな背景事情があろうとも、教師という職業にとっての「業務上必要かつ相当な範囲」に収まる行為であるはずだ。しかし、前述の引用部分で示している通り、スーはまさにこの行為をマイクロアグレッションの例として挙げているのだ。

また、スーは自身が経験した事例として、以下のような出来事を挙げている：アジア系であるスーとアフリカ系である彼の同僚が小型飛行機に乗ったとき、白人の乗務員が「どこに座ってもよい」と言ったから、彼らは通路が一方から他方へと交差する前のほうの席に座った。その後、白人男性の乗客が3人乗り込んできて、スーたちの近くの席に座った。飛行機が離陸する直前、乗務員は、「飛行機の重さの配分を均等に整えるために席を移動してほしい」とスーたちに頼んだ。スーたちは席を移動したが、後から来た白人たちではなく自分たちが席を移動させせられたことに怒りを感じて、「あなたは、2人の有色人種の客に対して、『バス』の後方に行けと頼んだことを自覚していますか？」と乗務員に言った。それに対して乗務員は「私は人種差別などしてませんよ！　私はただ飛行機のバランスを保つためにあなたがたに移動をお願いしただけです。私はあなたがたにより広い、よりプライバシーが守られる空間を提供しようとしただけです」と反論したのである（スー、89〜90頁）。

『被害者意識の文化の興隆』の著者であるキャンベルらは、上記の事例で乗務員の行為や言動がマイクロアグレッションであったかどうかの判断はスーの主観に一存されている、という問題を指摘している。また、見方によってはスーの言動のほうがマイクロアグレッションと言えるのではないか、という疑問も呈している（Campbell and Manning、10頁）。乗務員としての業務をいつも通りにこなしていたら、（男性であり大学教授でもある）乗客がいきなり怒り出して、人種差別主義者だと非難されてしまうことは、「いわれもなく敵意や侮辱をぶつけられた」という経験だと感じられてもおかしくないからだ。

しかし、たとえば白人男性の小学生教師が自分の受けたマイクロアグレッションについて語ろうとしたときにスーが「それはマイクロアグレッションという概念を誤って適用している」と批判したように、彼にとって「白人はマイクロアグレッションを経験し得ない」ということが前提になっている（Campbell and Manning、10頁）。キャンベルらはこのような問題を指摘にしながら、スーの議論は恣意的なものであると批判する。

他人を責めたり非難したりする目的でマイクロアグレッションという概念を濫用するべきではない、というのはスーやその他のマイクロアグレッション概念の支持者も主張していることではある。しかし、実際のところ、だれかを責めたり非難したりするのに、この概念があまりに便利なものであることは明白だ。相手に故意があったことを立証する手間を省いて、相手の行為や言動が客観的な基準に抵触していることを論じる必要も抜きにして、「自分が被害を感じた」という経験だけを根拠にして、相手が「攻撃」や「差別」を行ったと主張することができてしまうためである。

1-5 マイクロアグレッションと「累積的な抑圧」

マイクロアグレッションという英単語は直訳すれば「微少な攻撃」や「些細な攻撃」であ

り、本来なら加害者（とされる側の人）が被害者に対して発する具体的な言葉や行為と、それが被害者に対して与える影響を表したり問題視したりするための単語であるはずだ。しかし、前述したように、マイクロアグレッションについて論じられるときには、「無意識の偏見」を抱いたりマイノリティについてステレオタイプを通じた理解をしたりしていることなど、加害者側・マジョリティ側の認識や意識が取り沙汰されることが大半だ。これはなんだか奇妙というか、ズレているように思える。

たとえば『差別の哲学入門』（池田喬、堀田義太郎著、アルパカ合同会社、2021年）でマイクロアグレッションについて取り上げられている箇所でも、前半は「カラー・ブラインドネス」（相手の人種や民族などのアイデンティティにまつわる要素を無視しようとすることや「人種や民族なんて関係ない」と発言することが、むしろ相手に対する攻撃や差別になるという考え方）に関する議論、つまり「加害者」側の意識や発想が主なトピックになっている。『差別の哲学入門』では差別に関するさまざまな哲学理論がバランスよく整理・紹介されており、一部の心理学的研究については適切な批判もなされている。だが、マイクロアグレッションに関する箇所ではスーの社会心理学的な研究を相対化できず鵜呑みにした紹介になっている。[*4] カラー・ブラインドがあっさりと「攻撃」と表現されてしまっていることも含めて、第三章で紹介した「物象化」は、差別に関する心理学的な議論でも発生するようだ。

ただし、『差別の哲学入門』の後半の議論では、対象となった人に無力感を生じさせたり沈黙させたりしてしまうといった、「被害者」側に生じるマイクロアグレッションの影響についても取り上げられている。「沈黙化」に関する著者らの議論は、議論や表現を行うことについて被害者側だけに対して高いハードルが課されることを問題視しているという点で、本書の第四章で行った「からかい」の問題を指摘する議論に似たところがあり、わたしとしても賛同できる。

基本的に、本章ではマイクロアグレッションという理論や概念について批判的な議論を行う。とはいえ、日々起こる些細な言動や事態が積み重ねられることによって、それらを経験する個人に対してなんらかの影響が生じる、という問題は否定できない。マイクロアグレッションと呼ばれる出来事が対象にストレスを与え得ること、それも一回や二回ではなく人生を通じて何度も同じような出来事が生じるためにストレスが積み重なっていき、悪影響を生じ得るということを指摘する限りでは、誤った議論ではないのだ。スーの著書も含めてその影響が過剰に見積もられがちな傾向はあるだろうが、その一方で影響はまったく生じないと強弁することも非合理である。

積み重ねによってマイノリティに生じる影響を問う議論としては、社会学者の小宮友根が性的な表現の問題を「累積的な抑圧経験」という言葉を用いて論じたものがある。[*5] また、ハラス

＊4―余談だが、哲学者には「哲学は万物を扱う学問だから、哲学を研究していれば社会や心理のことも理解できる」と言わんばかりに他分野について粗雑な言及を行う人が昔から目立つ。ただし、その逆に、近年では他分野の研究――とくに社会運動やアイデンティティ、フェミニズムが関わる研究――に対する批判的・相対的な視点を持とうとしない（またはそれを発言するのに尻込みする）哲学者が増えているようにも思える。

メントなどについて法律で対処するときにも、個々の体験や被害の程度だけでなく、それらが発生する回数や頻度も重視される。

後に紹介する認知行動療法や「フレーミング」の観点からすれば、累積によって影響を受けるかどうかも、個別の事象をどう受け取るかという捉え方次第であるかもしれない。この発想にも一理ある。とはいえ、それと同時に、特定の性別や人種の人たちだけが「捉え方」について考えさせられたり工夫させられたりする構造や環境が社会のなかに存在するということも、また事実であるだろう。読者の方々にも、この事実については留意してほしい。

2　「名誉の文化」「尊厳の文化」から「被害者意識の文化」へ

2-1　侮辱に対して暴力で応じる「名誉の文化」

キャンベルらは、社会学的にはマイクロアグレッションは「だれかが発する主張」の種類や「だれかがする行為」の種類を示すものではなく、むしろ「だれかの主張や行為に対して別のだれかが貼るラベル」と見なすべきだと論じる。なんらかの行為や言動をマイクロアグレッションだと主張することは、物事について記述したり分析したりするのではなく、なにが善でなにが悪かを定めようとするための道徳主義的な行為（moralistic behavior）である、と彼らは主張するのだ。

そして、現代のアメリカ（のアカデミアなどの一部界隈）でマイクロアグレッションという概念が普及した理由を理解するためには、その背景にある「道徳文化」（moral culture）の変遷を理解することが重要である、とキャンベルらは論じる。ここで具体的に参照されるのは、心理学者のリチャード・E・ニスベットとドヴ・コーエンの共著『名誉と暴力　アメリカ南部の文化と心理』などで展開された、「名誉の文化」と「尊厳の文化」に関する分析だ。この分析を下敷きにしながら、マイクロアグレッションという概念が広まった背景には「被害者意識の文化」が存在する、という議論をキャンベルらは行っている。

ニスベットらによると、「名誉の文化」（Culture of Honor）とは世界中の牧畜民の間で一般的であり、現代のアメリカ南部にも存在する文化である。また、アメリカの北部や日本などの他の国々においても、ギャングや不良（ヤンキーなど）の世界には名誉の文化が存在する、と指摘されることも多い。

名誉の文化の特徴とは、「自力救済」の重視と、「侮辱」に対する敏感さだ。

名誉の文化は、世界中の多くの社会で互いに独立して生み出されてきた。これらの文化は互いに多くの点で異なるが、ある要素を共通して持っている。すなわち、人々は暴力に訴えることで、自分の高潔さや強さやあるいはその両方の評判を守ろうとする。こうした

＊5―https://gendai.media/articles/-/68864、https://websekai.iwanami.co.jp/posts/2828

文化は、①各個人がその仲間たちからの経済的なリスクにさらされている場所で、しかも、②政府が弱いかあるいは存在せず、したがって財産の窃盗を抑止することも、それに制裁を加えることもできないような場所で、特に発達しやすいようである。そして通常は、この2つの条件は同時に成立する。たとえば、牧畜は辺境地域に適した生産手段であるが、そうした場所は政府の統制が及びにくい。（ニスベット、コーエン、7頁）

名誉の文化の鍵となるのは、侮辱とそれに対抗することの必要性が、どれほど重要視されているかである。侮辱は、そのターゲットとなった者が苛められるのにふさわしいほどの弱い者であることを暗に示す。強さについての評判は名誉の文化において最も重要なものなので、誰かを侮辱した者はその撤回を強いられる。彼がそれを拒否すれば、暴力あるいは死という制裁を受けることになる。侮辱のなかでも特に重要な意味を持つのは、家族の女性たちに向けられたものである。（ニスベット、コーエン、8頁）

名誉とは評判のことでもあり、この文化のもとに暮らす人たちは「他人からどう思われるか」ということを意識せざるを得ない。周りから「こいつは弱そうだ」「こいつはチョロそうだ」と見なされたら、財産を奪われたり、いいように利用されたりしてしまう。そのために、日本の心理学者の石井敬子が表現しているように、他人からの侮辱には敏感に気付いて「なめんなよ！」と反応することで、「タフである」という評判や「男らしさ」を維持しなければならない。*6

名誉の文化のもとでは殺人や争い事が起きやすく、子どもに対する体罰を含む暴力にも寛容だ。そして、女性たちも名誉の文化には無縁ではない。母親たちは自分の息子に「だれかに暴力を振るわれたら、相手を訴えるのではなく、絶対に自分の力で解決しなさい！」と教えこむだけでなく、必要とあれば女性たち自身で暴力を行使することも珍しくはないのだ。

ニスベットらによる「名誉の文化」についての記述を読んでいてわたしが思い出したのは、2022年3月にアカデミー賞の授賞式で起こった事件である。

授賞式には俳優のウィル・スミスが妻のジェイダ・ピンケット・スミスと一緒に出席していたが、プレゼンターであったコメディアンのクリス・ロックは、脱毛症であるジェイダの髪型をジョークの題材にした。これに対して怒ったウィルは、壇上に上がってクリスに平手打ちをしたのだ。この行動にはアメリカでも日本でも賛否が分かれて、アカデミー賞理事会がウィルを授賞式や関連イベントから10年間出席停止にした判断を支持する人もいれば、クリスのジョークは病気の人に対する侮辱であると批判してウィルの行動を支持する人もいた。良し悪しはさておき、妻に向けられた侮辱に敏感に反応して自力で暴力を振るい報復するというウィルの行動は、まさに「名誉の文化」の特徴を表していたように思える。

＊6—https://psych.or.jp/publication/world077/pw04/

2-2 寛容と交渉が重視される「尊厳の文化」

「尊厳の文化」(Culture of Dignity)は現代の西洋社会に広く普及しており、多くの点で、名誉の文化とは正反対の規範が採用されている。

この文化が名誉の代わりに重視する「尊厳」とは、他人からどう思われるかということに関係なく、すべての人に内在的に備わっているとされるものだ。したがって、この文化のもとでは「評判」は重視されず、タフさや男らしさを積極的に示す必要もない。尊厳の文化のもとで暮らす人々は他人からの侮辱に対して敏感ではないし、むしろ、侮辱を気にせずに無視することのほうが望ましいとされる。

尊厳の文化のもとで親たちが子供に教えるのは「棒や石は私の骨を折るかもしれないが、言葉が私を傷つけることはない」という考え方だ。また、この文化では自分を抑制することが重視されるために、人々は他人からの侮辱に対する怒りを抑えるだけでなく、自分が(意図的であるかそうであるかに関わらず)他人を侮辱することも控えようと努めることになる。

尊厳の文化では自力救済は忌み嫌われ、必要とあれば警察や法廷などの第三者に訴えるべきだとされる。ただし、窃盗や殺人などの明らかな加害に対しては法的な対応が必要とされるが、だれかと意見や利害が対立しているような場合や悪意のない事故が起こった場合には、裁判をするよりも前に話し合いや交渉を行って当事者間で問題解決を目指すことが望ましいとされる。他者に対して寛容になって理性的に議論することが尊厳の文化の理想なのであり、みだりに法廷や権威に訴えることは「軽薄」であると非難されるのだ。裁判は利用するとしても交渉が決裂した後の最終手段であるし、それもできるだけ静かに手短に済ませたほうがいい。つまり、尊厳の文化では「寛容」と同時に「交渉」が重視されるのである。

名誉の文化が世界各国に存在しており、「周囲から攻撃されるリスクの高さ」と「信頼できる政府や法的機関の不在」という特徴を兼ね備えた社会ではどこでも自然発生する可能性があるのに比べると、尊厳の文化は人為的な要素が強いことには留意しておこう。「尊厳」という価値が他人からの評判や集団内での地位とは関わらず全ての人に内在的に存在している、という考え方はイマニュエル・カントをはじめとする哲学者たちの議論を想起させる、明らかに西洋的なものである。現代の先進国では法治システムが普及しており基本的人権の存在が前提とされる以上、非西洋諸国であっても多かれ少なかれ「尊厳の文化」を取り入れなければならない。一方で、尊厳の文化が組織の指針としてどれほど重視されたり人々の意識にどこまで浸透していたりするかということには、地域によってギャップがありそうだ。

たとえば、日本では、ウィル・スミスの行動に対する批判よりもアカデミー賞理事会の決定に対する批判のほうが、一般のSNSユーザーのみならず知識人の間でも目立っていたように見受けられた。この事態は、西洋では尊厳という概念が非常に重視されているという点や、そのために自己を抑制せずに品位ある場で暴力を振るう行為には厳しい処罰がされるという事実に関する理解が、日本では浸透していないことを示しているだろう。

2-3　被害者であることが武器になる「被害者意識の文化」

近代以降の西洋社会では、尊厳の文化が普及していった。そして、最近になって登場した第三の文化が「被害者意識の文化」（Culture of Victimhood）である。

被害者意識の文化には「侮辱に対する敏感さ」という名誉の文化と共通する特徴がある一方で、名誉の文化のもうひとつの特徴である自力救済は否定されて、代わりに権威や第三者に訴えることが是とされる。ただし、尊厳の文化と異なり、「まずは相手に対して寛容になって交渉することが大切であり、裁判に訴えるのは最終手段だ」といった自己抑制は重視されない。言葉による侮辱も「被害」だと見なして、「自分が被害を受けた」と喧伝して、すぐに他人に助けを求めることが、被害者意識の文化の特徴なのだ。

この文化では、名誉や尊厳の代わりに「被害者であること」が、道徳的なステータス（moral status）の条件になっている。名誉の文化では「弱く見られること」は財産を奪われたり弱みにつけこまれたりするコストをもたらしていたが、被害者意識の文化では他人からの支持を得たり権威に訴えることを可能にしたりするというベネフィットをもたらすのだ。そのため、人々は、自分のタフさや男らしさを誇示したり、自分には尊厳が備わっていると主張したりする代わりに、自分が被害者であると強調することで自分の要求を通そうとする。

キャンベルらによると、被害者意識の文化が最も定着しているのは（アメリカの）大学だ。学生たちは「被害」を喧伝する抗議デモやキャンペーンを行い、多くの場合に大学当局は学生たちの訴えを聞き入れて、「加害者」とされる教員や他の学生などに勧告や懲戒などのペナルティを与えている。……逆に言えば、大学の外では被害者意識の文化はそれほど普及していないし、奇異なものとして見られることも多い。結局のところ、法廷を利用するためには単に「侮辱された」や「言葉で傷つけられた」以上の法的根拠が必要となるし、大学当局に比べると営利企業は「被害」の訴えを聞き入れるとは限らないからだ。

そして、被害者意識の文化に影響されているのは左派やマイノリティに限らない。たしかに、被害や「抑圧」を強調する被害者意識の文化は左派の発想と相性が良い。また、「被害者である」ということが道徳的なステータスになるから、そのステータスを確保して独占するために、特権理論やマイクロアグレッション理論のように「抑圧や被害はマイノリティにしか発生しない」という理屈が生み出されることになる。……しかし、右派やマジョリティの学生も大学に通っている以上、被害者意識の文化が行き渡った環境を共有することになる。名誉の文化のもとではどんな人も「名誉」を求めて、尊厳の文化のもとではどんな人も「尊厳」を求めるのと同じように、被害者意識の文化のもとではどんな人も「被害者であること」を求める。そうしないと、自分には道徳的なステータスがないということになってしまうからだ。

したがって、昨今ではマジョリティや右派も、マイノリティや左派が利用しているのと同じ戦略を自分たちも用いることになった。彼らは彼らで、「自分たちこそが被害者である」という理屈を編み出して、それを喧伝しているのだ。

たとえば日本でも見られる光景として、フェミニズムの理論に基づいて性差別主義者であると批判された男性たちが、「むしろフェミニズムの理論のほうが男性差別主義的である」と反論するということがある。また、SNSで院生や非常勤職のアカデミシャンが常勤の准教授や教授を口汚く攻撃した後で、反論や批判をされると自分の立場の弱さをアピールした、という事態が起こったのは一回や二回ではない。

つまり、被害者意識の文化のもとでは「被害者であること」が自分の立場を守って相手を攻撃する武器となる。左派も右派も、マイノリティもマジョリティも「われこそが被害者である」と主張することに躍起になり、自分の被害者意識を主張しながら相手の被害者意識を否定するためのさまざまな議論を行う。そして、「相手に対して寛容になって交渉する」という尊厳の文化の規範が失われているために、落とし所を見つけたり妥協や相互理解を目指したりするという筋道を取ることもできなくなってしまったのだ。

ここまでの議論を読んでいて、本章と前章とでは「侮辱」の扱いが一貫していないのではないか、ということが気になった読者もいるかもしれない。前章では「からかいの政治」の問題を指摘する議論を行った。「からかい」は、とくに女性やマイノリティに対する侮辱は公共的理性の営みを毀損するし、権力者に対して向けられる風刺や反逆的ユーモアにすら大した価値はない。

だが、キャンベルらによると尊厳の文化では侮辱について反応せずスルーすること、つまり侮辱を問題視しないことが望ましいという。むしろ、侮辱を過剰に問題視することは、被害者意識の文化という不健全な風潮の特徴とされる。

……とはいえ、侮辱をまったく問題視しないことも極端に思えるし、直感に反する。実際のところ、アカデミー賞授賞式というハレの場で自分の持病をジョークのネタにされたジェイダ・ピンケット・スミスは気の毒であるし、感情的に反応してしまったためにアメリカ国内のメディアや世間から批判されてキャリアにも多少なりの影響が生じたかもしれないウィル・スミスには同情する。

クリス・ロックやジェリー・サインフェルドが行うようなスタンダップコメディは皮肉を全面に出してときに観客を不愉快にさせることが特徴であるが、観客が自発的にコメディを見物に行くショーの場で行うならともかく、授賞式という公的な場でそういった危なっかしいジョークをコメディアンに披露させる意義があるかどうかは、はなはだ疑問だ。個人攻撃的なコメディや、前章でも紹介したような政治的に対立する相手を罵倒するジョークがやたらと好まれるのは、尊厳の文化の特徴ではなく単にアメリカという国に固有の文化である可能性も意識しておいたほうがよいだろう。

そもそも、尊厳の文化においても、他人に対する侮辱が望ましいとまではされていないはずだ。また、尊厳の文化ではむやみやたらと法律に訴えることは批判されるが、理性的な話し合いや交渉は望ましいものだとされている。「からかい」のような行為の問題は、対象になった人が議論に真面目に取り組む気を失わせて、議論が成立する条件を破壊することにもあった。

そういったことを考えると、やはり、尊厳の文化のもとでも侮辱や「からかい」は批判されるべき行為として扱われるように思える。「侮辱を無視すべきだ」という規範にフリーライドして一方的に侮辱や攻撃を行う人が増え過ぎたら、交渉や議論を是とする尊厳の文化そのものが自己破壊してしまうためだ。

「文化」はさておき、個人としてのわたしたちは——日本に生きるにせよアメリカに生きるにせよ——、すぐに侮辱に反応しない冷静さを保つのと同時に、侮辱を行う人に対しては批判したり冷ややかな軽蔑の目を向けたりするように努めることが大切だろう。

2-4 「被害者意識の文化」は日本にも浸透している？

前述したように、キャンベルらは「被害者意識の文化」は（アメリカの）大学に特異なものと見なしており、「名誉の文化」や「尊厳の文化」のようには広く普及していないと考えている。被害者意識の文化は、法律の対象にもならない些細な言動や曖昧な物事について「傷つけられた」と訴えたときに、「それは問題だ」と訴えに反応して対処してくれる権威や組織が存在するほうが成立しやすい。いまのところ、アメリカやヨーロッパでも、そのような組織は大学のほかにはあまりないだろう。

アメリカ（やヨーロッパ）の大学に存在する文化や風潮は、必ずしもアメリカの社会や世間全体を反映したものではない、ということには十分に留意すべきだ。第二章でも言及したように、アカデミシャンたちは教え子である学生たちを保護する責任を負っているから、他の職業に比べて「危害」に対して敏感になりやすい。また、とくに文系の学者は理論や概念を扱うことを生業にしているため、「危害」概念を拡大解釈する理論の存在を知ってそれに賛同する可能性は一般の人よりもずっと高い。

その一方で、市井のアメリカ人たちがマイクロアグレッション理論を真に受けているとは限らない。前述したウィル・スミスの件や後述するロバート・ダウニーJr.の件をふまえると、「ポリティカル・コレクトネスの影響を受けている」とよく批判されるハリウッドにすら、「被害者意識の文化」はさほど浸透していないのである。

とはいえ、ここまで読み進めてきた読者のなかには「被害者意識の文化は日本にも浸透しているのではないか」と思った人もいるはずだ。

実際、日本でもマイクロアグレッションという言葉は浸透してきているし、SNSを眺めてみても書店のエッセイコーナーを訪れてみても、多くの人が「自分は傷つけられた被害者である」と訴えている様子を観察することができる。人種やエスニシティの問題は日本ではあまり前面化しないが、「自分たちは社会の性差別によって被害を受けている」と主張する女性たちと、彼女らに対抗するかたちで「自分たちのほうが社会の女尊男卑によって被害を受けている」と主張する男性たちの姿は、インターネットではもはや定番のものとなっている。

書店に並ぶエッセイや漫画などには、作者の「繊細さ」をアピールしながら、鈍感で無関心な周囲の人間たちのせいで自分が受けた被害のエピソードが描かれていたりする。そして、一部の若者たちは「毒親」や「親ガチャ」に対する不平を言いながら「家庭環境の問題や社会の格差構造のために、自分は生まれ落ちた時点から被害者である」と主張している。

もちろん、日本社会に女性差別が存在することや男性も「つらさ」を感じていること、悪質な家庭環境や経済格差などが存在することは事実だ。被害者意識の文化やマイクロアグレッションという概念の問題を論じるにしても、勢いあまってマクロな問題の存在を否認すること、つまり実際に深刻な影響をもたらしている被害のことまでをも矮小化して捉えてしまわないように注意すべきだろう。

だが、それはそれとして、「被害者であること」が道徳的なステータスと見なされており、多くの人がそのステータスを追い求める風潮は、アメリカの大学だけでなく日本の出版メディアやインターネットにも広く存在しているようなのだ。

しかし、たとえばSNSで被害者意識を訴えたとしても、その訴えになんらかの組織が対応してくれることはほとんどないはずだ。では、人はなぜ被害を訴えるのか？

キャンベルらの著作では、「党派精神（Partisanship）」や「紛争の解決」に関するドナルド・ブラックという社会学者の理論を参照しながら、被害者であるというステータスが「第三者（Third Party）」の人々に与える影響についても論じられている。

ブラックの理論を簡単にまとめると、以下のようなものだ：AさんとBさんが揉めているときにCさんは、2人のうち自分と共通点を持つ人のほうか、立場が強い人のほうの肩を持ちやすい。立場が弱い人のほうの肩を持つ、いわゆる「判官びいき」は、ごく限定的な状況でしか成立しない。そのため、立場が強くあることは、相手との紛争に勝って自分の要求を通すためには重要である。

ふつうに考えたら、加害者とは立場の強い人であることが多く、被害者とは立場の弱い人であるだろう。しかし、被害者意識の文化のもとでは、被害者であることがステータスとなって、立場の強さにつながる。つまり、第三者からの支持や擁護を得るためには、自分が被害者であると強調したほうがいい。

ここでいう第三者とは「世論」のことでもある。組織からの具体的なサポートは得られないとしても、世論（やSNSのフォロワーたち）が自分に共感してくれて、敵対している相手のほうではなく自分のほうを支持してくれるという状況は、大半の人にとって魅力的だ。人間は社会的な生き物であるために、たとえ実利がないとしても、他人から承認されたり「自分にはたくさんの味方がいる」と思えたりすることを望むのかもしれない。

そして、すでに被害者意識の文化が発達した国で生み出されたマイクロアグレッションや特権に関する理論は、別の国に輸入することができる。したがって、アメリカの学生たちが行っているような「自分たちはマイクロアグレッションを受けているから支持・支援されるべきであり、加害者たちは非難・排除されるべきだ」というキャンペーンが日本（のインターネット）でも模倣されることは、ごく自然な流れだと考えられるかもしれない。

2-5 「被害者意識の文化」は社会をネガティブに見せる

被害者意識の文化が成立するためには、規範に関する意識が一定以上に発達することが前提になる、という点には留意しておこう。

被害者であることがステータスとなって、第三者が被害者に共感や支持を寄せるようになるためには、その前段階として、「平等は重要である」という理念や「だれかが差別されたり抑圧されたりすることは避けられるべきだ」という信念が社会に広く普及していなければならない。たとえば名誉の文化のもとで暮らす人々は、自分が受けた被害を喧伝する人のことを軽蔑したり嘲笑したりして、弱みにつけこめる「カモ」としか見なさないから、そのような社会から被害者意識の文化が登場することは困難だろう。一方で、尊厳の文化のもとでは平等や人権に関する理念が浸透するから、被害者意識の文化が登場する下準備が整う。

マイクロアグレッション理論にしても、それを主張するためにはマクロな差別の問題がある程度までは解決されていなければならない。たとえば人種隔離政策が公式に残っている時代や、女性が選挙権も持たず社会進出も強く制限されている時代には、その時点で起こっている制度的な差別の問題があまりに深刻であるために、マイクロアグレッションに注目することはマイノリティからも「いまはそれよりも先に解決すべき大きな問題がある」と思われる可能性が高いはずだ。

もちろん、マクロな問題が解決されたのならミクロな問題は放っておけばいい、ということにはならない。「差別問題や不当な格差が存在するのなら、その規模や程度の大小に関わらず、最終的にはすべて是正されたり解決されたりするべきである」という主張は、それ自体は間違ったものではない。一方で、いま現在の状況は、社会が進歩して過去に存在してきた多くの問題が解決された後であるからこそ到来している、という視点も忘れるべきではないのだ。

被害者意識の文化の問題のひとつは、近視的でネガティブな社会観をもたらすことだ。この文化のもとでは、「自分が被害者である」と考えている人だけでなく、「被害者である人を支援したい」と思っている人も、社会や世の中の「おかしさ」に注目して、それを他の人たちに喧伝するようになる。差別や不平等の問題の範囲を「無意識の偏見」や「悪意のない言動」というレベルにまで拡大すれば、おそらくほぼ無限に、世の中の「おかしさ」を発見して喧伝し続けることができるだろう。

さらに、第一章でも触れた「美徳シグナリング」という問題も関わってくる。自分の周りの人たちがマイクロな問題を深刻視していたら、「あなたたちと同じように、わたしも社会の問題について真剣に考えていますよ」とアピールするために、自分も同調せざるを得ない。逆に、「その問題は世間で言われているほど深刻ではないかもしれませんよ」と疑問を呈することには、差別や不平等の問題を矮小化して放置する悪人だと思われるリスクが伴ってしまう。

これらの傾向のために、個別の問題について世間の注目が集まって取り沙汰されるということはあっても、「将来的に世の中をどうしていくべきか」といった社会像に関する建設的な議論が後回しにされてしまい、長期的な目標を掲げることも難しくなってしまうのだ。

3 「感情的推論」に対処するための認知行動療法とストア哲学

3-1 自分を不幸にさせる「被害者の呪い」

ここまでにわたしが紹介してきた議論に対しては、以下のような反論が想定できるかもしれない…「マイクロアグレッションという概念や被害者意識の文化に問題があるとしても、これらによって、いままでは無視されていた被害や差別が注目されるようになったことは事実だ。ミクロなものであるとしても、被害や差別であることに変わりはないのだから、それらが是正されるにこしたことはない。だから、弱者のことを思えば、マイクロアグレッション理論や被害者意識の文化はやはり有益なのだ」。

たしかに、このような反論には的を射ているところがあるかもしれない。だが、この反論はあくまで社会の状況という公的な側面にのみ注目したものである。ここで、マイクロアグレッション理論は公的だけでなく私的な問題も生じさせることを思い出そう。

キャンベルらやハイトらは、被害者意識の文化は被害者（または、「自分は被害者だ」と思っている人）自身にも害をもたらす、とも論じている。

どんな文化でも、人が持ついくつかの性質や性向のことを「徳」とみなして、それらの徳を持つ人のことを褒めたり称えたりするものだ。たとえば、名誉の文化のもとでは、自分の財産を奪ったり侮辱をしたりしてきた相手に対してきちんと報復できる「怒り」を持つことが徳と見なされるだろう。尊厳の文化のもとでは、侮辱にも動じずに冷静に対処する「温和さ」や「抑制」のほうが徳と見なされる。前者の文化では親たちは怒るべきときに怒れるように子どもたちを育てて、後者の文化では怒りを適切に抑制できるように育てる。しかし、被害者意識の文化では、侮辱に対して傷つきやすい「脆弱さ」や、他人の些細な言動にも害や悪意を見いだす「過敏さ」が徳とされてしまうのだ。

被害者意識の文化のもとでは、「自分は弱者だ」「自分は傷つけられた」と見なすことに、ステータスの向上というインセンティブがはたらく。そのため、この文化に影響された人ほど、自発的に脆弱で過敏な人間になっていくだろう。

だが、言うまでもなく、すぐに傷ついたり被害者意識を抱いたりすることは、本人の人生にとってはプラスにならない。他人の言動によっていちいち自分の心が揺れ動かされるような人は、前向きで自律した生き方からは程遠い、受け身で無気力な人生を過ごしてしまうことになるからだ。

「被害者意識を抱くことは、他人に対して権利を主張したり他人からの支援を求めたりするために役立つとしても、本人の人生を改善することとは相反する」という問題は、「被害者意識の文化」が登場する以前から多くの哲学者や心理学者によって指摘されてきたことでもある。フリードリヒ・ニーチェによる「ルサンチマン」の議論を思い浮かべる人もいるかもしれない。また、日本の哲学者の内田樹も、「被害者の呪い」というエッセイを記している。


「こだわる」というのは文字通り「居着く」ことである。「プライドを持つ」というのも、「理想我」に居着くことである。「被害者意識を持つ」というのは、「弱者である私」に居着くことである。

「強大な何か」によって私は自由を失い、可能性の開花を阻まれ、「自分らしくあること」を許されていない、という文型で自分の現状を一度説明してしまった人間は、その説明に「居着く」ことになる。

(…)

そして一度、自分の採用した説明に居着いてしまうと、もうその人はそのあと、何らかの行動を起こして自力で現況を改善するということができなくなる。

というのは、自助努力によって自由を回復し、可能性を開花させ、「自分らしさ」を実現し得た場合、その事実によって、「強大なる何か」は別にそれほど強大ではなかったということになるからである。

「強大な何か」による自己実現の妨害をはねのけることができたという事実は「私が自由に生きることを妨害する強大な何かがある」という前提そのものと背馳する。それゆえ、一度「強大な何かによる自己実現の妨害」という説明を採用してしまった人間は、以後自分の「自己回復」のすべての努力がことごとく水泡に帰すほどに「強大なる何か」が強大であり、偏在的であり、全能であることを必要とするようになる。

自分の不幸を説明する仮説の正しさを証明することに熱中しているうちに、人は自分がどのような手段によっても救済されることがないほどに不幸であることを願うようになる。

（内田、94〜95頁）

3-2 「感情的推論」と認知行動療法

心理学者であるハイトは、「認知行動療法」の観点からスーの主張の問題を指摘している。認知行動療法とは臨床心理の現場で行われる精神療法の一種であり、うつ病や不安症などの治療、また夫婦関係を改善するためのセラピーやストレスケアなどにも用いられている。この療法の根底にあるのは、ある人が自分の置かれた状況や身の回りの環境や他人のことについてどのように受け止めてどのように考えるか（認知するか）が、その人が人生を前向きで健康に過ごせるかどうかを左右する、という発想だ。

認知行動療法では、精神的な症状やトラブルが生じている人の感情は、物事をネガティブに受け取ったり自分の状況を誤って解釈したりする「自動思考」や「認知の歪み」に影響されていると判断される。そして、その人の認知の誤りを客観的に示して、その人が直面している状況を具体的に明らかにしたうえで、考え方や行動などの変えやすい部分から改善していくことによって問題を解決することが目指される。

ハイトらによると、認知行動療法の考え方はアカデミズムで行われる「批判的思考」に近い。どちらにおいても、「自分がいま抱いている考えや認識は感情に左右された誤ったものであるかもしれない」と自覚したうえで、客観的な情報や理性的な思考によって自分の感情や認識を吟味して問題点があれば修正する、というプロセスが必要とされるからだ。

一方で、近年のアカデミアにおけるポリティカル・コレクトネスの風潮は批判的思考を軽視して「感情的推論」を重視してしまっている、とハイトらは批判する。感情的推論とは「自分の感情や感覚は正しい」と前提して、感情に基づいた判断や結論を後付けの理屈で正当化することであり、それ自体が「認知の歪み」の一種でもある。

たとえば、男女の賃金格差や女性政治家の少なさという問題について分析するとき、「この社会が家父長制であり女性差別が蔓延しているからだ」と考えたとしても、その主張がほんとうに正しいとは限らない。女性差別以外のことが原因であるかもしれないから（男性と女性との労働時間や労働強度の違い、権力に対する志向の男女差など）、証拠を検討したり他の人からの反論を受けたりすることによって、自分の主張が正しいかどうかを確かめる必要がある。しかし、第二章で論じたように、昨今のアカデミアの一部では同じ意見の人ばかりが集まることによって「制度的反証」が機能不全になっている。そのために、感情的推論が是正されずに放置される事態が起こっているのだ。

そして、ハイトらによると、スーの主張するようなマイクロアグレッション理論は人々の認知の歪みを是正するどころか悪化させる効果をもたらす。そもそも、相手の意図の有無に関わらず「自分が傷つけられた」という感覚が「侮辱」や「差別」の存在を立証する根拠になる、というマイクロアグレッションの発想は感情的推論にかなり親和的だ。また、マイクロアグレッション理論は他の種類の「認知の歪み」と関連している。些細な言動をも攻撃や侮辱だとして捉えることは「拡大解釈」であり、「相手の言動の裏には自分に対する侮辱や敵意があるのだ」と推測することは「心の読み過ぎ」である。そして、「自分に対して侮辱や攻撃を行っているから差別者である」と決め付けることは「ラベリング」だ（これらのいずれもが、認知行動療法の代表的な理論家であるデビッド・バーンズが作成した「10種類の認知の歪み」のリストに含まれている）。

しかし、スーの理論によれば、「自分の抱えている問題は社会の差別構造が原因で起こっている」と思っている人に対して「その問題の原因はあなたの認知の歪みのせいかもしれませんからそれを改善してみましょう」と提案すること自体が、差別を実感している個人の感情を否定するマイクロアグレッションだということになってしまう。このため、精神科医や心理士がマイクロアグレッション理論を真に受けている限り、患者の認知の歪みを是正することができなくなるおそれがある。もちろん、それは患者にとっても有害な事態だ。そして、同じような事態はアカデミアでも起こり得るだろう（教師が学生の感情を否定することを恐れて適切な指導ができなくなる、同僚の感情を否定したくない学者が論文に対して反論することを尻込みするようになる、など）。

とはいえ、ハイトと同じようにスーも心理学者であることには留意しておいたほうがいいだろう。スーとハイトの主張の対立は、心理学や心理療法の方法論の対立として捉えることができるかもしれない。日本でも、認知行動療法を「新自由主義的」や「個人主義的」として批判する心理士や精神科医がいることもたしかだ。しかし、逆にいえばスーの議論はあまりに「社会的」で「政治的」であるために、彼の提唱する理論が個人の抱えている問題を改善する役に立つかどうかは、わたしには疑わしく思える。

3-3 「フレーミング」とストア哲学

認知行動療法と関連して、「フレーミング」とマイクロアグレッションの関係についても触れておこう。

ある人が特定の状況に対して抱く感情は、その人がその状況を認知する枠組み（フレーミング）によって変化する。そして、物理的な暴力を振るわれることや財産を奪われること、あるいは社会で活躍する機会が制限されることなどの外形的な被害とは異なり、マイクロアグレッションのような心理的・内面的な問題がもたらす影響の深刻さはフレーミングによって上下する。たとえば、同じ相手に同じことを言われたとしても、その言葉を「自分に対する攻撃だ」と捉える人はダメージを受けるだろうが、「単なる意見を言っているんだな」と捉えられる人はダメージを受けない。尊厳の文化のもとで「棒や石は私の骨を折るかもしれないが、言葉が私を傷つけることはない」と子どもたちに教えられるのは、子どもたちを無用に傷つかせないようにするためでもある。

ただし、認知やフレーミングを強調する議論にも危うさはある。「どんな言動が差別と感じられるかは気持ち次第なのだから、とにかくなにを言われても気にしないようにすればいいのさ」という主張だと受け止められてしまうおそれがあるからだ。
　実際に差別を受けていたり抑圧された立場にいたりする人に対して「気持ち次第だよ」となだめることは、第七章で紹介する「適応的選好形成」を押し付ける行為だと批判できるだろう。劣悪な環境にいる人は、その環境に適応するために、些細な物事にも満足できるように幸福の基準を下げてしまうかもしれない。だが、それによって実際にその人が幸福を感じているとしても、それとは関係なく劣悪な環境は改善しなければならない、というのはごく一般的な見解である。同じように、言葉や振る舞いによる加害という問題についても、「ヘイトスピーチ」や「ハラスメント」を認定するための客観的な基準を設けて、その言動で被害者が受ける心理的ダメージがどれほどであるかに関わらず基準に抵触する言動は非難する、という対応は必要とされるだろう。

　しかし、程度問題であるとはいえ、認知やフレーミングという観点はマイクロアグレッションの問題について考えるうえで有益だ。また、認知行動療法の発想の背景には古代ギリシャのストア哲学の教えが存在する。たとえば、ストア派の哲学者であるエピクテトスについて紹介するウィリアム・アーヴァインの議論は、マイクロアグレッションや「被害者意識の文化」といった問題にも関連しているのだ。

　今日では、侮辱に対してユーモアで応えるとか、何も言わないとかいった対応は、ほとんどの人から好まれないだろう。とくに差別的表現の撤廃を求める人びとは、一定の侮辱については罰を与えるべきだと考える。彼らの矛先が向かうのは、マイノリティ・グループや心身障害者をはじめ社会的、経済的に困難をかかえた人びとなど、「恵まれない」人びとに向けられた侮辱である。彼らはこう主張する――恵まれない人びとは、心理的に傷つきやすい、したがって世間からの侮辱を放置していたら深刻な心理的ダメージを被るだろう。そのために彼らは、恵まれない人びとを侮辱する者たちへの処罰を求めて、政府、雇用者、学校行政当局に請願するのである。

エピクテトスならば、この対応はきわめて逆効果だとして拒むだろう。たぶん彼は次のように指摘するのではないか。まず第一に差別的表現撤廃運動にはいくつかの厄介な副作用がある。その副作用のひとつは、恵まれない人びとを侮辱から守るプロセスが、逆に彼らを侮辱に対して過敏にさせる傾向があることだ。その結果彼らは、直接の侮辱だけでなく、侮辱のほのめかしにさえ、針を感じることになる。ふたつめの副作用は、恵まれない人びとが、自分だけでは侮辱に対処できないと思い込んでしまうことである。当局に介入してもらわない限り、無力な自分にはどうすることもできない、と。

エピクテトスならばこう言うだろう。最も良い方法は、侮辱する人間を罰するのではなく、恵まれない人びとに侮辱から身を守るテクニックを教えることである。彼らに一番必要なのは、自分に向けられた侮辱から針を取り除く方法を学ぶことだ。そうしない限り、彼らは侮辱に対して過剰に敏感になり、その結果、侮辱されれば相当な苦痛を経験することだろう。

（アーヴァイン、159～160頁）

繰り返すが、上記のような議論は「侮辱されても反論をせずに受け流せ」とか「マイノリティはマジョリティからの侮辱に抵抗しないほうが平穏に過ごせる」とかいった主張につながりかねないことには留意すべきだ。

まず、意図的な侮辱や攻撃は、それを行う人のほうが悪いことは言うまでもない。そして、とくに政治的な問題について、外的な環境ではなく個人の内面や認識を変えることで事態に対処することを勧めるストア哲学的な発想を濫用し過ぎたら、不平等・不公正な状況や正義に反する物事がいつまで経っても放置されることになる。

それでも、とくにマイクロアグレッションのような曖昧な問題については、同じ事態を経験しても「侮辱」や「針」を感じるかどうかは人によって異なるのであり、「捉え方」の問題であるということも、真理の一面ではあるのだ。

3-4 レトリックは自分自身の「心像」も歪める

わたしの両親の友人で日本に暮らす、白人のある男性は「バスや電車のなかで自分の隣の席が空いていても、日本人はいつも隣に座ってこず、他の席に座ろうとする。日本人は白人や外国人の隣に座るのを嫌がるのだ」とよく怒っているという。それについてわたしの両親は「ずっと日本に暮らしているが、そんなことを感じた経験がない」と笑いながら言い合っていた。わたしとしても「日本人が自分の隣に座ってこない」というのはほとんど思ったことがない。

空いている席がいくつかあるなかで、他の席から埋まっていてわたしの隣に人が座るのが最後のほうになった場合などには「白人の隣には座りたくないのかな」という考えが頭をよぎることもある。だが、それですら偶然であるかもしれないし、わたしが白人であるのとは別の理由かもしれない（男性の隣よりも女性の隣の席のほうが先に埋まりやすい、など）。どのみち、満員で立っている人もいるなかでわたしの隣だけが空いている、という状況はほぼ経験したことがない。もしかしたらタトゥーをしていたりスキンヘッドであったりする外国人を怖がって隣に座るのを避ける日本人は実際に多いのかもしれないが、その場合は外国人側が威圧的な見た目をしていることも一因となる。

ここで言いたいのは、ある種の問題はほんとうに捉え方やフレーミング次第であるということだ。わたしたちが人生で経験する事態や状況のなかには、相手側の意図を訊ねることができないのでこちらで推し量るしかなく、客観的な基準やデータを持ち出して検討することもできない、というものがごまんとある。そして、曖昧な状況をポジティブに捉えて有意義に生きるためには、被害者意識を持たないようにするのはやはり大切なことだろう。

ドナルド・ロバートソンの著書『認知行動療法の哲学　ストア派と哲学的治療の系譜』では、タイトルと副題が示す通り、認知行動療法とストア哲学それぞれの考え方の共通点がまとめられている。

ロバートソンが強調するのは、ストア派の哲学者たちは「心像」（パンタシアー）に対処する方法を追求していたということだ。心像とは現代語でいう「表象」のことであり、感情や直観、予測や観念などが含まれる。

エピクテトスが教えた格律のひとつに、「心像を正しく利用せよ」というものがある。言い換えれば、ストア派の学徒は常に自分の考えを吟味し、不合理で不健康な考えは断固として批判しなければならないということである。実際、エピクテトスが学徒に勧めたのは、それぞれの心像に対して「あなたはそれをどう思うか」という問いを投げかけることだった（…）。哲学者は、自らの応答が合理的か不合理的か、事実に即しているか、それとも情動によって歪曲されているかを考慮しなければならない。

（ロバートソン、160頁）

一度立ち止まり、物事をより客観的かつ情動的ではない言葉で、あるいはより具体的かつ抽象的ではない言葉で、自分自身に対して再記述すること。このアイデアは、一種の対抗レトリックと見ることができる。言語には、他者の情動を喚起し、物事の知覚を歪めることになる修辞的な装置が山ほど含まれている。私たちは皆、修辞的効果を得るために、不合理な過剰般化をしたり、鮮やかな比喩を使ったり、暗示をかけたり、情動的な言葉遣いを適用したりする。私たちはそれをあまりにも習慣的に行っているので、大多数の人は事実に注意を向けられると不意を突かれる。しかし、より重大なことに、私たちはしばしば、自分自身の内的なおしゃべりにおいて同じ種類の言葉遣いを使うことで、自分自身に対して修辞的な態度を取っているのだ。（…）私たちは、知らず知らずのうちに自らのレトリックの犠牲者となっているのである。

（ロバートソン、170頁）

たとえば、わたしの親の友人は「自分が外国人だから日本人が隣に座ってこないのだ」という考えを持つことで、自らのレトリックの犠牲になっていたかもしれない。

そして、マイクロアグレッション理論は些細な事態や相手が意図しない言動なども「攻撃」と見なすことを促して、ネガティブな「心像」を植え付ける。特権理論やインターセクショナリティ理論がマジョリティに罪悪感を抱かせるレトリックであるのに対して、マイクロアグレッション理論は被害者意識とそれに伴う「怒り」をマイノリティに抱かせるレトリックであるのだ。さらに、その「怒り」はトーン・ポリシング批判によって肯定されてしまうので、マイノリティは自分の抱いた怒りや被害者意識が合理的であるかどうかを吟味し、心像を修正して健全で前向きな認識を持つことからも遠ざけられてしまうかもしれない。

ある種の「政治的」な発想やアイデンティティ・ポリティクスは、「理性」に相反する。第三章や第四章では、特権理論などの政治性が高くレトリカルな理論が、議論や正当化によって互いの利害や自由を擦り合わせするという公共的理性の営みにもたらす影響について論じてきた。そして、この節で示したのは、不健全な認識や情動を是正して前向きに生きるために個人が私的に理性を駆使するという営みも、マイクロアグレッション理論という政治的なレトリックによって妨げられ得るということだ。

もっとも、差別的であったり不公正であったりする社会構造を是正するためには多かれ少なかれ「政治」は必要になるだろうし、世の中にはびこる不正義の程度があまりにひどい場合には、理性的に議論するということは迂遠に過ぎるかもしれない。ときとして、一部の人々が不健全な感情を抱きネガティブな生き方をするようになることは、社会正義を達成するための運動のなかでは避けられないことかもしれない（第四章で触れた、「重荷となる徳」に関するリサ・テスマンの議論を思い出す）。理性は大切だがそれだけじゃ済まされない場面もあるかもしれない、という問題については終章に持ち越そう。

4　在日アメリカ人の目から見たマイクロアグレッション

4-1　マイクロアグレッション理論は異文化交流を困難にする

マイクロアグレッション理論について指摘される問題のひとつとして、「異なる文化やエスニシティの人々の交流が困難になる」ということがある。

前述したように、日本に暮らす外国人に「納豆食べられる？」「日本のどこが好き？」と聞くこともマイクロアグレッションと見なされ得る。スーの著作などでは、多民族社会であるアメリカにおいて「あなたはどこから来たの？（あなたは何系なの？）」と聞いたり、留学生や外国人に対して「あなたの国の言葉だとこの単語はなんて言うの？」と質問したりすることもマイクロアグレッションとされているのだ。

これらの質問がマイクロアグレッションであるのは、質問を発する側のマジョリティ（日本における日本人やアメリカにおける白人）と質問をされる側のマイノリティ（外国人や有色人種）との権力関係が前提にないとできない質問であるからだ、とされる。

また、質問をする側は好意でしているつもりであっても、されている側はステレオタイプを押し付けられていると思うかもしれないし、「お前はわたしたちマジョリティの仲間ではなく、別のグループに所属している人間なんだぞ」というメッセージを受け取るかもしれない。マジョリティの文化に溶け込もうと努力している人は、そんな質問をされることで傷つくかもしれない。

一方で、マジョリティがマイノリティに対して互いの違いを強調せずに対等の存在として扱おうとすることも、またもやマイクロアグレッションと見なされる可能性がある。たとえば、白人が有色人種の人に対して「君がどんな人種であるかなんて気にならないよ」という態度で接することは、相手が実際に有色人種としての人生を経験しているという事実を無視して「人種的差異に気づかない振りをすることによって社会的交流において偏見を持たないと見せようとする」ことであり、「戦略的カラーブラインド」を行使しているのである、とスーは批判する（スー、209〜210頁）。

ここには、特権理論や現代における「差別」や「権力」概念の無敵論法的な性質が露骨に示されている。マジョリティは特権があるから差別に対して鈍感であると批判されるが、差別をしないように意識的になることも特権を隠蔽して維持しようとする行為である、と批判されてしまうわけだ。

しかし、一般論として、自分とは異なる背景を持つ人に関心を抱いて、相手のことを理解しようとするのは、望ましい姿勢だと見なされるはずだ。マジョリティかマイノリティかに関係なく、そもそも、コミュニケーションとはそういうものだ。さらに、多文化社会やグローバル化した世界においては、質問を交わしながらお互いの文化や価値観について積極的に理解を試みることの必要性は増している。近年では異文化間コミュニケーションの機会を増やす施策がさまざまに実践されていることをふまえると、マイクロアグレッション理論には社会の潮流に逆行しているところもある。

相手の背景やアイデンティティに関わる質問をするのがマイクロアグレッションである（そして相手と自分との差異に注目しないのもマイクロアグレッションである）としたら、他人を傷つけたくないと思う人は、自分とは異なる背景を持つ人とのコミュニケーションを避けるようになるだろう。危害の範囲が拡大されて、批判される行為の種類が増えていくほど、「なにもしない」ことが最善策となるからだ。……だが、マジョリティがマイノリティとの交流を敬遠するようになったら、分断は深まるばかりだ。

マイクロアグレッション理論は、二重の意味で、提唱者たちの意図に反する結果をもたらす。まず、この理論を真に受けたマイノリティは本来なら無視できるような言動や気にも留めなかった他人の言動までをも「攻撃」と捉えるようになって、悲観的で緊張に満ちた人生を過ごすようになる。そして、マジョリティのなかでも良識を持つ人ほど、自分の些細な言動や善意の言葉すらもがマイノリティを傷つける可能性をおそれて、彼らと関わらないことを選択するようになるだろう。すると、マイノリティが交流する機会を持つマジョリティとは、鈍感な人や悪意を持った人になる。そのような人たちとのコミュニケーションにおいては、実際に攻撃されたり侮辱されたりする可能性は増してしまうだろう。

4-2 悪意ではなく善意で相手の言葉を受け止める

ノルウェー出身のコメディアンであり数年前から日本に移住しているミスターヤバタンは、インタビューのなかで以下のように述べている。

ステレオタイプって生まれることそのものはごく自然なことで、それをうまく利用したり崩していくことに意味があると思うんですよ。例えば、〝外国人なのにお箸上手ですね〟ってよく言われますけど、それってステレオタイプじゃないですか。でもそれを〝外国人だからお箸が下手だと思ってたの？〟って不快に思うのではなくて、〝ありがとうございます〟と純粋に受け取る。そこからまた会話が広がっていくんです。僕も逆の立場だったら、〝お箸上手だなあ〟って思うかもしれないな、と相手の気持ちを考えるようにはしていますね。

ソフト面のことを言ってはいますが、外国人がより日本で暮らしやすくなるためには、お互いのバックボーンや気持ちをイマジンすること、そしてコミュニケーションを取ることだと思います。完璧なコミュニケーションじゃなくてもいいんです。僕だって完璧じゃないし、ずっと笑顔とジェスチャーで日本の皆さんと通じています。笑顔って言葉より伝わる気がしています。ドアを開けてあげたり、目が合ったらほほ笑んだり……小さいことでもやってみたら、世界が変わってくる気がします。[*7]

出身国から自分の意志で移住してきたヤバタンとは違い、わたしは両親が日本に引っ越した後で生まれてきたので、移民一世か二世であるかという点で彼とは立場は異なる。しかし、このインタビューでヤバタンが述べている経験には、わたしにも馴染みがあるものが多い。彼の考え方の多くにもわたしは同意する。また、日本に在住している欧米人たちの多くも、ヤバタンと同じような経験や考え方をしているだろう。

そして、ヤバタンの考え方は、本章で示してきた、マイクロアグレッション理論が引き起こすネガティブな問題に対する処方箋にもなる。たしかに、「外国人なのにお箸が上手ですね」（または「外国人なのに納豆食べられるんですね」など）と言うのは、ステレオタイプに基づいた発言であるかもしれない。しかし、ステレオタイプに基づいているからといって悪意があるとは限らない。その発言を侮辱と捉えるか褒め言葉と捉えるかは、結局は発言をされた聞き手次第である。そして、善意の言葉をポジティブに受け止めることは、相手にとってだけでなく自分にとっても有益であるのだ。

また、互いの背景や事情を想像しながらコミュニケーションを取ることは、日本人と外国人という立場の異なる人たちの間にある溝を埋めるためには不可欠である。

わたしの経験からしても、だれかになにかを言われたときにその言葉の意図を推測したり悪意があるかどうかを判断したりするためには、相手の属性や立場や経験を想像することが必要になる。たとえば、都会に暮らしているときよりも田舎に旅行しているときのほうが「外国人なのに日本語が上手ですね」などと言われる可能性は高くなるし、高齢者の人は他の年齢層の人々に比べてもプライバシーに関わるものを含めてずけずけと質問してくることが多い。しかし、それは、平均的・一般論的な事象として都会より田舎のほうが外国人を目にする機会が少ないからわたしのような人間が物珍しいことや、若い人に比べると高齢者の人は外国人とコミュニケーションをしてきた経験が少なかったりすることが原因である、と察しはつく。

そのような事情を想像して考慮したうえで相手の言動を寛容に解釈するというコミュニケーションスキルは、外国人として日本に暮らす人の多くが否応なく身に付けていくものであるだろう。第1節の終わりでも触れたように、マジョリティが必要としないようなコミュニケーションスキルをマイノリティは身に付けざるを得ない構造や環境が存在することはたしかであるし、それをマイノリティに対する差別と表現することもできるだろうが、そのような議論は不毛であるように、わたしには思える。

もちろん、日本人が実際に外国人に対して侮辱したり悪意のある発言をしたりする事態も多々ある。相手の言動が好意であるか悪意であるかは、その場の状況や経緯や文脈、相手の表情や声のトーンなどで判断することになる。このとき、相手の意図を間違って解釈してしまう場合もあるだろう。とはいえ、多くの場合には、好意であるか悪意であるかという違いはおお

＊7—https://media.lifull.com/stories/20220301195/

むね的確に理解できるものだ。言語を介したコミュニケーションとは複雑で多様な情報を直感的に処理する行為であり、明確な基準や法則によって判断することはできないが、それでも一般的にわたしたちはかなり高い精度で相手の意図を把握することができる。だからこそ、言い手の意図を判断したり把握したりすることを度外視して、聞き手の感情だけに基づいて「攻撃」を定義するマイクロアグレッション理論は、コミュニケーションの現実にそぐわない。

とはいえ、わたし自身やわたしの家族、大学や外資系企業で知り合った他の欧米人たちの振る舞いのことを考えてみても、日本人から言われたことをどう受け止めるかには個人差がある。たとえば、わたしは他の面では被害者意識を抱きやすい人間ではあるが、自分がアメリカ人であるという事実に関して何かを言われることには鈍感な傾向があり、自分から積極的にネタ化したり自虐したりすることもある。そのために、悪意や侮辱を含んだ言動をされたときにもヘラヘラと笑ってやり過ごしてしまい、後から思い出して「あのときはもうちょっと怒ったり、毅然とした態度を取っていたりすればよかったな」と後悔する場合もある。わたしのような人については、適応的選好形成をしてしまっていると言えるかもしれない。

一方で、明らかに悪意のない些細な言動に対しても過敏に反応して怒る欧米人もいるし、そういう現場を目にすると、怒られている日本人のほうが気の毒になる（具体例は次節で紹介する）。怒っている本人も自分の人生を無用に生きづらくしているだろう。つまり、感情や生き方に関する物事の大半がそうであるように、バランスが取れていて中庸であることが最善なのだ。

欧米人（白人）ではない外国人や移民、そのなかでも東アジア系の人々は、悪意のある言動や侮辱の標的とされる機会が多いことには留意しておくべきだろう。植民地時代を含めた歴史的経緯や、社会に残存する差別的な意識や制度のために、日本で東アジア系の人が経験する問題は欧米人が経験する問題と単純に比較できるものではない。東南アジア系やアフリカ系やヒスパニックの人々に対して向けられる侮辱やステレオタイプも、白人のそれとは質や程度が異なるはずだ。

しかし、これらの問題はマイクロアグレッションというよりも、マクロな「差別」として論じたほうがいい。むしろ、マイクロアグレッションにこだわると歴史的経緯や制度の問題が見えなくなり、「日本では欧米人も東アジア系の人も同様に侮辱という被害を受けている」といった、現実からズレた発想につながりかねない。かといって「欧米人の受ける侮辱はマイクロアグレッションではない」と定義すると、こんどは理論があまりに恣意的なものとなる。

4-3 個人的な思い出——中古ゲーム屋でのエピソード

小学生の頃、中古ゲーム屋にゲームソフトを売りに行って、そこで得たお金を使って新しいソフトを買おうとしたことがある。未成年が中古品を売却するためには親の同意が必要なので、父親を連れて行った。

このとき、父が印鑑を持ってくるのを忘れたので、おそらく20代のバイトだったゲーム屋の若い店員は「指紋の押捺でも問題ない」と勧めた。すると、父は急に怒り出し、「外国人差別だ」と言い出したのだ。

結局、父は怒りながら指紋を押捺したがすぐに店の外に出てしまい、わたしは気まずい思いをしながら売却金を受け取って新しく買うゲームソフトを物色していた。父に怒られた店員は明らかにショックを受けているようであり、わたしに対して「外国人に対してだけこういった対応をしているのではなく、印鑑を忘れた客にはだれにでも指紋の押捺を勧めている」と説明した。わたしも子供心に「そりゃそうだろう」と思ったし、通常通りの対応をしていたら急に怒られてしまった店員のことを気の毒に思った。

わたしも指紋の押捺をしたことはあるが、たしかに、気分の良いものではない。しかし、父がなぜあんなに怒り出したり「外国人差別」と言い出したりしたのかは理解できず、とはいえわざわざ本人から聞き出すようなことではないとも思っていたので、なんとなく疑問が残っている状態が長年続いた。

この疑問に対する答えのようなものが得られたのは、大学院に入ってからだ。講義を通じて、かつて外国人が日本に入国するときには指紋を押捺する制度があったこと、その制度は違憲訴訟や反対運動などによって1990年代に廃止されたことを学んだのだ。

わたし自身には経験がないのでわからないが、入国時の指紋押捺はそれを強制される当事者にとってはかなり屈辱的で不愉快なことらしい。わたしの両親が日本に入国したのは1980年代だから彼らも指紋を押捺させられたし、そのときに嫌な思いをしたのだろう。おそらく、中古ゲーム屋でも入国時のことを思い出させられて、それでカッとなったのだと推測できる（いまだ本人には聞いていないので実際のところはわからないのだが）。

このエピソードは、わかりやすく、「マイクロアグレッション」の一例と言えるだろう。店員の側には悪意はまったくなく、日本人に対するのと同じ対応をわたしの父に対して行ったが、それが父に過去の嫌な出来事――それも日本の（差別的な）外国人管理制度に起因する――を思い出させるという被害を与えた。店員の対応は無知にもとづく差別的なものだったと言えるかもしれないし、マイクロアグレッション理論の用法を使えばわたしの父親に対する「攻撃」であったと表現することすらできる。

わたしがマイクロアグレッション理論について考えるたびに思い出すのも、このエピソードである。そして、わたしの頭に浮かぶのは、怒っていた父のほうよりもむしろ怒られてショックを受けていた中古ゲーム屋のバイト店員のほうだ。

日本で外国人に対する指紋押捺制度が存在していたという事実やそれが廃止されていたことを知る人は少ないだろう。外国人という当事者性が高く、平均的な日本人より社会や歴史に対する興味が強いわたしですら、大学院にまで進学してたまたま講義を受けないと知らずじまいだったかもしれない。もちろん当時の外国人当事者たちにとっては重大で深刻な権利侵害であったことは否定できない。しかし、こう言ってはなんだが、中古ゲーム屋で働く20代のバイト労働者にまでこの制度や廃止の経緯に関する知識を持つことや、相手が外国人の場合にはバイトのマニュアルに載っていない思いやりのある対応を求めることは、現実的に不可能だ。

第1節で紹介した『差別の哲学入門』では、差別について哲学的に分析するときには、単なる区別までをも差別に含めてしまうこと（過剰包摂）や、逆に明らかに差別といえる物事が定義から外れてしまうこと（過小包摂）が起こらないように、「差別」を慎重に定義することが重要だと論じられている。

これまで本章で見てきたように、マイクロアグレッション理論が「攻撃」や「差別」という言葉の定義について過剰包摂を起こしてしまうことは明らかだ。過剰包摂の問題は、マジョリティが経験する些細な事態とマイノリティが経験する深刻な事態が一緒くたにされてしまい、深刻な事態に対する問題意識が些細な事態に紛れさせられて薄められてしまうことである。

そして、マイノリティに対して向けられるものにのみ限定しても、あまりに些細な物事まで差別や攻撃と定義してしまうことはやはり不合理だ。世の中では、行き違いによってだれかが傷ついたり悲しんだりするということはどうしても起こり得る。社会運動などによって制度の変更を求めたり啓発活動によって認識の変更を求めたりすべき物事と、そうでない物事との区別は、どこかでつけるしかない。

4-4 2024年のアカデミー賞授賞式で起こった「事件」

2024年のアカデミー賞授賞式では、たて続けに「事件」が起こった。

例年のアカデミー賞では各賞の受賞者は壇上で前年の受賞者からオスカー像を受け取ることが慣わしだが、今回は過去の受賞経験者4名も加わり、5人のプレゼンターが壇上に立っていた。

まず、ロバート・ダウニーJr.が助演男優賞を受賞したところ、「壇上で前年の受賞者であるキー・ホイ・クァンと目を合わさず、隣にいたサム・ロックウェルに対応していた」との批判が日本のSNSで巻き起こった。ダウニーJr.もロックウェルも白人であり、クァンはアジア系であることから「白人がアジア人を無視した」と受け止められたのである。

さらに、主演女優賞を受賞したエマ・ストーンについても、前年の受賞者であるミシェル・ヨーからオスカー像を受け取った後、2人で像を掴んだまま壇上にいた過去の受賞者であるジェニファー・ローレンスに近づき、ローレンスも近寄ってオスカー像を掴んだことから、ヨーではなくローレンスがオスカー像を渡したかのような構図になった。この事態についても「ヨーに対する侮辱だ」と取り沙汰されて、ストーンとローレンスは白人でヨーはアジア系であることから、やはり「アジア人差別」と批判された。

主演女優賞については、翌日にヨーが自身のSNSに「混乱させてしまったが、ストーンの親友であるローレンスと一緒にオスカー像を渡したかった」という説明を投稿した。一方で、助演男優賞についてはダウニーJr.もクァンもとくに説明を行わなかったようだ。

日本のSNSではダウニーJr.はかなり激しく非難され、すっかり「アジア人を差別している」「レイシスト」と決め付けられてしまった。また、彼が過去に薬物依存症であったことも非難する口実として持ち出された。

ストーンの件についても、ヨーがSNSで投稿した内容について「PRエージェントが事態を丸く収めるための〝火消し〟を彼女に指示したに違いない」と決め付ける人もいれば、「アジア人が白人の起こした問題の尻ぬぐいをさせられた」とさらにストーンやローレンスを非難する口実にする人もいた。さらに、「この場面でヨーが反省を示すと、〝アジア人は白人に歯向かわない都合のいい存在だ〟というステレオタイプが強化されるから、他のアジア人のためにもヨーには毅然とした対応を取ってほしかった」といった要望を表明した人もいたのである。

一方で、アメリカ本国では、２０２４年のアカデミー賞授賞式で起きた「事件」は大きな問題にならなかったようだ。これについても、「アメリカでアジア人差別が根深い証拠だ」と主張する人もいれば、「アメリカの白人は黒人には気を遣うがアジア人のことはどうでもいいと思っている」と言い出す人がいた。そして、「アメリカやヨーロッパでのアジア人の地位を上げるために、自分たちは断固としてダウニーJr.やストーンのことを批判し続けなければならない」と（日本のネット上で）息巻く人が多々あらわれたのだ。

はっきり言わせてもらうと、この事態はかなり不健全で醜い。白人俳優たちの振る舞いではなく、それを批判する日本のネット上の反応のほうがだ。

そもそも、ダウニーJr.もストーンも、クァンやヨーに対して侮辱的な発言をしたわけでもなければ、外形的な暴力を振るったわけでもない。ただ、テレビで中継された短時間の映像のなかで、彼らがクァンやヨーを無視したように見えたというだけだ。主演女優賞の件では後から釈明が行われたし、助演男優賞の件でもクァンが「無視された」と主張しているわけではない。ただカメラの角度によってそう見えたというだけかもしれないし、短い時間のなかでスピーチを済ませるために慌てていたから壇上の相手にきちんと対応することができなかった、というだけかもしれない。

通常なら、こんなことで個人は非難されない。無視したように見えるというだけでは他人を糾弾したり罰を与えたりする根拠にはならないというのは、法律における推定無罪の考え方を持ち出すまでもなく、社会の常識として了承されている。まともに考えれば、ダウニーJr.やストーンが取った行動が「差別」でも「攻撃」でもないことは明白なのだ。

しかし、一部の人々は差別や攻撃についてまともに考えることができなくなっている。「白人とアジア人」との対立という構図を優先するがあまりに当事者であるヨーの説明までをもないがしろにしてしまう人々が登場していることは、アイデンティティ・ポリティクスの風潮に影響されているだろう。また、マイクロアグレッション理論を提唱する学者たちがいくら「この理論は特定の個人を攻撃・批判するためのものではなく、社会の差別構造について考えるためのものだ」と主張しても、実際には、ダウニーJr.に対して行われたような個人攻撃に濫用されてしまう。

「意図の有無に関わらず、被害者が傷ついたり差別と感じたりするような言動は、攻撃や差別と見なせる」という定義はさらに拡大解釈されてしまい、第三者の目から「相手を傷つけたり差別と感じさせたりするかもしれない」と思わせる行為をした人が意図的な攻撃や差別を実際に行った人と同一視されて、非難や糾弾の対象にされてしまうのだ。

とはいえ、いまのところ、マイクロアグレッション理論は社会的なスタンダードにはなっていない。先述したように、アメリカでも「被害者意識の文化」が根付いているのはあくまで大学にとどまっている。

ハリウッドやアメリカ現地のメディアでダウニーJr.やストーンが批判されないのは、人種差別は深刻な問題だという認識が根付いているからこそ、特定の個人に対して「レイシスト」というレッテルを貼ることには慎重になるべきだとされていて、だれかがだれかを無視した（ように見える）というだけでは「差別問題」にはならないと判断されているためだ。

今回の事態について「ハリウッドはポリティカル・コレクトネスを重視しているのに。マイクロアグレッションを問題視しないのはダブル・スタンダードだ」という意見もあった。実際にはアメリカの芸能界や実社会は「尊厳の文化」によって動いているに過ぎないのだろう。「被害者意識の文化」は大学やネット空間では成立するかもしれないが、その外側の世界――さまざまな立場や属性の人々が、自分の考えや価値観に基づき、自分の行為や言動に自身で責任を負ったり自分に生じる出来事に自身で対処したりしながら活動している世界――では通用しないのだ。

4-5　理論という「武器」がもたらす紛争

マイクロアグレッション理論や特権理論など、現代のポリティカル・コレクトネスの風潮のもとで創造される理論や概念は、世の中で起こっている事態について精確に理解しようとしたりあるべき規範について深く考察したりするための補助線というよりも、マジョリティを批判してマイノリティの立場を良くするためのレトリックとして用いられている面がある。

だが、アカデミー賞の「事件」に対する日本のネット上の反応が示したように、マイノリティを守るための理論はすぐに単純化されて、差別の構造を問題視したり社会の状況をよくしたりするためではなく個人を攻撃するために用いられてしまう。

また、特権理論と同じく、マイクロアグレッション理論にも「物象化」は容易に起こり得る。理論を提唱している学者は差別や攻撃について他の定義や捉え方があることを認識したうえで、特定の立場や目的のためにあえて特殊な定義をしていることを自覚しているだろう。しかし、その理論を聞かされた一般市民や学生は、マイクロアグレッション理論を批判の余地がない唯一の理論であるかのように受け取り、常識に反した特殊な定義での「差別」や「攻撃」という言葉を当たり前のものであるかのように振り回してしまうのだ。

そして、特権理論やマイクロアグレッション理論が逆利用されて、マジョリティが被害者意識を訴えるようになることは想像に難くない。レトリックとはいわば「武器」のようなものであり、実際の戦争と同じように、ステータスや道徳をめぐる論争においても、武器を大量生産することは事態を泥沼にして悪化させることにつながる。[*8]

世の中では「マイクロアグレッション」という言葉で表現できる問題は実際に起きているだろうし、些細なものも含めて侮辱やストレスをマイノリティのほうが経験しやすい構造や環境が存在することもたしかだ。それらの問題は是正される必要があるだろうし、問題の存在を指摘するのに役立つという点ではマイクロアグレッション理論にも意義はあるだろう。

マイクロアグレッションを過剰に問題視する風潮は、「被害者意識の文化」という特殊な環境で生み出されたのかもしれない。マイクロアグレッション理論には公共的理性の営みと私的な認知や感情の両方を歪ませるという弊害が存在することは、十分に留意されるべきだ。差別的な構造や環境を是正するという目的に賛同するのはよいが、その目的のために用いられる理

＊8―こうやってレトリックを「武器」に例えることもまたレトリカルな物言いではあるのだが。

論や概念が引き起こす事態にも目を向けなければならない。より長期的で、より広い視野に立ちながら、理想的な社会のあり方をじっくりと考えることも、わたしたちには必要であるのだ。

引用・参考文献

・Campbell, B. and Manning, J. *The rise of victimhood culture: Microaggressions, safe spaces, and the new culture wars.* Springer International Publishing. 2018.

・デラルド・ウィン・スー著、マイクロアグレッション研究会訳、『日常生活に埋め込まれたマイクロアグレッション　人種、ジェンダー、性的指向：マイノリティに向けられる無意識の差別』、明石書店、2020年

・リチャード・E・ニスベット、ドヴ・コーエン著、石井敬子、結城雅樹訳『名誉と暴力　アメリカ南部の文化と心理』北大路書房、2009年

・ウィリアム・B・アーヴァイン著、竹内和世訳『良き人生について　ローマの哲人に学ぶ生き方の知恵』白揚社、2013年

・ドナルド・ロバートソン著、東畑開人、藤井翔太監訳『認知行動療法の哲学　ストア派と哲学的治療の系譜』金剛出版、2022年

・渡辺雅之著『マイクロアグレッションを吹っ飛ばせ　やさしく学ぶ人権の話』高文研、2021年

・内田樹著『邪悪なものの鎮め方』バジリコ、2010年

第三部 男性学と弱者男性の問題

第六章

男性にも「ことば」が必要だ

1　男性の不利益や被害は社会から無視されている？

1-1　女性と男性はどちらも不利益を受けている

見方によっては、日本で女性が不利益を受けていることは明らかだ。

世界経済フォーラムが毎年発表している「ジェンダーギャップ指数」の2024年版によると、日本の順位は146カ国中118位であり、先進国のなかでは最低クラスである。[*1] 例年、日本ではとくに「ジェンダー間の経済的参加度および機会」および「政治的エンパワーメント」の指標が低いことがポイントだ（逆に、「教育達成度」と「健康と生存」の数値は他の先進国とほぼ変わりない）。日本の女性は、政治や経済という「公」の領域から、いまだに締め出され続けている。

また、2021年に小田急電鉄小田原線で起こった刺傷事件では、容疑者が取り調べで「幸せそうな女性を見ると殺してやりたいと思うようになった」と発言したことから、女性という属性をターゲットにしたヘイトクライムや「フェミサイド」であると論じられた。自身も強姦事件の被害者であるジャーナリストの伊藤詩織も論じているように、日本は性犯罪の被害者に対する社会的サポートに欠けているうえに、刑法で性犯罪の加害者の罪を処罰することも難しい制度になっている（伊藤の議論は2021年のものであり、2023年に法改正され「不同意性交等罪」などが施行されてからは、多少は状況が変わっているかもしれないが）。[*2] 日本の女性は、痴漢や強姦から殺人まで、さまざまな性犯罪や暴力犯罪のリスクにさらされていると言えるだろう。

その一方で、見方によっては、日本では男性が不利益を受けていることも明らかだ。

厚生労働省の発表している自殺者の年次推移を見ると、1978年から2023年まで、ほとんどの年で男性の自殺者数や自殺死亡率は女性の二倍前後であり続けてきた。[*3] ただし、近年のアメリカでは男性の自殺者数は女性の三倍、ヨーロッパや南米やアフリカなどのほとんどの国でも男性の自殺者数は女性の二倍から三倍であり、他の国に比べると日本は女性の自殺死亡率も高いほうだ。とはいえ、2021年の調査によると日本の自殺者総数は約90カ国中7位であり、その自殺者のおよそ七割が男性であることを考えると、日本の男性は世界の男女に比べ

＊1―https://www.gender.go.jp/international/int_syogaikoku/int_shihyo/index.html
＊2―https://president.jp/articles/-/46392
＊3―https://www.npa.go.jp/safetylife/seianki/jisatsu/R06/R5jisatsunojoukyou.pdf

ても自殺のリスクにさらされているとは言えるはずだ。[*4]

また、日本の男性は、女性よりも不幸感を抱いている。2017年の世界価値観調査に基づいて男性の幸福度と女性の幸福度を比較してみると、日本では女性のほうが幸福度が高く、男性との差は世界で2位だ。[*5] さらに、OECDが発表している幸福度白書の2020年版（How's Life 2020）における「ネガティブな感情の抱きやすさ（negative affect）」の指標を見ると、他の国々では女性のほうがネガティブな感情を抱きやすいのに対して、日本だけが唯一、男性のほうがネガティブな感情を抱きやすくなっている。[*6] 男性の不幸さという点では、日本は世界でも際立っているのだ。

1-2 性別ごとの不利益の「原因」はどこにある？

このように、日本では女性も男性のどちらも不利益を受けている。これは、矛盾した事実であるのか？

「矛盾していない」と答えることもできるし、そう論じられることも多い。

たとえば、社会学者の筒井淳也は、ジェンダーギャップと男性の幸福度の低さの両方の問題に触れながら、海外に比べて「男性的な働き方」がスタンダードとなり続けていることが両方の問題の原因であると指摘している。[*7] ジェンダーギャップ指数の「経済」の指標ではとくに「管理職ポジションに就いている男女の人数の差」のスコアが低いが、これは、日本の管理職は長時間労働や転勤など「専業主婦ありき」の働き方をするという前提がいまだ根強いためである。家事育児との両立も困難になるから女性は管理職になるのをためらい、男性は「自分が稼がなければならない」というプレッシャーを感じながら過酷な労働に耐えることになる。結果として、女性は経済の領域から締め出されて、その領域のなかにいる男性は不幸を感じる、という状況ができあがってしまうのだ。

つまり、性別役割分業を前提とした昔ながらの労働モデルは、キャリアアップを困難にさせたり経済的な領域で活躍することを尻込みさせたりすることで、女性に「機会の不平等」をもたらしている。一方で、男性は長時間労働や転勤によって体力・精神力を磨耗させられて、家族と関わる機会を奪われたりプライベートを大切にできなくなったりすることで「不幸」にさせられている。かたちは異なっているが、このどちらも不利益ではある。

また、多くの女性はどこかで結婚して経済的に夫に依存せざるを得ないから、人生の設計図を自分の意志で描くという意味での自由が制限されていると言える。一方で、生活時間の大部分が労働に奪われたりキャリアのために夢を諦めさせられたりするという点で、男性の自由もまた制限されているのだ。ひとくちに「自由」と言ってもその定義や内実は多様であり、女性と男性では制限されている自由の種類が異なるといえるだろう。だが、いずれにせよ、男女のどちらもが性別役割分業によって不自由にさせられているのだ。

＊4—https://www.mhlw.go.jp/content/r3h-1-1-10.pdf
ただし、自殺死亡率を見ると、男性は世界15位である一方で女性は韓国に次いで世界2位。
＊5—http://honkawa2.sakura.ne.jp/2472.html
＊6—https://www.oecd.org/statistics/how-s-life-23089679.htm
＊7—https://president.jp/articles/-/35456

女性と男性が被っている不利益の原因が同じである場合には、話は簡単だ。改善できるのであれば、日本的な労働モデルは改善したほうがいいのだろう。実際、このことには多くの人が同意している。日本的な「メンバーシップ型雇用」ではない欧米の「ジョブ型雇用」にも特有の問題点があることが指摘されているとか、あまりにも長く存在してきたモデルであるうえに既存の権益や慣習が深く絡み合っているためにどこから手をつけていいかわからないとか、さまざまな課題や困難が待ち受けてはいるのだが、ともかく変えたほうがいいという点では男女の双方が同意しているのだ。

ある男性やある女性が自分たちの性別が被っている不利益や不自由を訴えて改善を要求すると、もう片方の性別の人が「こっちの不利益のほうが深刻なのだから、こっちの原因のほうを先に改善せよ」と言ってくる、という場面は多々ある。

「自分が不利益を被っている」という認識を強く抱いているほど、政治や社会の状況についてゼロサムゲームのように考えてしまいがちだ。別々の問題のそれぞれの原因について並行して対処を進めていくことが可能だというイメージを持たず、原因に対処するためのリソースが有限であり、奪い合わなければならないかのようなイメージを持つのである。ときには、自分の被っている不利益が放置されること以上に他人の不利益が改善されそうになることを問題視して、騒ぎ立てる人もいる。

そして、問題の原因が共通している場合にすら、互いに互いを責め立てあうこともある。日本の労働モデルによってキャリアを制限されてしまった女性のなかには「自分が会社で活躍する機会は男性たちに奪われた」とイメージする人もいるようだ。逆に、長時間労働によって疲弊した男性のなかには「自分がこんなに苦労して不幸になっているのは、金を稼ぐ役割を女性たちに押し付けられたからだ」と考える人がいるようである。

　このようなイメージは、個人の不平不満や愚痴にとどまらず、理論にまで発展する。フェミニズムでは、日本の労働モデルにとどまらず世界的な資本主義全般は家父長制によって構築されたものであり、男性が経済や政治などの公的な領域における機会や利益や権利を独占しつつ、女性を私的な領域に押し込めて抑圧して搾取することを目的にしている、といった主張がなされることが多い。

　そして、アカデミックな世界ではあまり目立たないが、逆の立場からの考え方もある。つまり、女性は恋愛や家庭という私的な領域において優位で権力を持っており、男性を公的な領域に追い立てて競争させておいてその果実を搾取している、という主張だ。このような主張は第4節で取り上げる「弱者男性論」の一種でもある。

　前者の考え方は、以前からフェミニストたちが提唱してきたものだ。後者の考え方は近年になってインターネット上を中心に登場してきたものである。そして、両者とも、自分たちの性別が被っている不利益は深刻であると主張する一方で、相手側の性別が被る不利益は取るに足りないものであるとも主張しがちだ。

　フェミニストは、男女の置かれている状況の非対称さを示すことで、女性の受ける被害が男性のそれよりも深刻であることを論じようとしてきた。そして、弱者男性論者たちの主張は、そのようなフェミニズムの主張（そして、第3節で紹介する男性学者たちの主張）に対抗するかたちで登場してきたという面がある。

1-3　男性の不利益を表す概念や理論は欠如している

前述したように「弱者男性論」が登場したのは最近のことであるし、ネットを中心にして展開される、およそアカデミックではないものだ。これまで、男性と女性が受ける不利益の非対称さを論じる言説はフェミニズムによるものが大半であったし、フェミニズムは社会運動であると同時に大学で研究され論文が書かれる学問でもある。そのため、女性が受けている不利益については、それを説明して強調するためのさまざまな理論や概念が発達してきた。

たとえば、経済や政治におけるジェンダーギャップや大学で理数系の学部を専攻する女性が少ないことについては、女性は若い頃から学校やメディアなどで「女に政治は向いていない」「女に数学は向いていない」などの言説を見聞させられることでそれらの分野に進むのをためらってしまうなど、ジェンダー規範や「女性差別的な文化」が一因であると論じられる。そのほかにも、第三章で論じた「男性特権」や小田急線の刺傷事件に関する議論で用いられた「フェミサイド」など、女性の被っている不利益のかたちを定義して名前を付けて単語にした言葉は多々あり、その種類は近年になってますます豊富になっている。

そして、フェミニズム的な理論や概念の発達は、アカデミズムやメディアの世界における議論にとどまらず、実際の人々の行動や組織の政策にも影響を与えるようになっている。小田急線の事件の後には全国でフェミサイドに抗議することを目的としたデモが起こった。アファーマティブ・アクション（積極的是正措置）のために、大学や私企業は理系の女性に向けた奨学金を給付しているだけでなく、入学者や管理職に「女性枠」を設けてもいる。

フェミサイドにせよジェンダーギャップにせよ、その原因が女性に対する社会的な「差別」であったり社会の「構造」にあったりするなら、社会の構成員である個人や組織はその差別をなくすために何らかの対応をしなければならない、という考え方には男性も含めた多くの人が賛同している。「日本にはさまざまな領域で女性差別が存在している」という見方はいまや人口に膾炙しており、女性が受けている不利益を是正することの必要性は、社会的に認識されるようになっているのだ。

その一方で、男性が受けている不利益について説明するアカデミックな理論は、ほとんど発達していない。男性の受ける不利益について表した概念や単語はちらほらと出ているが、その大半は粗雑で不完全なものだ。したがって、男性が受けている不利益は、女性が受けている不利益のようには「社会問題」として認知されづらい。

たとえば法務省が発表している犯罪白書によると、2022年に女性が被害者となった殺人罪の認知件数は373件であるのに対して男性が被害者となったのは469件である。[*8] 過去の統計を見ても、殺人事件や強盗事件などの暴力犯罪の被害者は女性よりも男性のほうが多い。[*9] これは日本に限らず世界的に共通する一般的な傾向だ。

＊8―https://www.moj.go.jp/content/001410105.pdf
＊9―https://hakusyo1.moj.go.jp/jp/44/nfm/n_44_2_5_3_6_1.html#H005003006001E

また、理数系の学問の男女比が男性に偏っているのと同じように、人文系の学問の男女比は女性に偏っている。多くの大学では、文学部や心理学部、国際系の学部などに入学する学生は女子のほうが多いのだ。

しかし、ある殺人事件の被害者が男性であったとしても、そこで「性別」が社会的に注目されることはほぼない。また、心理学部や文学部に男性が進学しないことについてジェンダー規範が一因であると論じられることはあまりないし、ましてや「男性差別的な文化」が取り沙汰されることはまずない。

ほかにも、世の中で起こっている問題のなかには、不利益を被っている人の数としては男性のほうが多いのに女性が当事者となった場合のほうが注目されるものがある。ホームレスになる人の数は以前から男性のほうが多いが、コロナ禍や不況で女性のホームレスの数が増えたことは問題視されるようになった。そして、ホームレスに対する暴行・殺人事件も以前から起こっていたが、その被害者が女性であったときには報道されたりSNSで話題になったりする頻度は明らかに多かったように見受けられる。

冒頭で述べた通り自殺者の数も男性のほうが多いが、2020年にはコロナ禍が原因で女性の自殺者数が前年に比べて935人増加して7026人となった。その一方で男性の自殺者は前年比で23人の減少となったことから、「女性の自殺」の問題はとりわけ重要視されるようになり、その背景にある原因や構造について議論された。だが、その2020年ですら男性の自殺者は1万4055人であり、女性の二倍以上だったのだ。

1-4 「女性の受けている不利益」が注目されるのは合理的だとしても……

前述したいずれの問題についても、人数とは別の理由から、「女性が不利益を被っていること」について注目されるのが妥当だと見なすこともできる。

たとえば、殺人事件や暴力犯罪の被害者となる割合は男性のほうが多いとはいえ、加害者の割合はさらに男性のほうに偏っている（殺人事件の検挙人数における女性の割合は、例年20パーセント強しかない[*10]）。

また、女性が「女性であること」を理由に暴力や殺人の対象に選ばれている（ヘイトクライムやフェミサイドの犠牲になる）のに比べると、男性が「男性であること」を理由に犯罪の被害に遭うことはほとんどなさそうだ。男性が暴力犯罪の被害に遭いやすいことは、男性の就いている職業や所属している集団や住んでいる地域などが女性のそれに比べて暴力を受けやすいものであるという、間接的な理由のほうが大きいだろう（もっとも、「職業や所属集団や居住地域が非対称であること」に不平等や差別を見いだすこともできるかもしれないが）。

さらに、男性は一般的に女性に比べてリスクに鈍感で無防備であり、酔っ払ったり羽目を外したりもしやすければ、他人を挑発したり他人の怒りを買ったりするような行動もしやすい。これらの男性に特有な行動の傾向も、男性が殺人や暴力の被害者になりやすいことの大きな要因であるのは否めないはずだ。

また、女性の割合が多い学部（文学部や心理学部、看護学部など）よりも男性の割合が多い学部

＊10—https://www.moj.go.jp/content/000105802.pdf

（理数系の学部や法学部、医学部など）のほうが卒業後に高収入な職や社会的地位が高い職を得やすいために、両性ともに専攻する学部に偏りがあるとしても、それがもたらす不利益は女性のほうが大きいと考えることはできる。

ホームレスや自殺の問題についても、これまでは比較的当事者になりづらかった属性であったのに最近になって当事者となる数の人が増えたのだとしたら、それはある種の異常事態であり、注目が集まることは当たり前だ。たとえば「男性の自殺者の多さ」は数十年以上にわたって継続してきた慢性的な傾向であるからこそ対策が難しい一方で、「コロナ禍で女性の自殺者が増えたこと」は最近になって起きた短期的な出来事であるからこそ、原因が特定しやすく対策も取りやすいかもしれない。

したがって、このような問題について「男性の被害者に注目せず女性の被害者にばかり注目するのは男性差別だ」と論じることも、的外れではある。

それでも、前述したような要素を考慮してもなお、男性の被害はあまりに無視され過ぎている。……ひとりの男性として、わたしにはそう感じられる。

女性が受けている不利益のほうをより強調すべき理由はあるのだろう。しかし、どれだけ合理的な理由があるとしても、気持ちの問題としてそれに納得できるかどうかは別の話だ。

世の中の報道や街場の議論、本屋に並ぶ著作物などを見ていると、「女性の受けている不利益や被害のほうが注目されるのに比べて、男性の受けている不利益や被害は無視されている」という印象を、どうしても抱いてしまうのである。

こういった印象を抱くことは、わたしを含む一部の男性にとって、心苦しいものとなりえる。とくに、収入が低かったり経済的に不安定な立場の男性、あるいは孤独であったり不幸であったりする男性にとってほど、「社会は自分のことを気にかけてくれない」とか「自分の被害はだれにも共感したり同情したりしてもらうことができない」とかいった印象は、心理的な苦痛を与えて絶望感を生み出すものとなるだろう。

第三章で論じた「男性特権」といった概念には、ある種の逆進的な作用がある。いい会社でいい地位についているなど経済的な領域で活躍できている男性や、女性の少ない理数系の学部や医学部や法学部などに進学したことで人生の展望を有利にできた男性については、「自分は下駄を履かされてきたのだ」と自覚させて反省させることにも意味があるだろう。

しかし、仮に「経済や政治の領域や一部の学問の進学率などにおいて男性特権が存在する」という議論を受け入れたとしても、世の中にはその特権を行使する機会も持てなかった男性がごまんといる。元々の能力や気質、生まれ育った家庭の環境に経済状況、地域的な事情や通った学校のレベルなどのさまざまな事情から、大学に進学すること自体が実質的に不可能な男性もいれば、理数系の学部や法学などの経済的に有利な学問が選択肢に入れられない男性もいる。また、日本的な労働モデルに適応して会社で出世することが困難な男性も多々いるのだ。

さらに、大学に進学しなかった人や地方在住者も含めると、ほとんどの男性が医学や政治の世界には縁がない。だから、多くの男性にとっては、医学部入試の女性差別や女性政治家の少なさといった問題は、社会問題であることは認められるとしても、自分の人生と直接に関係のある問題ではないはずだ。それらの領域にジェンダーギャップがあり、女性差別があるとしても、それはそもそも医者や政治家を目指せる程度には恵まれた人たちの領域での問題なのであり、他の領域に生きる男性たちがその下駄を履けるわけではないのだ。

しかし、男性特権という概念にかかると、どんな状況であっても「男性である」というだけで特権があることにされる。特権を行使できて利益を享受して生きてきた男性であっても、特権を行使する機会もなくさして利益を感じずに生きてきた男性であっても、同じように責任が問われて、同じように罪悪感を抱いたり反省したりすることが求められてしまうのだ。

2 ひとりの男性としての経験と感情

ここまでは他人事のように書いてきたが、「男性の不利益や被害が無視されている」という印象がもたらす心苦しさは、孤独なほど、不幸なほど重くなるというのは、わたし自身の経験に基づいたことである。

多くの人の人生がそうであるように、この文章を書いている時点で35歳であるわたしの人生にも、それなりの浮き沈みはあった。大学院を卒業したのちに就職に失敗して、フリーターとして過ごしていた数年間はとくに沈んでいた時期であり、孤独感や不幸感はかなり増していた。

将来の展望も見えず、自分がいま陥っている状態からなにをどうすれば脱出できるのかもわからないという状態でいるときには、自分以外の他人に助けの手が差し伸べられているような事例について知ると、言いようのないフラストレーションを抱いてしまったものだ。

とくに印象に残っているのが、2017年に東京大学が女子学生向けに家賃補助支援制度を導入したというニュースである。この制度は東大の女子学生の少なさを改善するための施策であり、女子は男子に比べて両親から一人暮らしを反対されやすいことが、家賃補助というかたちの支援になった一因であるようだ（大学からの支援があれば両親を説得する理由となるし、両親の支援が得られずに独力で進学する場合にも助けとなる）。そして、一般的に、男子は女子に比べて両親から一人暮らしを反対されることが少ない。だから、家賃支援というかたちで女子にのみアファーマティブ・アクションを行うことは効率的であり合理的だ。さらに、東大は学生も教授も女性比率が少ないという事実があり、日本の女性差別的な文化や構造が多かれ少なかれこの事態の原因になっているであろうことを考慮すると、女性に対するアファーマティブ・アクションを行うべき理由は存在するだろう。

……とはいえ、それはあくまで一般論であり、男子のなかにも、一人暮らしを両親に反対される人がいる。わたしもそのひとりであり、東京の大学に進学させてもらえなかったことについて、長らく親に対して恨みを抱き続けていた。いまでも、早稲田大学の学生が主人公であるフィクション作品に触れるたびに心がザワザワするし、上智大学出身の芸人をテレビで見かけるたびにイラッとしてしまう（早稲田や上智が進学先の候補だったので）。

一度も地元を出る機会を得ないままフリーターになり、キャリア的・経済的な理由から将来に一人暮らしをする展望もまったく見えなくなった状況では、その恨みはさらに強まった。だから、女子にだけ家賃支援がされるという報道を見たときには、他人事ながらかなり不愉快な気持ちを抱いてしまったものだ。

そして、若かった頃のわたしと同じように、両親から一人暮らしを反対されたせいで東京に進学できなかった男子学生も、女子に対する進学支援について知ることで、心苦しい思いを抱くかもしれない。

「男性の自殺死亡率」の高さという問題についてわたしがとくにこだわっているのも、フリーターであった時期に自殺することを考えた経験が何度かあって、他人事ではないからだ。

もっとも、先述したように、女性の自殺死亡率について注目されることにもそれなりの理由がある。いくら自分に当事者性がある問題でも、報道や制度の背景にある合理性を無視して「男性側の不利益や被害が考慮されていない」と主張することは、客観的に見れば逆恨みでしかないかもしれない。

しかし、不幸な人や孤独な人は、まさにその「恨み」をつのらせる。逆恨みであることを自覚できて、女性に向けた支援策に対する文句を実際に口に出すことは差し控えたとしても、「自分のことは配慮してもらえなかった」という思いはダメージとして残り続けるかもしれない。これは感情の問題であるからだ。

韓国のフェミニストのイ・ミンギョンの著書の題名は『私たちにはことばが必要だ　フェミ

ニストは黙らない』（すんみ、小山内園子訳、タバブックス、２０１８年）であるが、大きめの本屋や個人経営の個性派書店に行けば、フェミニストによる「ことば」だらけであることに気づかされる。アカデミックなものから個人的なエッセイまで、日本のものもあれば欧米や韓国からの翻訳もあってと、とくにここ数年ではフェミニズムの本は雨後の筍のごとく出版され続けている。

それらの本の多くでは女性が受けている不利益や被害について客観的なデータや主観的なエピソードが示されたのちに、問題の原因となっている男性たちや諸々の制度（家父長制とか資本主義とか国家とか新自由主義とか）に対する批判がなされたり怒りが表現されたりしたうえで、社会を改善する必要が論じられたりシスターフッドのメッセージが示されたりする。実際の社会において女性が受けている不利益や被害はなかなか改善しないのに比べると、それについて女性が語る「ことば」だけは、むしろ溢れている状況であるのだ。

そして、「ことば」は、本を出版する機会を持つアカデミシャンやエッセイストに限らず、市井の女性たちでも放つことができる。昨今では、学校に行ったり本を読んだりしなくても、インターネットで検索したりＳＮＳでフェミニストのアカウントをフォローすればフェミニズムの理論や概念にはいくらでも触れられる。女性たちは、自分の受けている不利益や被害について、すでに認められているかたちで語ることができて、共感や連帯を誘うことができる。

フェミニズムのメッセージを伝える本の多さや、近年ではシスターフッドをテーマにした映画などのフィクションが増えていることには、率直に言って羨ましさを感じるところがある。現実の状況がどうであれ、本屋に行ったり映画館に行ったりすれば、女性はエンパワメントされるだろう。その一方で、男性をエンパワメントするための書籍やフィクションが新しく作られることはほとんどない。本をよく読み映画館に足しげく通うひとりの男性として、わたしにはそう感じられるのだ。

3　なぜ現在の「男性学」は頼りにならないか

3-1　男性学はフェミニズムの前提に基づいている

ジェンダーや性別に関する学問としては、フェミニズムのほかにも「男性学」という分野が存在している。男性学はたしかに「男のつらさ」について理論化や概念化を行い、男性のための「ことば」を作ろうとしてきたかもしれない。しかし、わたしを含めた多くの男性にとって、現在の男性学は自分たちの「つらさ」を代弁するものや自分たちが受けている不利益を明らかにするもの、それらの解決の役に立つものとは思えなくなっている。

男性学はフェミニズムと関わりの深い学問であるために、個別の問題について論じる際にも、フェミニズムの道具立てを流用することが多い。

アイデンティティに関わる学問では、ある理論や概念が規範を主張するためのものであるのか事実について分析したり記述したりするためのものであるのか、境目が曖昧になりがちだ。

フェミニズムの場合は、社会には「家父長制」や「男性中心主義」などの女性差別的な制度やイデオロギーが存在することを前提としたうえで、それらの制度やイデオロギーによる権力作用やジェンダー規範が社会のなかの個人や組織の思考や行動や体制に影響して、女性差別をはじめとするさまざまな問題を引き起こしている、といった議論がされることが多い。

言語学者のデボラ・キャメロンの著書『はじめてのフェミニズム』では、さまざまな種類のフェミニズム（リベラルなものやラディカルなもの、学問としてのフェミニズムに社会運動としてのフェミニズムなど）が取り上げられているが、それら多様なフェミニズムに共通する前提が以下のようにまとめられている。

さまざまな種類があるのは間違いないですが、そのどれもがふたつの基本的な理念にもとづいています。

1 現在、女性は社会において従属的な立場にいる。そのため、女性であることによって、あきらかな不正義や制度的な不利益にさらされている。

2 女性の従属性は避けられないものでも望ましいものでもない。政治的行動によって変えることができるし、変えなければならない。

（キャメロン、19頁）

ポイントとなるのは、フェミニズムにおいて個別の問題に関して分析されたり記述されたりするときにも、その背景には「社会は女性差別的である」との前提があるということだ。[*11] また、男女の行動や選択について「当人にとっての利益を合理的に追求している」とする経済学的な考え方に基づいて分析することや、「生得的な男女差が影響を与えている」とする生物学的な前提に基づいて論じることは、忌避されることが多い（むしろ、経済学や生物学自体に性差別的な前提が潜むとして批判されることもある）。

社会は女性差別的であるとするならば、社会は男性にとって有利なものである。男性学はこのようなフェミニズムの前提に引きずられるために、そもそも有利なはずである男性が被っている不利益や男性たちが感じている「つらさ」について論じること自体が、難しく複雑な作業となってしまうのだ。

3-2 「つらさ」の原因に関する男性学の議論

男性学の議論のなかでもメディアを通じて一般の人が耳にする機会が多いのが、下記のようなものだ：家父長制や性別役割分業によって社会的な地位や高収入なキャリアを得ることが「男らしさ」と定義されているから、男性は「男らしさ」を追い求めて長時間労働も厭わずに出世競争に明け暮れてしまい、それにより肉体的に疲弊するうえに趣味や家族に費やす時間もなくなって精神的な癒やしを得られなくなることから、「つらさ」を感じる。

粗暴な振る舞いや相手の話を聞かないガサツなコミュニケーション、論理にこだわって感情に配慮しない、弱音を吐いたり涙を見せることをためらってしまったりなどの「有害な男らしさ」がメディアや教育を通じてインストールさせられてしまうことによって、男性は人間関係を維持することがヘタクソで孤独になったり、自分が抱いている苦悩について自覚して対処することや他人に苦悩を打ち明けることができなくなって不幸が増したりする。読者の方々も、こういった議論を耳にしたことがあるだろう。

これらの議論にはそれなりの妥当性がある。多くの男性が、自分の健康や精神的な豊かさを犠牲にしてでも、自らすすんで長時間労働を行ったり激務に就いたりしていることは確かだろう。また、男性は女性に比べてコミュニケーション能力やセルフケア能力に欠けていることが男性の孤独や不幸の一因になっているという主張は、わたしの目から見ても説得力がある。

とはいえ、これらの議論を丸々受け入れることも難しい。

たとえば、「有害な男らしさ」が存在するとしても、それはメディアや教育などによって社会的に構築されるものばかりではないかもしれない。男性という性別にもとから備わっている生物学的な傾向も含まれていることは、進化心理学や脳科学の知見から指摘できるだろう。第4節で指摘するように生物学的な傾向を過大に解釈したり固定された性質であるかのように扱ったりすることも問題ではあるのだが、それをまったく無視することも非合理である。

男性が自分の抱える苦悩や苦痛などの感情について自覚するのが下手であること、それを他人に打ち明けて認めてもらうのを避けたがる傾向があることには、わたしも同意できる。とは

＊11―いまやフェミニズムはかなり多様であり、議論する人の数も文献の数も莫大なものとなっているので、キャメロンの定義に当てはまらない「フェミニズム」や「フェミニスト」も多々存在しているかもしれないが。

いえ、弱音を吐かなかったり涙を見せなかったりすることの影響も、過大視されているきらいがある。わたしはわりと簡単に弱音を吐いたり泣いたりするタイプだったが、そのことがどれくらいわたしの人生のクオリティにポジティブな影響を与えてきたりわたしが直面した問題の解決に役立ってきたりしたかを問われると、心もとない。

また、最近では、「男らしさが悪いものだと言われても、そこから簡単に降りることはできない」という反論がよく聞かれるようになった。[*12] 結局のところ、一般論として、生きていくためにはキャリアアップしながら自分で金を稼ぐか、誰かに扶養されるかする必要がある。そして実際問題として、この社会では男性が女性に扶養される事例は少数だ。共働きであっても、男性のほうがより多くの収入を稼いで女性のほうが育児によりコミットすることが、良し悪しはともかくとして一般的な事例である。したがって、キャリアアップを諦めて低収入にとどまることは、幸せで充実した生活を過ごしたいと思っている男性にとってはリアリティのある選択ではない。

とくに労働と扶養に関する問題については、そもそも男性が社会的地位や高収入なキャリアを追求している原因は女性のほうの選択や選好にある、という反論もなされている。つまり、多くの女性が経済力の高い男性をパートナーに望むために、男性は恋人や配偶者を得られずに孤独になることを避けるために「男らしさ」を追い求めざるを得ない、ということだ。このような反論に対しては「家父長制社会や性別役割分業によって女性の賃金は男性のそれよりも低くされているから、女性は嫌でも男性に経済的に依存せざるをえなくなっているだけだ」という再反論がなされている（つまり、そもそも家父長制社会や性別役割分業を解体することが男性の幸せにとっても必要になる）。それに対して「高収入な女性であっても男性を扶養したがらない」という指摘がさらになされることもある。

わたし自身の経験をふまえても、キャリアアップについて考えをめぐらせるのは、当時付き合っていた恋人の存在を意識してのことが多かった。わたしは社会的地位や権力にこだわりがあるほうではないが、恋人との関係を維持するうえで「しっかりした収入や職業」を相手から求められることが何度かあったし、その際には対応せざるを得なかった。多くの男性が同様の経験をしているだろう。良し悪しはさておき、パートナーからの要望は、ジェンダー規範とか家父長制のイデオロギーとかいったものよりもはるかに直接的に男性の行動や意識に影響を与えるのだ。このことは、「合理的選択」や「集合行為問題」を扱う経済学的な視点が男性学にも必要であることを示唆しているかもしれない。

いずれにせよ、女性のつらさの原因の一部が男性の行動や選択にあるように、男性のつらさの原因の一部が女性の行動や選択にあることを否定するのは難しいだろう。両性のつらさの原の原因の一部が女性の行動や選択にあることを否定するのは難しいだろう。

＊12──「男らしさから降りる／降りない」という表現は男性学やフェミニズムを主張している側の人よりも、むしろそれらの主張に反論する側の人がよく用いるものであることには留意すべきだ。つまり、「男らしさから降りる」という表現自体に、男性学の主張を、反対する人々が単純化したものという側面がある。ミスリーディングになることも多いので、基本的にわたしはこの表現を使わないようにしている。

因が共通しており、それが外側にある場合には男女の利害は一致する（家父長制なり資本主義なりの「社会構造」が原因である場合など）。しかし、互いが互いのつらさの原因である場合には、男女の利害は対立していることになる。

だが、男性学は「社会は女性差別的である」というフェミニズムの前提を共有しているため、女性のほうの不利益を強調して、男性のほうの不利益を見過ごしたり過小評価したりしてしまいがちだ。一般的な男性にとって、男性学は自分たちの利益にむしろ相反するところがある。

3-3 男性学は男性ではなく女性のほうを向いている？

フェミニズムが男性学に与える影響には、「社会は女性差別的である」という前提を共有させるという理論的なものだけでなく、人間関係や社会的感情に基づくものもあるかもしれない。たとえば雑誌でジェンダー論が特集されるときには男性学者とフェミニストの両方の名が載っていることが多い。同じ学会に所属していたり、メディアやイベントを通じて関わったりすることも多いだろう。理論的な前提をフェミニズムと共有していることのほかにも、男性学に関わる人たちとフェミニズムに関わる人たちとの距離が近いこと自体が、男性学の議論に大きな影響を与えているかもしれない。

そして、フェミニストのなかには、男性学が男性のつらさや不利益に焦点を当てることを批判する人も多い。彼女らは「男性特権」理論に賛同しているため、男性のつらさや不利益が存在するとしてもそれは特権を持つことの取るに足らないコストや副作用に過ぎず、不平不満を言う前に自分が特権から不当な利益を得ていることを自覚して反省することのほうが先だ、といった主張を行うのである。具体的には、澁谷知美や江原由美子などのフェミニストが、男性学が「男の生きづらさ」を扱っていることについて批判している。[*13] そして、男性学者たちの多くも「男性特権」理論を認めているため、彼女らの批判を跳ねのけることができないようだ。

学者ではなく批評家やエッセイストなどの物書きの世界にすら、「男性のつらさ」や男性に生じている不利益について（男性の立場から）論じる本を出す人はあまりいない。以前にある出版社の編集者から聞いたことがあるのは、そもそもジェンダーについて書かれた本やエッセイ本全般を買うのは女性のほうが多いために、男性が男性に向けて書くジェンダーをテーマにしたエッセイ本は売れる見込みがあまりない、という問題だ。商品価値がないのだから、多かれ少なかれ金銭的インセンティブに左右される商業出版の世界で男性による、男性のための本を流通させることは難しくなる。

このような事情があるために、男性学では男性のつらさや不利益についてシンプルに論じることもできなくなっている。まずは男性特権について反省して、この社会では女性（や性的少数者やその他のマイノリティなど）が男性に比べてはるかに重大な不利益を受けていることを示したうえで、その後にようやく「男のつらさ」を取り上げる、というまわりくどいかたちでしか

＊13—https://gendai.ismedia.jp/articles/-/66706
「ここが信用できない日本の男性学　平山亮『介護する息子たち』の問題提起を受けて」（澁谷知美、2019年、『国際ジェンダー学会誌 Vol.17』）。

論じられないのだ。また、男性が受けている被害や不利益についても、その原因は「ホモソーシャル」や「男性性」など男性という属性の内部のみに見いだされることが多いし、社会の状況や制度を問題視する際にも「家父長制」などやはり男性と紐づけた議論が行われる。

男性学の議論の多くは、男性たちよりも女性たちのほうを向きながら論じられているきらいがある。男性学は、女性にとってのフェミニズムや、性的・人種マイノリティの人々にとってのマイノリティ・スタディーズに相当するものではない。男性が受けている不利益や被害を男性の立場から訴える主張、あるいはフラットでニュートラルな立場から論じる主張すらもが、アカデミックな世界でも商業出版の世界でも居場所を見つけられず、こぼれ落ちているのだ。

3-4　女性にも受け入れやすい「無難」な男性学

男性のつらさを正面から取り上げなかったりフェミニストの批判を意識し過ぎたりしてしまっているという問題は、日本の男性学のなかでも最近の議論にとりわけ顕著である。

逆にいえば、一昔前の男性学の議論は、現在に比べると「男性のつらさ」をまだフラットに取り上げようとしていた。具体的には、前述した澁谷が批判している伊藤公雄や多賀太はいわば「前世代」の男性学者であり、フェミニズムやジェンダー論の影響を受けながらも「男性のつらさ」を語ろうとする議論を行ってきた。そして、以下で取り上げる西井開や平山亮は『どうして男はそうなんだろうか会議　いろいろ語り合って見えてきた「これからの男」』(澁谷知美、清田隆之編、筑摩書房、2022年)のなかで澁谷と対談しており、フェミニストや女性にとって受け入れやすい議論を行っている「新世代」の男性学者といえる(江原が批判している田中俊之については、両世代の中間的な存在と見なせるかもしれない）。

臨床心理士であり研究者でもある西井の著書『「非モテ」からはじめる男性学』（集英社、2021年）では、女性と付き合ったことがない「非モテ」の人たちが感じる苦悩の原因は、恋人がいないことや女性から好意を向けられないことではなく、男性集団からからかわれて排除されることにある、と論じられている。

西井の主張については「非モテ」の当事者たちのなかにも共感できる人はいるようだが、非モテの苦悩の原因について「恋人がいないこと」よりも「男性集団からからかわれて排除されること」のほうを強調するのは、かなり不自然で無理があるように感じられる。それは非モテの苦悩の一因となるかもしれないが、主因であるようには思えない。西井の著書を読んでもわたしは説得力を感じなかったし、議論の展開の仕方が「無難」な結論を導き出すために不自然に誘導されているように思えてしまった。

恋人がいないこと……つまり付き合ってくれる女性がいないことによって生じる苦悩について論じたところで必ずしも女性の責任を問うことにはならないが、苦悩の原因に女性の行動や選択が関わっていることを示すことにはなる。それよりも、問題の原因を男性集団や男性間のコミュニケーションに帰着させたほうが、女性やフェミニストでも安心して受け入れられる議論となる。それらが悪いものだというのはフェミニズムの考え方においては自明なことであるし、非モテの苦悩の原因が男性同士にあるのなら女性は他人事として眺めることができるからだ。実際、先述した澁谷は『「非モテ」からはじめる男性学』を好意的に評価しているし、ほかにも多くの女性たちが西井の議論を好意的に受け止めているようだ。
西井のものに限らず、男性同士の関係の過酷さや暴力性を強調して、「暴力」や「権力」や「支配」などのネガティブなワードで表現しながら、従来的な関係性の代わりに「男性同士のケア」を称揚するという議論は、最近では頻繁に見かけるようになった。しかし、これらの議論は、男性が抱える苦悩の原因を「男性集団」というわかりやすいターゲットに閉じ込めることで他のところにも原因がある可能性から目を逸らさせたり、「男性の苦悩は他の属性の人々も目を向けるべき社会問題である」という主張を封殺するように機能する。

そして、無難であるからこそ最近の男性学は多くの女性に受け入れられており、女性のほうから男性に対して「男性学の本を読むべきだ」と推薦する状況も見受けられるようになっている。同様の事態がフェミニズムでは決して起こり得ないことは考えてみるべきだ。男性が平穏な気分で読めて気軽に女性に推薦できるような無難な議論をするのではなく、男性を不安にさせて居心地を悪くさせるような「挑発的」な議論をするほうがフェミニズムの本懐であると、多くのフェミニストは思っているだろう。

3-5 「ヘゲモニックな男性性」という難解な概念

2024年に、海外の論文の翻訳アンソロジー『男性学基本論文集』が出版された。本書には「巻頭言」として、近年の男性学研究の流れを説明する平山の論考「男性性役割の社会化から、男性性による不平等の正当化へ」が収められている。

この論考は男性性（masculinity）という概念がどのように議論されてきたかを振り返る学説史が主となっており、とくに社会学者のレイウィン・コンネルが提案した「ヘゲモニックな男性性」概念の説明に紙幅が割かれている。

平山の文章のなかでもとくに引っかかるのが『男性＝暴力的』というリアリティはいかにして可能になるのか」と題された節での議論だ。平山は「男性であることと暴力的であることの結びつき」はジェンダー研究のなかでも所与の前提として扱われがちであることを指摘したうえで、この「結びつき」に疑問を呈する。

「男性と暴力性」については、その動かぬ証拠として、暴力事件の加害者が男性に多いことがとりあげられる。実際、暴行の刑法犯に占める男性の割合は女性の一〇倍、傷害の刑法犯に占める男性の割合は六・八倍と、犯罪となるような暴力の加害者には男性が圧倒的に多いことがわかっている（…）。このような統計的事実を鑑みれば、暴力的になりがちな男性というのは「真実」のように思えるが、ことはそれほど単純ではない。というのも、暴力事件の加害者に男性が多いのは事実だとしても、男性の多くが加害者になっているわけではないからだ。加害者の男性は、男性全体の数パーセントにも満たないわけであり、こちらの事実をハイライトすれば、たとえば「加害者になる男性は例外的であり、男性の多くは特別暴力的というわけではない」という言い方も可能であるはずである。逆に言えば、その事実をハイライトしないことによって、暴力的になりがちな男性という「事

実」は保ちうる。（平山、6頁）

平山は家庭における子どもへの虐待の加害者は母親が多いことを指摘したうえで、以下のように書く。

こんなことを言うと、いや、子どもを虐待する母親はごく限られており、多くの母親はそんなことはしていない、と言う人もいるかもしれない。しかし、それは暴行・傷害の加害者になる男性が男性全体に占める割合についても同じことが言えてしまうことを直ちに思い出すべきである。

（…）

つまり、私たちの身の回りには、「男性は暴力的になりがちである」という言説を覆しうる事実が、あちこちに転がっている。そうした事実がなぜ「男性は暴力的になりがちである」を覆さないかと言えば、それはわれわれが、それらの事実を言説の「反証」として使わないようにしているからである。これこそ、コンネルらが男性性を定義する際に強調したconfiguration of practice、特定の現実を構成するための実践の組み合わせと配列のひとつである。つまり、コンネルらにとっての男性性とは、男性に関するリアリティのつくられ方、ないしは、そのようにしてつくられた男性に関するリアリティのことを言うと考えてよい。

男性性をこのように概念化した場合、性役割理論はそれ自体、男性性のひとつだと言える。男性とその行動についての性役割理論による説明、すなわち、「男性は男性性役割という標準的な男性像を学んでおり、多かれ少なかれそれに準拠して行動している」というアイデアは、男性に関するリアリティのひとつだからである。そして言うまでもなく、こうしたリアリティの構築には、社会的な行動の性差に関する実証研究といった科学的な実践が、configuration of practiceの一部を成している。（平山、7頁）

平山の議論を読んでいてまず思うのは、そもそも暴力事件に限らず犯罪全般を起こす人は「例外的」であるということだ。その例外的な人々のなかであっても、暴行という特定の犯罪については片方の性別の人がもう片方の10倍もいるなら、性別がなにかしらの影響を人々に引き起こしていると考えるのは不自然なことではない。

さらに、当然のことながら、わたしたちは暴力事件の加害者数の統計だけを見ながら「男性は暴力的だ」と判断しているわけではない。男性たちも女性たちも、日々の生活のなかで「例外」的な暴行や傷害の手前にある暴力的な行動――ガサツに振る舞ったりキレたり、物にあたったり時には人に手を出したり――を他の人たちがするのを見かける経験がある。大半の人の経験では、そのような行動をしている人の多くは女性でなく男性であっただろう。自身が男性である場合には自分がカッとなりやすかったり行動が粗野であったりすることを自覚することがあるかもしれないし、女性と関わっているうちに彼女らはどうにも自分と比べると振る舞いが温厚であるということにも気づいていくかもしれない。

わたしたちが「男性は暴力的になりがちである」と判断するのは、外から聞いた言説を受け入れたからではなく、自分で蓄積してきた経験を通じてであるだろう。仮に「男性は暴力的だ」という言説を聞いて初めて「たしかにそうだ」と思ったとしても、その言説を受け入れられたのは、その言説を納得するに足るような経験を重ねてきたからだ。逆に、わたしたちの経験とあまりに矛盾するような言説は受け入れられようがない。

ここでのわたしの議論は、平山やコンネルの主張に対する反論にはなっていないことに留意してほしい。「経験を振り返ってみるとやっぱり男性のほうが暴力的な気がするぞ」と考えたり判断したりすることも、彼らに言わせれば「特定の現実を構成するための実践の組み合わせと配列」や「リアリティのつくられ方」のひとつであるのだろう。というか、この種の理論では、実際に起こっている物事の頻度に一致している認識も特例的な物事にばかり注目した認識も、どちらも等しく「リアリティ」の一種として相対化することができてしまう。そのため、「こうした考え方のほうが事実を反映しているのではないか」と対案を出したり、ある人が抱いた認識と別の人が抱いた認識のどちらのほうが事実を反映しているのかということを比較したりすることにも意味がなくなるのだ。こういった理論が一般の人々にとって説得力を持ったり、現実に起こっている問題の解決や分析に役立ったりするようには思えない。

平山は、「男性特有の行動のパターン」を前提とした昔ながらの「男性性役割」に関する議論は、階級や人種といった「男性間」の違いや、ひとりの男性が場面によって男らしく振る舞うこともあればそうでないこともあるという「男性内」の違いを考慮できないことから説明力が足りなかったために、コンネルらが論じるような（現代的な）「男性性」概念が求められるようになった、という経緯を示している。

ここを読んでいて気になるのは、傾向や頻度といった量的な要素が軽視されていることだ。ときに例外があってもおおむね男性たちに当てはまったり、たまに外れたりするとしてもだいたいは男性個人の行動を説明できるのなら、そういった理論や説明枠組みには意味があるのではないだろうか？

また、平山は「長時間労働が原因で、男性は家事にも育児にも十分に関われない」というリアリティについて、「このリアリティに合致する実在男性たちは絶対にいるはず」と認めつつ「労働時間がどうあれ、何かと言い訳をみつけて家事育児から『逃れる』男性もまた、必ずいるはず」と指摘したうえで、後者より前者の方が男性の「典型」とされていて、このようなリアリティは男女の不平等により不利益を被っている女性に不満をのみ込ませたりする効果を持ちうる、とも論じている（平山、11頁）。

だが、「男性は長時間労働をさせられやすいから家事や育児に参加するハードルが高い」という一般的な傾向と、個々の家庭で女性が男性に家事への参加を要求しづらかったり、たいして働いてもいないのに家事から逃れようとする男性がいたりするという具体的な問題は切り分けて論じることができる。社会的な問題について対処するための政策を論じるなら「一般的な傾向」のほうに注目する必要があるだろう。一方で、個々の家庭で家事の分担について交渉するときに、一般的な傾向という「リアリティ」がなにか効果を発するとは思えない。どの家庭でも、「男性は長時間労働をさせられやすい」なんて一般論の出る幕はなく、「自分たちのうちどちらのほうがより長く労働しているか」といった具体的な事情に基づいて分担を決めているのではないだろうか（身勝手で高圧的な男性が女性に家事を押し付けたり、そもそも家事をするという発想がまるでなかったりする男性もいるかもしれないが、これらは昔ながらの性別役割分業や男女差別に基づく古典的な問題であって、説明するのに「男性性に関する新しい概念」は必要とされない）。

「ヘゲモニックな男性性」については、以下のように説明されている。

コンネルを含めた論者たちがくりかえし強調しているように、ヘゲモニックな男性性とはその政治的効果、すなわち「不平等なジェンダー関係を正当なものにしている（legitimate）」（…）かどうかで定義される。性に関する不平等が起こっているときに、あるいはそれが続いているときに、その状況を致し方のないものとするために「使える」男性性こそが、ヘゲモニックな男性性である。（平山、11〜12頁）

男性の多くが「世帯のおもな稼ぎ主であること」は、言い換えれば男性の多くが経済資源にアクセスしやすい立場を得続けているということであり、したがってこうした男性が優勢な状況とは、男性優位の不平等が続いていることを意味する。ヘゲモニックな男性性とは、なぜそのような不平等が続いているのかを説明するための概念なのである。そういう状況を「致し方のないもの」だと人々（とりわけ女性）を説得し、納得させるのに「役立つ」男性についてのリアリティの構築こそ、コンネルや「ジェームズ・」メサーシュミットがヘゲモニックな男性性と呼んだものである。（平山、14頁）

前述してきた通り、わたしにはコンネル（や平山）は「リアリティ」と実際に存在する現実との結びつきを弱く見積もり過ぎていると思うし、そういった観念が人々を納得させたり「致し方のないものだ」と認識させたりする力を強く見積もり過ぎているように思える。

もっとも、「ヘゲモニックな男性性」概念はいかにも難解であり、正確に理解できている自信はまったくない。興味のある人はわたしの批判を鵜呑みにするのではなく『男性学基本論文集』などを手に取った方がいいだろう。

とはいえ、『男性学基本論文集』に収められた平山による巻頭言や「「男をつくりあげる実践」から、性の不平等を腑分けする」などの文章を読んでいてはっきりと理解したのは、現在の男性学はわたしが想像していたよりもさらに、まったくもって、男性のための学問ではなくなっているということだ。社会は（異性愛／シスヘテロの）男性にとって有利であることや彼らが世の中を支配していること、要するに「男性特権」が存在することを前提としながら、一般的に望ましいとされる「変化」が男性に起こること（他人や自分のことをケアするようになったり、性的にアグレッシブでなくなったりすること）や、男性間にも違いがあって不平等が存在するという事実に注目することですら、男性中心社会への異議申し立てに対する「目くらまし」や「追及の矛先を逸らすこと」とされてしまうのである。

わたしが求めているのは「男にとって利益になる主張をしろ」「男にとって都合のいい主張をしろ」ということではない。ただ、女性や性的マイノリティが何らかのかたちで不利益や不平等を被っているのと同じように男性も何らかのかたちで不利益や不平等を被っているかどうかを調べたり検討したりすること、被っているとすればそれを明晰に理論化したり具体的に記述したりしながら対処法を検討することだ。

あるいは、「男性とはどういう存在か」といったテーマをさまざまな観点からフラットに取り上げるだけでも、十分に興味深い学問になるだろう（結局のところわたしは「自分はどんな存在か」ということに関心を持っており、そのなかで「自分が男性であること」は大きな要素となっている）。さらには、そのなかで、女性や性的マイノリティが受けている不利益や不平等に注目しながら男性の問題を問う議論があっていいとも思う。

現在の男性学は展開される議論の幅があまりにも狭くて、不健全なものとなっているのだ。

4　「弱者男性論」の有害な影響

4-1　他称でもあり自称でもある「弱者男性」

ネットの世界では、「弱者男性」という言葉はすっかり浸透した。また、「弱者男性論者」と呼ばれるインフルエンサーも複数存在する。

これらの言葉を使うときにまず注意したいのは、基本的には「弱者男性論」とは「キャンセル・カルチャー」と同じように他称で使われる言葉であり、問題があると思われる言論を批判する人がその言論に対して当てはめるレッテルという側面があることだ。おそらく「弱者男性論者」を自称する人はほとんどいないし、いるとしても、批判者に貼られたレッテルをあえて自分で用いている、という面があるだろう。

一方で「弱者男性」という言葉はよりフラットな意味合いを持ち、自称としても他称としても使われている。


基本的に、わたしが「弱者男性」について論じる際に想定しているのは「お金がない」「経済力に乏しい」という問題と「異性と恋愛できない（モテない、付き合える相手がいない）」「結婚できず家族を得られない」という問題を同時に抱えた男性たちのことである。次章で詳しく論じるように、経済的な問題と恋愛的な問題（＝孤独）を同時に抱える男性たちのことは、これまで、社会政策にも関わる規範的な議論では捉え損なわれてきた。彼らの問題を規範的な議論の射程に収めるためにも、「弱者男性」をこのように定義するのは有意義なことである。

一方で、「弱者男性論者」という言葉については、問題のある議論を行っている論客と、論客の議論に賛同してネット上で論客の議論を持ち出したり真似したりする読み手たちの両方のことを指す、批判的な意味合いで用いる。ややこしくなるが他に適切な分け方を思い浮かばなかったので、ご容赦をお願いしたい。

2021年4月にウェブメディア「講談社現代ビジネス」でわたしが「弱者男性」について議論したときにも、基本的には前記のような定義にしたがって議論を行った（この際には「弱者男性論者」という言葉のほうを主に用いていたが）。[*14] このとき、わたしによる弱者男性の定義は、以前から「弱者男性論」について見聞していた人たちを含むネット上の読者たちからも、おおむね受け入れられていた。つまり、「弱者男性」を経済と恋愛に関連させた意味で用いることや、「非モテ」や「キモくて金のないおっさん」といった言葉と関連させて弱者男性を論じることは、ネット上の議論を観察し続けてきた人たちにとっても不自然に感じられなかったようだ。

一方で、記事の発表後に人々の反応を見て気づかされたのは、「弱者男性」という言葉に「経済×恋愛」とは異なる領域の意味を持たせる議論も存在していた、ということである。たとえば、本章を書いている時点では、Wikipediaには「弱者男性とは、独身・貧困・障害・不細工など弱者になる要素を備えた男性のことである」と定義されており、発達障害や精神疾患についても言及されている。[*15]「男性に多くある障害が経済的な問題や孤独を引き起こす」ということや「男性の障害者は女性と比べて支援の対象になりづらい」ということを問題視するために「弱者男性」を論じる議論も、以前からたしかに存在していたようだ。

同様に、「キモくて金のないおっさん」という言葉についても、そもそもは「非モテ」や恋愛とは関係ない経済に関する問題（中年男性は共感を得られづらいために、他の属性に比べて貧困問題が放置される）を提起するために使われはじめた言葉であったようだ。[*16]……とはいえ、ネットスラングの常として、この言葉も定義が曖昧にされて多様な文脈で使われるようになった。わたしが記事を発表した時点でも、「非モテ」に関する文脈で「キモくて金のないおっさん」を持ち出す主張を見かける機会が多々あった。

その後、ネット上では、問題提起や議論のためではなく「ネタ」やユーモア、または単なる罵倒や侮辱の言葉として、インフルエンサーの雑談やSNSでの放言、匿名ブログやまとめサイトの記事タイトルなどのカジュアルな場で「弱者男性」という言葉を用いることが流行していった。「自分は弱者男性ではない」と思っている男性や女性が攻撃的に用いることもあれば、弱者男性を自称する人たちが自嘲や卑下をしながら用いることもある。

こういった状況は明らかに望ましくない。そもそも侮辱という行為がよろしくないことは本書のなかで何度も強調してきたし、弱者男性の立場から問題を提起する真面目な議論にとって自嘲や卑下はノイズになる。

カジュアル化に伴い、いまや「弱者男性」という言葉の定義はすっかり拡散してしまった。この言葉が「オタク」と全く同じ意味で使われることも多い。安定した職業に就いていたり裕福であったりして「金のある」はずの中年男性ですら「自分は他の人々から気持ち悪く思われている」「他の人々から嫌われている」と感じたら弱者男性を自称する、という場面もたびたび見かけるようになった。経済の問題や恋愛・人間関係の問題という限定を取っ払って、「すべての男性は弱者である」と豪語する議論も出てくる始末だ。

＊14—https://gendai.media/articles/-/81804
＊15—https://ja.wikipedia.org/wiki/%E5%BC%B1%E8%80%85%E7%94%B7%E6%80%A7
＊16—https://ja.wikipedia.org/wiki/%E3%82%AD%E3%83%A2%E3%81%8F%E3%81%A6%E9%87%91%E3%81%AE%E3%81%AA%E3%81%84%E3%81%8A%E3%81%A3%E3%81%95%E3%82%93

4-2　伊藤昌亮による「弱者男性論」の整理

社会学者・情報学者の伊藤昌亮の論考「「弱者男性論」の形成と変容　「2ちゃんねる」での動きを中心に」は、学術的な媒体で弱者男性論の変遷を体系的に整理した、貴重な論考だ。

伊藤の論考は弱者男性論の系譜を1990年代にまでさかのぼって掘り下げるものであり、論考の副題が示すように伊藤は「2ちゃんねる」（現・5ちゃんねる）の影響を重視している。一方で、弱者男性論に関するわたしの観測範囲や問題意識は2010年代以降にあり、論考のなかでは脇役的に扱われている「はてなダイアリー」やその後継の「はてなブログ」、近年になって登場したブログサービス「ｎｏｔｅ」、そしてなによりもツイッターの影響力が大きいと考える。

とはいえ、伊藤の論考を読んでまず気づかされるのは、現在でも言われているのと全く同じロジックが過去からも存在していたということだ。

彼ら「2ちゃんねらー」の中に広く根を張っていったミソジニーは、やがて政治的な色彩を帯び、とくに反フェミニズム、反リベラルという観点から、「弱者男性」の階級闘争としての側面を見せていくようになる。

そうした経緯を明確に定式化した論者として挙げられるのが赤木智弘だろう。二〇〇七年一〇月に出版されたその著書『若者を見殺しにする国』の中で赤木は、とくに「経済弱者」としての「弱者男性」を対象に、しかもこの語をはっきりと用いながら、今日の「弱者男性論」の直接の基礎となるような議論を展開している。

（…）赤木はやはり本田［透］と同様に酒井の『負け犬の遠吠え』に触れながら、そこで「負け犬」だとされている「働く女性」は、実際には「強者女性」であり、「勝ち組」だと論じる。それなのに彼女らは自らを「弱者」として提示することで、「本当の弱者」を保護するという責任から逃れているという。

そうした欺瞞の背後にあるのは、赤木によれば「弱者」概念そのものの問題だという。これまでは「女性」「肌の色」「人種」など、「固有性に対する差別」に基づいて「弱者」が認定されてきたが、今日では経済格差など、「固有性によらない差別」から新たな「弱者」が生み出されている。それなのにフェミニズムを始めとするリベラル派は、「これまでの弱者のステレオタイプ」から「男女差別」にこだわり、「経済弱者」に目を向けようとしないため、「本当の弱者」を見落としてしまっているという。

ここで問われているのは「弱者認定」のあり方だと言えるだろう。つまり誰が誰を「弱者」として認定するのか、また、社会的な資源や承認を誰に分配すべきかを誰が決定するのか、という点だ。その点に関わる合意が、フェミニズムを介してリベラル派と女性との間で独占されてしまっているとして、赤木は異議を申し立てている。（…）リベラル派は、ジェンダーやエスニシティに関わるマイノリティばかりを弱者認定し、守ろうとしているが、実際にはむしろマジョリティの中にこそ「真の弱者」がいる。自分たちこそがそうした存在だ。ところがリベラル派はそこに目を向けず、自分勝手な正義感を振りかざしながら、守りたいものだけを守ろうとする。その結果、真に守られるべき存在である自分たち

が守られなくなってしまっている、というものだ。（伊藤、149～150頁）

いまや赤木智弘は「リベラル」と目される論客になっているし、一部の弱者男性論者とは対立する存在になっている。しかし、伊藤がまとめた右の議論は、「かわいそうランキング」などの言葉を用いて語られる現在の弱者男性論とほとんど違いがない。

また、伊藤は「2ちゃんねらー」たちが行っていた「冷笑」が本書の第四章で取り上げた「からかい」に通じることや、彼らが自分たちは「情報強者」であると認識していることを指摘している。男性の集団が「自分たちは冷静で理性的な存在だ」と誇りながら、女性のことを「感情的で愚かだ」と見なして執拗に攻撃する事態は、現在のインターネットでも定番になっている光景だ。

一方で、弱者男性論と「レイシズム」の結びつきを強調したり、「新自由主義の内面化」という節で締めくくられていたりする伊藤の論考には納得できないところも多い。同様の傾向は、伊藤の論考を取り上げている杉田俊介の「弱者男性たちは自分を愛せるか」（『男が男を解放するために 非モテの品格 大幅増補・改訂版』収録、Pヴァイン、2023年）にも見受けられる。

伊藤が論じているのは、2000年代において流行した「在日特権」を批判する運動や在日コリアンに対する差別が弱者男性論の中にも浸透していったという経緯だ。だが、わたしを含む多くのネットユーザーは、ツイッターのみならず5ちゃんねるでも、以前に比べると在日コリアンや東アジア諸国に対する差別はかなりマシになったと感じているだろう（もちろんまだ存在はしているし、在日クルド人など一部の国籍・民族に対する差別は以前よりも深刻になっているが）。

むしろ、これまでは在日外国人や東アジア諸国に向けられていただけ分散していた男性からの敵意や憎悪が女性に対して集中していることが、２０２０年代の日本のインターネットで起こっている問題かもしれない。[*17] 弱者男性論や女性差別とレイシズムの結びつきを強調し過ぎると、人種差別や外国人差別について反対を表明しながらも女性に対する差別を行う人たちのことを問題視できなくなってしまう（そういった人はかなり多い）。

また、弱者男性に関する問題は経済的な要素が多い以上、就職氷河期という時代的・世代的な要素を重視することは適切であるし、これまでの経済政策を批判して改善策を提案することも大切だ。一方で、左派の論者たちには、現代のどんな問題でも「新自由主義」や「自己責任論」が原因だと見なしてそこに回収してしまおうとする悪癖が存在する（右派でも同様の議論を行う論者は多々いるのだが）。伊藤の論考の最後でも「弱者男性は新自由主義を内面化している」といった主張がされているのだが、経済政策に関してではなく内面化できるような観念や思想を他称する言葉としての「新自由主義」がきちんと定義されていることはまれであり、この言

*17―もちろん、女性から男性に向けられる敵意や憎悪も目立っている。これらを男性差別・男性嫌悪（ミサンドリー）として批判する人は多いし、わたしとしても、発言者が「弱者」である女性だからといって男性に対する差別的な発言や侮辱などを看過すべきではないと思う。さらに、ミサンドリーがトランス女性差別に直結していることにも留意すべきだ。……とはいえ、実際に起こっている害悪の頻度や程度としては、女性差別・女性嫌悪のほうがずっと深刻であるとわたしは判断している。

葉を持ち出す議論は有意義なものになりづらい。[*18]
むしろ、とくに日本では「責任」について語ろうとすると「(新自由主義に基づく)自己責任論」というレッテルが貼られて批判の対象にされてしまうために、人々の身に起こる問題のうちのどこまでが「社会」や国家や政策などによって対処されるべきであり、どこからは個々人が自分自身で向き合う必要があるか、といった基準や区分けを議論すること自体が困難になっている。これに伴い、そもそも政治や人文学に関する議論に触れる機会に乏しい大多数の人々は国家や社会の役割を狭くとらえて個々人が負う責任の範囲を広くとらえる苛烈な考え方を抱く一方で、本やネットを通じて「議論」に触れた人々は「責任なんてものは虚構だから、どんな問題であっても個人としての自分が対処する必要はなく、社会や国家に任せることができるのだ」といった期待を抱いてしまうことになる。この、浮世離れしていて叶えられることのない期待が膨れあがることにより、一部の弱者男性論でも、不合理な主張や要求が行われることになってしまうのだ。この問題については、次章にて改めて取り上げる。[*19]

その一方で、伊藤や杉田が示している、「弱者男性論がミソジニーにつながっている」という問題意識にはわたしも賛同している。また、弱者男性論は攻撃や侮辱のターゲットとなる女性たちに対してだけでなく、それにハマる男性たち自身にもさまざまな害や不利益を引き起こしていることも、最近ではよく指摘されるようになってきた。

以降では、2020年代における弱者男性論が具体的にどんな問題を引き起こしているかについて論じよう。

4-3 被害者意識に捉われ、憎悪を扇動させられる弱者男性たち

本書の第二部では、アイデンティティ・ポリティクスの風潮とそれに関連したレトリックが引き起こすさまざまな問題について論じてきた。

特権理論やトーン・ポリシング批判は、自分たちとは異なる相手にも自由や利益があることを認めたうえで、相手の理性に訴えかけるかたちで対等な立場から自分たちの意見や要求を伝える、という公共的正当化の営みを侵害する。

また、マイクロアグレッション理論などを用いながら自分たちの抱いている感情を客観的に捉え直すことや相対化することを拒み、あまりに広い範囲の物事を「加害」や「攻撃」と捉えて「自分たちは被害者だ」と主張することは、結局のところ自分たちの心象を歪ませて自分たちが感じる苦痛を増大させる。

「からかいの政治」に関する議論を除けば、おおむね、第二部でわたしが批判してきたのは主に左派やフェミニストやマイノリティの人々が行っている議論であった。しかし、弱者男性論

---

*18—ジョセフ・ヒースは「新自由主義者」と自称する人はいないことを指摘し、新自由主義に対してどんな批判を書いても新自由主義者から批判や反論を受けることはないために（そんな人はいないのだから）、新自由主義を批判する議論は価値観を同じくする人たち同士の間にしか通じない不毛なものになると論じている。
https://induecourse.utoronto.ca/the-problem-with-critical-studies/

*19—当初、本書には「責任」について論じる独立した章を設ける予定だったが、検討した末に見送ることにした（「平等」や「自由」など他の抽象的なテーマと合わせて別の本を執筆したほうがよいと判断したし、そもそも現時点でページ数が多すぎるのでここからさらに章を追加することはできない）。

もアイデンティティに基づく主張であるのに違いはない。そして、フェミニストやマイノリティの人々と同じように、弱者男性論者たちも、自分たちの唱えるレトリックの悪影響を受けているのだ。

ある面では、属性や階級に基づいた主張を行うすべての社会運動や政治運動において、多かれ少なかれ被害者意識が形成されるのは避けられないことである。社会に向けて要求を行うためには、自分たちが受けている不利益や制限されている自由などの「被害」の存在を他人にもわかるかたちで発信する必要がある。そのためには、根拠となるデータやエピソードを集めてこなければならないし、それらを説得的に示すための表現や編集なども工夫する必要がある。これらの工程を通じて、「自分たちは被害を受けている」という印象はどうしても増大するだろう。

弱者男性論の場合には、「自分たちは感情的ではなく論理的だ」と自認・喧伝したがる特有の傾向と、ツイッターや有料ブログというネットメディアの性質が合わさり、この傾向がさらに激しくなる。

ネット上の議論では「データ」や「エビデンス」が重要視されることが多い。また、個人が行う主張や感想、あるいは書籍やメディア記事よりも「論文」のほうが、レベルが高くてエラいと見なされがちだ。……こういった風潮への反動として、最近の思想界や人文学では「反エビデンス主義」が唱えられたり「客観性」を疑ったりすることが以前にも増して流行っている。[*20]

とはいえ、本書でも理性や客観性・中立性の大切さを説いてきたように、データやエビデンスはないよりあるに越したことはない、というのがわたしの立場だ。データを集めて整理するという行為は、世の中に情報や知識を増やすという点で、称賛すべきことでもある。また、第二章ではアカデミアには「制度的反証」が保証されているからこそ他の領域よりも優れた知識や理解を生み出すことを可能にすると論じたが、論文とはまさに制度的反証の賜物だ。

しかし、自分たちの被害を主張したり、敵対する相手のことを「論破」したりするために個人がデータや論文を持ち出す場合には、いくら気を付けても足りない。なにはともあれ、データや論文が正確であり事実を表すとしても、それは物事の一面でしかない。たとえば男性が自分たちの受けている被害を主張するために、何らかの尺度における不利益や何らかの領域における不自由を立証するデータや論文を持ってくることはできるだろう。だが結局のところ、別の尺度や別の領域において女性は不利益や不自由を被っているかもしれないし、男性は利益や自由を享受しているかもしれない。

データや論文などを用いる際には、それらには限界があったり別の見方があったりするということをふまえたうえで、留保を置きながら用いることが肝心だ。しかし、個人がデータや論文を用いる際には、とくにそれが被害の主張や「論破」などの政治的で対人的な目的に紐づいている場合には、「確証バイアス」やチェリー・ピッキングの罠にたやすくハマってしまう。「相手を論破するために、自分にとって都合の良いデータだけを意識的に取り出してやろう」

＊20―哲学者の村上靖彦による『客観性の落とし穴』（ちくまプリマー新書、２０２３年）がかなり話題になり売れ行きが好調だった事実からも、ネット上の風潮を疑問視する人も多いことがうかがえる。

という自覚があるうちなら、まだマシなほうだ。自分たちの「被害」を示すデータや証拠を探せば探すほど、「自分たちだけが被害を受けているのだ」という印象は増していき、それが真実であるかのように認識してしまう。そして、相手も不利益や不自由を被っているという可能性を考慮することはどんどん難しくなる。

第五章で論じたように、こういった被害者意識を抱くことは個人の人生にとって何の得にもならず、害ばかりを及ぼす。だが、ネット上で「被害者」としての立場から意見を発することを繰り返せば繰り返すほど、被害者意識から逃れることは困難になる。第二章で触れた「社会的感情」の問題のために、これまでに発してきた意見を撤回したり、「被害者」としての自己イメージを提示することで得られてきた交友関係やアテンションを手放したりするためには、なかなかに大きな決断が必要となるからだ。

被害者意識から認知を歪ませてしまっている人に必要となるのは、その意識を相対視させて認知を改善させるための、外部からの指摘やアドバイスだ。とはいえ、認知的不協和を乗り越えながら自分の意識を組み替え直す作業はそれ自体にストレスがかかる。そして、自分の認知に沿った情報や考え方を摂取し続けることは、長期的には人生における苦痛を増やして幸福を減らすとしても、短期的には快楽となってしまう。

4-4　ジャーゴンによって形成されていく弱者男性論のエコーチェンバー

第三章や第五章でも登場したストア哲学研究者のドナルド・ロバートソンは、以下のように論じている。

ソフィストたちとは対照的に、エピクテトスは、学術的な学びと知恵を混同してはいけないこと、つまらない論争をしないこと、抽象的すぎたり学術的すぎたりするテーマに時間を浪費しないことを生徒たちに警告し続けた。彼は、ソフィストとストア哲学者の根源的な違いを強調した。前者は聞き手の称賛を得るために話し、後者は聞き手に知恵と徳を共有してもらうために話すのである〔『語録』〕。ソフィストの話はエンタテイメントのように耳に心地よい。一方、哲学者の話は、教訓的だったり心理療法的だったりするので、しばしば耳に痛いものになる——聞き手が自身の過ちや欠点と向き合い、ありのままの自分を見つめる作業になるからだ。エピクテトスは「哲学を学ぶ場は診療所だ。楽しみより、痛みを期待して行くべきだ」と言っていたという。（ロバートソン、58〜59頁）

ここで登場するのが金銭的インセンティブの問題だ。あなたが物書きであり、あなたに「読み手にとって必要なこと」ではなく「読み手が読みたいこと」を的確に察知して文章化できる能力があって、その文章を収益化できる仕組みが存在しており、収益化のために必要な労力や作業を惜しまない勤勉さと、そして自分の言葉によって読み手や社会にどんな影響がもたらされようがどうでもいいと思えるほどの酷薄さや無責任さがあるなら、あなたは（ロバートソンが定義するところの）ソフィストになるだろう。

２０２０年代のインターネットが以前よりも有害になっている最大の原因は、憎悪や差別の扇動、特定の個人・団体に対する誹謗中傷・名誉毀損などの悪質な言論を収益化するのが容易になったことにある。究極的には、この問題はグーグルやYouTubeやツイッター、そして日本では「ｎｏｔｅ」などのプラットフォームによって引き起こされているのであり、いずれの運営会社も明らかに責任を負っている。

日本における弱者男性論も、収益を目的に活動する複数の「論客」によって有害な方向に扇動されている。彼らが「弱者男性」に向けて日々提供するブログ記事は、男性たちは「社会」から見向きもされず虐げられているという自己憐憫と、「敵」である女性たちへの憎悪を増させる内容に溢れている。これら二つの感情は短期的な快楽として読者が求めているものであるからだ。

ネット上において文章を収益化するために必要になるのは、時間をかけて一冊の長い本を書くことではなく、細切れで短くはあっても記事を量産して定期的に提供し続けることだ。また、結論は決め打ちされたものとなりがちであるし、参考のために他の人が書いた文章を読むことを通じて書き手の側の考え方や意見が変わるということも起こりづらい。文章を量産するためには、何事についても同じような構図や枠組みを当てはめて同じような調子で論じたほうが手っ取り早い。そのためには、いつもと異なる意見や新しい発想は求めることがない、同じような議論で満足し続けられる、固定層の読者を掴むことが大切になる。

さらに、いちど掴んだ読者を手放さないためには、読者を他の意見や考え方に触れ﹅さ﹅せ﹅な﹅いことが重要になる。したがって、ネット上の論客は自分たちと異なる意見を主張している相手や自分たちの考え方を相対化する視点を提示する議論を積極的に非難することで、読み手が自分たちと同じような意見しか目にしなくなる「エコーチェンバー」を意識的に作り出す。

美学者の村山正碩のブログでは、「認識論的バブル（フィルターバブル）」とエコーチェンバーの区別を論じる美学者のティ・グエンの論文が紹介されている。[*21] グエンによる議論は、論客によって扇動されている日本の弱者男性論の状況にも当てはまるものだ。

> ［キャスリーン・］ジェイミソン＆［ジョセフ・］カペラは、ラッシュ・リンボーをはじめとする右派のカリスマ的人物を中心に築かれたエコーチェンバーを分析している。
>
> そこで見えてくるのは、リンボーがさまざまな方法で積極的にフォロワーを外部の情報源から孤立させているということだ。
>
> 「主流メディア」を攻撃し、ジャーゴンを内輪に流通させる。
>
> そして重要なことに、反対意見にはそれを表明した者の信頼性を損ねることを意図した対案を提供する。
>
> 結果的に、高度に対立的な勢力図ができあがる。
>
> ひとたびリンボーの見解に賛同すると、**賛同しない人は誰でも積極的に右派に反対しており、それゆえ道徳的に不健全で、一般に信頼に値しない**と考える理由をもつに至る。

＊21—https://aizilo.hatenablog.com/entry/2021/02/24/213100

そして、これがフォロワーを特定の情報源に依存させ、外部の情報源に強く抵抗させるようにするとジェイミソン&カペラは示唆する。

このような分析に基づいて、グエンは「エコーチェンバー」を**〈信頼の点でメンバーと非メンバーのあいだに大きな格差を生み出す認識論的共同体〉**と定義する。

（…）

エコーチェンバーの信頼された内部者が部外者は信頼できないと主張し続けるかぎり、内部の信頼は外部への不信を強化するだろう。

部外者が信頼されないかぎり、内部者はさまざまな形式の反証から遮断され、相対的な信頼を高めるだろう。

このような相互作用を通して、エコーチェンバーの信念体系を除去することはきわめて困難になる。

「ジャーゴン」とは特定の集団内や仲間うちでしか通じない専門用語や業界用語、符牒のことだ。本書での用法における「レトリック」と意味が被るところもあるが、集団の外を向かず内にだけ向いた言葉であるというところが特徴である。

弱者男性論者たちが好んで使うジャーゴンとしては「かわいそうランキング」や「負の性欲」、「ぴえん」や「お気持ち」、「フェミ騎士」などがある。これらのジャーゴンは、いずれも、自分たちに敵対する相手……女性や「リベラル」、フェミニズムに親和的な男性たちの行動や動機を、性欲や浅はかな同情といった感情に紐づけて表現するものだ。そして、女性たちや他のマイノリティに利益を与える代わりに自分たちに不利益をもたらす（と弱者男性論者たちが見なしている）社会政策や報道や司法なども感情に左右されている、と示唆されることもある。

やや話が逸れるが、弱者男性論に限らず、心理学や進化論に由来する考え方を援用させながら人々の行動をすべて感情（それも性欲などの「動物的」なものとされる感情）に還元させて分析・説明する議論は、ネット上に多々存在する。とくに恋愛や結婚に関わる話題が対象となることが多いが、社会運動や政治・道徳が関わる問題についてもこの手法で分析されることがある。また、最近では書店に並ぶ一般向けの新書などでも進化心理学的に人々の行動を説明するものが流行っている。

わたしも進化心理学的な議論や発想には常日頃から興味を抱いてブログで紹介してきたし、とくに恋愛や性が関わる物事について生物学的な発想を抜きに論じることは的外れであるとも考えている。前作『21世紀の道徳』でも進化心理学は倫理学と並んで骨子となる理論として採用していた。……だが、同時に、人間には理性が備わっているために進化によって身に付けさせられた感情や傾向はコントロール可能であること、またそうすべきであるということも強調してきた。本書でもたびたび登場している、進化論に造詣が深い哲学者や心理学者たち（ピーター・シンガー、ジョセフ・ヒース、ウィリアム・アーヴァイン、スティーブン・ピンカーなど）も、物事を感情に還元させる議論は行っておらず、公的な場面・私的な場面で理性が担うことのできる役割を強調している。[*22] 私たちは「進化の奴隷」ではないというメッセージは前作でも伝えたし、本書で示してきたようなレトリックや物象化の問題は進化心理学でも起こり得ることには十分に注意すべきだ。

わたしのような昔からの「進化心理学ファン」たちこそ、進化心理学が極端で大ざっぱな感情還元論に用いられている現状にはイライラさせられている。多くの魅力的で問題の多い「理論」と同じように、進化心理学は、まるで人間や社会の関わる全ての物事を説明することができるかのような幻想を初学者に抱かせてしまう。また、「わたしたちの行動はすべて生存本能と子孫を残す欲求に左右されているのであり、愛や友情や正義は幻想だ」とか「われわれは進化のメカニズムによって数百万年前に身に付けさせられた感情にいまだ支配されている」とかいったおどろおどろしい極論は、刺激が強くインパクトがあるため、宣伝がしやすいし、多くの読者にウケる。著者や編集者たちも、おそらく自分たちの作っている本に書いてあることについて半信半疑でありながら、売れ行きのために極論を世に放出しているのかもしれない。金銭的インセンティブが人々の知識や理解を歪ませるという問題は、商業出版の世界でも由々しいものとなっているのだ。


弱者男性論者たちの用いるジャーゴンについては、まず、自分たちの感情を不問に付して敵対する相手たちだけの感情をあげつらう、という問題がある。このことは自分たちの感情を客観視・相対視する機会を失わせて、むしろ自分たちのほうが理性を失い感情を暴走させる事態を引き起こす。

また、前述したジャーゴンは多かれ少なかれユーモラスな表現となっている。わざわざ表記もしたくないが、前述したものより直接的な下ネタを含むジャーゴンも存在する。これらのジャーゴンは強い調子で行われる「議論」のなかで用いられるというよりも、「ネタ」として軽い調子で使用されることのほうが多い。おそらく、ジャーゴンを提唱したり広めたりした論客たち自身も、論客たちを真似て自分でもジャーゴンを使うようになった読み手たちの側も、当初は必ずしもこれらのジャーゴンの意味することを本気で捉えていたわけではない。

しかし、最初はネタのつもりであっても繰り返し使用するうちに、ネタと本気の境目が曖昧になっていくようだ。レトリックと同じように、ジャーゴンもまた物象化していく。さらに、「自分はネタで言っているつもりだ」という認識があるために、自分の心象が歪んでいることに気づくのもよりいっそう遅れてしまう。

「かわいそうランキング」という言葉が示唆しているような、男性（とくに中年男性）など特定の属性は共感や同情が得られづらい、という事象はたしかに存在する。そして、男性は共感が得られないために、過去に赤木が論じたようにリベラル派から目を向けられなかったり「弱者認定」されなかったりすること、さらには実際の社会政策で考慮される対象になりづらかったりするという問題も、ある程度は発生しているかもしれない。

だが、第1節で示したように、不当に女性を優遇しているように見える個々の政策も、その

＊22—ジョナサン・ハイトに関しては微妙なところだ、グレッグ・ルキアノフとの共著である『傷つきやすいアメリカの大学生たち』では理性が担える役割についても強調している一方で、前作の『社会はなぜ左と右に分かれるか』では感情の影響力をかなり強く見積る議論を行っていた。

背景にある事情や問題を考えると十分に合理的で正当化できるものである場合は多い。むしろ、「女性が優遇されている」とか「自分のことが無視されている」とかいった、わたしを含む男性たちが抱く感情のほうが事実に基づかない非合理的なものであることも多いだろう。

また、「弱者認定」されることの影響は、過去も現在も大げさに捉えられているかもしれない。社会学者の津田正太郎は、ネット上で関心や注目などの「アテンション」を集めることの効果が過大評価されていること、マイノリティや差別問題についてアテンションを集めたところで実際に問題が改善されるとは限らないということを指摘している。[*23] そもそも、「リベラル派」に「弱者認定」されることと、認定された「弱者」が社会政策などを通じて配慮されたり優遇されたりすることの間には、かなりの乖離がある（政治家や役人や諸々の専門家など、政策の決定に関わる人たちの多くは「リベラル派」ではないことにも留意する必要がある）。第五章で論じた「被害者意識の文化」が、あくまで（アメリカの）大学（とネット上）に留まっていたことも思い出すべきだろう。

「自分のことは社会から気にかけてもらえない」「人々は自分の身に起こっている問題を無視している」という感情そのものが苦痛となることは、少なからず、わたしも身をもって経験している。男性などのマジョリティに不要な苦痛を引き起こし、やがて対立を生み出すことを避けるため、マイノリティや差別に関する問題についてメディアが報道したり社会運動家が訴えたりする際にも表現には配慮や工夫を凝らすべきかもしれない。[*24] だが、この苦痛は心象によって引き起こされていること、そしてその心象はおそらく歪んでいるということを、わたしたち個々人が理解して対処することも不可欠だろう。次章でも触れるように、個々人の内面の問題すべてに社会が対応することは不可能であるし、対応すべき理由があるとも限らないのだ。

　弱者男性論のジャーゴンの最大の問題は、この社会が感情だけで動いているかのような、誤った印象を抱かせてしまうことだ。実際には、社会は理性によっても動いている。当然のことながら、何らかの法案が国会で審議されたり各組織が政策を検討したりする際には、「お気持ち」だけでは決まらない。政策が決定される背後には、その政策を正当化する理由が、議論の末に多数派から承認されている。司法においても、対立する当事者それぞれが自分たちの正当性を示す議論を行った末に、裁判所は判決書に理由を明示しながら判断を行う。そして、歴史を通じて女性差別が徐々に改善していき現在でもさまざまな問題が議論され問い直されているのは、「ぴえん」した女性のことを「かわいそう」だと思った「フェミ騎士」たちのお情けによってではなく、フェミニストたちが差別を批判する論理を提唱して男性たちを含む公衆の理性に訴えてきたためである。

＊23―『ネットはなぜいつも揉めているのか』（津田正太郎著、ちくまプリマー新書、２０２４年）、91〜95頁を参照。

＊24―このあたりの議論は、アメリカでは２０１６年にドナルド・トランプが大統領に当選した際に盛り上がった。さまざまな本が書かれたが、アーリー・ホックシールドの『壁の向こうの住人たち　アメリカの右派を覆う怒りと嘆き』（布施由紀子訳、岩波書店、２０１８年）や、フランシス・フクヤマの『IDENTITY　尊厳の欲求と憤りの政治』（山田文訳、朝日新聞出版、２０１９年）をおすすめする。日本での議論は、２０２３年にオンラインで発表された伊藤昌亮の論考「曖昧な弱者とその敵意　弱者バッシングの背景に」を参照。https://tbs-mri.com/n/ndc9a0447fbd1

「社会が感情だけで動いている」という印象は、女性は人々の同情や共感を得られやすいために「権力」を持っている、といった主張に滑っていく。当然ながら、この種の主張における「権力」は通常この言葉が意味すること――主に制度や組織を通じて、国家や支配者などが振るう、他人や他集団に対して行動を強制する力――とはかなり違った意味を持っているし、この主張を唱えた人々も当初は通常の意味での「権力」と自分たちがジャーゴンとして使用する「権力」という言葉の意味のズレは意識していただろう。だが、「女性は（他人を同情させて支援や協力を得られるから）権力者なのだ」という主張を唱え続けているうちに、括弧の部分を忘れてしまい、やがて本当に女性が通常の意味での「権力者」であるかのように思ってしまう。そして、メディアで自分たちの問題が取り上げられないことや、司法の場で自分たちの主張が認められないことなども「女によって社会が支配されているからだ」と短絡的に結論づける、陰謀論のような思考から逃れられなくなっていくのだ。

エコーチェンバーはジャーゴンや陰謀論によって、外部の人々の意見や考え方に触れる機会を閉じさせて、社会に存在する理性を信じさせないように内部の人々を誘導する。陰謀論者が往々にしてそうであるように、認識や言葉の使い方が世間の常識からズレていくことによって、エコーチェンバー内部の人々はやがて外部の人々にとってまともに話をすることもできない存在になっていく。こうなると、弱者男性たちは自分たちの問題を社会に訴えることもできなくなり、ひたすらに被害者意識を募らせて、社会に対する諦念と女性たちに対する憎悪を膨れあがらすことしかできなくなる。言うまでもなく、こういった状況は当の弱者男性たちにとっても、そして女性たちや社会にとっても有害でしかない。

4－5　弱者男性も公共に訴えなければならない

改めて、本書における「公共的理性」や「公共的正当化」の考え方を記そう：どんな立場の人であっても、自分たちの自由や利益について配慮するよう社会に要求するなら、他の人たちも自分たちと同じように自由や利益を持つ対等な存在であることを忘れずに、人々の理性に訴えるかたちで主張すべきである。

「弱者男性論者たちとフェミニストたちは鏡写しのようなものだ」とか「弱者男性論者たちはフェミニストが男性になったに過ぎない存在だ」とかいった主張はよくなされている。だが、両者の間には大きな違いがある。基本的にフェミニズムの主張では「社会から女性差別をなくすべきだ」という規範的な主張やそのための具体的な提言がセットになっているのに対して、弱者男性論者たちは社会に対して何を要求しているのか曖昧であることが多いのだ。

弱者男性論者たちは「この社会から男性差別の被害はなくならない」と諦観して受け入れているようでありながらも、フェミニズムの主張を反転させてパロディ化する「ミラーリング」を行ったり、女性たちに対する揶揄や侮辱を繰り返したりする。だから、自分たちの境遇の改善を本気で求めているのか、それとも「男性が受けている不利益や被害」を喧伝するのはフェミニストの主張を否定したり女性たちに嫌がらせしたりするための手段に過ぎないのか、まるで判断がつかない。

弱者男性たちが必要としているのは、「自分たちは他の属性の人々や社会に対して何を求めているのか」という主張を適切に理論化して、自分たちで築いたエコーチェンバーの内側にではなく外側に向かって訴えることだ。そのためには、自分たちを誤った認識に導かせて、無用に他人を不快にさせるジャーゴンは捨て去る必要がある。女性やフェミニストを罵倒したり侮辱したりすることも止めなければならない。もちろん、主張の言い方やトーンにも気をつけて、丁寧に主張する必要がある。第四章でも示したように、結局のところ、公民権運動やフェミニズム運動などの運動は苦心しながらマジョリティの理性に訴えかけてきたのであり、そして、その営みは多かれ少なかれ成功して、社会を変えてきたのだ。わたしたち男性も、同じことを行うべきである。

5　男性のための「ことば」をどう語ればいいか

5-1　弱者男性論ではなく男性学に期待をかけるべき理由

昨今の男性学は、現状の社会に適応してうまく人生を過ごしている男性に対して反省を促せられるものにはなっているし、男性特権や男性集団の問題をあげつらうことで女性たちにとっても受け入れやすいものとなっている。だが、被害や不利益を受けている男性たちの「ことば」を代弁するものにはなっていない。そして、当の男性たちもそのことを理解しているために、男性学やその他の学問に対する呆れや失望の声も表明されるようになってきた。
一方で、一見すると弱者男性たちに寄り添っているかのように思える弱者男性論も、彼らが必要としているはずの「ことば」を築くものにはなっていない。むしろ、質が悪く誤りの多いジャーゴンを繰り返し浴びせられることで認知と感情を歪めさせられ、他の人々に対する憎悪や社会に対する諦念を募らせてしまうことで、男性たちは自分たちの受けている不利益や被害を公衆の理性に向けて訴えるという営みから遠ざけさせられている。

要するに、アカデミックな男性学もアマチュアな弱者男性論も、どちらも歪んでいて問題があるからダメだということを本章では主張してきた。……とはいえ、両者に生じている問題の性質や程度が同じというわけでもない。

なにはともあれ前者は学問であり、制度である。第3節で批判した「新世代」の男性学は、「前世代」の男性学の議論に対するフェミニストたちの批判や男性学内部での反省を経て登場したものだ。同じように、わたしが行ったものも含めた外部からの批判や内部での更なる反省を経て、やがては現在の男性学の議論も相対化されて修正されるということは十分に期待できる。また、西井や平山など個別の論者の具体的な議論について「完全に誤りだ」とするのも言い過ぎである。彼らの主張や議論のロジックにわたしはまるで納得がいかないが、ともあれ学術的な内容であることはたしかだし、意義が理解できる人や価値を感じる人は市井の男性のなかにもいるだろう。「前世代」の男性学の議論がいまでも参照されることがあるのと同じように、彼らの議論は今後も参照されるに違いない。

そもそも、「ある時点で完璧な正解にたどり着くこと」を（とくに人文系の）学問に期待すべきではない。そうではなく、より適切でより妥当な知識や理解を目指して議論や反証が積み重ねられていくこと（さらにはいくつかの理論や考え方の枠組みが並立して存在すること）を、わたしたちは学問に期待すべきだ。議論や反証の営みが制度的に行われている限りは、ある学問から産出された知識や理解には、そうでないところから登場した知識や理解よりも信頼できる根拠がある。逆に、制度的反証の営みが機能不全を起こしているようであれば、公衆としてのわたしたちはアカデミアに対して「ちゃんとしてよ」と苦言を呈すべきだろう。大学や学会には多かれ少なかれ公費が投入されているだけでなく、制度に問題が生じるとわたしたちが知識や理解を信頼する根拠も無くなってしまうのだから、アカデミアは公衆にかなり大きな責任を負っているのであり、わたしたちはアカデミアが適切に機能するのを期待してそれを要求することができるはずだ。

こういった要求を、ネット上で行われる「議論」やアマチュアの論客たちに対して行うことはできない。結局のところ、ネット上の議論には確証バイアスやチェリー・ピッキングを防ぐための制度は存在しないし、論客たちはなんの責任も負っていないからだ。金銭的インセンティブや社会的感情は知識や理解を歪めるとはいえ、お金も得られず「承認欲求」も満たせないのに言論や活動を続けるという慈善事業を個人に期待することにも無理がある。

アカデミアという制度に問題が起こっていたり、学者たちの議論が頼りなく感じられたりする状況であっても、制度の外にある怪しげな「知識」や「理解」に飛びついていたら元も子もない。必要となるのは、ひたすら制度を修復することだ。

5-2 ミソジニー(女性嫌悪)を「娯楽」とする男性たち

第4節の冒頭では「弱者男性」と「弱者男性論」を区別した。ここで気をつけてほしいのは、わたしの定義における「弱者男性」……経済的な問題と恋愛的な問題を同時に抱えている男性たちのすべてが、必ずしも「弱者男性論」に賛同しているわけではないことだ。

そもそもSNSをやったりネットの議論に目を通したりすることがないので弱者男性論に触れる機会がない、という男性はかなり多くいるだろう。また、世の中の人々の大多数にとっては、「議論」とは関わるだけ無駄に思えて興味が抱けないものだ。そして、失念すべきでないのは、自身が経済的・恋愛的な問題を抱えていても女性に対する憎悪を募らせることがなく、そのため往々にしてミソジニー(女性嫌悪)を含んでいる弱者男性論を敬遠したり批判したりする男性も多くいることである。[*25]

逆に、自身が必ずしも「弱者男性」ではない男性、つまり経済的に安定した立場にいたり結婚して妻がいたりする男性であっても「弱者男性論」に傾倒する場合がある。さらに、彼らは弱者男性論のなかでもミソジニー的な部分に惹かれたり、もはや弱者男性論ですらなく単にフェミニストや女性を攻撃すること自体を目的にした活動に賛同するようになったりする。そし

*25―フリーター時代、わたしはTVゲームのデバッグのバイトを2年間ほどしていた。その職場は元引きこもりや発達障害の人を積極的に採用する方針ということもあり、同僚のなかにも本文の定義における「弱者男性」である人は多々いた。そして、彼らとは仕事の合間に雑談したり何度か飲み会をしたりしたが、女性差別的な発言を聞いた記憶はほとんどないし、ましてや「弱者男性論」を主張する人なんてひとりもいなかった。

て論客たちに同調して、女性に対する差別や攻撃に加担してしまうことすらあるのだ。

第四章でも触れたように、フェミニストや物を言う女性のことを侮辱的に戯画化することは、洋の東西を問わず男性向けのメディアでは鉄板の表現になっている。女性に対する侮辱や差別をエンタメとすること、そのようなエンタメを自分自身でも楽しんでいることを気兼ねなく公言する男性はあまりにも多い。「弱者」であるかそうでないかに限らず、多くの男性が、男性たちの利益を公衆に訴えることよりも、女性たちに対して嫌がらせすることを優先してしまっているのだ。


弱者男性論やその他のミソジニスティックな議論や活動を行う論客は20代や30代と、比較的若いことも多い。そして、40代や50代、さらにそれを超える年齢の男性たちが、論客たちがフェミニストや女性を攻撃することを囃し立てて煽るという場合も多々ある。言うまでもなく、この構図によって女性たちに生じる危害はさらに増す。だが、問題はそれだけではない。

結局のところ、論客たちにとっても、長期的に見れば女性を攻撃し続けることのリスクは大きい。自らが作り出したエコーチェンバーにハマって世間から乖離することで「正当な批判」と「不当な攻撃」との区別がつかなくなっていくうちに、体裁を取り繕うことも忘れてあからさまに嫌がらせや侮辱を繰り返すようになっていき、やがて損害賠償を支払ったり職を失ったりするなどの法的・社会的な制裁に直面することになる。論客の年齢が若く、彼の社会的・経済的な立場が弱いほど、そのダメージは深刻なものとなる。

厄介なのは、SNSやネット上である人が行う言動について別の人たちの「連帯責任」までをも問うのは行き過ぎであり無理があるということだ。[*26] 個々の男性を問いつめたところで「彼の言動がフェミニストに対する正当な批判であったうちは支持していたけれど、最近は明らかに行き過ぎていたから支持していなかった」と白を切られるだろうし、実際に軽い気持ちで賛同していたら論客の言動が極端になってしまったという場合も多々あるだろう。

論客の言説や活動によって実際に傷つけられたり被害を受けたりした個人が存在しており、その事実が明らかになっている場合でも、見て見ぬ振りや目に入らない振りをし続けることはできる。やがて当の論客自身が自らの言動によって制裁を受ける羽目になっても、その言動を楽しんで囃し立てていた人は知らん振りをして彼のことを見捨ててしまい、同じような「娯楽」を提供してくれる別の論客をフォローして、そして同じような事態が繰り返されていく。

こういった構図は明らかにグロテスクだ。ミソジニスティックな「議論」を楽しむ「観客」たちの責任は問えないとしても、わたしは彼らのことを人として軽蔑する。

弱者男性論やその他のミソジニスティックな言動をするネット上の論客への賛同を表明する人たちのなかには、自らも学者や著述家として「議論」を仕事にしている人も多い。そして、

＊26――ただし、自分たちを批判する相手や自分たちを嫌う相手から理不尽に「連帯責任」を問われて、自分と全く関わりがなかったり思想や主張も一致しなかったりするような人物・団体の言動についてまでも批判を受ける、という経験を（ネット上で）もっとも多くしているのはフェミニストの女性たちのほうであることは失念すべきではない。

彼ら自身も、論客たちが登場する以前からフェミニズムに対する批判（または「リベラル」に対する批判など）を行ってきた場合もある。その批判は基本的にパブリックな場面で行われるものでもあり、「正当な批判」の域内にとどまっていただろう。しかし、侮辱や嫌がらせを含めた、フェミニストや女性に対する「不当な攻撃」を行っている人への賛意を示した時点で、彼らが過去に行ってきた批判の正当性も疑わしくなる。

もしわたしがフェミニストの女性であったら、「自分の主張に対する批判は合理的・中立的な観点から問題点を指摘する正当なものだ」と判断して真摯に受け止めていたのに、後になってその批判者がフェミニストたちに対する侮辱や嫌がらせを行う人に賛同を示していることを知り、そして侮辱や嫌がらせによって傷つけられている女性の苦痛に何の関心も示さないような人間であるという事実を目の当たりにさせられたなら、過去に彼からの批判を真摯に受け止めたことが馬鹿らしく思えるだろう。そのような人間の思想や考え方にミソジニーが混入していないと考えることのほうが、無理がある。そうなると、「正当な批判」の体裁でなされた指摘も「フェミニズムの主張はとにかく否定してやろう」とか「女性の主張には難癖をつけて抑えつけてやろう」とかいった動機に基づいていたものだったのではないか、と疑いたくなるのは仕方のないことだ。

結果として、フェミニストの女性は以前よりもさらに外部からの批判を疑うようになり、男性たちの主張に耳を傾けることに抵抗感を抱くようになる。ミソジニスティックな言動を行う論客だけでなく、自分が「観客席」にいるかのようなつもりで論客たちに賛意を示す学者や著述家たちもまた、公共的な議論の営みを侵害しているのだ。

5-3　必要なのは「プラグマティックな議論」と「公共的な議論」

本章でのわたしの議論を読んでいて「ないものねだり」と感じた読者も多いかもしれない。弱者男性論もダメ、（現状の）男性学の議論もダメ、でも自分のような男性のための「ことば」は欲しい。「結局、こいつは何を求めているんだ」とイライラしたりうんざりしたりした人もいるだろう。

アカデミアに所属せず在野にいながら、男性の立場から「男性のつらさ」や男性の抱える問題について積極的に発信し続けてきた男性として、批評家の杉田俊介がいる。しかし、『男が男を解放するために　非モテの品格　大幅増補改訂版』（Pヴァイン、2023年）や『男がつらい！　資本主義社会の「弱者男性」論』（ワニブックス、2022年）などの彼の著作もやはりフェミニズムに影響されており、男性学者の議論に近いところが多い。また、杉田の著作は映画やアニメなどのフィクション作品の批評が多く含まれていたり、資本主義や国家制度などを批判する左派的な社会運動のアジェンダに影響され過ぎていたりするために、わたしとしては男性の「つらさ」や男性が抱える問題を正面から取り上げているとは評価しづらい。

基本的に、「男性にはどういった特徴や傾向や存在があるか」ということをできるだけフラットに眺めたうえで、男性が直面する具体的な問題を取り上げて細かく分析した後に対策を提案するといった、プラグマティック（実用的）な議論のほうが好ましく思える。とくにおすすめしたいのが、次章でも取り上げる心理学者のトーマス・ジョイナーの著書『男はなぜ孤独死

するのか　男たちの成功の代償』（宮家あゆみ訳、晶文社、２０２４年）だ。カウンセリングなどを通じて自殺という問題について現場で向き合ってきたジョイナーは、孤独は人を自殺に導く大きな要因であることを指摘したうえで、女性よりも孤独になりやすいことが男性の自殺率の高さの原因である、と論じる。具体的には、「物質主義」や「地位や名声に対する執着」などの男性に備わった生物学的な傾向や「女性と比べて男性は人間関係を維持するためのスキルや意欲を若い頃に獲得しない」といった社会的な要因が、男性が孤独になりやすい理由として挙げられている。

「有害な男らしさ」と表現されることの多い特徴を問題視しているという点では、ジョイナーの主張には男性学の議論に近いところもある。だが、重要なのは、ジョイナーは男性の自殺率の高さを問題だとみなして改善するための議論を行っており、自殺の予防につながる具体的な提案もしていることだ。フェミニズムや女性読者に対する目配せをし過ぎることもなく、また は既存の社会制度なり資本主義なりに対する批判を行って話を拡散させることなく、あくまで男性に生じている問題を分析したのちに対策を提示するジョイナーの議論は、男性学に慣れ切った人ほど新鮮に感じるだろう。

もっとも、ジョイナーが提示する対策は個々の男性が実践できる、「私的」なものにとどまっている。そういった対策が必要なことも明らかだが、一方で「公的」な議論も必要だ。

これまで本書では公共の理性に訴えることの大切さを強調し続けてきた。次章では、第４節の冒頭でわたしが定義した意味での「弱者男性」（経済的な問題と恋愛的な問題を同時に抱える男性たち）の問題を訴えるための議論を、「あてがえ論」とも呼ばれる極端で質の悪い議論を批判しつつ、政治哲学の理論を使いながら行ってみよう。

自分たちが受けている（と思っている）不利益や不自由や「被害」とは実際にはどのようなものであるか、できるだけ客観的な視点を忘れないようにしながら具体的に検討する。それらについて配慮を求めたり「社会」に対して改善を要求したりするためにはどのように訴えればいいか、他の人々の視点や立場も想像しながら検討していく。それも短期的な結果を求めて「こうすれば他の人々の感情を動かせるぞ」といったレトリックに飛びつくのではなく、他の人々が納得して社会的に認められるような正当性のある理由をじっくりと考えて、その理由に基づいた主張を行っていく。

このように自分たちの問題を訴えていくうちに、他の人々は自分たちよりもさらに大きな不利益や被害を受けていることを理解することがあるかもしれないし、自分たちに生じている問題の一部はどうしても自分たち自身で対処しなければならないことに気が付く場合があるかもしれない。その一方で、ある問題に対してはほんとうに社会が対応すべき理由が存在するということに確信を抱けるようになるかもしれない。公共の理性に訴えることには個々人の私的な理性も涵養して、被害者意識やアテンションの欠如に伴う苦痛を緩和する効果がある。

第二部で論じてきたように、女性もその他のマイノリティも、レトリックに頼らず公共的理性の営みに参加すべきだ。その一方で、現状、この営みからもっとも逃避しているのはマジョリティの男性たちである。

結局のところ、プラグマティックな議論と公共的な議論、どちらも不足していることがわたしの「ないものねだり」の原因であり、そして男性という属性に関する議論の状況が歪んでいる原因でもある。これからはそういった「ことば」を築いていこうではないか。

引用・参考文献

・平山亮「男性性役割の社会化から、男性性による不平等の正当化へ」『男性学基本論文集』勁草書房、2024年
・伊藤昌亮「『弱者男性論』の形成と変容　『2ちゃんねる』での動きを中心に」『現代思想』2022年12月号
・ドナルド・ロバートソン著、山田雅久訳『ローマ皇帝のメンタルトレーニング』CCCメディアハウス、2021年

第七章
弱者男性のための正義論

1 「理念」に基づいた弱者男性論が必要な理由

1-1 「規範」に関する議論とはどのようなものか

これまで、本書では「特権」や「トーン・ポリシング」「マイクロアグレッション」という概念や理論について取り上げてきた。これらのいずれもが、「この社会のなかでマイノリティは不利な立場に置かれており、その生活や活動には不当な制限が課せられている」という差別構造の問題を指摘するために用いられるものであった。

差別構造を取り上げた理論では、マイノリティの不利さとともにマジョリティの有利さが強調される。マジョリティは特権を持っているために、トーン・ポリシングもマイクロアグレッションも受けることがないとされる。だからこそ社会はマイノリティの利益を考慮したものへと変革されるべきであり、個々人としてのマジョリティは自分の特権を反省しながらマイノリティのための社会変革に協力すべきである……という風に主張が展開されていく。

表面的には、特権やマイクロアグレッションに関する議論は記述的なものに見える。社会学や心理学の理論を用いながら、社会の構造やそれによって個人にもたらされる影響といった「事実」を明らかにする、という風に議論が展開されていく。だが、実際には、これらの議論の多くは明らかに規範的なものであった。つまり、「社会はこのように変革されるべきだ」「個人はこのような行動をするべきである」といったべき論が、特権やマイクロアグレッションに関する議論には内包されているのだ。

慎重に考えるなら、たとえば「社会にはマイノリティに対する差別構造が存在する」という事実を明らかにしたとしても、それだけでは「社会はこのように変革されるべきだ」という主張をすることはできない。

社会学の理論は差別構造を分析して特定するためには役立つとしても、本来、記述的な議論と規範的な議論とは別物であるはずだ。「現在の社会はこうなっている」という発見と「これからの社会はこのように変わるべきだ」という提言をつなげるためには、「理想的には、社会はこのようであるべきだ」という理念が必要になる。

理念について論じる学問のなかでも代表的なのが倫理学である。ただし、倫理学は組織や社会を対象にすることもあるとはいえ、基本的には個人に焦点を当てた学問だ。「ある人の行動や判断の基準とはどのようなものであるべきか」「人はどのような生き方をすべきであるか」

といった問題が倫理学の中心にあり、それは「社会はどうあるべきか」という問題と関連していることも多いが、イコールではない。

社会、あるいはもっと具体的に「国家」や「政治制度」を対象として、それがどうあるべきかという理念を論じる学問としては「政治哲学」が存在する。ただし、ひとくちに政治哲学といってもその範囲は広く、「そもそも政治とはなんであるか」「国家とはどのような存在であるのか」といった記述的な問題について原理的なレベルで考えることも含まれている。政治哲学のなかでも、とくに規範や理念に関して研究・議論する分野が「正義論」である。

正義論で扱われる問題のひとつは、ある政策が決定されるまでにはどのような過程があるべきか、すべての問題を民主主義的な多数決によって判断されるべきかそれとも問題の種類によっては専門家や権力者の判断に委ねられるべきか、といった「手続き的正義」に関する議論だ。もうひとつは、財産や資源に自由や権利はどのような根拠に基づいてどのような割合で人々に分配されるべきか、機会と結果や義務と責任の関係をどのように考えてそれぞれにどれくらいの重みを置くか、といった「分配的正義」の問題である。ある人の能力や社会に対する功績とその人が得られる報酬はどれくらい比例すべきであるか、他の項目よりもとくに自由が全員に分配されることを最優先すべきか否か、機会の平等と結果の平等のどちらを重視するか……といった様々なトピックについて各論者が「公正な分配とはこのようなものである」ということを主張していきながら議論を行い、互いの主張を批判したり訂正したりしながら「正義」の理念を探ることが、正義論という分野で行われている営みなのだ。

倫理学と同じように、正義論を提唱している人たちは自分たちが「べき論」を唱えていることに意識的だ。だからこそ、これらの分野で「〜すべきだ」という結論を出すためには、かなりの段階をふむことになる。自分とはまったく異なる規範を唱えている人を議論の相手にしなければいけないし、自分が唱えようとしている規範に対して想定される数々の批判に応答するための準備も整えなければいけない。議論を経ながら、自分の唱える規範の詳細についてじっくりと論理的に説明していき、多くの人になんとか納得してもらえるように主張を深めなければならない。

他人に対して倫理や正義を説くときには、理に適った議論を行う必要がある。その結果として、倫理学や正義論に基づいた主張は、ニュートラルでフラットなものになることが多い。自分の属している立場にとってばかり都合が良くて他の立場の人のことを考慮しないような主張が納得してもらえることはないから、どんな立場の人にもそれぞれの利害や言い分があることを前提にしたうえで、客観的な視点を意識した議論を展開することになる。マイノリティが受けている不利益を無視するような主張は批判されるだろうが、マジョリティに不条理な義務や責任を課す主張もそうそう受け入れられない。「べき論」を明示的に主張するためには、マイノリティやマジョリティを問わず誰しもに存在する理性に訴えかけることが不可欠になるのだ。

1-2 「裏技」で規範を主張することの問題

第四章では、トーン・ポリシングという概念は民主主義的な議論に求められる要件を回避して自分たちの要求を通すことを正当化するための「裏技」のようなものであると論じた。そして、トーン・ポリシングに限らず、特権理論やマイクロアグレッション理論を含む近年のアイデンティティ・ポリティクス的な理論や概念には、多かれ少なかれ「裏技」的な側面がある。

ある種の議論は、「べき論」を展開する代わりにマイノリティに対する差別構造やマジョリティが有利な立場にいるという事象を記述することによって、マイノリティを優遇する主張やマジョリティに義務や責任を追加する主張を正当化しようとする。このとき、「正しい社会とはどのようなものであるか」という理念に基づきながら「マイノリティの不利益にはどのような配慮をして、マジョリティの有利さにはどのように対処するべきか」といった規範を明示的に論じることは回避される。

そして、本書では裏技は他の立場の人からも利用されるという問題を指摘してきた。昨今の状況では、「自分たちの利益も考慮されるべきだ」「自分たちにはこのような義務や責任を課せられるいわれはない」と主張するためには、「自分たちこそが被害者の立場にいる」などと主張するのが近道になってしまう。「べき論」を展開する代わりに差別構造の存在や立場の有利不利を指摘することが、規範を主張するときの作法になっているからだ。しかし、構造や立場に関する議論とはゼロサムゲーム的なものとなることが多い。「不利な立場にいるほうが絶対的に配慮されるべきであり、義務や責任は有利な立場にいるほうにのみ課されるべきだ」という論調が強くなる。規範について明示的に論じる場合とは違い、互いの利害や言い分を考慮しながら適切な落としどころや妥協点を探るということは行われない。

だが、第五章でも論じた通り、被害者という立場を追い求めることは本人の精神衛生や幸福に害を及ぼす。結果として起こっているのは「底辺への競争」とでも言うべき事態だ。利害の対立する当事者たちのどちらもが「自分は不利な立場にいる」と力説することは、当事者たちにとっても社会全体にとってもネガティブな影響をもたらすのである。

どんな立場の人であっても、自分たちの利益に配慮するよう社会に要求するなら理念を提示して、他の人々の理性に訴えるかたちで主張すべきである。公共的理性のこの理念を、本章では、わたし自身が正義論を展開することで、実践してみせよう。

1-3　弱者男性論のクレイムを正義論の俎上に載せる

前章では、「経済的な問題と恋愛的な問題（非孤独）を同時に抱える男性たち」のことを「弱者男性」と定義し、またこのような定義は規範を論じるうえで有益であるとも示唆した。

さらに、ネット上の論客とその議論に賛同している読み手たちのことを「弱者男性論者」と定義したうえで、彼らの議論は公共に向けて訴えるかたちをしていないことや、ジャーゴンにまみれた内向けの議論に終始しているために彼ら自身の認知を歪ませていることを指摘し、結果としてエコーチェンバー内の男性たちにとってもその外側の社会にとっても害をもたらしていると論じた。

ただし、女性やフェミニストに対する攻撃ありきの議論や、社会が感情のみによって動いており共感や同情を得られない男性は常に不利な立場に立たされているかのように誇張する議論などを取り除いていけば、「弱者男性論」のなかには目を向けるべきポイントも含まれている。

結局のところ、経済と恋愛に同時に問題を抱えている「弱者男性」がなんらかの不利益を抱えているかもしれないことや、もしかしたら社会は彼らの不利益に対応できるかもしれないし対応すべきでもあるかもしれないことは、自然な発想として一定数以上の人々の頭に浮かぶことではある。……もちろん、多くのフェミニストや女性をはじめとして、彼らの不利益に社会が対応する必要性や彼らが不利益を抱えていること自体を否定する人々もいるだろう。だが、そうでない人々もいる。つまり、最初の時点では真偽や正否が定まっていない、検討する必要のある論点＝クレイムが、弱者男性論のなかにはたしかに存在しているのだ。

現行の弱者男性論でも、ときとして、他の人々や社会が自分たちの不利益に対応することを求めて外側に訴えられる場合はある。以下では、弱者男性論に含まれているクレイムのなかから本章の議論と関係のあるものを取り上げて紹介しよう。

まず、弱者男性の感じる「つらさ」や「生きづらさ」をストレートに主張したうえで、そのようなつらさを感じることは不利益であるとして、弱者男性が不利益を受けている現状は是正されるべきだと主張されることがある。このときに論じられる「つらさ」とは恋愛や結婚に関わるものであることが多く、「非モテ論」と呼ばれる議論にも関連している。*1 いちども異性と付き合うことができず結婚もできないこと、そのために人生において孤独感や愛情の欠如を感じ続けてきたことを訴え、そのような状況は女性よりも男性のほうが経験しやすいことを問題視する議論だ。

また、弱者男性論や非モテ論では「キモくて金のないおっさん」という自虐的な表現が使われることがある。男性が女性と付き合えたり結婚したりできるかどうかには、コミュニケーション能力や外見に関するセルフケア能力も関わってくるが（これらが欠けている男性が「キモい」ということだ）、それ以上に経済力が重要であることが、しばしば強調される。貧困であったり十分な収入が得られていなかったりする男性は、女性から恋愛や結婚のパートナーとして選ばれず、恋人や配偶者を得られない可能性が高い。したがって、経済力が欠如している男性は、恋愛や結婚もできないという二重苦を経験することになる。その一方で、女性の場合は収入が低かったり正規職に就けていなかったりしても恋愛や結婚を経験できる人は多い。このことから、貧困であることは女性にとってよりも男性にとってのほうがさらに深刻な問題であると主張される。

さらに、前章でも触れたような「男性の幸福度の低さ」や「男性の自殺率の高さ」について問題視することも、弱者男性論では定番の主張である。このとき、長時間労働や残業などの仕事の負荷が男性に偏っていることが、幸福度の低さや自殺率の高さの原因であると指摘されることも多い。一方で、恋愛を経験できないことによる孤独感や未婚率の高さがこれらの問題の原因として挙げられる場合もある。

上述したようなクレイムは、いずれも一概に切り捨てられるようなものではない。しかし、弱者男性たちがこれらのクレイムを主張する理路は不適切なものであることが多い。ひどい場合には、第6節で取り上げる「あてがえ論」のように、あからさまに女性の権利や自由を蔑ろにした主張がなされる。それよりはマシであっても、自分たちの側の利益や権利のことばかりを考えて、他の人々たちの利益や権利を考慮しない、自己中心的な傾向が強い。また、社会が対応すべき問題と個々人の責任の範囲内にある問題の分別を放棄するがために極端な主張となり、現実問題として社会的に対応するのが不可能な訴えになることも多いのだ。

これではせっかく訴えても他の人々に納得してもらい社会に変化をもたらすことはできない。弱者男性たちは単に自分たちの不利益や被害を訴えるだけでなく、「公的な対処がされなければならない」という主張を正当化するための適切な理路を見いだす必要がある。

ここで必要になるのが、規範や理念に関する理論、そのなかでも分配的正義に関する理論だ。

以下、本章では、マジョリティと見なされがちな「男性」という属性が受けている不利益について具体的に分析したのちに、経済と恋愛の両方に問題を抱えていることで二重苦を受けている弱者男性の不利益に論点を絞ったうえで、「弱者男性が不利益を受けていることは正義に

＊1――というか、この文章での「弱者男性」の定義には「恋愛に関する問題を抱えていること」が含まれているので、彼らの訴えが恋愛に関わるものであることが多いのは、ある種のトートロジーというか当たり前のことではある。

そして、本章での「弱者男性」の定義から外れている男性たちが、自分たちに生じている不利益を訴えることもある（「危険な肉体労働に携わっているのは男性のほうが多い」「親権などの家族に関する現行の制度は男性にとって不利になっている」など）。煩雑になるのでこれらの訴えは本章では扱わないが、このような訴えが存在しているという事実や男性が経験する困難は「弱者男性」に関するものにとどまらないことは、読者の方々にも留意してもらいたい。

反しており公的な対処が必要な問題である」と主張できるかどうか、リベラリズムをはじめとするさまざまな正義論を参照しながら検討していく。

2　恋人がいないことや結婚できないことの不利益とはなにか？

2-1　恋愛や結婚できないことが「損」だと主張しづらい背景

そもそものところから始めよう。欲しいと思っているのに恋人ができないことや、したいと思っているのに結婚できないことは、問題だと見なされるべきだろうか？

おそらく、一般的には、それらを求めているのに恋人がいなかったり結婚できなかったりすることにはなにかしらの不利益や損が含まれている、と見なされるだろう。だいたいの人は、自分自身がそういう立場に置かれることを嫌がるはずだ。そして、他人に恋人がいなかったり結婚できなかったりすることも、その状況は本人が選択したのではない不本意なものであるのなら、その人のことを気の毒に思うだろう。

しかし、とくに昨今では、恋人がいないことや結婚できないことが問題であると指摘するのも難しくなっているところがある。たとえば、若者の「草食化」はわたしが若者であった10年以上前から注目されていたが、最近では若者の「恋愛離れ」に関するニュースがよりいっそう注目されるようになった。VTuberに代表されるようなバーチャル・リアリティの発展と普及、あるいは「推し」の文化が知名度を得たことにより、メディアでは「最近の若者はVTuberやアイドルへの推し活動をすることでロマンス的な感情を満たしており、身近にいる特定の生身の人間と恋愛することはおっくうで魅力がないものだと感じている」という議論がもっともらしく語られている。

また、性的少数者に配慮する意識が普及したことにより、一般論のレベルで「恋愛」や「結婚」が個人の幸福にとって大切であると主張するのもはばかられるようになってきた。「恋愛には価値がある」と言ってしまうと「アロマンティックの人の人生には価値がない」と主張しているように思われてしまうかもしれない。結婚の大切さを説くことは、結婚することが法律で認められていない同性愛者に配慮していないと批判されるかもしれない。

一方で、性的少数者の人々が受けている苦痛や不利益の原因がマジョリティの偏見や家父長的な婚姻制度にあるとすれば、それが深刻で不道徳な「差別」であるということはわかりやすい。学問の世界では性的少数者の問題が取り沙汰されやすくなった。その代わりに、シスジェンダーでヘテロセクシュアルの人々による「ふつうの恋愛」についての注目は薄れているのだ。

しかし、表面的な風潮がどうであれ、多くの男女にとって恋愛や結婚はいまだに人生の一大事である。

たとえば、VTuberや「推し」文化が登場する前からも、「オタクの若者はアニメやゲームなど二次元のキャラクターに萌えることで性や恋に関する欲求を満たしており、生身の異性には興味を抱かなくなっている」という言説は若者論の定番であった。しかし、わたしが大学時代に入っていたオタク系のサークルでは、二次元キャラに萌えているはずのオタクたちが生身の異性を対象とした恋愛感情を抱いており、同棲生活を楽しんでいたり片想いで苦しんでいたり三角関係の泥沼にハマっていたりした。

また、現代でもマッチングアプリをスワイプしてみれば、多くの若い女性たちが恋人を求めていることは見て取れる。

結局のところ、特定の（生身の）相手を対象にして、会話やデートやセックスを繰り返しながら互いに関する理解を深めていき互いを慈しみあう「絆」を結ぶことは、古来から人間に伝わる普遍的な欲求であるはずだ。例外はあるし、社会制度や科学技術や文化や経済状況によって多少は変動するだろうが、それでも人間のデフォルトはそう易々と変わるものではない。

メディアやアカデミズムやネットの議論から離れてふつうの人々の世界に目を向けてみれば、大半の人は恋愛や結婚を求めていること、そして求めているのにそれらが得られないのは損や不利益であるということは、現在でも常識として共有されている考え方であるように思える。[*2]

2-2 「親密性」とカップル関係

アカデミックな議論、そのなかでも人文学においては、常識を擁護したり常識に立脚した主張を展開したりすることは難しい。

前著『21世紀の道徳』では、恋愛・結婚に関する「絆」への欲求は普遍的なものであると論じるために、文化人類学や進化心理学などの知見を参照した。しかし、これらの学問も、必ずしも万人からの支持を得られているわけでもない。とくに進化心理学は、前章でも触れたように濫用されることが多い。したがって、人文学に携わる人々や人文学的な考え方に馴染みのある人にとっては、人間の生物学的な性質や傾向を前提とした議論は受け入れ難いであろう。

とはいえ、生物学を経由せずとも、「恋愛や結婚は大半の人間にとって重要なものだ」という主張を補強することはできる。以下では、「親密性」に関する社会学の議論を参照してみよう。

社会学者の筒井淳也の著書『結婚と家族のこれから　共働き社会の限界』では、「親密な他者との情緒的つながりは、私たちに幸福感をもたらす極めて大きな要素」（筒井、236頁）であると指摘したうえで、「カップルを形成してそこで子どもを作る」ことをできる人とできない人との差が拡がった現代は「家族の不平等体制」であると表現されている。

他人と関わることによる情緒的な満足は、友人との交流や行きつけの店の店員とのコミュニケーションからも得ることはできるが、それらは安定していない。いつ店を辞めるかもわからないアルバイト店員と、長期的で親密な関係を築くことは難しい。店長と仲良くなったとしても、店自体が閉まったり潰れたりする可能性もある。また、いくら仲の良い友人がいたとしても、いつか遠くに引っ越してしまうかもしれない。友人が近くに住んでいたとしても、相手が結婚して家族ができたなら、友達付き合いの機会は減るだろう。

＊2―本節の論点は、前著『21世紀の道徳』の第9章「ロマンティック・ラブを擁護する」のなかで詳しく取り上げている。

一方で、原則として「一対一」で行われる恋愛や結婚には排他性という特徴がある。別れたり浮気や不倫をされたりする可能性もあるとはいえ、基本的には、カップル関係とは継続的で安定したものだ。だれかと付き合っているなら、週末にデートしたり同じ建物で寝食を共にしたりするというコミュニケーションを定期的に行うことができる。結婚していればコミュニケーションの頻度はさらに増すだけでなく、「二人は夫婦である」と周囲からも認められたり婚姻関係に対する法的な保護（と義務）が与えられたりすることで、関係はさらに安定したものになる。もし仕事の都合などで引っ越しする必要がある場合にも、配偶者が一緒についてきてくれることが期待できるだろう。

カップルとは「人間関係の最小単位」であり、そのために店員との交流や友人関係よりも「あてにできる長期的なパーソナル関係」である（筒井、２４３頁）。友人しかいない人と比べて、恋人や配偶者がいる人は、親密性とそこから得られる情緒的な満足を確保できているという点で優位な立場にいる。……だからこそ、カップルを形成できている人とできていない人という差が存在する社会の状況は、不平等であると問題視することができるかもしれない。

2-3　男性の友人関係や親子関係は希薄である

カップル関係とは、同性愛の場合を除けば一人の男性と一人の女性との間で築かれるものだ。ごく単純に考えると、恋人や配偶者のいない男性がいれば、それと同じ数だけ、恋人や配偶者のいない女性がいることになる。[*3] すると、「カップルが形成できないことで親密性を得られない」という不利益は男女の両方にとって同じように深刻な問題であり、どちらかの性に偏って生じているわけではない、と考えることもできるだろう。

しかし、おそらく、カップルを形成できないことの問題は男性にとってのほうがより深刻だ。男性に比べると女性はカップル以外の関係からも親密性を安定して得られる場合が多いために、筒井が述べているような「カップル以外の親密性はあてにならない」という問題は、とくに男性にとって顕著な問題となる。

心理学者のトーマス・ジョイナーの著書『男はなぜ孤独死するのか』では、男性は対人スキルを身に付けないまま成長してしまうために、昔からの友人関係を維持したり新しい友人を作ったりするのが女性に比べて不得意になる、という問題が指摘されている。ジョイナーによると、多くの女性は、男性と比べて、子どもの頃から複雑な人間関係を経験している。男の子同士の関係とは違い、女の子同士の関係では、互いに対して気配りをしあうことが要求される。さらに、大半の男の子には同級生の男友達しかいないが、女の子は年上や年下の子とも友人になることが多い。気配りをしあう関係や異なる年齢の友人とも関わる経験を通じて、女性は、対人スキルを身に付けるための訓練を子どもの頃から受けることになる。

＊3―実際には男女で人口が違っていたり（日本では総人口を見ると女性のほうが多いが、20代や30代は男性のほうが多い）、複数の人と同時に付き合う男女がいたりすることから、厳密には「恋人や配偶者のいない男性」と「恋人や配偶者のいない女性」の数が同じということにはならない。

結果として、多くの女性は大人になってからも新しい人と友人になることができて、その人との関係を継続する能力も備わっている。たとえば社会人になったあとにも、女性同士は互いにランチに誘ったり連絡先を交換することが多く、会社内で人間関係を構築したり新しい友人を作ったりすることが男性よりも得意であるのだ。

「女性同士の友人関係はめんどうくさくてドロドロしている一方で、男性同士の友人関係はさっぱりとしていて純粋なものである」というイメージを持っている人は多いかもしれない。だが、男性同士の関係がさっぱりしているように見えるのは、ただ単にお互いに配慮しあっていないことの裏返しでもある。女性たちに比べると、男性たちは友人に対して気配りすることが少なく、こまめに連絡を取り合うなどして関係を継続する努力も怠る。そのため、男性同士の友人関係とは、もろくて信頼のおけないものである場合が多い。

さらに、子どもの頃に複雑な人間関係を経験しないがゆえに、男性は女性に比べて対人スキルを身に付ける機会がなく大人になる。そのため、昔からの友人がいなくなったときに新しい友人を見つけることも、男性にとっては難しい。会社の同僚ともビジネスライクな関係しか持てず、プライベートな会話をしたり仕事が終わった後に遊びに誘ったりすることにも抵抗感を抱いてしまう男性は多くいるだろう。

ジョイナーの議論はアメリカに限らず日本にも当てはまるように思える。わたしの周囲の男女を観察してても、子ども時代や学生時代からの友人との関係を社会人になっても維持して、一年に一度の同窓会というレベルでもなくもっと頻繁に交流を続けられている人は、女性のほうに多い。また、わたしの身近には男性同士・女性同士のそれぞれでシェアハウスを経験した人たちがいるが、男たちのシェアハウスは破綻したのに対して女たちのシェアハウスはいまでも続いている。

もちろん男女ともに例外は多々あるだろうが、女性は同性に対しても異性に対しても配慮や気配りができるために親密な友人関係も薄く広い交友関係も維持できること、男性はそうでないために人間関係のプールが狭くなりがちなことは、一般論や平均的な傾向としては事実であるように思える。

さらに、私見を述べると、とくに日本の男性は実の家族からの親密性を得られていないことが多そうだ。

たとえば、女性のなかには大人になってからも母親と良好な関係を維持して、一緒に食事や買い物や旅行に行く人が多い。定期的に電話をして互いの現状を報告するという習慣も、とくに母と娘との間で一般的なようだ。それに比べると、「父と娘」や「母と息子」、「父と息子」の関係は希薄に見える。成人した男性が両親のどちらかと一緒に遊びに出かけることは珍しい。また、進学や就職で実家を出てからは、具体的な用事もないのに両親に電話をかけたり連絡したりすることはない、という男性はわたしの周りに多くいる。

わたしの場合は、おそらく「家族は大切であり、コミュニケーションは定期的に行うべきだ」というアメリカ的な価値観の影響もあってか、社会人になってからも母親が毎週のように電話をかけてきた。「めんどうくさいな」と思うこともあったし、「毎週電話をしている」と同世代の男性に話すと奇異に思われることもあったが、そのおかげで親子関係の親密性は母が亡くなるまで失われずに済んでいただろう。[*4] 逆に言うと、日本の母親は息子が実家にいる間は世話をするかもしれないが、息子とのコミュニケーションに積極的ではないのかもしれない。

また、ジョイナーは、男性が子どもの頃から「甘やかされる」ことも対人スキルを成長させられない一因であると指摘している。男子は何もしなくても両親から気配りされて、成長しても家族に対して自分のほうから気配りしなくても許されることが多い（それに比べると、女子には家族に対して気配りすることを求めるプレッシャーがかけられる）。おそらく、この傾向は、アメリカよりも日本においてさらに強い。日本の男性の多くは、親と定期的にコミュニケーションしたり感謝を表明したりすることに気恥ずかしさを感じるだろうし、「そうしなくても許されるものだ」という通念を抱いているようだ。

結果として、日本の男性は女性に比べて希薄な親子関係しか経験できず、そこから情緒的な満足を得ることもできなくなっているのかもしれない。

2-4 「親密性の不平等」を問題視するべきか？

ジョイナーの議論やわたしの観察が妥当であるとすれば、以下のことが言える。とくに（日本の）男性にとっては、友人関係や親子関係は親密性として不安定で希薄なものでしかなく、情緒的な満足を得るうえで頼りになるものではない。

したがって、恋愛や結婚などのカップル関係が、安定して信頼できる親密性の「最後の砦」として重要になってくる。

だが、誰しもがカップル関係を築けているわけではない。とくに近年では経済の影響からカップル関係が築ける人と築けない人との差が拡がっている。そして、第1節でも触れたように、経済力の有無と恋人や配偶者の有無はとくに男性の場合には関係がある。収入が低い男性にとって、付き合ったり結婚したりするのは困難だ。結果として、弱者男性は、経済力の欠如と親密性の欠如という「二重苦」を味わうことになるのだ。

とはいえ、上記の主張に対して「親密性やそこから得られる情緒的な満足には、具体的にはどのような価値があるのか？　それはそこまで重要なものであるのか？」という疑問を抱く人もいるかもしれない。

お金が生活の質に直結していることは明白だから、収入や資産がだれにとっても重要であるということはわかりやすい。「経済的な格差や不平等は、是正されるべき問題だ」と主張することは簡単だ。「わたしはお金がなくても幸せだ」と言う人もいるかもしれないが、社会問題や政策について考える際に、そんな人の意見を真剣に取り上げる必要はないだろう。

だが、親密性についてはそうではない。「わたしには恋人も友人もいないが、本を読んだりひとりで散歩をしたりすることに満足しており、充実した人生を過ごしている」と主張する人はいるはずだ。「他人と交流できる状況のほうが、そうでない状況よりも望ましい」と主張す

＊4―母が亡くなった後は、（ジョイナーの著書の影響もあり）定期的に自分から父親に電話をかけるようにしている。

ることに対して「人間関係を重視する価値観の押しつけだ」と批判する人もいるだろう。これらの意見は「お金がなくても幸せになれる」と言っている人の意見と比べて説得力を持つものだと見なされており、無下に退けることはできない。収入の不平等と異なり、「親密性の不平等は是正されるべき問題だ」という主張は自明ではないのだ。

「経済の不平等が問題であることは広く同意が得られているのに対して、親密性の不平等が問題であることには同意が得られていない」という問題については、第3節で、正義論における「公私分離」の問題という観点から取り上げる。

その前に、以下では、「親密性」が欠如した状態……つまり孤独が人にもたらす不利益とはどのようなものであるかについて、より具体的に記述しよう。

2-5 孤独は病気と自殺のリスクをもたらす

まず、孤独は、だれにとっても不利益や損である物事をもたらす。それは、不健康や病気だ。

神経科学者のジョン・T・カシオポは、ジャーナリストのウィリアム・パトリックとの著書『孤独の科学　人はなぜ寂しくなるのか』のなかで、以下のように書いている。

社会的孤立が健康に与える影響というのは、私たちが取り組むのに理想的な問題のように思えた。その一〇年余り前、疫学者のリサ・バークマンが、他者とのつながりがほとんどない人は多くの触れ合いがある人よりも、九年間の追跡調査の間に死ぬ確率が二倍から三倍高かったことを発見していた。社会とのつながりがほとんどない人は、虚血性心臓病、脳血管や循環器の疾患、癌、さらには呼吸器や胃腸の疾患など、死に至るあらゆる疾患を含む、より広範な原因で死ぬリスクが高かった。

（カシオポ、パトリック、128頁）

『孤独の科学』によると、主観的な孤独感は、それ自体が「痛み」のような感覚を本人にもたらす。また、孤独感は自己コントロールに関する機能を低下させて、健康的な行動を取ることを難しくする。加えて、孤独は、ストレス要因への抵抗力を弱めたり、睡眠など治癒機能の働きを低下させたりもする。さらに、孤独感は自己評価を下げる効果をもたらし、社会的なコミュニケーションにも悪影響を与えるのだ。

より具体的に描写すると、他人と交流する機会が少ない孤独な人は「自分は他者から大切にされている」という感覚を抱けないために、自分の身体を大切にしなくなる。また、孤独感自体がストレスとなるうえに、自己コントロール機能も低下しているから、ジョギングなどの健康的ではあるが意志力を要する方法でストレスを解消するという選択を取ることが難しくなり、飲酒や過食や喫煙などの不健康な方法でストレスを緩和するようになってしまう。これらが相まって、孤独感の高さは、さまざまな病気や死亡のリスクをもたらすのである。

一方で、人と一緒に暮らすことには、健康や生活習慣の面でさまざまなメリットがある。たとえば、顔色の悪さや肌の調子に声色などの体調不良を示す些細なシグナルは、自分自身では気づかなくても自分を気遣ってくれる他人が指摘してくれることがある。また、夜更かしや飲酒過多や味付けの濃い料理ばかりを食べるなどの不健康な生活習慣は、独身のままならそれが問題であることにも気づかずに死ぬまで継続してしまうかもしれないが、一緒に暮らしている人がいれば「改善したほうがいい」と忠告されるだろう。さらに、恋愛したり結婚したりしているほうが「自分は他者から大切にされている」という感覚を抱けて、自分の健康や生活習慣に配慮するという意志も抱きやすくなるはずだ。

どこの国でも、独身男性の寿命は他の属性の男女よりも短い。一般的に男性は女性よりもセルフケアに対する意識が低いから、不健康な生活を過ごしがちである。孤独が不健康をもたらすことと、配偶者がいないことは生活や習慣の改善を遠ざけることとが合わさって、独身男性は他の人よりも早死にしやすい存在になっているのだろう。

さらに、孤独は不健康や病気による死亡だけでなく、自殺にも直結している。先述したジョイナーが提唱しており、他の専門家からも広く支持を得られている「自殺の対人関係理論」によると、人が自殺を行うに至る三つの主要因のうちのひとつが「所属感の減弱」である。[*5] 具体的には「人間同士の集まりや関わりから自分は疎外されている」という感覚を強くする、ということだ。

「所属感の減弱」とは要するに「孤独」のことである。実際、男性の自殺率が高い主な原因は男性が女性に比べて孤独になりやすいことにある、とジョイナーは論じているのだ。

つまり、孤独は、病死や自殺というかたちで人を死に追い込む。死ぬまでには至らなくとも人を不健康にさせるし、情緒にも悪影響を及ぼす。

また、カシオポとジョイナーの両方が指摘しているのは、現代の思想や文学では孤独が美化されがちであり、そのために孤独のもたらす悪影響が軽んじられてしまうことだ。

ここでもまた、現代思想のじつに多くが賛美する「実存主義のカウボーイ」、つまり全世界を相手に回す一匹狼としては人間がうまくやっていかれない理由がわかる。「人は独りで生まれてくる」ことも「人は独りで死ぬ」ことも文字どおり真実かもしれないが、他者とのつながりは進化の過程で人類が今の姿になる一助となっただけでなく、現在も私たち一人ひとりがどんな人間になるのかを決めるカギも握っているのだ。どちらの場合にも、人間どうしのつながりや精神の健康、生理的な健康、情動面での健全性はすべて、互いに切り離せないほど密接に結びついている。

（カシオポ、パトリック、１７３頁）

なお、恋人がいなかったり配偶者がいなかったりすることの問題は、病気や自殺のリスクというマイナスが生じることだけに限られない。むしろ、恋人や配偶者がいないことの不利益として多くの人が想定するのは、他の人々が恋愛や結婚を通じて経験している満足感や人生の充実というプラスを得られないことのほうであ

＊5―ほかの二つの要因は「負担感の知覚：自分の存在が家族や友人に対して重荷になっている、という感覚を抱くこと」と「自殺潜在能力：過去に痛みやショッキングな体験を経験してきたことで、自殺行為をする際に生じる痛みや恐怖に耐性があること」。

るだろう。病気や自殺のリスクは、恋人や配偶者（や他のかたちの親密性）を得られずに孤独になることで発生する、あくまで間接的なものである。

本節であえて病気や自殺のリスクを強調したのは、これらは「人生の充実が得られない」という問題に比べて具体的であり、「病気にかかったり自殺願望を抱いたりすることは不利益である」という点については同意を得られやすいからだ。一方で、先述したように、「親密性が欠如していること」や「恋愛や結婚が得られないこと」それ自体が不利益であるという主張は自明ではない。この主張について他の人々に納得してもらうためには、より多くの議論が必要となる。

第5節では、哲学者のマーサ・ヌスバウムによる「潜在能力アプローチ」を援用することで、「恋愛や結婚が得られないこと」も不公正や不正義の対象と見なせる、という議論を行おう。

その前に、次節では、従来のリベラリズムに基づく正義論では「親密性の欠如」や弱者男性の問題を扱うことが難しい理由を説明する。

3　リベラリズムと弱者男性

3-1　リベラリズムにおける「公私分離」

前節で親密性の欠如が不利益であるということを強調したのは、弱者男性の問題を取り上げた際に呈されることの多い、「恋愛や結婚できないことが悪いとは限らない」「恋人や配偶者がいないことは大した問題ではない」という意見に反論するためであった。

とはいえ、先述した通り、「本人が求めているのに恋人がいないことや結婚できないことは、その人にとって不利益である」という考え方はごく常識的なものでもある。

だが、従来の政治思想や正義論では、この「常識」を反映することは難しい。とくに、政治哲学者のジョン・ロールズに代表されるような現代のリベラリズムでは、親密性の問題はどうしても後まわしにされてしまう。公私の分離は、リベラリズムにおいてとくに重視される要素であるからだ。

この問題について、筒井は以下のようにまとめている。

> リベラリズムとは、生存や承認など、基本的な人権については政府が率先して保障し、また経済の領域でも不公正な取引を排除することを目指す立場です。そのかわりに、第三章でも触れたように、私的な領域、つまり友人関係や恋愛関係、そして家族関係については消極的にしか介入しない、という立場でもあります。つまり、公的な領域と私的な領域

に線引きをし、公的領域では公正さを保障するが、私的領域は個々人の自由に任せる、ということです。

（…）

結婚するかどうか、もっといってしまえば結婚できるかどうかについても、政府が積極的にそこに乗り出してきて支援をしたり、あるいは損害を補償することはありません。この章の最初の節で、「家族の負担を取り除き、家族を気軽に形成できる基盤があれば、人は家族を作るようになるだろう」ということを述べました。政府ができることは、結婚・家族生活が上手くいかなくても生活に困らない状態を用意することであって、人間関係を仲介したり、そこで生じる「不公正」を積極的に緩和したりすることはほとんどありません。

しかし、です。家族やその他の親密な仲にある人と関係を結ぶことで得られる情緒的な満足は、必ずしも「公正」に分配されているとは限りません。何らかの理由で、特定の誰かからのケア、「気にかけ」を十分に得られない人は出てきます。特に社会が経済的、政治的に不平等であるときはそうです。（筒井、238〜239頁）

3-2 「善の構想」と「基本財」

教科書や入門書などでは、ロールズのリベラリズムは以下のようにまとめられている：人々には各々の考え方や価値観（これらは「善の構想」と呼ばれる）に基づいて自分の目標を追求したり理想とする生き方を実践したりする自由が保障されるべきである。原則として、政府は人々の善の構想や生き方に口を出すべきではない。政府の役割とは、どんな善の構想を持つ人にとっても自分の構想を実現しながら生きていくうえで必要になる、普遍的に重要でニュートラルな価値を持つ「基本財」が平等・公平に保障されたり分配されたりすることにある。[*6]

基本財には収入や資産などの経済的なものが含まれる一方で、法律や制度によって権利や自由が保障されていること、不当な差別や抑圧を受けたりせずに「自分が平等な市民として社会から公正に扱われている」と感じられること(自尊の社会的基盤)なども含まれている。

たとえば、あなたの目指す目標がプロ野球選手であったとしても研究者であったとしても、あるいは善い父親になることや野良猫を保護することであったとしても、どんな目標を追求するにせよお金や権利があることや自由を制限されないことは同じように必要になるだろう。そして、それらの分配が不公平であったり、個人や属性の間で所持している基本財に格差が生じ

＊6―本節では「基本財」について簡単かつ大雑把にまとめているが、実際にロールズの著書や解説書を読んでみると、彼が言うところの「基本財」が何を意味しておりそれが公正に分配されるとはどういうことなのかは、なかなか分かりづらい。

また、ロールズと同じく現代リベラリズムの代表的な論客である法哲学者のロナルド・ドゥオーキンの議論では「基本財」の代わりに「資源」という言葉が用いられており、その定義や議論における位置付けも異なる。本節での解説も、ロールズよりむしろドゥオーキンの考え方に近いかもしれない。……とはいえ、いずれにせよ、「個々人のそれぞれの目的追求に役立つ、ニュートラルな価値を持つもの」という意味では、ロールズの「基本財」もドゥオーキンの「資源」も共通している。

ていたりするなら、その状況は公的な問題である（不正義である）と判断されて、是正されるべきだということになる。

逆に言えば、基本財が平等・公正に分配されているなら、そこから先は各人の「善の構想」に任せるべきだ。プロ野球選手を目指す人は自分のお金や自由を野球の練習やそのための道具と設備に注ぎ込むだろうし（バットを買ったりジムに通ったりなど）、野良猫の保護を目標とする人は猫の世話に時間を割いてお金はエサ代や動物病院での去勢・避妊手術に費やすかもしれない。このとき、「野球の練習ができる設備」や「猫のエサ」が基本財であるとはいえない。それらは本人たちにとっては重要な価値を持つだろうが、野球に興味がなかったり猫を飼っていなかったりする人にとっては価値のないものであるからだ。

そして、基本財の分配が平等であったなら、ある人が欲しいと思っているものを得られないこと自体は公的な問題にはならない。たとえば「高いバットが欲しい」と思っている人が、それなりに収入があるのにジムに通ったりプロテインを買ったりしたなどの理由で貯金できなかったという理由からバットを買えないとしても、それ自体は本人の私的な生活の範囲でやりくりすべき問題であり、正義の対象となる問題だとは見なされないのである。

さて、ロールズや他の大半のリベラリストは、「恋人がいること」や「結婚できること」を基本財であるとは見なさないだろう。「恋人がいなくてもいい」と思っている人や「結婚できなくていい」と思っている人は少なからずいるし、本人の人生にとって恋愛や結婚がどれだけの重みを持つかということも人によってバラバラであるからだ。

経済的な要素や権利が全員にとってニュートラルな価値を持つのに比べて、恋愛や結婚はそうではない。恋愛や結婚を基本財に含めようとすることは、「野球の練習ができる設備」や「猫のエサ」（あるいは「特定の宗教の教義を実践できること」）を基本財に含めるのと同じように、価値観を押しつけることだと見なされるはずである。

3-3 経済力の問題だけに注目することは不十分

第2節では、弱者男性が「経済力が欠如していること」と「親密性が欠如していること」の二重苦を味わっていることを指摘した。リベラリズムにおいては、前者は公的な問題として扱うことができる。しかし後者は私的な問題であり、政府や社会が関与すべきではないとされるだろう。

経済力がないことが恋愛や結婚ができないことの要因になっている点に注目すれば、「経済的な格差の是正を主張することができるなら、弱者男性の問題は、リベラリズムでも間接的に解決されることになるはずだ」と考えることもできるかもしれない。しかし、経済的な問題だけを取り沙汰すると、弱者男性の抱えている苦悩はどうしても過小評価されてしまう。

まず、現状では、男性というグループは女性というグループに比べると経済的に優位な状況にある。そのために、「男女間の経済格差」という統計的な問題を解決するための具体的な政策は提言されて実施される一方で（性別間の賃金差別を是正するための政策など）、「男性のなかで経済的に困窮している人たち」というグループを直接的なターゲットとして救済するための対策は実施されない。実施されるとすれば、男女の両方を含めた「低収入層」と「高収入層」との間の格差を是正するための政策であるだろう。

つまり、経済に関して女性を直接的に救済する政策は考案されているのに比べて、男性は間接的にしか救済の対象にならないのだ。前章でも触れたように、この現状は、弱者男性たちに「自分たちの問題が後まわしにされている」という印象を抱かせているかもしれない。

それ以上に重要なのが、親密性の問題が私的な領域の範囲内と判断されることで、病気や自殺のリスクという深刻な問題が看過されていることである。

経済的な資源がなかったり権利がなかったりすることが生きていくうえで重大な支障になることは明白であり、そのためにそれらは「基本財」として公正な分配が保障されるべきだと見なされている。一方で、恋人がいなかったり結婚できなかったりすることが男性にもたらす健康上の不利益とは、医学や心理学の理論やデータを用いながら立証する必要のある間接的なものであるために、その深刻さが理解されづらい。

さらに、ひとりで生きている人は、「寂しさ」や「むなしさ」や「劣等感」といった、より曖昧で客観的な指標で表すこともできないようなマイナスの感情も抱いているだろう。第2節の議論に基づけば、経済的な収入が同じくらいに分配されている男女の間でも、これらの不利益やマイナスの感情は、親密性を欠如している男性に偏って発生していると予想できる。だが、リベラリズムでは、このことを問題視できない。重要なのはあくまでも公的な基本財が公正・平等に分配されているかどうかであり、私的な領域で個人間にどのような差異が生じようとも、それ自体は正義の対象となる問題ではないとされるためだ。

現代の正義論はロールズの議論を中心に展開されているが、リベラリズムの主張が絶対だというわけではない。むしろ、多くの論者は、ロールズの主張を批判したり修正したりしながら、「ほんとうの意味での平等や公正とはこういうものだ」という彼らなりの見解を提出している。

次節では、リベラリズムに対するフェミニズムからの批判、そして功利主義による正義の考え方について紹介する。どちらの理論も、弱者男性論が取り上げる問題と多少は関係しているからだ。……ただし、結局のところ、フェミニズムでも功利主義でも「男性が受けている不利益」という問題を十分に扱うことはできない、という点を指摘しよう。

4　フェミニズムと「幸福度」と弱者男性

4-1　フェミニズムによるリベラリズムの「公私分離」批判

リベラリズムにおける公私分離の発想は、フェミニズムによって長らく批判されてきた。

とはいえ、多くの場合、フェミニズムによるリベラリズム批判は本章の主張と真逆の方向になされる。

政治哲学の議論においてフェミニズムが主に問題視してきたのは、家庭や家族が「私」の領域の範囲内にあると見なされるがゆえに、そこで生じる不正が見過ごされてしまうことだ。たとえば、夫からの妻に対するドメスティック・バイオレンスや家庭内での性暴力が問題視されるようになったのはごく最近のことである。

夫婦間での性役割分業により家事や育児・介護が妻のほうに押しつけられることで彼女のキャリアが絶たれたり自由が奪われたりする、という事態は多くの家庭で起こっている。個々の妻たちは自発的に家事やケア労働を選択しているとしても、彼女たちの選択が積み重なることで「女性は結婚したらキャリアを諦めて家事に専念するものだ」という社会的通念が形成されており、就職における統計的差別などのかたちで他の女性たちに悪影響を及ぼしているかもしれない。また、女性差別的な価値観を抱いている親のもとで育つことは、女子であれば自信を失わせて人生の選択肢を狭めることにつながるだろうし、男子にとっても「女性を対等な人間と見なさなくなる」など情操の発達に悪影響をもたらすであろう。[*7]

フェミニズムによるリベラリズムの公私分離批判を簡潔にまとめると以下のようになる：現状では家族という「私」の領域に不正が生じており、それは「公」の領域における女性の選択や生き方にも悪影響を及ぼしている。したがって、家族も「公」の領域に含まれると見なして、そこで起こっている問題を正義の対象に含めるべきだ。

近年のフェミニズムでは、育児や高齢者介護などのケア労働についてはポジティブな意味合いが見いだされることも多い。しかし、夫婦関係や婚姻制度は、不正の温床だと見なされがちだ。そのため、ラディカルな議論では、結婚という慣習そのものを破壊すべきであると主張されることもある。

より穏当な議論においても、主に論じられるのは、「私」の領域に閉じ込められている女性がそこから脱出して「公」の領域で活動しやすくなることを目指す議論だ。フェミニズムの目標のひとつは、家族や家庭の形態を多様化して、夫婦関係や婚姻制度が個人の生き方に与える影響を減少することである。

4-2 フェミニズムと弱者男性論は一致するか

公私という軸で考えてみれば、男性は女性とは真逆の問題に直面している。大半の男性は経済的に依存できる相手がおらず、自分が生きていくための金は自分で稼ぎ続けなければならないので、キャリアを優先したり長時間労働をしたりなどの「公」の領域に閉じ込められている。そのため、家族や恋人との時間を大切にしたり友人と遊んだりするなどの「私」を犠牲にせざるを得ない。

そもそも恋人や配偶者のいない弱者男性にとっても、求めているのは親密性という「私」を自分たちもが得られることだ。フェミニズムが「私」の領域内で生じている不正に注目するのに対して、弱者男性論は「私」の領域それ自体から疎外されていることを問題視しているのである。[*8]

＊7―この段落では、金野美奈子の著書『ロールズと自由な社会のジェンダー』（勁草書房、2016年）でまとめられている、政治哲学者のスーザン・オーキンによるロールズ批判を参考にした（金野、117～126頁）。

フェミニズムと弱者男性論は共存できるのか、それとも両者の主張は相反するのかは、一概には言えない。

たとえば、性別役割分業が解体されたり緩和されたりすることは、両者のどちらの目標にとっても都合が良いだろう。女性を「私」の領域から解放して「公」に接近させて、それと同時に男性を「公」の領域から解放して「私」に接近させられるのなら、男女の双方が奪われているものを補いあうことになるはずだからだ。

一方で、フェミニズムでは婚姻制度や夫婦関係の負の側面が注目されて、それらを破壊したり希薄化したりすることが目指される。これは、カップル関係に基づいた親密性を必要とする男性にとっては明らかに都合が悪い。離婚の要件が緩和されて再婚しやすくなった社会や事実婚がしやすい社会、婚姻制度がなくなりカジュアルで多様な親密性が認められた社会ではそうでない場合よりも「自由」は増すだろうが、その代わりに、カップル関係は不安定なものとなるだろう。

また、弱者男性のなかには、経済力だけでなく恋愛そのものに関する能力（性的な魅力やコミュニケーション能力）にも欠けている人が多いとも考えられる。そのために弱者男性は「自由」を行使することができず、不安定さの影響だけを被って、現状よりもさらに孤独な存在となることが予想されるのだ。

いることだ。

4-3　効用と「適応的選好形成」の問題

リベラリズムは、公私分離とは別の方向からも批判することができる。

リベラリストが基本的に重視しているのは、スタート地点で資源が公正・平等に分配されていることだ。

ロールズの議論には「社会的・経済的不平等は、それが最も不利な人に対して最も利益になるときにのみ正当化される」という「格差原理」が含まれるが、彼が懸念するのは、競争の結果として格差が拡大して、基本財が十分に保障されていない状態に陥る人々が現れることである。ロールズは人々がそのような状態に陥ることは不正義だと見なして再分配の必要性を説くが、そこで重視されているのも、あくまで基本財という公的な物事の平等だ。極端に言うと、他の人よりも著しく貧乏な人が登場することは不正義となり得るが、他の人よりも著しく不幸な人が登場することは不正義となり得ない。

しかし、「分配それ自体が公正であるか」ということや「不平等や格差が存在していないか」ということの他にも注目できるポイントはある。それは「分配や競争の結果として、最終的に人々はどんなものを得られてどんな状態になっているか」ということだ。

このポイントに注目する立場は「帰結主義」と呼ばれる。そのなかでも、「最終的にすべての人々が得られる幸福（または効用）の合計を最大化することを目指すべきだ」と主張する思想

＊8―男性が「公」の領域に閉じ込められており「私」の領域に関わることができていないという議論は、男性学においても多々なされている。

が「功利主義」である。

弱者男性論においては、分配や平等よりも幸福や効用を重視するという点で、功利主義に接近する主張がされることがある。つまり、アンケートや社会調査によって計られた「幸福度」や「生活への満足度」に注目して、「日本では男性よりも女性の幸福度のほうが高いから、男性のほうがより多くの支援が必要である」と論じられることがあるのだ。

わたし自身も『21世紀の道徳』の第二部で功利主義を支持する議論を展開しており、上記の主張にも直感的には同意するところはある。……とはいえ、とくに政治や政策に関する議論において功利主義を適用する際には、「幸福」や「効用」をどのように定義してどのように測るか、という難点が生じる。

そもそも、アンケートで測れるような「幸福度」が政策を考える際の指標としてどれほど信頼できるものなのか、という問題もある。幸福だけでなく自由やその他の物事を考慮すべき帰結に含める考え方も存在する。ある人々が現時点で抱いている主観的な感覚だけを効用と定義することもできれば、「その人に十分な情報と時間や理想的な環境が与えられていた場合に、形成されていたであろう選好が満たされること」を効用と定義することもできるし、本人の主観とは別に「これらが満たされていなければその人はほんとうの意味で幸福だとはいえない」という客観的なリストを設けることもできる。

そして、幸福や生活の満足度など、本人の主観的な感覚を効用と定義する際に立ちはだかるのが「適応的選好形成」の問題だ。経済学者のアマルティア・センは、以下のように指摘している。

［効用に着目しながら］このように個々人の優位性を見る方法は、固定化してしまった不平等が存在する時には特に限界がある。永続的な逆境や困窮状態では、その犠牲者は嘆き悲しみ不満を言い続けているわけにはいかないし、状況を急激に変えようと望む動機すら欠いているかもしれない。実際、根絶しえない逆境とうまく付き合い、小さな変化でもありがたく思うようにし、不可能なことやありそうにないことを望まないようにすることの方が、生きていくための戦略としてはよっぽど理にかなっている。逆境におかれている人は、たとえ困窮した生活に押し込められていても、欲望とその達成から生じる心理的状態を計測し、快楽のプラスと苦痛のマイナスを合計してみると、それほど悪い生活をしているようには見えないかもしれない。適切な栄養を摂り、そこそこの衣服を着て、最低限の教育を受け、適切に雨風を防げる場所に住むという機会すら欠いている人も、効用による評価では困窮の程度は相当に覆い隠されてしまうかもしれない。

このように効用の計算は誤った方向に導く性質を持っており、この点は階級、ジェンダー、カースト、コミュニティーに基づく持続的な差別がある場合には特に重要な意味を持ってくる。効用アプローチとは対照的に、潜在能力アプローチでは、困苦を強いられている人々が基本的な機能を達成する自由を欠いているということを直接説明することができる。

（セン、9頁）

4-4 「女性の幸福度の高さ」と適応的選好形成

センが指摘する通り、とくにジェンダーが関わる事象について幸福に注目する場合には、適応的選好形成が問題となりやすい。

女性差別的な制度や文化のなかで生きている女性たちは、若い頃から「わたしがキャリアを追求しようとしても男性に比べて著しい障害に立ち向かう必要があり、困難で成功する見込みが薄い」ということに気が付いたり、「わたしが家事やケア労働を行わないと、周囲の人はわたしを非難したり攻撃したりするだろうし、わたしを扶養してくれる人もいなくなるだろう」ということを学習したりするかもしれない。女性は自分が暮らしている社会の状況に順応するために、キャリアを追求するという夢を諦めて「どうせ稼げないのだから仕事はほどほどにして趣味などの他のところに充実感を見いだせばよいのだ」「家庭に閉じこもる主婦の道のほうが幸せなのだ」という風に自分を納得させるかもしれない。このように差別的な環境に適応するために選好を形成した人は、女性差別の存在する不公正・不平等な社会のなかでもその選好を満たすことができて、結果として満足感や幸福を得ることもできるかもしれない。

しかし、たとえばAさんがなんらかの方法で「Bさんの選好は差別的な環境に適応するかたちで形成された」ということを知ったとすれば、Aさんは「Bさん本人が満足して幸せに過ごしているのなら、それでよい」とは判断しないはずだ。平等な環境であればBさんは夢を追求できていたり、現状に満足せずにもっと充実した生活を過ごすことができていたりしたのならば、たとえ本人が幸福であるとしても、現在の状況には不公正や不正義が存在すると見なすことができる。

ジェンダーに関する適応的選好形成の問題は、インドや中東諸国や発展途上国などの女性差別がとりわけ露骨で深刻な地域に関して指摘されることが多い。したがって、「(いちおうは)先進国であり、法律や制度のレベルでは男女同権がある程度確立している日本に当てはめられるものではない」と反論する人もいるかもしれない。しかし、男女間の賃金格差の問題をはじめとして、制度的な女性差別の存在は本邦でもさまざまに指摘されている。

たとえば、労働経済学者の大沢真知子の著作『21世紀の女性と仕事』では、表面上は男女平等である日本でも「雇用主や管理職の抱いているステレオタイプのために重要な仕事が割り当てられなかったり不公平な評価をされたりすること」や「妊娠・出産や育児による休業や短時間労働のために昇進の可能性が低い部署に配属されてキャリアが築けなくなること(マミートラック)」などの問題から、実態として女性はキャリアの面で不利であることが解説されている。

また、「幼いころから女性の幸せは男性によって決まると教えられているために」(大沢、180頁)女性たちが男性に対する依存願望を捨てきれず、自分が能力を発揮して活躍することよりも男性に扶養されるという選択を捨て切ることのできない「シンデレラ・コンプレックス」という問題もある。ある人はどんな状況に幸福を感じられるか、ということには社会的な要素も影響することは否めない。「女性は本人が努力して活躍するよりも、いい夫を見つけて家庭に入ったほうが幸せになれる」という価値観が残っている社会では、キャリアの道を歩む女性は「わたしは不幸な道を進んでいるかもしれない」という疑問を捨てることができず、実際に幸福を感じづらくなるだろう。

なお、適応的選好形成の理論にはパターナリズム的な押しつけがましさがあることは指摘しておいた方がいいだろう。いま自分が幸福だと思っている人に対して「あなたは差別的な社会に自分を適応させたから現在の状況を幸福に感じているだけであり、より自由で公正な社会に生まれていたら現状に満足せずにもっと充実した人生を過ごしていたはずだ」と面と向かって言ったら、反発されるのが当たり前である。「日本の女性たちが感じている幸福や満足は適応的選好形成の結果に過ぎない」と論じることも、当の女性たちから反論される可能性がある。彼女たちは、日本社会の状況をしっかりと理解して他の選択肢も考慮したうえで、「どんな社会であっても、わたしはキャリアよりも趣味や家庭生活を選択して、その人生に幸福を感じられる」と主張するかもしれない。

とはいえ、たとえ本人の確固たる意思に基づいて家庭に入ることを選択しても、もし男性と離婚した場合にはキャリアを捨てたことが重荷となって、ひどく不安定な状況に直面するだろう。また、独身女性が日々を楽しく過ごせていたとしても、病気や災害などで思わぬ出費が必要になった場合や人生が急転した場合には、賃金格差やキャリア面での不利という現実が押し寄せてくるかもしれない。

不公正や不正義は、現状における人々の主観とは別のところにも潜んでいる。だからこそ、平常時の「幸福度」は女性のほうが高いことが、「女性に対する差別や抑圧が深刻でない」という主張を立証するわけではないのだ。

4-5 「男性の幸福度の低さ」と責任の問題

幸福度の高低と差別や公正に関する議論は、逆側からも行える。

つまり、ある属性の人々の幸福度が低いからといって、それだけでは「その属性の人々に対する差別や不公正が存在すること」は証明できないのである。

先述した通り、男性は女性に比べて友人や親との関係が希薄であることが多いために、恋愛や結婚とは異なるかたちの親密性を女性ほどには得られていない。このことは、長時間労働を課せられることやキャリアへのプレッシャーと並んで、男性の主観的な幸福度に影響を及ぼしているだろう。カシオポが論じるように、孤独は「痛み」をもたらす。そして恋人や配偶者もいない弱者男性の場合には、孤独からくる苦痛はとくに深刻なものとなるはずだ。

だが、「他人との関係が希薄である人生」を男性たちが過ごすという問題の責任を女性たちに求めることはできないし、社会に求めることも難しいかもしれない。

そもそも、幸福とは、本人の行動や習慣、意識や「気の持ちよう」といった事柄に大幅に左右される。基本財がどのように分配されようと、ネガティブ思考が強い人やセルフケア能力に欠けている人が幸福になることは困難だ。だから、「幸福になりたい」と個人が希望したときには、自分のどのような特性が自分に不幸をもたらしているかを自覚して、意識的に修正することも不可欠である。

たとえば女性たちが友人たちとの関係を充実させることで幸福になっているのなら、男性たちがやるべきなのは、女性たちを見習って自分も友人たちとの関係を充実させることであろう。「お前たちの幸福の分け前をよこせ」と女性たちに要求することや、「自分たちのほうが不幸なのだから自分たちへの配慮を優先すべきだ」と社会に要求することは、明らかにまちがっている。そんな要求が通用してしまうと、だれもが自分は不幸だと証明するのに躍起になるだろう。不幸であることは、他人に自分を配慮させることを正当化しないのだ。

主観的な不幸や苦痛とそれに関する責任や配慮という問題は、政治哲学における「正義対ケア」の論争とも関わっている。

リベラリストである政治哲学者のウィル・キムリッカは、ケア論の問題を指摘する文脈で、下記のように論じる。

なぜ正義を唱える理論家は、他者への責任を公正の要求に限定することが重要だと考えるのであろうか。仮に、主観的苦痛が常に道徳的な要求を呼び起こすとするならば、倫理的ケアにかかわる事柄として、私のあらゆる利益に注意を向けるよう他者に期待するのは正当である。しかし正義を唱える理論家にしてみれば、このように言うことは、自分自身の利益の一部については全責任を負わなければならない、という事実を見落としたものである。正義の視点によれば、公正にかかわる事柄として、自分の利益の一部に注意を向けるよう他者に期待するのは、たとえ他者自身の善の追求が制約されたとしても正当である。だが、自分の利益すべてに注意を向けるよう期待することは正当ではありえない。自分自身の責任の範囲内に属する利益が存在するからである。自分の責任である事柄に注意を払ってもらうため、他者に自らの善の追求をやめるよう期待するのは不当であろう。

（…）

以上のように見てみれば、主観的苦痛と客観的不公正との論争は真の論争である。この論争には、われわれ自身の福利にたいする責任について、決定的に異なる立場が存在するからである。ケアを唱える理論家に言わせれば、客観的不公正を重視するならば、道徳的責任の放棄を容認しかねない。というのも、客観的不公正に従えば、他者への責任が不公正の告発に限定されるため、他者の避けえた苦痛は見落とされるからである。正義を唱える理論家に言わせれば、主観的苦痛を重視するほうが道徳的責任の放棄を容認している。というのも、主観的苦痛を重視するならば、賢明さに欠ける者が自らの選択の代償を支払うという当然のことを否定し、責任を持って行動している者に不利益を被らせ、無責任な者に得をさせるからである。

（キムリッカ、588〜589頁）

キムリッカの書く通り、「自分自身の責任の範囲内に属する利益」は存在する。責任という概念は、物事の是非について判断したり利害を調停したりするための重要な指標であり、理不尽な要求とそうでない要求との区別を付けるためには不可欠なものだ。

とはいえ、どこまでが個人の責任の範囲内でありどこまでが社会に責任があるのか、特定することが困難な場合もある。

女性に比べて男性の幸福度が低いことには、一般的に男性は女性よりもコミュニケーション能力やセルフケア能力に劣っているという点も確実に影響しているだろう。これらの能力は意識的に訓練して高めることが可能であるのを考えると、「コミュニケーションやセルフケアを怠って不幸になるのは完全に自己責任だ」という主張も想定できる。

一方で、ジェンダー論者であれば「社会が権威主義的で暴力的な〝男らしさ〟を男性に身に付けさせることで、男性はコミュニケーションやセルフケアを軽視するようになっている」と主張するかもしれない。この場合には男性の不幸は社会のせいということになる。

他方で、心理学者や生物学者のなかには、感情を軽視して物質的な事柄を重視する「モノ化志向」が生得的に強いことが、男性に生じる問題の原因だと主張する人々もいる。この主張が正しければ個人としての男性たちの責任は薄れるだろうが、かといって社会にどこまでの責任があるか判断することも難しい。[*9]

また、ジョイナーは、男性の孤独や自殺率の高さの原因を生物学的なものと社会的なものとの両方に見いだしている。責任という概念が便宜的なものであり、どこかで恣意的な線引きが必要になることも否めない。

ここで視点を変えてみよう。キムリッカは主観的苦痛を重視するのは（正義の観点からすれば）誤りであると指摘する一方で、客観的不公正であれば正義の問題になるとも論じている。

弱者男性の問題が客観的不公正であると主張するのが難しいのは、経済力の欠如という問題は男性という属性には顕著でないことと、親密性の欠如という問題は「私」の領域に属するためにリベラリズムで扱うのは難しいことに由来していた。

正義論には財の平等な分配を重視するリベラリズムのほかにも、財を分配した後に訪れる帰結に注目する立場が存在する。しかし、本節で論じてきたように、「幸福度」に注目する主張は適応的選好形成や責任という問題に対処できず、とくにジェンダーが関わる問題においては理に適った主張にならない。

しかし、帰結主義には、幸福や効用を重視する功利主義とは異なる考え方も存在する。次節では、弱者男性の経験する困難を正義の問題として取り上げるためには、先に言及したセンやヌスバウムが提唱する「潜在能力アプローチ」こそが最も有望な理論である、ということを論じよう。

＊9―たとえば女性は妊娠や生理を経験するという生物学的な現象のために男性に比べて不利益を被っているが、それらの不利益に対しては社会的に対応・補償した方が望ましい、ということには広く合意が取れている。しかし、これらの不利益の存在は物理的・外形的に明らかであるのに対して、モノ化志向とは心理や認知という内面に関わるものである。男性はモノ化志向が生得的に強いということを認めたとしても、それが個々人の経験する実際の不利益とどこまで相関しているかを特定することは困難だ。

5　潜在能力アプローチと弱者男性

5-1 「機能」と「潜在能力」

センは個人の福祉という観点から「機能」と「潜在能力」を以下のように定義している。

個人の福祉は、その人の生活の質、いわば「生活の良さ」として見ることができる。生活とは、相互に関連した「機能」（ある状態になったり、何かをすること）の集合からなっていると見なすことができる。このような観点からすると、個人が達成していることは、その人の機能のベクトルとして表現することができる。重要な機能は、「適切な栄養を得ているか」「健康状態にあるか」「避けられる病気にかかっていないか」「早死にしていないか」などといった基本的なものから、「幸福であるか」「自尊心を持っているか」「社会生活に参加しているか」などといった複雑なものまで多岐にわたる。ここで主張したいことは、人の存在はこのような機能によって構成されており、人の福祉の評価はこれらの構成要素を評価する形をとるべきだということである。

機能の概念と密接に関連しているのが、「潜在能力」である。これは、人が行うことのできる様々な機能の組合せを表している。従って、潜在能力は「様々なタイプの生活を送る」という個人の自由を反映した機能のベクトルの集合として表すことができる。財空間における いわゆる「予算集合」が、どのような財の組合わせを購入できるかという個人の

「自由」を表しているように、機能空間における「潜在能力集合」は、どのような生活を選択できるかという個人の「自由」を表している。

（セン、59〜60頁）

センが著書『不平等の再検討』で主張しているのは、社会の善さを「基本財や資源の分配が平等であるか」という点から測るリベラリズムや「より多くの人がより大きな効用を得られているか」という点から測る功利主義よりも、「人々は潜在能力を平等に得られているか」という点から測る潜在能力アプローチのほうが指標として優れている、ということだ。

潜在能力アプローチであれば、リベラリズムと功利主義それぞれの欠点に対処することができる。

まず、基本財や資源の分配が平等であるかということだけに注目するリベラリズムでは、それらの指標では測られないところに存在する不平等に対処することができない。

たとえば、ある人たちにお金と時間を与えて、「このお金と時間を使って旅行を楽しんできてください」と言ったとしよう。

このとき、与えられたお金や時間が同じであっても、健康な成人と妊婦や車椅子に乗った人が同じように旅行を楽しめるとは限らない。バリアフリーが進んでおらず身体的ハンディキャップを持った人々に対する適切な配慮が行われていない社会では、妊婦や車椅子に乗った人にとっては移動の自由や利用できる施設の選択肢が狭まるだろうし、電車の代わりにタクシーを使ったり設備の整った高い宿を選んだりする必要があるために出費がかさむかもしれない。

旅行に限らず、同じような不利は日常の生活や仕事においても生じている。この事実をふまえると「同じだけのお金と時間を与えたから平等だ」と言うことはできない。むしろ、「妊婦や車椅子に乗った人が健康な成人と同じように旅行を楽しむ（生活を過ごす、仕事をする）ためにはどうすればいいか」というところから逆算して、道路や公共施設のバリアフリー化を進めたり、バリアフリーでは対処しきれない部分を賄うためにより多くのお金や時間を分配したりする、ということが平等のためには必要とされるのだ。

潜在能力アプローチは「機能」という結果を考慮するので、帰結主義という点では功利主義と共通している。

ただし、機能には「健康」や「社会生活への参加」といった具体的・客観的な指標が含まれているために、主観的な幸福度だけに注目したときに起こる「適応的選好」の問題を回避することができる。

たとえば、長時間労働を強いられて不健康である人や家庭に閉じ込められている人が「わたしはこの状況でも幸福だ」と思っていたとしても、それとは関係なく、潜在能力アプローチであれば「そのような状況は間違っており、改善しなければならない」と主張することが可能だ。後述するように潜在能力の「客観リスト」を提示するヌスバウムの場合には、この特徴はいっそう鮮明になる。

さらに、潜在能力アプローチはパターナリズム的な「押しつけ」の問題も回避している。潜在能力とは、ある人が「健康になったり社会生活に参加したりすること」（機能）を望んだときに、それを実現できる状態が整っていることだ。長時間労働を強いられている人や家庭に閉じ込められている人は、望んでも健康や社会生活への参加を得られていないという点で、潜在能力が欠如している状況にある。一方で、「しようと思えば社会生活に参加できるけれど、社会生活に魅力を感じないので参加しない」といった状況であれば、潜在能力は満たされているので、機能が欠如していても問題とならない。センはこの違いを「飢餓に苦しむ人」と「自分の意志で断食している人」の違いに例えている。

5-2 潜在能力アプローチは弱者男性の問題にも適用できるか？

さて、基本的にセンの著書では特定の属性は対象にされておらず、一般的な正義や平等の問題として潜在能力が論じられている。一方で、ヌスバウムが潜在能力アプローチを用いている著書のタイトルは『女性と人間開発』や『正義のフロンティア　障碍者・外国人・動物という境界を越えて』だ。女性や障害者、あるいは動物という弱者の問題を扱うときには通常のリベラリズムよりも潜在能力アプローチのほうがふさわしい、とヌスバウムは論じている。

当然のことながら、彼女の著作では、(通常は強者とされる)「男性」という属性の人々が直面する問題がピックアップされているわけではない。

しかし、本章でわたしが示してきたような「恋愛や結婚ができないこと」やそれに伴う「親密性の欠如」という弱者男性に顕著な問題は、潜在能力アプローチでこそ適切に扱えるかもしれない。

まず、センが「健康状態にあるか」「避けられる病気にかかっていないか」「早死にしていないか」といった機能を基本的なものとして定義していることに注目しよう。

カシオポやジョイナーが論じているように親密性の欠如とそこから生じる孤独は病気や苦痛や自殺と関連していることが事実であるなら、「孤独でないこと」も重要な機能であると見なせるだろう。

そして、親密性のなかでもとくに安定した関係がカップル関係であった。それならば、恋愛したり結婚したりしたいと思っているのにそれができない男性たちは、間接的に、重要な潜在能力を欠落している状態にある。したがって、男性が恋愛できたり結婚できたりしないことは不平等・不公正であり、公的な対処が必要な問題である、と論じることができるのだ。

センは「資源や基本財を自由へと変換する能力には、個人間で差がある」ことや「変換能力の差は、単に身体的な違いによっても起こりうる」と指摘している（セン、49頁）。ごく一般的な話として、男性は平均して女性よりも背が高く体重が大きいので、女性よりも多くの栄養を必要とする。男性と女性に同じ量のご飯を与えるだけでは、健康という機能を平等に保障することにはならない。

センの議論には含まれていないが、変換能力の差は「身体的な違い」だけでなく「心理的な違い」によっても起こるかもしれない。男女に心理の傾向の差やコミュニケーションに関する志向の差があるとすれば（その差が生物学的なものであるか社会的に構築されたものであるかはともかく）、同じ条件であると、男性のほうが孤独になりやすくなる。ならば、親密性に関わる何らかの財を孤独である男性に多めに分配することや、妊婦や車椅子の人にとってのバリアフリーに当たるような社会的な配慮や制度設計を孤独な男性に対しても行われなければ平等とはいえない、と主張することもできるかもしれない。

もっとも、右の主張は、男女の心理の差はどれくらい存在しているか、それをどのように特定できるか、という問題に左右される。

また、リベラリストたちによる「人は自らのコントロールの下にある物事については、自分で責任を持つべきであるとする見方」（セン、233頁）に、センもある程度は同意している。先述したように、男性たちのセルフケア能力やコミュニケーション能力が欠如している理由のどこまでが生物学的要因や社会的要因のせいであり、どこまでが男性たち自身の責任であるか、特定することは困難だ。女性や障害者の直面する問題と異なり、男性の経験する困難にはどうしても曖昧さが生じてしまう。

とはいえ、具体的な対処法や解決策が考えられないわけでもない。この点については、第7節で改めて論じる。

5-3 「人間らしい生活」に注目するヌスバウムの議論

対処法について述べる前に、ここまでは棚置きにしてきた問題を取り上げよう。

弱者男性の経験する不利益とは、親密性の欠如が原因で病気や自殺のリスクが上がるという「マイナス」が存在することに限られない。むしろ、恋愛や結婚を通じた満足感や人生の充実という「プラス」が得られていないことのほうが、より本質的で重大な不利益であるとも見なせる。

センと同じく「潜在能力アプローチ」を提唱するヌスバウムであるが、彼女の理論には、「人間らしさを経験できる善い人生とはこういうものだ」という特定の価値観に基づいた、潜在能力の「客観リスト」が含まれている。

ヌスバウムの議論を援用すれば、特定の人々が恋愛や結婚を通じた「プラス」が得られないことも不正義であり、公的に対処が必要な問題であると主張できるかもしれない。

経済学者でもあるセンは「この機能は充実した人生にとって不可欠だ」「人間はこの機能によって満足感を得られたほうがよい」という風に、価値論的な判断を行いながら機能の優劣を評価することには消極的だ。そのために、彼が機能として挙げるのは、健康であることや病気にかからないこと、あるいは社会生活に参加することや自尊心を持つことといった、ほとんどの人が「それは誰にとっても大切だろう」と納得できるような、無難で希薄な物事にとどまっている。

一方でヌスバウムの専門は古代ギリシャ哲学であり、倫理学や幸福論も彼女の守備範囲である。アリストテレスも研究対象とする彼女は、「人間らしい生活をするためにはこれらの機能が欠かせない」「人間にとってほんとうに価値がある物事はこれだ」という価値判断を行いながら、センよりも踏み込んだ主張を行っているのだ。

この［潜在能力］アプローチの背景には二つの直観的な考え方がある。第一は、特定の機能は、それを達成しているかいないかによってその人が人間らしい生活をしているか否かが分かるという意味で、人間の生活の中で中心的位置を占めているということである。第二に、マルクスがアリストテレス哲学の中に見出したことだが、単に動物的な方法ではなく、真に人間的な方法でこれらの機能を満たすことには大事な意味があるということである。人の生活があまりにも貧しくて、人間の尊厳に値せず、人間らしい力を発揮することもできず、動物のような生活であるという状況に私たちはしばしば出会う。マルクスの例では、飢えている人は十分に人間的な方法で食べ物を食べることができないということであり、これによってマルクスが言おうとしたのは、実践理性や社会性を持った生き方であろうと私は考える。人は単に生き延びるために食料を得ているだけであれば、食べるという行為は社会的理性的要素の多くを伴っていない。しかし、たとえ適切な教育や、娯楽や自己表現のための余暇や、他の人々との貴重な交際によって人間としての感覚が磨かれていないとしても、人間の感覚は単に動物のレベルでも働きうるとも論じている。マルクスはおそらく認めないだろうが、私たちはさらに表現や連帯の自由や信仰の自由といったいくつかの項目もこのリストに加えるべきだろう。その核心的概念は、「群れをなす」動物のように人生が受身的に形作られ、世の中に流されて生きていくのではなく、他の人々と協力しあい互いに助け合いながら自分自身の生活を築いていく、尊厳を持った自由な存在としての人間である。真に人間らしい生き方とは、一貫して実践理性と社会性という人間らしい力によって形作られるものである。

（ヌスバウム［2005年］、85〜86頁）

先述したように、ヌスバウムはとくに重要な潜在能力（と彼女が考えるもの）をリスト化している。「リストそのものは変更可能であり、徐々に修正されてきている」（ヌスバウム［2012年］、90頁）とされてはいるが、原著が2000年刊行の『女性と人間開発』と2006年刊行の『正義のフロンティア』それぞれに掲載されているリストを見ても、その内容はほぼ変わっていない。おそらく、最初に作成された時点でかなり考え抜かれたものであり、易々と変わることはないだろう。

ヌスバウムが潜在能力アプローチを重視する目的のひとつが、インドをはじめとする非欧米諸国や発展途上国における女性差別を批判することだ。

とくに欧米諸国の人が外国の女性差別について意見を呈すると、現地の人から「これがこの国の文化なのであり、西洋人から見ると差別的に見えるかもしれないが、実際にはこの国の女性もこの文化に満足しているので、外部からつべこべ言うべきでない」といった反論をされることが多い（そういった反論をする人の大半は男性なのだが）。しかし、潜在能力アプローチであれば、普遍的な観点から「その国の人たちがどう思っていようがそれは女性差別であり、改善されなければならない」と主張して、反論を退けることができる。

ヌスバウムは生物学や進化心理学を採用しているわけではないが、アリストテレス的な発想に基づきながら、人間という「種」には時代や文化を超えて普遍的な共通点が存在しているという前提に立っている。したがって、「どのような物事が人間の生活を充実させられるか」「人間らしい生き方とは何であるか」ということについても国や地域に左右されない基準を設けられる、と彼女は考える。潜在能力のリストは、その普遍的な基準の具体例であるのだ。

ヌスバウムの立場は、個人にとっての価値や「善い人生」について、「当人がそれを選好するから」「当人がそれで幸せになれるから」といった主観を重視する観点ではなく外部からの基準によって判断するものであり、「卓越主義」とも呼ばれる。

卓越主義には「上から目線」が付き物であり、パターナリズムとも親和的であるから、リベラリズムや個人主義とは相性が悪いことは否めない。センと同じようにヌスバウムも機能と潜在能力を区別しており、後者が保障されていれば実際に機能が実現できているかは問題ではない（だれが自分の意志に基づいて「善くない人生」を過ごすことは構わない）、としている。それでも、価値や「善い人生」についての外形的な定義を示そうとする時点で、「わたしはそれに価値があるとは思わない」「何の権限があってお前が他人の人生の善さを決められるのだ」という反発は避けられないだろう。

だが、価値や善さを具体的に指定できることこそが、卓越主義の利点でもある。適応的選好形成の問題を避けられるだけでなく、リベラリズムに存在していたような公私分離の問題にも対処できるからだ。

基本財の分配のみに焦点を当てるリベラリズムでは、「善の構想」の範囲内とされる物事は正義の関わる問題ではなかった。しかし、ヌスバウムによれば、重要な潜在能力の最低水準が満たされていないことは「不公平で悲劇的な状況と見なされるべきであり、緊急な配慮が必要である」（ヌスバウム［2005年］、85頁）。

彼女のリストのなかには「感覚・想像力・思考」や「自然との共生」や「遊び」など、従来のリベラリズムでは明らかに「善の構想」の範囲内と見なされるような物事も含まれている。ある人が「美術館に行って芸術を鑑賞したい」と思っているのにそれができないことや、「動物と一緒に生活したい」と思っているのにそれができないことは、ロールズ的なリベラリズムであれば正義が関わる問題とはされないが、ヌスバウムの潜在能力アプローチなら「人間らしい生活」を過ごすための選択肢を奪われているという点で不正義だと見なせるのだ。

5-4　恋愛や結婚と「人間らしさ」

ここまで解説してきた、ヌスバウムの潜在能力アプローチであれば、リベラリズムの公私分離を回避して、「善の構想」の範囲内に含まれていた物事も正義の対象にすることができる。するといい、もし、だれと恋愛・結婚するかが重要な潜在能力であると見なせるならば弱者男性のおかれている状況は「悲劇」であり、公的に対処される必要がある「不正義」だと主張することもできるはずだ。

もっとも、多くの哲学者と同じように、ヌスバウムは「愛」についてはさまざまなところで語っているが「恋愛」についてはあまり論じていない。むしろ、『女性と人間開発』のなかでは、ロマンチック・ラブ的な恋愛観は近代西洋に固有のものだとして否定されている。結婚についても、夫婦を中心とした核家族を自然なものであるとする発想は西洋的なものであるとしてやはり切り捨てられて、インドの寡婦が結婚生活が終わったことを喜んで再婚の意思を持たなかったり、インドや南アジアの女性は男女関係の代わりに「女性たちの相互支援のためのグループ」を築いていたりすることが示されている。

とはいえ、特殊なのは西洋ではなくインドのほうである、と指摘できるかもしれない。なにしろ、インドでは女性差別がとくに深刻で改善の必要があるということは、ヌスバウム自身が『女性と人間開発』のなかで繰り返し主張しているのだ。男女が平等であり両性が互いを尊重する社会であったなら、インドの寡婦も夫の死を悲しんでいたかもしれない。

それでは、ヌスバウムによる潜在能力の客観リストを見てみよう。

私見では、リストのうちの以下のような箇所が、恋愛や結婚に関係付けられる。

・性的満足の機会と妊娠・出産のことがらにおける選択の機会とを持つこと。(3「身体の不可侵性」から)

・自分たちの外部にある物や人びとに対して愛情をもてること。私たちを愛しケアしてくれる人びとを愛せること。そのような人びとの不在を嘆き悲しむことができること。概して、愛すること、嘆き悲しむこと、切望・感謝・正当な怒りを経験することができること。(5「感情」から)

・他者と共にそして他者に向かって生きうること。ほかの人間を認めかつ彼らに対して関心を持ちうること。さまざまな形態の社会的交流に携わりうること。他者の状況を想像

することができること。（7「連帯」から）

（ヌスバウム［2012年］、90～91頁）

実際問題として、現代の先進国に生きる一般的・平均的な人々がこれらの機能を経験するのは、多かれ少なかれ恋愛や結婚を通じてだろう。あるいは、他のかたちで経験できるとしても、恋愛や結婚を通じてのほうが濃厚な経験ができたり、経験の中身を充実させたりできる。

性的な規範が時代によって変動して緩くなっているとしても、恋人や配偶者としかセックスしないという人はいまだに主流派である。親や友人に対して愛情を持つ人もいるだろうが、恋人に対する愛情はそれらを上回ることが多いものだ。「他者と共に生きよう」と思ったときには、シェアハウスで暮らすよりも特定の相手と同棲することや結婚して家庭を持つことを希望するほうが、男女ともに一般的である。

結局のところ、恋愛したり結婚したりすることは、人間らしい人生を過ごすことに深く関わっている。学問の世界ではなかなか主張しづらいこの見解は、常識的であるがゆえに真を突いているはずだ。

だから、ある人たちから恋愛や結婚をしたいと思っているのに、それをする機会や選択肢が奪われている状況は、悲劇であり不正義であると表現することができる。したがって、「弱者男性の状況も悲劇であり、彼らの経験している苦しみには公的な対処が必要だ」という主張は成立するのだ。

6 「あてがえ論」と「上昇婚」

6-1 「女をあてがえ論」とはなにか

ここまでの議論を整理しよう。従来のリベラリズムやフェミニズム、幸福度に注目する議論などでは弱者男性の問題を適切に捉えることはできなかった。しかし、潜在能力アプローチを用いれば、それらを求めているのに恋人がいなかったり結婚できなかったりする人がいる状況は不正義であり、公的な対処が必要な問題だと見なされる、と論じることができた。

では、この不正義には、具体的にはどのように対処できるだろうか?

ここからが、弱者男性論のなかでも最も厄介なところだ。

経済的な不平等や自由・権利に対する制度的な制限など、リベラリズムで問題視される事柄については、「財の分配を調整する」「制度を変更する」などの方法で対処することが理論的には可能である。センが問題視していたような車椅子に乗った人や妊婦が直面するハンディキャップについても、社会の物理的な環境とともに制度や文化を変えることで対処できるだろう。そして、弱者男性の問題についても、問題の片側である「経済力の欠如」については、経済的な再分配の施策を行うことで直接的に対処できるはずだ。

しかし、「恋人がいないこと」や「配偶者がいないこと」について男性たちが直面する不利益――孤独により病気や自殺のリスクが上がることや、人間らしさのある善い人生を過ごせないこと――とは、お金をはじめとした基本財がいくら分配されたところで、直接的な補償にはならない。これまでは「お金がなくて恋人もいなかった人」が、単に「恋人のいない人」になったところで、やはり本人は「自分は他の人たちが得られているような経験ができておらず、重要な価値を欠いた人生を過ごしている」と思うかもしれない。

恋人や配偶者がいないことへの対処法として、弱者男性論においては、しばしば直接的な「分配」が唱えられることがある。

それは、女性を分配すべき財であるかのように扱いながら、政策によって男性たちに女性を供給することを求めたり、女性たちに「弱者男性と付き合え」「女は男と結婚しろ」と直接的に要求したりするような主張だ。これらの主張は「女をあてがえ論」とも他称されている。「あてがえ論」ほど露骨でなくても、弱者男性論の主張は、男性の問題を解決するために女性の権利や自由を直接的・間接的に制限することを要求するものである場合が多い。たとえば、「女性が男性に依存せずにひとりで生きていくのに十分なくらいお金を稼げるようになると、経済的な理由に基づいて男性と結婚したいと思う女性が減る」と論じたうえで「男女の賃金格差は維持しなければならない」「女性の収入は低く抑えるべきだ」という主張がなされる。

また、高収入な男性は自分よりも収入の低い女性と結婚することが多い一方で、女性はいくら収入が高くても自分と同じかさらに高い収入の男性と結婚する場合が多いという「上昇婚」の傾向はアカデミックな調査や研究でもたびたび指摘されている。この指摘をふまえたうえで、弱者男性論では「女性も男性と同じように収入の低い相手と結婚(下方婚)するべきだ」と要求することがあるのだ。

6-2 「あてがえ論」が否定される理由

「あてがえ論」は本気で唱えられているとは限らず、フェミニズムの主張を相対化・無効化するためにあえて持ち出されている場合もある。

つまり、女性を男性に分配したり女性の権利を制限するという政策がほんとうに実現するはずがないのを承知でいながら、「男性たちが自分たちの権利や利益のために行う主張が支持されたりすることはないのに、女性たちが自分たちの権利や利益のために行う主張は受け入れられて政策にも反映されるのは不公平だ」と抗議するために論じられることがあるのだ。

とはいえ、実際問題として、「あてがえ論」はフェミニズムの主張と並び立つようなレベルにない。歴史的に女性たちがさまざまな権利や自由を奪われてきたことは疑いなく、それらを取り戻すためには制度や文化を変える必要がある、という主張は妥当なものだ。女性のみならず男性であっても理性的に思考すればフェミニズムの主張に同意できるだろうし、現に多くの男性が女性たちのために制度・文化の変革に協力している。

また、穏当なフェミニズムであれば、男性たちの権利や自由を直接的に制限しようとする主張が唱えられることはほぼない。これまで女性に不利であり続けた状況を改善するためのアファーマティブ・アクションやクォーター制が主張されて「女性枠」が設けられることにより、結果的に男性が特定の学校・学部に入学したり特定の職業や職種に就いたりするためのハードルが上がることはあるかもしれないが、それで男性が被る不利益はあくまで間接的なものだ。アファーマティブ・アクションを正当化する理路は、男性は「目に見えない下駄」を履かされているために受験やキャリアにおいて不当に有利であり続けてきたのであるから、女性枠を設けることではじめて平等や公正が達成される、というものだ。この理路の前提を問うことはできるけれど（「目に見えない下駄はほんとうに存在するのか？」など）、理路自体は妥当なものだと判断できる。女性と男性それぞれの権利や自由や利益を公平に配慮したうえでも、フェミニズムの主張に同意できる場合は多いものだ。

対して「あてがえ論」やその他の弱者男性論においては、男性の権利や利益ばかりに目が向けられ、女性のそれは蔑ろにされていることが多い。

ある男性に恋人や配偶者がいないことが不利益であるとしても、その不利益を解消するために女性の権利や自由を制限することは正当化できない。男性に「恋愛・結婚したい」という希望があるのと同じように、女性にも「キャリアの道を歩んで他人に依存することなく生活したい」「恋愛や結婚の相手は自分で選びたい」という希望がある。そして、女性は男性と対等な人間であり、男性のために分配される財ではない。ある属性の人々が自分たちの不利益を解決するために、他の属性の人々を自分たちに分配しろと求めたり他の属性の人々の権利や自由を直接的に制限しろと論じたりするのは、どう考えても理に適っていない。

公共に訴えるためには、他の人たちは自分と対等な尊厳を持つと認めること、自分にも利害があるのと同じように他の人たちにも利害があるのを認めることが前提になる。他人の利害を無視して自分たちの利害だけを考慮した主張が人々を説得できなかったり社会に受け入れられなかったりするのは、当然のことなのだ。

6-3 女性の「上昇婚志向」は非難できるか?

女性たちの間に「上昇婚」の志向が存在しているとしても、それを理由にして、女性たちの賃金や収入を制限したり女性たちの行動や選択をコントロールしたりすることは認められない。

上昇婚に関する議論には、「そもそも上昇婚志向はほんとうに女性たちの間に存在するかどうか」「存在するとすればその理由は何であるのか」「特定の地域や時代に限定されたものであるのか、文化を超えて存在する普遍的なものであるのか」といったさまざまな論点が存在する。

進化心理学のように人間の普遍性を強調するタイプの学問であれば「生存と繁殖の都合から、パートナーとする男性に対して資源を集める能力や集団内での地位を求める傾向が女性には生得的に備わっており、現代ではそれが上昇婚というかたちで表れている」と論じられるだろう。一方で、女性が上昇婚を求める傾向の強さは現代の先進国の間でも差があることから、この志向は文化や社会の制度によって影響されるということが強調される場合も多い。

なお、「女性が上昇婚を望まざるを得ないのは男女間の賃金格差が原因であり、賃金が男女平等である場合には上昇婚志向は消滅する」と反論される場合もあるが、すくなくとも日本においては学歴や年収の高い女性であっても自分よりも同等以上の学歴や年収の男性と結婚したがる傾向が存在することは、さまざまな調査によって指摘されている。

しかし、その理由がなんであろうと、「女性は（高収入であっても）自分より収入の高い男性と結婚したがる」という傾向はあくまで統計的なものだ。おそらく、女性の上昇婚志向は低収入な男性が結婚できないという状況を生み出す原因のひとつではあるだろう。しかし、個人としての女性たちが、自分たちの性別の統計的な傾向が原因で生じている問題の責任を負うべきとは限らない。

また、統計だけに注目すれば「女性は高収入の男性を望んでいる」と見えるとしても、個々の女性の選択においては収入以外の点に魅力を感じて結婚している可能性がある点に留意すべきだ。

たとえば、高学歴な女性が同じく高学歴な男性に魅力を感じるのは、会話の内容や価値観が合うからかもしれない（一般に学歴と収入は比例していることを考慮すると、結果として「高収入の女性は高収入の男性を求める」ということになる）。あるいは、高収入な男性はコミュニケーションやユーモアや気配りの能力も高く（これらの能力が高い人は営業や世渡りがうまく収入も上がるだろう）、女性は収入ではなくそちらに魅力を感じているかもしれない。各々の女性たちが魅力を感じた相手と結婚した結果、統計的には「女性は高収入の男性と結婚する」という傾向が表れるかもしれないが、それは女性たちの選択を一面的に解釈したものだという可能性がある。

さらに、女性が男性を配偶者として選択する際に収入や経済力を直接的に重視しているとしても、その背景には複合的な要因が存在する。社会学者の山田昌弘の著書『日本の少子化対策はなぜ失敗したのか？　結婚・出産が回避される本当の原因』（光文社新書、２０２０年）では、日本の女性の多くは「仕事での自己実現」よりも「豊かな消費生活を過ごすこと」、そして「子どもを立派に育てること」を人生の目標に定めている点が、彼女たちが男性に収入や経済力を求める理由であると指摘されている。

日本の女性たちが仕事での実現を重視しないことには、労働環境そのものの悪さや「やりがい」のなさに、第４節で指摘したような女性にとってのキャリアの不利も影響しているだろう。また、単に子どもを産み育てるだけでなく、「子どもはよい大学に通わせなければならない」という意識から将来的に必要とされる教育費を高く見積もる（そのために配偶者に高収入を求める）ことは、日本人に顕著なリスク回避志向や「世間体」意識に影響されている一方で、将来に生まれてくる子どもに対する母親としての愛情や義務感に基づくものでもある。

男性たちは、上昇婚を求める女性たちについて「稼いでいる男性と異なり、稼いでいる女性は自分よりも収入の低い異性を扶養しない」という点を強調したり、「夫だけに稼がせて、自分は主婦やパートタイマーとして気楽な生活を過ごしたがっている」という風に表現したりすることが多い。このような表現を見聞したら、「女性は男性に比べてワガママで自己中心的な存在だ」という印象はどうしても強くなってしまう。……だが、その解釈は、統計に表れた傾向から一面を切り取ったものであるだけでなく、異性に対する悪意や軽蔑の気持ちを増幅してしまうものでもある。

レトリックは印象を左右して認知を歪めるという、本書でたびたび登場してきた問題が、ここでも顔を出してくる。原因や程度がどうであれ上昇婚志向が存在するとすればそれについての研究はなされるべきだが、このトピックについて男性同士が日常での会話やネット上で行う議論は、歪んでいて不毛なものになりがちだ。

恋愛や結婚に関して女性たちがとる選択は男性たちの人生にも大きな影響を与えるからこそ、男性たちのほうも女性の上昇婚志向という問題について冷静・中立的に考えることは難しい、という点はくれぐれも失念すべきでないだろう。

6-4 恋愛や結婚の自由を制限することは認められない

そもそも、とくに恋愛や結婚という事象においては、だれと恋愛してだれと結婚するかを選択する自由は、個人が有意義な人生を過ごしたり幸福を感じたりするうえで核心的なものとなり得る。「意に沿わない相手と結婚するくらいなら独身であるほうがマシだ」という信念は女性にとっても男性にとっても一般的なものであるはずだ。

高い収入や高学歴、あるいは社会的地位を異性に求める女性がいるという事実は、多くの男性にとっては不愉快なものではある。しかし、男性が異性に対して行う「選り好み」も、同様に、多くの女性にとっては不愉快に感じられるだろう。

たとえば、わたしは恋愛対象とする女性にある程度の条件を求めてきた。それなり以上に顔が整っていることや太り過ぎていないこと、年上であり過ぎないこと、映画などの共通する趣味があること、情緒が不安定であり過ぎないこと、分別があることなどだ。これらすべての条件を満たすことは期待していないが、複数の条件を満たしているか、または条件を満たさないことを補って余るほどの魅力がある女性でないと、わたしにとっては付き合ったり結婚したりするのは難しい。そして、これらは多かれ少なかれ男性が女性に求める条件として一般的なものでもある。

女性からすればわたしの基準は「ワガママだ」とか「傲慢だ」とか感じられるかもしれないし、それは仕方のないことだと思う。しかし、たとえば「太っていて年齢を重ねた女性は結婚できないリスクが高く、孤独になって不利益を被っているから、男性には太っていて年齢を重ねた女性と積極的に結婚する義務がある」などと主張されたら、わたしは断固として反論するだろう。わたしにとっては恋愛や結婚の相手を選ぶ自由は、「どんなキャリアを選択するか」という自由や「どんな場所に住むか」という自由よりも重要なものであるからだ。

仮に「太っていて年齢を重ねた女性が孤独になりがちであり、不利益を被っている」ということが事実であるなら、それが不公正であったり不正義であったりすることはわたしも認めるし、公的に対処がなされるべきだとは同意する。そのために税金などが使われることで、社会の一員としてわたしも間接的になんらかの負担をする、ということも受け入れるだろう。……しかし、わたしは彼女たちを直接的に助ける義務を負っているわけではない。ある属性の人々を助けるためという理由で別の属性の人々の重大な自由が直接的・強制的に制限される社会は、どう考えても望ましくないのだ。

さらに、太っていて年齢を重ねた女性と嫌々ながらに結婚したとしても、わたしは相手に愛情を感じられず、相手にもそのことが伝わって、結婚生活は悲惨なものとなるはずだ。通常の婚姻関係に存在するような親密性も生じず、そもそも結婚を強制する目的であった「孤独という不利益を解消すること」すらも達成されない可能性が高い。

だからこそ、「あてがえ論」や、「上昇婚志向」を非難する議論は、理に適っていないだけでなく不毛でもある。本人の意思に反して女性に付き合ってもらったり結婚してもらったりしたとしても、弱者男性の孤独がほんとうに解消されるとは限らない。

本節で述べたような理由から、弱者男性たちに「恋人がいない」や「結婚できない」という不利益が生じていることは不正義であると認めたとしても、女性を「あてがう」という直接的な対処方法や、その他のかたちで女性の自由を制限したり不利益を負わせたりすることで対処する方法は不正義であり、とうてい認められない。したがって、対処方法は間接的なものにならざるを得ない。

本章の目的は、弱者男性が直面している問題について解決策を提示することよりも、「弱者男性の問題は不正義であり、公的な対処が必要な問題である」という主張を、女性を含めた人々一般の理性に訴えるかたちで論じることのほうにある。したがって、「弱者男性の問題はこのように対処されるべきだ」という具体的な政策を提言することまでは、本章の本来の目的ではない。

とはいえ、ここで「あてがえ論」という提案を否定した以上、対案は示しておいたほうがいいだろう。本章の締めくくりとして、次節では、弱者男性が経験する「恋愛や結婚が得られない」という問題について社会は具体的にどのように対応することができるか、わたしのアイデアを述べることにする。

7 弱者男性の問題に社会はどのように対応できるか

7-1 経済格差と性別役割分業の是正

これまでに論じてきたように、弱者男性は「経済力が欠如していること」と「親密性が欠如していること」の二重苦に苛まれている。とすれば、まず考えられるのは、低収入や経済的な格差を是正することだ。

第4節で述べた通り、弱者男性の問題について経済だけに注目するのは不十分である。とはいえ、経済的な問題が解決すれば、自動的に、苦しみの片側が解消されることになる。また、経済的な格差が是正されることで、恋愛や結婚もしやすくなるだろう。極端に言えば、すべての人の収入が同じであれば「上昇婚」は原理的に発生しなくなる。そこまで行かずとも、だれもがある程度豊かである社会や最低限以上の収入が補償されており生活に不安がない社会では、経済的な原因で恋愛や結婚が阻害されることは減るはずだ。

実際のところ、「あてがえ論」などを唱えていないまともな人が弱者男性の問題を語るときにも、「経済的な格差が問題なのだ」という結論になることが多い。「経済的な問題を解決せよ」という主張は「恋愛や結婚ができるようにせよ」という主張に比べてずっと穏当であり、同意も得られやすい。収入や格差の問題は基本財の分配や「公」の領域に入るからリベラリストも支持するし、フェミニストであろうと帰結主義者であろうと低収入や経済格差を是とする人はほとんどいない。

「低収入の女性は放っておいて低収入の男性だけを救済すべきだ」という主張はもちろん受け入れられないが、「社会に存在する経済的な格差を是正せよ」というかたちの主張であれば、弱者男性の問題に関心のない人からも支持を得られるはずだ。

もちろん、わたしとしても、低収入の問題や経済的な格差は是正されるべきだと考えている。政府や社会はこの問題を真剣に捉えて、できる限りの対策を実施するべきだ。

……とはいえ、そんなことはいまここでわたしが書かずとも、何十年も前からきわめて多数の人が繰り返し主張し続けてきたことではある。だけれども、近年の日本では実質賃金が低下し、格差が拡大し続けている。この状況は政治家や資本家が意図的にもたらしたものだと主張する人もいれば、だれの悪意でもなく政策の失敗や日本を取り巻くさまざまな時代的・環境的な要因によって訪れたものだと主張する人もいる。どちらが正しいかはわからないが、明白なのは、経済的な問題はこの先しばらくの間は解決しないだろうということだ。したがって、「経済的な問題を解決せよ」という主張は唱えるべきだとしても、それだけでは現状の問題に対する有意義な提言とは見なせない。

また、弱者男性論に対しては「女性を憎むのではなく、資本家や政治家などの強者男性に対して怒りを向けよ」という提言が向けられることが多い。だが、もちろん女性を憎むべきではないが、「資本家や政治家に対して怒ればよい」というのも、左派的・マルクス主義的な社会運動のスローガンに過ぎない。

そもそも、（悪質でないタイプの）弱者男性論が行おうとしているのは、従来のリベラリズムや社会運動では日の当たらなかった問題を言語化して公衆に問いかけることである。左派の社会運動家たちは「経済的な問題を解決せよ」と言うことで弱者男性たちを自分たちの運動に引き込むことができると考えるかもしれないが、弱者男性論はむしろ左派の社会運動に対する不満のうえに登場している可能性も高い。

したがって、親密性の欠如をはじめとした弱者男性が経験している（だが、他の社会的弱者は経験していないかもしれない）困難に注目せずに経済的な面だけを問題視する主張は、議論を進展させるというよりかは退行させるおそれがあり、有意義な提言にはならないのだ。

「経済的な問題を解決せよ」と並び立つものとして「性別役割分業を解決せよ」という提言も考えられる。

この提言も、それ自体は妥当なものだ。性別役割分業が無くなったり希薄化したりした社会では、男性は長時間労働や残業をしてでも金を稼ぐというプレッシャーから解放されるだろうし、男女に対するジェンダー規範がニュートラルなものになって、男性は「公」から解放され「私」の領域に進出することができる。同時に、女性の社会進出が進んだり男女の賃金格差がなくなったりして、「私」から解放された女性は「公」の領域に進出することができる。「性別役割分業を解決せよ」という主張を唱えるなら、弱者男性はフェミニストとも共闘することができるかもしれない。

とはいえ、「性別役割分業を解決せよ」という提言にも「経済的な問題を解決せよ」と同じような問題が存在する。単純に言って、社会における性別役割分業やそれに由来する性別に関する固定概念がいつか解決されるとしても、それには非常に時間がかかるだろう。

また、男女の行動や選択の傾向のどこまでが社会制度やジェンダー規範に影響されたものであり、どこまでが生物学的な要因で自発的なものなのかは常に曖昧だ。「弱者男性を苦しめている真の要因は家父長制的なジェンダー規範だ」といった主張がされることもあるが、これも「弱者男性の真の敵は強者男性だ」という主張と同じように、わたしにはクリシェに過ぎないように思える。

以上のことから、政治家・資本家や家父長制という共通の敵を定めたうえで弱者男性と左派やフェミニストとの「共闘」を図ろうとすることは、無難で耳心地が良いし社会運動の戦略としては妥当であるかもしれないが、問題に対する適切な理解や対処からは遠ざかるものである、とわたしは判断する。

以下では、より地に足のついた具体的な政策について検討してみよう。

7-2　男性の恋愛・結婚に対する間接的な支援

前述したように、「経済力が欠如していること」だけについて注目することは不十分である。

では、弱者男性の二重苦のもう片側、「親密性が欠如していること」という問題に対処することはできるだろうか？

「あてがえ論」はこちらの問題を解決することを目指す主張ではあったが、既に指摘したように女性の尊厳や自由を考慮しない自己中心的な議論であるため、受け入れることはできない。しかし、女性の自発的な意思を尊重しながらも、男性の恋愛や結婚を間接的に支援することは可能かもしれない。

具体的な政策としては、官製の「街コン」や「婚活パーティー」を無料・低価格で実施すること、または恋愛やパートナー探しを直接の目的にはしないが男女が交流するイベントを政府や自治体が積極的に開催すること、などが考えられる。

また、ハローワークのような施設では求職者に職を紹介するだけでなく面接対策や就活指導が行われており、各自治体では住民向けに「健康教室」を開催している。それと同じように、異性とのコミュニケーションや恋愛のアプローチ方法に関する知識やノウハウに関する講習会や相談・指導サービスを公的に提供することも検討できるだろう。

本章で何度か指摘したように、ある男性の経済力が欠如していることは、その男性を恋愛や結婚から遠ざけることにもつながる場合がある。……とはいえ、実際のところ、経済力が欠如していることが必ず恋愛・結婚を得られないことに結び付くわけでもない。女性のなかには相手に対して経済力を（あまり）求めない人もいる。したがって、たとえ経済力の欠如という問題が解決しないままであっても、男性が恋愛や結婚の相手を見つける機会を増やすことや異性とコミュニケーションする能力を身に付けるのを支援することは、多かれ少なかれ効果をもたらすはずだ（もちろん、経済的な問題も解決されたほうが、その効果は大きくなるであろうが）。

なお、弱者男性を直接の対象としているわけではないが、婚活パーティーをはじめとして、結婚を支援すること自体は政府・自治体が長らく行ってきたことではある。

ただし、それらの取り組みは批判の対象になることが多い。たとえば、内閣府では2021年よりさまざまな学者をゲストスピーカーとしながら「人生100年時代の結婚と家族に関する研究会」を開催しているが、2022年に社会学者の小林盾が配布した資料では「結婚支援事業に恋愛支援を教育に組みこむ」「教育に［恋愛支援を］組みこむ」ことが提案されていた。[*10] しかし、その具体的な内容が「壁ドン・告白・プロポーズの練習」であったために、デートDVや教育現場におけるハラスメントに発展する可能性が指摘されて、多数の批判を受けることになったのである。[*11]

「人生100年時代の結婚と家族に関する研究会」に限らず、リベラリストやフェミニストは、政府が結婚や恋愛について取り組むことを批判してきた。彼らの問題意識は、これらの取り組みは「少子化対策」を主眼としていることが多い点にあるだろう。

結婚することだけでなく子どもを作ることまでをゴールと定めた取り組みからは同性愛者やその他の性的少数者などは排除される可能性が高く、政府による（保守的な）価値観の押しつけにもつながるために、リベラリズムとは相容れない。また、少子化対策は家父長制的な発想に基づいている場合があり、人口を維持するための女性の権利・自由を制限するという発想につながることも多いために、フェミニズムによる批判の対象となる。

実際問題として、女性や性的少数者の権利と自由に対する一般的な日本人の意識や与党議員の発言、家族主義的な宗教組織が政治にもたらしている影響力などを考慮すると、リベラリストやフェミニストが抱く危惧はもっともなものであるようにも思える。


とはいえ、目的を少子化対策や人口の維持ではなくあくまで個人の利益において、人権や自由を重視しながら政策を実施するのであれば、政府や自治体による恋愛・結婚支援は正義に適ったものとなるかもしれない。

本章で主張してきたように、恋人や配偶者がおらず親密性が欠如することは多くの人にとっては不利益であり、病気や自殺という具体的なリスクをもたらす。一般に、政府は国民の健康を支援したり自殺を予防したりするための政策を行うべきだとされているし、現にそれらの政策は実施されている。とすれば、健康支援を正当化するのと同じ理路で、政府による恋愛・結婚支援も正当化できるはずだ。

また、少子化対策とは異なり、個人の利益を重視する視点に基づいた政策ならば、同性愛者やその他の性的少数者は排除されないことにも留意してほしい。たとえば同性愛者向けの出会いの場が十分に存在せず、そのためパートナーが得られずに親密性を欠如している人たちがい

＊10—https://www.gender.go.jp/kaigi/kento/Marriage-Family/index.html
＊11—https://www.businessinsider.jp/post-253000

るとすれば、政府はそのような人たちの恋愛や結婚も支援するべきなのだ。[*12]

7-3　孤独の問題にはどう対処できるか

最後に、「いくら支援しても、恋人や配偶者が得られない人は一定数必ず存在する」という問題にも目を向けておこう。

本章の議論によれば、本人が恋愛したり結婚したりしたいと思っているのに、それらの経験が得られないことは、（潜在能力アプローチの観点に基づけば）不正義であり、公的な対処が必要な問題であった。

とはいえ、正義論とは、あくまで規範を——いわば理想を掲げるものである。社会で起こっている問題の大半は、分配できる財の希少性や物理的・環境的な条件などのさまざまな要因から、完全に解決することはできない。弱者男性の恋愛や結婚についても、支援を通じてできる限り解決すべきではあるが、それでも恋人や配偶者が得られない人たちは残るだろう。

このような人たちについても、次善策として、親密性が欠如することによる不利益に対処するためのさまざまな支援がなされるべきだ。

まず、独身男性は病気や自殺のリスクが高いことは現に判明しているのだから、独身男性の健康支援や自殺予防は現在よりもさらに積極的に行われるべきだといえる。

また、第2節で行った議論によれば、男性は女性に比べて友人関係や親子関係が希薄であるために、恋人や配偶者がいない場合の孤独が深刻なのであった。さらに、孤独な男性はセルフケアに対する意欲も下がり、不健康な生活を過ごす可能性が高い。

これらは、日々の意識や行動や習慣を変えることである程度は対処できる。わたし自身、ジョイナーやカシオポの本を読んでからは自分の意識や行動を改めて、友人への連絡や不特定多数の人が集まる（新しい知人を見つけられる可能性のある）イベントへの参加を以前よりも積極的に行うようになった。

とはいえ、現状では、「孤独は健康や自殺のリスクをもたらす」という情報をすべての人が理解しているとは言い難い。そのため、多くの男性は、それが自分の健康を害するとは知らずに、孤独になる行動を選んでいるかもしれない。とすれば、行政には、市民に対して孤独のリスクを積極的に周知することが求められるかもしれない。リベラルな社会では飲酒や喫煙を禁止すること自体はできないが、喫煙や飲酒のリスクを周知することで、あくまで本人の意志に基づかせながら不健康な行動を間接的に予防させることは認められている。孤独に対しても、同様の対策をとることができるだろう。

また、禁酒や禁煙は簡単に行えるものではない。同じように、孤独の問題も、本人が「孤独であるのを止めよう」という意志を抱いたり「新しい友人関係を築いたり、交流の場を見つけたりしよう」という具体的な目標を抱いたりしたところで、それが簡単に実現できるというものではない。厚生労働省では、禁煙支援対策やアルコール健康障害対策に取り組んでいる。[*13] 同じように、孤独についても、省庁や自治体による支援や対策がなされるべきかもしれない。たと

＊12―前提として、同性婚を法的に認めることも必要とされる。

えば、「孤独であるのを止めたい」と思った人同士が交流できる機会や場所を公的に提供することだ。

さらに、孤独な男性はセルフケア能力も欠如しているとすれば、これについても支援すべきだろう。学校教育や講習会などを通じてセルフケアの重要性を周知し、具体的なテクニックを教授するべきだ。これらを通じて、孤独によって生じる苦痛や不健康にも、個人のレベルである程度の対処を取ることが可能になる。

なお、本章では「親密性の欠如」は男性に顕著な問題であるという前提に立ちながら、あくまで弱者男性に関する問題を論じてきた。とはいえ、もちろん、孤独な女性も少なからず存在する。上述したような孤独対策が公的に実施されることは、女性にとっても有益であるはずだ。さらに、親密性の欠如は公的に対処される必要があると論じた本章の主張は、現行の法制度のために結婚が不可能であり、社会の構造や世間の価値観のために恋愛することも難しくなっている同性愛者の人々の利益や権利を主張する議論にも援用できるだろう。

7-4　結論

第2節で論じたように、男性にとって友人関係はカップル関係ほどには安定しておらず、その密度も薄い。いくら支援しても、恋人や配偶者がいない人は、そうでない人に比べて不安定で希薄な親密性しか得られない可能性は高い。

また、第5節で示したように、恋愛や結婚は「人間らしい生活」を構成する要素でもある。

恋人や配偶者が得られない人がいるという状況は、「潜在能力」を剥奪されている人がいるという観点から眺めれば、不正義であり続けるのだ。

男性学などにおいては、「男性同士の交流」や「恋愛や結婚以外の人間関係」が、弱者男性の問題に対する解決策として提示されることが多い。しかし、わたしは、これらはあくまで次善策と見なすべきだと考える。

求めているのに恋愛や結婚ができなかった男性のなかには「自分は他の人が得られた経験に欠如しており、不利益を受けている」という感覚を抱き続ける人もいるだろう。「自分は不利益を受けている」という感覚を強くし過ぎることや、不利益を受けているという事実に拘泥してしまうことは、当人をさらに不幸にさせることになるので、避けるべきだ。その一方で、その感覚自体は、誤った認知に基づくものとはいえないかもしれない。

男性学やジェンダー論においては「恋愛や結婚を経験できないのは不利益だ、という考えは社会のジェンダー規範に思い込まされていることであり、実際には男性は女性と恋愛したり結婚したりしなくても幸福になれる」という主張がされることは多い。しかし、このような主張は弱者男性の経験している困難から目を逸らしており、不誠実なものであると批判できる。

＊13—https://www.mhlw.go.jp/topics/tobacco/kin-en-sien/index.html
https://www.mhlw.go.jp/stf/seisakunitsuite/bunya/0000176279.html

以上、本章では、弱者男性の経験している困難はどのようなものであるか具体的に分析したうえで、弱者男性の問題を正義の対象とするべきかどうか、正義の対象であるとして公的にはどのような対処をすることができるか、という点について検討した。そして、弱者男性の問題はロールズ的なリベラリズムで扱うことは難しいが、潜在能力アプローチであれば適切に捉えられること、女性の権利や自由を制限しない範囲内で問題に対処することも可能であることを論じてきた。

問題の分析、問題について考えるための規範、問題への対処策。これらのいずれについても本章で私が行ったのとは異なる主張ができるだろうし、より適切でより正確な議論が提出されるかもしれない。

とはいえ、すくなくとも弱者男性の問題を正面から取り上げて正義論の俎上に載せて、人々の理性に訴えるような議論ができたとは思いたい。

引用・参考文献

・アマルティア・セン著、池本幸生、野上裕生、佐藤仁訳『不平等の再検討　潜在能力と自由』岩波書店、1999年

・マーサ・ヌスバウム著、池本幸生、田口さつき、坪井ひろみ訳『女性と人間開発』岩波書店、2005年

・マーサ・ヌスバウム著、神島裕子訳『正義のフロンティア　障碍者・外国人・動物という境界を越えて』法政大学出版局、2012年

・ウィル・キムリッカ著、千葉眞、岡崎晴輝訳『新版　現代政治理論』日本経済評論社、2005年

・ジョン・T・カシオポ、ウィリアム・パトリック著、柴田裕之訳『孤独の科学　人はなぜ寂しくなるのか』河出書房新社、2010年
・筒井淳也著『結婚と家族のこれから　共働き社会の限界』光文社、2016年
・金野美奈子著『ロールズと自由な社会のジェンダー　共生への対話』勁草書房、2016年
・大沢真知子著『21世紀の女性と仕事』左右社、2018年

終章

これからの「公共性」のために

1 「壁と卵」の倫理とその欠点

1-1 村上春樹のエルサレム賞受賞スピーチ

2009年、小説家の村上春樹が「社会の中の個人の自由のためのエルサレム賞」を授与された。受賞はイスラエルの政策を擁護することになるとして、多くの団体や個人が受賞辞退を呼びかけたが、結局、村上は賞を受け取り、エルサレム市を訪れてスピーチを行った。

スピーチのなかで、村上は『受賞を断った方が良い』という忠告を少なからざる人々から受け取りました」「あまりに多くの人が『行くのはよした方がいい』と忠告してくれた」ことに触れながら、「へそ曲がり」な小説家としての矜持から受賞を決意したこと、自分の目で実際に見た物事しか信用できないこと、何も言わないのではなく語りかけるのを選んだことに触れている。そしてスピーチの中盤で登場するのが、いまやすっかり有名になった「壁と卵」の比喩だ。

もしここに硬い大きな壁があり、そこにぶつかって割れる卵があったとしたら、私は常に卵の側に立ちます。

そう、どれほど壁が正しく、卵が間違っていたとしても、それでもなお私は卵の側に立ちます。正しい正しくないは、ほかの誰かが決定することです。あるいは時間や歴史が決定することです。もし小説家がいかなる理由があれ、壁の側に立って作品を書いたとしたら、いったいその作家にどれほどの値打ちがあるでしょう？

さて、このメタファーはいったい何を意味するのか？　ある場合には単純明快です。爆撃機や戦車やロケット弾や白燐弾や機関銃は、硬く大きな壁です。それらに潰され、焼かれ、貫かれる非武装市民は卵です。それがこのメタファーのひとつの意味です。

しかしそれだけではありません。そこにはより深い意味もあります。こう考えてみて下さい。我々はみんな多かれ少なかれ、それぞれにひとつの卵なのだと。かけがえのないひとつの魂と、それをくるむ脆い殻を持った卵なのだと。私もそうだし、あなた方もそうです。そして我々はみんな多かれ少なかれ、それぞれにとっての硬い大きな壁に直面しているのです。その壁は名前を持っています。それは「システム」と呼ばれています。そのシステムは本来は我々を護るべきはずのものです。しかしあるときにはそれが独り立ちして我々を殺し、我々に人を殺させるのです。冷たく、効率よく、そしてシステマティックに。[*1]

実は、わたしは2009年よりも前から「壁と卵」の比喩を知っていた。高校生時代のわたしは、1990年代の後半に村上が開設していたホームページで行われていた読者との「一問一答」のQ&Aを収録したCD-ROMを本屋で購入して、まだネットもつながっていなかった自宅のパソコンの前に座り、かぶりつくようにして何千件ものQ&Aを読み続けていたのだ。[*2]村上自身の作品や文学に関する質問もあれば、恋愛や仕事に関する質問、家事や生活に関するものもあった。何週間もかけて、読者たちからの質問に対する村上からの「回答」をいくつも読み続けることでわたしは彼の考え方や人生観といったものを学んでいった。大学に入って他のさまざまな思想や本に触れて以降も、少なからず影響は残り続けていたように思う。

「壁と卵」の比喩も、これらのQ&Aのなかに登場していた。「爆撃機や戦車」などに関する言及はなかったが、意味合いはエルサレム賞でのスピーチから変わっていなかったはずだ。つまり、「壁と卵」の比喩で村上が語ったことは少なくとも1990年代から継続している、彼

＊1—https://murakami-haruki-times.com/jerusalemprize/
＊2—『村上朝日堂 夢のサーフシティー CD-ROM版』（朝日新聞出版、1998年）および『村上朝日堂 スメルジャコフ対織田信長家臣団 CD-ROM版』（朝日新聞出版、2001年）。

の作家としてのスタンスや価値観のコアとなるものだったのだろう。

何千ものQ&Aの内容をすべて記憶できるわけでもなく、そのほとんどはもう忘れているが、「壁と卵」は初めて目にしたときにも強く印象に残ったし、強烈な納得や共感を抱いた。だから、エルサレム賞でのスピーチに世間の注目が集まり多くの人が「壁と卵」について論じたときにも「自分はずっと前から知っていたもんね」と、得意げな気持ちになったりもしたものだ。

実際のところ、「壁と卵」の比喩は大切なことを言っているように感じられる。たとえ集団や制度に正当性があるとしても、それによって個人の権利なり尊厳なりが犠牲になるのであれば、集団や制度の側ではなく個人の側に立つべきだ……小説家に限らず、個人主義を前提とする現代社会に生きるわたしたちの内には、こうした倫理観が多かれ少なかれ存在しているだろう。

とはいえ、この倫理に共感できるかどうかは、個々人の性格や人生経験によっても左右されるかもしれない。少なくとも、わたしは「壁と卵」の倫理には共感せざるを得ない人間だ。もともとの気質として協調性がなくて角を立てやすい性格をしているうえに、目立ちやすい見た目や発達の遅れなどもあって、小中学生の頃にはいじめに遭ってきた。成長してからも、同調圧力とか非効率で無意味に思えるルール・慣習やこそこそとした根回しといったものには我慢ならないタイプであるうえに、そういった物事に疑問を抱かずに従ったり実践したりする人々に対しても「しょうもねえ連中だな」とか「アホらしい」と思ってしまい、そしてその思いが表情に出たり声に出てしまったりするので、集団内ではいろいろと問題を起こしてしまい、排斥されたり遠巻きにされたりしてしまう。だからこそ同じような目に遭っている人については同情もする（そういった人に声をかけて仲良くなるということも多い）。

また、中学生から大学生の前半まではいくつもの文学作品を読んできたことも「壁と卵」の倫理が馴染み深く感じられる理由かもしれない。村上の言う通り、「壁」の側に立って書かれる小説に値打ちはない。まともな文学作品（とくに純文学）とは「卵」の側から書かれるものであり、読者に「卵」としての視点を獲得させて「卵」への共感や想像力を育む効果を持つ。

本書を読んでいくうちに、わたしが「群衆」というものを嫌悪していることに気が付いた人も多いだろう。第一章で取り上げた芸能人などに対するキャンセル・カルチャー、第四章や第六章で触れた男性集団による女性たちに対する侮辱や「からかい」や嫌がらせ、そして第五章の終盤に紹介したハリウッド俳優に対する日本のＳＮＳでのバッシングなど。これらのいずれにも、わたしは集団＝壁が個人＝卵を攻撃して抑圧したり名誉を毀損したりする構図を見いだすし、当然のことながら後者の側に立ちたいと思う。

そして、「群衆」が嫌いだという感性はなにも特別なことではない。やや矛盾したことに、集団が個人を攻撃したり抑圧したりする構図はこの社会のなかにありふれている一方で、「そういった構図は批判すべきものである」という考え方や価値観も、ある程度まではこの社会のなかに浸透している。だからこそキャンセル・カルチャーがこれだけ批判されて問題視されているのだし、個人を糾弾・批判して抑圧しているように見える「活動家」に対する敵意も広く共有されているのだろう。

1-2 「壁と卵」に対する批判

エルサレム賞のスピーチ以来、「壁と卵」の比喩はさまざまな批判を受けてきた。そのなかでもとくに印象に残っているのは、書評家の斎藤美奈子が朝日新聞の文芸時評で行った指摘だ。

ただ、このスピーチを聞いてふと思ったのは、こういう場合に「自分は壁の側に立つ」と表明する人がいるだろうかということだった。作家はもちろん、政治家だって「卵の側に立つ」というのではないか。卵の比喩はかっこいい。総論というのはなべてかっこいいのである。(…)具体的な日常は、総論みたいにかっこよくない。人を感動させもしない。[*3]

前述したように村上はエルサレム賞を受賞するずっと以前にも「壁と卵」の比喩を語っていたこと、彼にとっては信念に関わる重要なメタファーであることをふまえると「スピーチの場ならだれだってそういう主張をする」という斎藤の物言いは個人が己の良心に基づきながら独立して考える営みを軽視するものであるように思える。また同じ文章のなかで斎藤は村上が受賞を拒否しなかったこと自体を遠まわしに批判してもいるのだが、スピーチのなかで村上が語っている受賞を決意するに至った小説家としての信念については言及しておらず、背景にある葛藤を無視して一般論や世間的な正しさを当てはめることには、わたしは反感を抱く。

とはいえ、「壁と卵」の比喩は一見すると感動的だが実はだれにでも言えるようなことである、という斎藤の指摘は的を射ている。実際のところ村上に限らず小説家やフィクションの創作者のなかには「壁と卵」のような倫理観を掲げている人は多いだろうし、政治家と違って彼らは本心から「卵の側に立つ」つもりであるだろうが、それ自体は独創的な倫理だとはいえない。村上は「システム」という抽象的なものを「壁」になぞらえているから特別なことを言っているように聞こえるが、壁は「群衆」のことを指していると理解すれば、ごく普通で素朴な倫理観となる。[*4]あるいは、壁を「国家」になぞらえたとしても、国家が個人を弾圧することは問題だという倫理観はごく真っ当で基本的なものだ（残念ながらこの程度の基本的な倫理観すら共有できない人が多々いることも事実なのだが）。

そして、「壁と卵」の比喩は抽象的な総論に過ぎないという指摘も重要だ。結局、比喩だけでは具体的な問題に関する指針はなにも与えられない。卵の側に立つということは具体的には何をすることなのか、壁に立ち向かうために具体的にはどうすればいいのかを判断して実行するためには、抽象的なイメージの領域を超えて実際に起こっている問題に取り組む必要がある。それは泥臭く、煩雑で、不愉快なことも多い作業となるだろう。

さらに深刻な問題は、だれを「卵」と見なしてどんな物事を「壁」と見なすかは人によって異なってくること、そして大半の場合には自分の利益や立場や価値観によって「卵」と「壁」は都合よくふるい分けられることだ。たとえば、キャンセル・カルチャーの対象になって批判

＊3―朝日新聞2009年2月25日夕刊

＊4―「壁」はシステムではなく「群衆」のことを指しているとするのはやや牽強付会な主張かもしれないが、後述するような「沈黙」や『海辺のカフカ』、または『ノルウェイの森』や『ねじまき鳥クロニクル』などの村上の作品を読んでいれば、彼が国家制度などと同じくらい「群衆」を問題視していて嫌っていることは見て取れる。

の的にさらされた人物を「卵」と見なして熱心に擁護する人が、同じ口でマイノリティや女性に対する罵倒や侮辱を行い続ける場面はありふれている。いじめられたり攻撃されたりした経験を持つ人が自分を「卵」と見なして、「壁」側だと見なした人たちのことを執拗に攻撃し続けるうちに、傍目から見たら壁と卵が入れ替わっているという事態もよくあることだ。

私見では、村上の作品のなかでも「壁と卵」の倫理がもっともよく表現されているのは、高校時代に集団いじめを受けた登場人物の語りで進行する短編「沈黙」だ。[*5] 一方で、長編『海辺のカフカ』で二人組の過激なフェミニストが登場して性的マイノリティの登場人物に論破されるシーンはあまりに通俗的で浅薄であり、社会的な背景や構造までを考えず感覚で「壁」と「卵」を振り分ける、小説家としてのナイーブな感性の限界が見えてくる。エルサレム賞のスピーチでも言及されている「システム」の問題に取り組もうとした村上が執筆したのが受賞の同年に出版された『1Q84』であるが、「システム」を正面から具体的に描写することから逃げてファンタジー描写やメタファーに頼ってしまったがために、その試みは完全に失敗していた。

『1Q84』を読んで以降、わたしはそれ以降の村上の作品だけでなく文学というもの全体に対するモチベーションを失うことになった。現実の社会で起こっている問題について、フィクションを通じて取り組んだり考えたりすることの限界を感じてしまったのだ。

結局のところ、自分が生きている世の中でなにが起きており、だれの側に立ってどのような物事を批判すべきかを適切に判断するためには小説ばかり読んでいるわけにはいかず、政治や社会や倫理そのものについて学ばなければならない。当時は大学三年生であったわたしは、遅まきながら、倫理学や歴史学や国際関係論などの授業を受けるようになった。

小説家や芸術家でもない一般の人々の多くもナイーブな感性だけに頼って、表面的な印象から物事を判断している。どうやら日本社会では犯罪者や政治家などの権力者よりも社会運動家のほうが反発や憎悪を抱かれているようであり、だからこそフィクション作品のなかでも社会運動家こそが個人をいじめたり抑圧したりする「壁」であるかのように表象されているのだろう。しかし、そもそも、この社会のなかで差別されたり抑圧されたりしている「卵」たちの側に立って骨身を惜しまず戦っているのは、フェミニズムやLGBT支援や反人種差別や動物の権利運動などに携わる、社会運動家のほうなのだ。彼らや彼女らの活動が行き過ぎることもあるだろうし、特定の個人が理不尽に過剰な批判の対象となることもあるだろうが、それにしたって社会運動家のイメージはいくらなんでも悪過ぎる。ここには、第四章で取り上げたような「自分にとって都合の悪い主張や耳に痛い指摘は、非論理的で不当なものに聞こえる」というバイアスも影響しているだろう。少数派に対する抑圧や差別に気付かなかったり見て見ぬ振りをしたりしてきた人々にとっては、それらの問題を指摘する人々の印象は悪く、そのために指摘してきた人々が「悪者」に見えるのかもしれない。

また、ときには、ある個人や特定の団体は強烈な批判に値することがあるかもしれない。た

＊5—「沈黙」には「信頼できない語り手」が用いられており「だれが正しいかはわからない」という善悪に関する相対主義的なメッセージが込められている作品だと読解する向きも多いのだが、「壁と卵」の倫理観を持つ村上が集団いじめについて相対化する作品を執筆するわけがなく、これは全く的外れな読解である。

とえば同じくキャンセル・カルチャーの対象となった芸能人であっても、その理由が「過去の表現が不謹慎なものであった」であるか「学生時代にひどいいじめを行った」であるか、あるいは「性的行為を強要するメカニズムに最近まで加担していた」かによって、その人に関して取るべきスタンスは異なってくるだろう。わたしたちが他人に対して行う道徳的な判断や評価を法律のそれと一致させる必要はないし、また自分と縁もゆかりもない芸能人に対する批判をSNSなどに公言する必要もそもそもないだろうが、実際に他者を傷つける罪を犯したかもしれない人のことを過剰に擁護することも問題だ。

「壁と卵」的な感性は、どれだけひどい罪を犯した（とされる）人に対しても、その人が集団から強い非難にさらされていたり厳しい処罰を受けたりする場合には「かわいそうだ」と思わせてしまう。こういった感性は文学の源となるだけでなく、非難や処罰に歯止めをかけるデュー・プロセスを支えるものであるかもしれない。だが、ナイーブな同情の裏で、傷つけられた被害者の存在が無視されることも多々ある。

とくにある個人や団体が権力に結びついていたり、大きな社会的責任を課されていたりする場合には、強い批判も必要とされるべきだ。だが、わたしたちの感性は逆にはたらくことが多い。大して社会的な影響力もない無名の犯罪者に対しては強い怒りや嫌悪を抱く一方で、テレビやネットなどを通じて見知った政治家や著名人には同情を抱いてしまうのだ。たとえば、わたしの世代にはネットミームを通じて麻生太郎元首相に親近感を抱かされたために、彼がどれだけ問題ある発言をしても無理矢理に肯定的な解釈をして擁護を行う人が一定数いる。

漫才師の太田光は、統一教会や安倍晋三元首相、またはジャニーズ事務所（現 SMILE-UP.）

などに対する社会的な批判が強くなっているタイミングでテレビやラジオで「擁護」の演説を行うことを繰り返し、その度にひんしゅくを買ってきた。太田は村上の作品が嫌いだと公言しているが、カート・ヴォネガットやジョン・アーヴィングなど好きな作家が村上と共通している文学ファンでもある太田の行動の背景には、おそらく「壁と卵」的な感性があるのだろう。マスメディアでは大して権力もないただの一般的な芸能人が過剰な批判にさらされることも多く、そうした場合には太田の行動にも価値はある。しかし、社会的に強い権力を持つ存在までをもナイーブに擁護してしまうことは、ネガティブな影響のほうが大きいだろう。

以上、この節では「壁と卵」の感性がもたらす問題を挙げてきた。もっとも、この感性がまったく存在しないこと……ひたすら集団や体制の側に立って、その犠牲になる個人を一顧だにしないことも、同じように問題だ。実際に、世の中にはほんとうに集団主義的で個人のことをなんとも思わない人も多くいる。

もっとも、そこまで集団主義的な人は「正義」について葛藤したりモヤモヤしたりするという経験もしないだろうから、そもそも本書を手に取ることもないだろう。この節でわたしが「壁と卵」をあえて批判したのは、本書のような人文書を手に取り終章まで読み進められる読者……つまり哲学や社会学や文学などに親しんでいる人たちは、ナイーブな感性が不足しているのではなく過剰であるという問題を抱えていることのほうが多いと考えられるためであった。

2　インターネット／SNS時代の「公共性」という難問

2-1　そもそも民主主義は支持できるか？

おおむね、本書では理性的に議論することや感情にまかせた主張をしないことの大切さを説いてきた。

ただし、第一章の結論部分では、キャンセル・カルチャーを含んだ過去からの民主主義的な営みは「おかしな人たち」によって担われてきた面があること、そして「おかしな人たち」は必ずしも世の中に害を与えるばかりでなく、むしろ彼らの行動は世の中を良くして社会を進歩させてきたかもしれないと示唆した。

また、第1節では、わたしは「群衆」が嫌いだとも書いた。本書では、世の中にいる人たちや社会を形成する多数の人々について言及する際には「公衆」という言葉を使用してきた。この言葉の選択はほとんど直感によるものだが、いま辞書で調べてみると、公衆は「社会学で、伝統や文化を共有し、共通の識見をもち、公共的なものに関心をもつ不特定多数の人々」であるのに対して、群衆は「社会学で、多数の人々が共通の関心のもとに、一時的に集合した非組織的な集団。衝動的に行動をともにするが、明確な目的意識をもたない」とのことだった。[*6] この説明は、わたしが公衆や群衆という言葉に託しているイメージとマッチしている。

とはいえ、民主主義や公共性といったものを本気で考え抜くためには、人々を表現する言葉を都合よく使い分けて「公衆はよいが群衆はダメ」で済ませることはできない。なにはともあれ、公共的な物事におよそ関心がなさそうだったり「識見」というものをまるで持っていなさそうだったりする人々はこの社会のなかにかなり多くいる。あるいは、公共的な物事への関心を、個人に対する攻撃やマイノリティ集団への差別などの有害で毒々しいかたちで表現する人たちも多数いる。そして、そういった人々も、多かれ少なかれ民主主義を担っていることに違いはない。

この問題は本書を書き続けている間ずっと引っかかっていた。実は、オンラインに連載した内容を単行本用に改訂するにあたって、連載時には「民主主義」という単語を肯定的に持ち出した箇所をいくつか書き直している。連載用の原稿を書いた後に政治哲学者のジェイソン・ブレナンの『アゲインスト・デモクラシー』(上下、井上彰ら訳、勁草書房、2022年)や政治学者のカス・ミュデとクリストバル・ロビラ・カルトワッセルの『ポピュリズム　デモクラシーの友と敵』(永井大輔、髙山裕二訳、白水社、2018年)などの本を読んだことをきっかけとして「民主主義は必ずしも肯定できるものではないかもしれない」と思うようになったからだ。

また、リベラリズムと民主主義は一緒くたにされがちだが、一方を重視しながら片方を批判する論者も多々いる。[*7] わたしもこの二つを区別してリベラリズムのほうを重視すべきだと考えるようになった。……しかし、この議論を掘り下げるためには、さまざまな政治哲学の本を引用しながらかなりの紙幅を割いて論じる必要がある。残念ながら、本書ではここで棚上げする

＊6—『デジタル大辞泉』(小学館)

ことにして、次作以降の宿題とさせてもらおう。

2-2 「バズり構文」と再帰性の問題

本書で取り上げた現象やトピックの多くは、多かれ少なかれインターネットが発祥だ。キャンセル・カルチャーも弱者男性論も、SNS(より具体的に言えばツイッター)がなければ、現在ほどに目立つことはなかっただろう。また、近年になって特権理論やマイクロアグレッション理論などが多くの人々に知られるようになったのも、物事を単純化したり過剰に表現したり「敵と味方」の枠組みで眺めたりすることを促して感情を煽るこれらの理論のレトリカルな側面が、感情のままに意見を発信することを助長させるSNSの仕組みと相性が良すぎるせいだ。

本書で扱ったもののほかにも、インターネットやSNSは数多の問題を生み出してきた。指摘しはじめるとキリがない。たとえば、ツイッターに投稿される映画や漫画などコンテンツの感想が「バズり構文」とも呼ばれるシェアと拡散を狙うために作品の一面を切り取った大げさで装飾過多で浅薄な表現に満ちていることについて、わたしは少なくとも五年以上にわたってくどくどと文句を言い続けている。そして、掲示板でのやり取りやブログ記事が主だった時代には目立たなかった「バズり構文」がツイッターと共に興隆したことは、文字数の制限と発信の気軽さのために物事について時間をかけながら複雑・繊細に考えることを妨害されて、さらにシェア機能のために社会的感情を強制させられて自分の思考や言葉を「他人の目」に受け渡すことを促される、このプラットフォームの特徴を象徴している。

バズり構文の問題は、単にアホらしくて不愉快というだけでなく、「再帰性」とでも表現すべき性質を伴っていることだ。ウェブ漫画はバズりを狙った刺激過多でセンセーショナルな作品ばかりになっているし、過去にバズった作品から二匹目のドジョウを狙うための代わり映えなく既視感のある作品も増えている。ウェブ漫画の編集者たちは明らかにバズりを狙って作家を指導しているし、その傾向は紙媒体の週刊誌にまで派生している。同じような問題は映画にも起こっており、キャッチーでSNS受けする要素のある映画がバズると劇場がその作品に占められてしまい、他の作品は上映回数が絞られたり上映される機会がなくなったりすらしてしまう。これらの現象は、過剰な演出やケレン味に頼らない複雑さや繊細さを伴った良質な作品や、時代が変わっても通じる普遍的な面白さを目指した作品が生み出される機会を奪っているという点で、漫画の読者であり映画の観客でもあるわたしに対して実害を及ぼしている。[*8]

＊7――一般的に、ポピュリズムを批判する人は民主主義よりもリベラリズムを優位に置き、そうでない人は逆の主張を行う傾向がある。本書に登場してきた人物のなかでも、J・S・ミルは労働者の政治的影響力を減じるために教育ある人に複数の投票権を与える「複数投票制度」を提案したことでも知られており、「(投票の際には)すべての人が同じだけの政治的影響力を持てる」というかたちでの民主主義に対しては懐疑的だった。

また、本文中でも取り上げるジョセフ・ヒースの『啓蒙思想2・0』でも古代ギリシャの哲学者たち(ソクラテス、プラトン、アリストテレス)が民主主義に強く反対したことを指摘しつつ、民衆の意見が政策に直接に反映され過ぎるのを防ぐために専門家の権限を強くすべきという主張や、「投票行為」よりも「論証と討議」を重視すべきだという主張を行なっている。

一方で、フランシス・フクヤマやマイケル・サンデルなどの政治(哲)学者の最近の著作は「ポピュリズムの台頭に警鐘を鳴らす」という体裁を取ってはいるのだが、実際には「リベラル」や「エリート」を批判するポピュリスト好みな議論になっている。

また、「再帰性」は、バズり構文を投稿している本人たちに対してもはたらいている。作品や物事に接したときに自分がどのようなことを感じてどのように思ったかという経験や記憶は、それらを表現する言葉によって、多かれ少なかれ規定されてしまうものだ。せっかく良質な作品に触れて、それを読んだり視聴したりしている間はさまざまな感情や思いを経験したのに、手垢のついた単語やオーバーな言い回しを用いながら他人に向けて表現することで、自分の経験のあやを忘れて失ってしまう。それはあまりに勿体ないことだ。

そして、再帰性の問題は、コンテンツに限らず政治や公共が関わる物事にも発生する。ネットやSNSによって政治的な言説や運動の質が下がれば、それに呼応して、立候補する政治家や打ち出される政策などの質も下がる。この問題はドナルド・トランプ大統領が登場した頃からアメリカでは散々指摘されてきたことだし、目を覆いたくなるようなポピュリズムは日本でも以前よりさらに顕著に感じられるようになってきた。

2-3 プラットフォームごとに歪められる「世論」の鏡像

ひとくちにインターネットやSNSといっても、そのプラットフォームは分散している。「だれでも文章を投稿できる」という点では同じであっても、文字数の制限や匿名性の程度（実名が前提になっているかハンドルネームやアイコンが必要か、アカウントすら必要とされないか）などの仕様と、そのプラットフォームに集まる人々の性別や年齢や職業などの傾向によって、どんな意見が多数派になりどういった「世論」が形成されるかは、プラットフォームによってまるで異なってくる。

たとえばYahoo!ニュースのコメント欄だけを見ていたら、日本にはレイシストしかいないかのように勘違いしてしまうだろう。もちろん、実際にはYahoo!ニュースはとくに差別的な意見が集まりやすいプラットフォームであり(おそらく中年や高齢者の男性が多い)、そのために投稿されるコメント(ヤフコメ)の傾向はかなり偏っているが、「ヤフコメは偏っている」という事実も多くの人が理解している。したがって、他のプラットフォームをメインに活動する人々からヤフコメがまともに扱われることはない。一方で、Yahoo!ニュースや5ちゃんねるなどに常駐している人々は、むしろツイッターのほうを軽蔑していたりする。

実際には多くの人は複数のプラットフォームを活用しているだろうが、そのなかでも一つを選んで「自分のホームはこのプラットフォームだ」という愛着を抱き、それに伴い部族意識や党派心も形成するようだ。結果として、どのプラットフォームにいる人々も、別のプラットフォームに対して「あいつらの意見は偏っている」とか「あいつらはおかしな連中だ」とかいった感覚を持つようになっていく。逆に言えば、プラットフォームごとに偏りがあるのだから、どのプラットフォームに投稿される意見も実際の社会の「世論」を中立・透明に反映しているはずがない。

＊8—漫画についてはそもそもウェブ媒体がなければ掲載の場がなく生み出されなかった作品も多数存在するし、またSNSやオンラインの連載でないと表現できない独特の面白さを持つ作品も一定数含まれていることは否定できないため、必ずしも害ばかりとは言えないのだが。

ヤフコメに関しては常駐している当事者以外からは偏りがわかりやすく、日本社会の平均的な意見からは隔たっているということが多くの人に理解されている。しかし、表面的には多様な人々が集まりユーザーの絶対数もかなり多いツイッターについては、頭では違うと理解していても、まるで世間や社会の全体が現れているかのような印象を抱いてしまいがちだ。ツイッターはいまや経済的にも政治的にも影響力を持つプラットフォームと見なされており、企業や個人事業主や政治家やクリエイターたちは嫌でもツイッターに関わらざるを得ないことも、ツイッターを社会と同一視させてしまう傾向に拍車をかけている。

もちろんヤフコメと同じくツイッターにも独特の偏りがあり、実社会からの隔たりがある。また、ツイッターの影響力は過大評価されがちだ。前職でマーケティング業務を行っていた会社員としても単著を出版した文筆家としても、わたしはツイッターがネガティブな騒ぎになりやすいわりに営業的には意外と頼りにならないことを理解するようになった。別のプラットフォームのほうがウェブサイトのＰＶに直結するし、ツイッターの宣伝よりも新聞書評などのほうが単著の売れ行きにははるかに貢献するのだ（もちろん、宣伝する商品やサービスやコンテンツの種類、またツイッターの活用の上手さや下手さによって引き出せる影響力も変動してくるだろうが）。

それでも、ツイッターの外にある「世論」や「社会」をイメージすることは、わたしを含めた多くの人にとって難しくなっているだろう。[*9]

2-4 プラットフォームとメディアが「愚かさ」を引き出す

公共という問題にインターネットが及ぼす影響について考える際に重要になるのが、以下の事実だ：大半のプラットフォームは「社会に向かって自分の意見を言いたい」「できれば自分の意見で他人を説得したり社会に影響を与えたりしたい」という意味での「公共性」に基づいて成り立っているが、その公共性を良いかたち――時間をかけてじっくり考えた末での意見を、丁寧で穏当に述べることで他の人々の理性に訴えかけて、また他の人々の意見にも耳を傾けて納得した場合には自分の意見を訂正したり撤回したりする準備もできていることなど――で引き出すのではなく、悪いかたちで引き出すことに特化している。

結局のところ、第二章で論じた金銭的インセンティブや社会的感情などの問題は、知識や理解を得るための議論のみならず、個々人が公共的な意見を述べるときにも悪影響をもたらす。利益のために自分が本心では思っていないことを主張したり、支持者からの喝采を得るために乱暴で粗雑な主張をしたり、周りの人々の目を気にして言いたい主張を引っ込めてしまうなど。また、ツイッターの場合には140文字、「はてなブックマーク」の場合には100文字など、多くのプラットフォームではひとつの投稿に対して文字数の制限が課されており、これは政治や社会が関わる難しい問題について意見を表明するにはあまりに短か過ぎる。しかし、文字数が短く制限されていることは手軽さにつながるため、本来なら時間と文字数をかけて論じるべき問題についても、短時間で短く意見を表明することをユーザーに促す。連続して投稿するこ

＊9―2024年7月に行われた東京都知事選挙で元安芸高田市長の石丸伸二が元参議議員の蓮舫を抑えて2位の得票数を獲得したこと、その理由としてYouTube やInstagramやTikTokを利用したSNS戦略が指摘されていることは、プラットフォームごとの「隔たり」の大きさを多くの人に印象付けた。

とで文字数を長くすることもできるが、他のユーザーからは一つめの投稿しか読まれないことが多いし、どのみちそのプラットフォーム内での平均レベルは１００字や１４０字の意見によって規定されているのだ。

　プラットフォームに入り浸るほどに短い時間と文字数で粗雑な主張を応酬することが当たり前に感じられていき、「政治的な議論なんてこの程度のものなんだ」「意見を発するために大した準備や誠意は必要ないんだ」などと考えるようになっていく。そして、お手軽だが低質な意見で成り立っている状況が公共そのものだという印象を抱くようになってしまう。

　オンラインのプラットフォームの大半は公共を目的にしたインフラではなく民間企業が営利を目的に運営するサイトやアプリケーションに過ぎない以上、できるだけ多くのユーザーを惹き付けてアクティブに投稿し続けることを促すために手軽さが重視されるのは、ある意味では当たり前のことだ。そして、アクティブな投稿を促すためには、ユーザーを穏当で冷静にさせるのではなく興奮させることのほうが効果的だ。そのため、プラットフォーマーの側としては、過激で低質な意見を抑制させるのではなくむしろ促進させるほうにインセンティブがはたらく。

　ＳＮＳはユーザーを不愉快な情報に積極的に触れさせてストレスや精神的ダメージを与えるという問題は、かなり以前から指摘されてきた。政治に関しても、対立する陣営のなかでもとくに過激な意見や低質な意見ばかりを目に触れさせられやすく、怒りを煽られた結果として自分の側の意見も過激で低質なものとなりやすいという問題が指摘されてきた。そして、プラットフォームを通じてコンテンツを提供するウェブメディアなども同様に公共ではなく利益を目的に運営されているため、ニュースの見出しや内容を扇情的にするなどして冷静な意見ではなく感情的な意見を、人々の賢さではなく愚かさを引き出そうとする。

具体例を挙げよう。近年では、「はてなブックマーク」のホットエントリ一覧には「はてな匿名ダイアリー」のエントリが並んでいる。匿名ダイアリーとは名前の通り投稿者がアカウント名も匿名のままブログ記事を投稿できるサービスであり、ごくまれに公共性が高く有意義な内容も投稿されるが、その大半は男女やジェンダーの対立を無用に煽ったり「リベラル」や「アカデミア」を挑発したりすることを狙った、粗雑で攻撃的な内容だ。匿名であるからわかりづらいが、各投稿の内容や文体を確認していくと、明らかに同じ人が同じ話題について何度も投稿していることが推察できる。その目的は不明だが――何らかのかたちで利益につながられているのかもしれないし、単に人々を挑発して多くの反応が得られることに楽しみを見いだしているのかもしれない――、いずれにせよ、多くのユーザーが狙いに乗せられて匿名ダイアリーにコメントを行う。投稿の内容に同調して女性やマイノリティを攻撃したり「リベラル」「アカデミア」を揶揄したりするコメントも多々あるが、だいたいの場合には、投稿の内容を批判するコメントも多数寄せられる。

わたしがはてなブックマークを観察していて思わされるのは、ネット空間では人々の良心や善意までもが搾取の対象にされてしまうことだ。無用に分断を煽って他者を攻撃する投稿に苦言を呈したり、反論を行ったりするのは、それ自体は立派なことかもしれない。だが、匿名ダイアリーに過激な内容を投稿する人が、自分に対する賛同だけではなく批判も含めたコメントが多数つくこと自体を狙っているのは容易に察せられる。「こんな内容の記事を放置することは許せない」という義憤に基づいて批判コメントを書いたところで、投稿主は「しめしめ」と思うだけであり、また同じような内容の投稿を行うだろう。現状では、扇情的で攻撃的な内容の匿名ダイアリーの書き手と、それを批判するコメントを行う読み手のどちらもが、共犯関係になって不毛な状況を生み出すサイクルを形成している。

ここで必要になるのは、匿名ダイアリーを読んで怒りや憤りを覚えたとしても、批判コメントを書きたくなる欲求をグッと押さえつけて、無視を貫くことだ。反応が少なくなれば、人々から反応されること自体を目的として書かれる投稿は数を減らしていくだろう。また、どのみち１００字では大して意味のある意見を書くこともできないし、匿名ダイアリーの書き手を批判したところで世の中の改善には結びつかないことも承知しておくべきだ。重要なのは、差別や分断を煽る内容によって自分の良心や善性が操作されることを防ぎ、より賢明で有意義なかたちで自分の公共性を発揮しようと努めることだ。

こういった煽りの問題は「はてなブックマーク」でとくに顕著である一方で、ツイッターにもヤフコメにも、各種のウェブメディアにも「ｎｏｔｅ」などのブログサービスにも多かれ少なかれ存在する。つまり、良心や善意を持つ人々ほど、有害で悪意のある人々によって利用される危険にさらされており、自分の良心を抑えることが要求されている。こんな状況はおぞましく醜悪だ。しかし、これがネットの現状であることは間違いない。

プラットフォームによって偏った「世論」が形成されて、人々の公共性が感情的で愚かなかたちで引き出されている状況は、現実の世論や社会の状況に比べて極端で毒々しい印象をわたしたちに抱かせて、公共に対する信頼を毀損するという問題を引き起こしている。

プラットフォームごとに世論が形成されるといっても、どのプラットフォームでも「このプラットフォームはおかしくて極端だ」という意見は出てくるものだ。自分自身に向けた自嘲や自虐という場合もあるが、政治や社会に関する問題については「このプラットフォームで政治的な話をしているあの連中はおかしい」という論調であることが多い。結果として、「ふつうの人たち」は政治や社会問題についてコミットすることをこれまで以上にためらう。一方で「おかしな人たち」同士の争いはますます過剰になり、泥沼にハマっていく。

ネット上で目にすることのできる個々の意見やそれらが集まることで生じる運動などの姿形は、プラットフォームの仕様に伴う制約やユーザー層の偏りによる影響を受けてたまたまそうなっているに過ぎない。必要なのは、そうでないかたちの意見や運動はあり得るし、実際に存在してもいるということを忘れずに思い返し続ける想像力だ。

2-5 インターネットと公共性の両義的な関係

無論、性差別やレイシズムといった問題はインターネットだけが原因で生じているわけではない。現在よりも「ネトウヨ」が問題視されていた2010年代の初頭に大学院生であったわたしがレイシズムに関して扱った社会学の文献を購読する授業を受けていたとき、印象深かったのは担当の教授が「ネット右翼の登場は、昔から日本に根深く残る人種差別の問題と地続きである」と何度も強調していたことだ。当時は、「ネトウヨは2ちゃんねるのせいで登場したおかしな人たちであり、〝本物の右翼〟とも関係のない特異な存在だ」という風に、社会から切り離して矮小化する言説のほうが目立っていた。

SNSや各種のプラットフォームが人々の思考に制約をかけて感情を煽り意見も歪めているのはたしかであるが、その背景には差別的・攻撃的であったり有害であったりする意識や考え方が個々の人々の内側や社会のなかにもともと存在している、という点も失念すべきではないだろう。つまり、差別や攻撃をそもそも内包している「種」も、それを促進させて開花させる「土壌」や「水」も、どちらも問題視する必要がある。

わたしとしては、政治や公共の関わる難しい問題について意見を表明したいと思ったときには、まずはその問題に関連する書籍などを読みながら時間をかけて考えることは不可欠だと思うし、ツイッターに投稿してお手軽に済ませるのではなく数千字は要する文章できちんと表現すべきだと思う。とはいえ、現実問題として、そのようなハードルをすべての人に課すことはできない。また、政治的な意見がお手軽に言えなくなる状況は、金銭的・時間的な余裕のある人や教養・学歴のある人にとっては有利だが、そうでない人にとっては不利だ。経済的な階級の問題を考えると「お手軽さ」を全否定するわけにもいかない。

そして、お手軽だからこそ、SNSが人々を公共に誘うことも否定できないのだ。日本に住んでいて、いま（2024年）35歳であるわたしの前後の世代の人々なら、2011年3月の東日本大震災をきっかけに周囲の人々が急に社会や国のことについて言及しはじめて、それまでには経験したことのない一体感や共通意識のようなものが周りから漂ってきた、といった記憶を持っているかもしれない。ちょうど日本では震災の前後にツイッターの普及が進んだこともあって、二〇一一年以降、自分も周りも以前に比べて多少なりとも「政治的」な人間になったことは否めない。自分よりも年下の世代の人間になると、若い頃からSNSが身近であったのに伴い政治や公共への意識も高いことは、一般的な傾向として感じられる。

本書のなかでたびたび取り上げてきた『傷つきやすいアメリカの大学生たち』では、インターネットやSNSが原因でアメリカの若い学生たちは被害者意識をつのらせ政治や社会について現実離れした考えをするようになった、という問題が指摘されている。その指摘は多かれ少なかれ日本にも当てはまるだろうし、著者らの懸念にはわたしも同意する。とはいえ、もしツイッターがなかった場合、わたしを含めた多くの人々はそもそも政治や社会に関する物事について意見を表明する機会も持たなかったのではないか、という考えを捨てることはできない。

結局、投票以外の方法でも政治に関わり、公共性を育むためには、何らかのかたちで意見を表明することは欠かせないのだ。たとえば当初はツイッターで短絡的に意見を表明していた人であっても、それを足がかりにして実際の社会運動に関わるようになることもあれば、より有意義なかたちで意見を発するための勉強や努力をしたりするようになることもあるだろう。

第一章でも述べたように、担い手がネット上の「おかしな人」であるとしても、それでもキャンセル・カルチャーを全否定することは困難だ。また、お手軽で集団や党派を形成させられやすいというSNSの特徴は、裏を返せば、万人に開かれていて人々を団結に結びつけることができるという利点をもたらす。だからこそ、フェミニストや女性たちはこれまでにはない規模で#MeToo運動を行うことが可能になったし、それが結局のところは世界中の女性たちの状況を改善させてきた。

とはいえ、前述した諸々の利点を考慮してもなお、政治や関する物事については、わたしはSNSやインターネット全般に「否」と言いたいところだ。いまやネガティブな側面のほうがあまりに目立ち過ぎるし、過去に存在したポジティブな側面が戻ってくる保証はない。SNSのお手軽さは女性やマイノリティにとって有効な武器となる側面もあるが、同時に、バックラッシュに駆られる男性やマジョリティにとっても武器となる。そしてどちらも武器を手に取った場合には、攻撃性の高い方や数の多い方が有利になるだろう。

わたしとしても、自分の公共性を育てる足がかりとなってくれたという点では、SNSやインターネットに対して恩を感じるところもなくはない。だが、自分の感情や認知もプラットフォーマーやメディアによって多かれ少なかれ操作され、他の人々と同じように自分も愚かな意見や短絡的な表現を引き出されてきたという事実は、振り返ってみると腹立たしい。それはわたしの自律を侵害してきたのだ。

3 「理性的」で「中立的」な政治はあり得るのか？

3-1 政治、理性、感情の問題を再考する

本書では政治的な物事について「感情的」に議論することを批判し、「理性的」であるべきだと説き続けてきた。しかし、第四章で取り上げたマーサ・ヌスバウムの『感情と法』のように、政治や法律などの公的な物事と感情は切り離せないと主張する議論は、政治哲学のなかにも多数存在する。さらには「理性的な政治なぞあり得ない」という考え方も、世間の皮肉屋たちだけでなく一部の政治哲学者たちの間でも根強く支持され続けているのだ。

理性や客観性・中立性、合意や手続きを重視する考え方としてのリベラリズムには、さまざまな批判が向けられてきた。リベラリズムよりも「左」なマルクス主義者やアナーキストからの批判もあれば、リベラリズムよりも「右」な保守主義者からの批判もある。本書のなかでもたびたび紹介してきたように、フェミニストやマイノリティの論者からもリベラリズムは批判されてきた。彼女らの批判には左からのものと共通する要素もあるが、ここでは「下」からの批判と表現しよう。

リベラリストたちが客観性や手続きの正当性に関する理念（または建て前）ばかりを重視するために、自分たちの足元で苦しんだり傷ついたりしている人々の姿が目に入らないことを、フェミニストやマイノリティの論者は指摘する。そして、一見すると中立的なリベラリズムは既

存の不当な構造や環境を改善するのではなく保持するように機能しているのであり、リベラルな議論は権力者たちや男性などのマジョリティら「上」にとって都合のよい主張になっていることを、彼女らは批判するのだ。こういった「下」からの批判は本書で扱ってきたさまざまな問題とも関連しており、無視することはできない。

この節では、ここまで本書では十分に取り上げてこなかった、「政治と理性の相性の悪さ」という問題や感情とアイデンティティに関わるいくつかの論点を、駆け足になるがさまざまな思想家を紹介しながら扱っていこう。

3-2 ストア哲学のリスクと、政治における集合行為問題

まず言及しておきたいのは、本書で重視してきたストア哲学の考え方——物事が問題に感じられたり悪いように思えたりしたときにも、社会の構造・制度や世の中の状況や他人の言動など自分の「外」にある要素にばかり原因を見いだすのではなく、物事から自分が受けた印象や物事に対する自分の認知の仕方など自分の「内」にも疑いの目を向けて見直すこと——は明らかに有益であり、マジョリティ/マイノリティを問わずすべての人にとって必要なことであるが、一方で政治や公共とは根本的に相反する、というポイントだ。[*10]

ストア哲学の考え方を極端に推し進めれば、社会で起こっていることのすべてが個々人の受け取り方次第だということになり、人々の主観の外にある客観的な問題なんて存在しないということになる。こういった発想も個人がひとりで抱いて実践するに留まるならいいかもしれな

いが、社会や公共が関わる物事にこの極端な主観主義を適用することは明らかに問題だ。当然のことながら、悪い物事を引き起こす原因は、個々人の内側に潜んでいるのと同時に、その外側にも歴然と存在している。

　自分自身の身に降りかかっている問題について「社会や他人が悪いのではなく、とにかく私の認知や受け取り方に問題があるのだ」と考えてしまう人は、自分が他人から理不尽な仕打ちを受けたとしても「それは不当だ」と言明して怒ったり逆らったりすることができなくなるだろうし、自分の利益や自由を公共に訴えるという発想が湧くことすらないだろう。そして、他人が理不尽や差別・抑圧に抗議したとしても「それは社会のせいではなく、その人の認知や受け取り方のせいなのだ」とばかり考えるのは、ただ単に既存の状況を肯定するだけの保守的で反動的な発想に過ぎない。そんな考え方をする人は、弱者への同情・共感や他者への連帯とい

＊10―厳密に言うと、ここで問題になるのはウィリアム・アーヴァインやドナルド・ロバートソンが提唱しているような「現代ストア哲学」である。そもそもローマ皇帝であったマルクス・アウレリウスもストア派であったように、古代のストア哲学には感情や理性についてだけでなく政治に関する議論も論理学や自然学の議論などと並んで含まれていた。『ストア派の哲人たち』（國方栄二著、中央公論新社、2019年）によると、現代でいう普遍的人権論やコスモポリタニズムに近い議論もなされていたようだ。また、アウレリウスの『自省録』を読めば、彼が社会に対する強い義務感を抱いており、政治に積極的に関わっていたことが理解できる。

　ただし、ストア哲学の政治論も自然論も古代ギリシャ／ローマに特有の前提に基づくものであり、必ずしも現代の人々に受け入れられるものではない。現代ストア哲学とは自己啓発やライフハックの文脈を前面に出すため古代ストア哲学の議論を削ぎ落として切り詰めたものであり、だからこそ社会的・政治的なトピックに関して現代ストア哲学を適用して考えることは問題を引き起こしかねない、ということだ。

った、人として大切な感情も失ってしまうだろう。ストア哲学的な考え方には、自分にも他人にも「適応的選好」を強いる側面があるのだ。

したがって、世の中で起こっている問題についてストア哲学的に考えるにしても、中庸に行う必要がある。問題の原因のどこまでが自分や他の人々の「内」にあり、どこまでが社会の構造や制度などの「外」にあるのか、都度、バランスよく判断していくことが大切だ。……とはいえ、ひとたびストア哲学的な考え方を採用すると、その発想がクセになって、どうしても実際以上に「内」を強く見積り「外」を軽んじてしまいがちになるかもしれない。

そもそも、公共に訴える前に「内」と「外」を丁寧に見極めて、自分の利益について客観的・中立的に判断すること……「この問題は自分の責任の範囲内にあって自分で対処すべきだが、この問題は社会に原因があるから改善を要求しよう」といった、理性的な態度を貫くことは難しい。政治には、異なる立場の人たちが資源や注目をめぐって争い合う、「競争」の側面があることは無視できない。そして、自分が主張や要求を理性的にコントロールしたところで、他の人たちが同じように理性的になってくれるとは限らない。

相手の側が過剰な要求をしており、レトリックを駆使されてその要求が通ってしまうときには、自分たちの側がワリを食うおそれがある。したがって、相手に合わせて自分たちも要求を過剰にしなければならないし、レトリックに手を出す必要が生じてくる。こうして底辺への競争が始まると、資源の分配はどんどん歪んでいき必要とされる人々に対して行き渡らなくなり、特定の問題に注目が集まり過ぎる一方で別の問題は放置されてしまい、そして嫌気が差した人々は非合理で感情的になった「政治」そのものから遠ざかってしまうだろう。

ここに存在するのは、いわゆる集合行為問題だ。政治的な要求をする人たちのみんなが開き直って理性を放棄すると、社会全体の状況が悪くなり多数の人々に不利益を生じさせる結果がもたらされる。だが、それを防ぐためには自分だけでなく相手にも理性的になってもらう必要がある。……自分の主張はあくまで客観的にも正当化されるような合理的で適切なものであり、自分は人々の感情ではなく理性に訴えていることを伝えたうえで、だから相手にも自分と同じように理性的になることを求めれば、もしかしたら相手も納得してくれるかもしれない。だがその確証はないし、理性的な態度が現実の政治にどこまで通じるかは未知数だ。

3-3 闘技的政治論者のリベラリズム批判

ポール・ケリーの『リベラリズム　リベラルな平等主義を擁護して』の第六章では、リベラリズムに対する批判として「闘技的政治論者」の主張が取り上げられている。

ジョン・ロールズの提唱した「政治的リベラリズム」は、ある特定の道徳的な価値観を正しいとすることは前提としていないが「各人の平等と多様な価値観を尊重すべきだ」とか「理にかなった合意を重視したうえで利害の対立はこのように調停されるべきだ」とかいった規範的な主張は含んでいる。[*11] しかし、ジョン・グレイやシャンタル・ムフに代表されるような闘技的

＊11―第七章でも登場したような、個々人の「善の構想」＝道徳的な価値観と、手続きや分配に関する正義＝ルールを分別する考え方ということ。

政治論者は、政治哲学がこのような規範的主張を行うこと自体を批判する。彼らは、主張が客観的であったり論理的であったりすることは政治において重要ではないし、リベラリズムが手続きを踏まえたうえでの理にかなった合意を重視することは政治の本質を履き違えており、むしろ政治を抹消するものであると主張するのだ。

闘技的政治論者のひとりであるグレン・ニューイによると、政治に関する学問は理想や規範を提唱することにではなく、「ありのままの政治」を体系的に分析することに注力しなければならない。では「ありのままの政治」の特徴とは何かというと「意見の不一致」と「権力行使に関連するものであるということ」だ。そして、リベラリズムのような政治哲学では規範や理想に捉われて、社会には合意がどうしても成立しない物事が存在していることや政治と権力行使は切っても切り離せないという事実が見えなくなってしまう……と、ニューイは主張する。

ケリーは、闘技的政治論者たちに対して、彼らは「政治」というものの範囲や定義を恣意的に狭めていると反論する。たしかに政治にはニューイが記述したような特徴も含まれているし、理想的でもなければ合理的でもない要素は多々あるが、それと同時に、合意や理性といった要素もやはり政治には含まれているのだ。また、合意を成立させることが難しい場合はたしかにあるとしても「意見は常に不一致になる」とか「理にかなった合意は成立するはずがない」とまで主張するのは誇張である。これまでの社会でも、意見がある程度まで一致することや、何らかの合意が成立するということは起こり続けた。実際の政治において感情が優先される傾向があったり権力闘争で物事が決まったりする場合があるからといって、理性や合意をまるつきり放棄しようとすることもまた極論である。要するに、理想や規範を批判する闘技的政治論者たちは露悪的な発想に目が曇らされているために、彼らのほうも「ありのままの政治」を適切に眺めることができていない、というのがケリーの主張だ。

わたしとしても、ケリーの主張には同意できる。理想や規範が持つ力を過大評価してはならないだろうし、現実を冷徹に見極めることも大切だが、現実を過度に露悪的に眺めることには第2節で触れたような「再帰性」の問題がある。「政治とは権力をめぐる争いに過ぎず、規範や理想は無意味だ」とか「政治において理性に基づく合意なんて成立するはずがなく、互いにレトリックを駆使して感情を操作しているだけだ」とかいった考えを抱いている人は自分の考えにしたがって闘争的に行動するだろうし、そんな人ばっかりになったら政治は実際にそうなってしまうかもしれない。だが、より多くの人が理想や規範を意識しながら理性的に振る舞うことで、その事態を防ぐこともできるかもしれない。安易に露悪的な見方に振り切れることには、自分が所属している社会が台無しになるリスクがあり、結局は自己利益にも反する。ここでも、中庸な観点を手放さず粘り強く考えることが大切だ。

3-4 「アイデンティティの政治」と「不正義の感覚」

第三章では、「アイデンティティの政治」を主張するアイリス・マリオン・ヤングの議論に反対しながら「公的理性」や「公的正当化」の重要性を説くケリーの文章を引用した。

ヤングが「アイデンティティの政治」を具体的に展開している著作は『正義と差異の政治』である。[*12] 1990年に原著が出版されたこの本では、批判理論やフェミニズム理論にポストモダニズムなどを参照しながら、中立性や普遍性を標榜する主流派の政治理論（＝リベラリズム）に対する異議申し立てが行われている。

リベラリズムの前提となっている「公衆」や「自律した個人」の理念なども批判しながら、人種とエスニシティにジェンダーなどのアイデンティティや「社会集団」の重要性を強調する彼女の議論は『「社会正義」はいつも正しい』の著者らが批判していた「応用ポストモダニズム」に連なるものであり、2020年代の現在になって読んでみると既視感に溢れていることは否めない。

ヤングの議論は普遍性や公衆の理想を手放すことがもたらす負の側面を十分に考慮していないように思えて、わたしは説得力を感じない。また、彼女が行なっていたような主張は多くの論者に劣化コピーされてうんざりするくらい繰り返されてきたのであり、マイノリティのアイデンティティ（と利益）のみが考慮に値するかのように豪語するそれらの議論は、マジョリティによるバックラッシュをもたらしてきたとすらいえる。

一方で、同じく1990年に原著が出版されたジュディス・シュクラーの『不正義とは何か』（川上洋平ら訳、2023年、岩波書店）では、ヤングのものに比べるとより有意義で生産的なリベラリズム批判が行われている。

シュクラーの議論は難解だとも言われているが、ごく簡単にまとめると、以下のような主張が展開されている：客観的には平等・公正な制度や手続きが社会のなかで確立されているとしても、理不尽な不運にさらされたり被害に遭ったりする個人たちの主観には「不正義の感覚」

が芽生えて、社会に対して抗議や異議を申し立てようとする。そしてそういった被害者たちの声を十分に考慮しない社会は実際に不正である。

『不正義とは何か』は抑圧されて被害を受ける女性たちの事例を取り上げているという点で、シュクラーの議論にも「下」からの批判という側面はある。一方で、彼女の議論では、ヤングのようにはアイデンティティが強調されていない。「不正義の感覚」は男性やマジョリティであっても不運や被害に遭えば抱き得るものであるし、ある人が抱いた「不正義の感覚」に他の人々も共感や理解を示して、一緒になって社会に対する抗議を行うこともできる。シュクラーの議論でもたしかに「経験」や「主観」などが強調されてはいるが、彼女の主張は「マイノリティが差別の経験を通じて得られる主観的な知識は、マジョリティが得られる知識よりも優れている」と論じる応用ポストモダニズムの主張に比べると、ずっと穏当で普遍的なものだ。

第5節で取り上げるアクセル・ホネットの著書『承認をめぐる闘争　社会的コンフリクトの道徳的文法』でも、個々人が人生のなかで「尊重の欠如」を体験することが社会に対して道徳的な要求を行うきっかけとなること、そして人々が個別に行っていた要求はより普遍的なものに変換されて集団的な抵抗に発展することが論じられている。また、同じくホネットの著作『物象化』（辰巳伸知、宮本真也訳、法政大学出版局、２０１１年）の終盤では、ある社会がたとえ正

＊12―なお、政治における「社会集団」を重視するヤングと、政治における「理性」の役割を疑問視する闘技的政治論者たちの両方に通じる議論を行っている著作として、マイケル・ウォルツァー『政治と情念　より平等なリベラリズムへ』（齋藤純一ら訳、風行社、２００６年）がある。

義には適っているとしてもその社会のなかに依然として「社会病理」は存在することはあり得る、という議論が行われていた。

わたしはたまたま同時期にシュクラーとホネットの著書を読んだが、両者がそれぞれ「不正義の感覚」や「尊重の欠如」という言葉を使って論じようとしていることは、かなり近いように思われる。つまり、個々人の主観的な経験や感情、そしてそれらが民主主義的な過程を経て表明されることは、社会に正義が実現されるうえで不可欠だ（これはヌスバウムが『感情と法』で行っていた主張にも通じる）。また、司法など制度の手続きが公正であったり分配が公平であったりして正義が実現されている場合にも（実際にはこれらがきちんと実現されている社会のほうが稀であるのだが）、それはそれとして、無視できない問題が社会には存在し続ける。

リベラリズムや政治理論の普遍性や中立性は虚偽であると喝破しようとするヤングや応用ポストモダニストらのような議論は、勢い余って、規範や理想を実現させようとする営み自体を台無しにしてしまいかねない。実際には、彼女らにとっても、リベラリズムがまったく浸透してない社会よりかはある程度までは浸透している社会のほうが望ましいだろう。政治や社会に関する規範や理論の客観性や中立性を否定して、感情・経験・アイデンティティといった主観的な要素を取り入れようとすることは、マイノリティにもマジョリティにも「自分たちの主観こそが特別に重要であり参照されるべきだ」といった主張を引き起こして不毛な争いを招き寄せてしまう。

だが、司法などの制度や資源の分配をどうするかという問題からはひとまず距離を置きつつ、個々人の経験や感情に目を向けたり人々の訴えに耳を傾けたりすることは、やはり大切である。もしかしたら、彼や彼女の経験は、既存の制度の不完全さや分配のあり方に潜む問題を照らし出すかもしれないし、その場合には制度や分配を実際に修復・是正することが必要になる。あるいは、彼や彼女の感情や訴えは手続き的正義や分配的正義に関わることではなく社会や政治にはどうしようもないのであるかもしれないが、それを判断するためにも、まずは人々の主観を無視せずに取り上げることが不可欠だ。客観的な規範や制度の問題と主観的な経験の問題を即座に結び付けたり混同させたりするのではなく、並行してどちらにも目を向けながら考えていくことは可能であるはずだ。

3-5 中立性と態度/実践の問題

ヤングの議論に戻ってみよう。彼女は「批判理論」について以下のように書いている。

私の理解では、批判理論とは、歴史的・社会的に文脈化された規範的な反省に他ならない。批判理論は、特定の社会から切り離された普遍的な規範体系を構築しようとする試みを、幻想として拒絶する。規範的な反省は、歴史的に特定の状況から開始される必要がある。というのも、そうした反省の出発点となるのは、今現実にあるもの、所与のもの、正義に関する位置づけられた関心だけだからである。(…)社会的事実を価値と切り離し、自らの価値中立性を標榜する実証的社会理論とは異なり、批判理論は、社会理論が所与のものに従属しなければならないという考え方を否定する。社会的記述や説明は、批判的であること、つまり所与のものを規範的観点から評価する意図を持っていることが必要である。こうした批判的姿勢がなければ、社会ではいかなることがなぜ生起しており、誰が利益や被害を受けているのか、といったことに関する多くの問いは問われることがなく、社会理論が所与の社会的事実を再び肯定し実体化する結果を招いてしまう。

（ヤング、4〜5頁）

先述したようにヤングの議論にわたしはあまり感心できないのだが、とはいえ、引用した彼女の指摘はやはり重要だ。「価値中立性」を標榜する理論や説明は「誰が利益や被害を受けているのか」という問いを等閑視してしまうことは、「下」からのリベラリズム批判にとって中心的な問題である。

本書では公共的正当化や表現の自由に手続き等々の重要さを説明しながら、リベラリズムの理念は大切なものだと読者に説明しようとしてきた。当然のことながら、表現の自由や手続きが重要であると主張する人は、わたし以外にも現代には多々いる。……しかし、気になるのは、それらの人々の一部は主張の仕方が傲慢であり、本人たちもずいぶんと鈍感に見えることだ。たとえば、第二章でも触れた通り、表現の自由は大切だと主張するにしても、ヘイトスピーチの対象になる可能性にさらされているマイノリティが主張するかそうでないマジョリティが主張するかによって話は異なってくる。前者の場合には、自分自身のつらさや苦しみを増し得るという点で自分にとって「損」ともなり得る主張を、社会全体の利益や正義を重要視する考え方に基づいて提唱しているのかもしれない。一方で、後者の場合には、単に自分たちにとって「得」になる主張——立場や構造のおかげで自分たちの側は攻撃や侮辱や抑圧からどのみち守られていることを承知の上で、自分たちが他者を攻撃したり侮辱したり抑圧したりする表現をこれからも制限されることなく発表し続けるための主張——を提唱しているだけかもしれない。主張の内容は同じであっても、背景にある状況が異なるなら、その主張に対して取るべき態度はまるで異なってくる。

また、本書では、現在の物事や状況の背景にある「理由」について理性的に考えるべきだとも主張してきた。そして、第三章や第五章では在日外国人としての視点から、第六章では男性としての視点から、わたし自身に対して不利益をもたらしていたり自分のことを対象にしていなかったりするような制度や政策についても、それらが採用される背景にある理由を冷静かつ客観的に考慮するように努めてきた。我ながら立派な態度であるし、他の人びとも同じように努めるべきだと思う。……だが、たとえば引っ越したいと思った物件の多くが外国人お断りであったことや、妻との結婚や母親の死去にあたって苦労させられた戸籍関係の制度について、どこかの日本人から「それらの制度は全体の利益にかなっているのだから文句をつけるべきではないのだ」などと語られたら、さすがのわたしもムカっとするだろう。

表現の自由を主張している人々のなかには、表現が他者に対する憎悪や抑圧を増やし得るという問題について考慮しているように見えず、それどころか他者に憎悪や抑圧を与えたいからこそ主張しているのではないか、と思わせるような人が多々混在している。また、既存の制度・構造に「理由」を見いだすことも、社会的に有利な立場におり既存の制度に守られていたり既存の構造から利益を引き出せたりしているマジョリティが行う場合には、単に自分たちが

「得」をして他の人々に「損」が押しつけられる状況を維持するための自己中心的な主張になりかねない。

要するに、社会や政治に関して物事を主張する際には、主張している理屈の内容だけでなく主張する際の態度や実践も大切なのだ。理屈の内容が同じであっても、だれがどのように主張しているかによって、その理屈を聞く側が取るべき反応は変わってくる。自分たちのことばかりだけでなく他者のことや社会全体のことを真剣に考慮している人々の意見には耳を傾けるべきだが、自分の提唱している理屈が自分たちに利益を与えて他者に被害を与える結果をもたらす事実に頬被りしている人々の意見は無視して然るべきだろう。……そういう点では、ヤングが理論における「批判的姿勢」の大切さを指摘していることには、わたしも賛同できる。

女性やマイノリティによる「下」からの批判や労働者による「左」からの批判が問題視しているのは、現在のリベラリズムが、表面上は中立的な仕方で既存の制度や構造を擁護したり表現などの諸々の自由に賛同したりすることで、結果的には強者や権力者を利して弱者を害する「強者のリベラリズム」になっていることだ。

なお、この問題は、リベラリズムの理念が長らく存在してきて社会に浸透している欧米のほうが根強く深刻であることは言及しておくべきだろう。本書で肯定的に引用してきた英語圏のリベラリズム論者たちも大半は白人男性であるし、この批判から無縁でいられるわけではない。

4　フランクフルト学派の批判理論

4-1　批判理論との出会い

わたしが「批判理論」のことを初めて意識したのは、修士論文の参考として、フェミニスト哲学者のジョゼフィーン・ドノヴァンが動物倫理について取り上げた論文「動物の権利とフェミニズム理論」を読んだときだった。[*13] この論文のなかで、ドノヴァンは「フランクフルト学派」の代表格であるテオドール・アドルノとマックス・ホルクハイマーの議論を参照して、その思想をエコロジカル・フェミニズムや文化フェミニズムに結びつけながら、功利主義に基づいて動物の道徳的地位を主張するピーター・シンガーの議論やカント主義に基づくトム・レーガンの主張を批判していた。

ドノヴァンの批判を要約すると以下のようになる：アドルノとホルクハイマーの『啓蒙の弁証法』で論じられている通り、「理性」や科学は「自然」や動物の支配と搾取につながっていた。功利主義やカント主義も理性を重視する規範である以上、根本的には動物を搾取・支配する発想に結びついているので、これらの理論に基づいて動物の道徳的地位を主張することは欠

*13—Donovan, Josephine. “Animal Rights and Feminist Theory”, 1990. (Donovan, Josephine, and Adams, Carol eds., *The Feminist Care Tradition in Animal Ethics: A Reader*. New York: Columbia University Press, 2007).

点を持ち不完全である。そして、エコロジカル・フェミニズムは女性も「感情的」かつ「動物的」な存在として「自然」に結び付けられて理性による支配や搾取の対象となってきたことに注目して、女性解放と自然や動物の解放との連帯を主張してきた。したがって、動物の道徳的地位に関して論じる際にも、功利主義やカント主義ではなくフェミニズム倫理やケアの倫理に基づいて主張するべきだ。

わたしはドノヴァンの議論には説得力をほとんど感じなかった。２０２３年にフェミニズムと動物倫理に関する学会発表の機会があり、およそ10年ぶりに論文を読み返した際にも、やはり牽強付会であり質の良くない主張だと判断せざるを得なかった。シンガーやレーガンによる理性に基づいた主張は実際に動物の支配・搾取に反対する運動を引き起こして影響を生じさせているという事実をドノヴァンは無視し過ぎているように思える。また、理性が自然と動物や女性の支配に必ず結び付くというわけでもないだろう。理性や科学とは、良い目的にも悪い目的にも使用できて良い結果も悪い結果ももたらし得る中立的なものである、と見なすほうが妥当なはずだ。

ドノヴァンだけのせいでもないが、修士課程を卒業してからも長い間、わたしは批判理論に良いイメージを抱けなかった。その名が示す通りに「批判」ばっかりしていて、歴史を通じて人々が理性を駆使してきたことでようやく打ち立てられた規範や理想に水を差して混ぜっ返す、不毛で非建設的な思想だと思い続けてきたのだ。

だからこそ、ジョセフ・ヒースが著書『啓蒙思想２．０』でアドルノやヘルベルト・マルクーゼを含むフランクフルト学派の論者たちや、文化フェミニズムに連なる主張を行っていたメアリ・デイリーを槍玉に挙げながら「左派の反合理的思想」を痛烈に批判していた際には、「そうだそうだ」と心から賛同して読むことができた。『「社会正義」はいつも正しい』で槍玉に挙げられている「応用ポストモダニズム理論」も、「批判的人種理論」を始めとして批判理論の影響を受けたものが多いようだ。また、第二章では「学問の自由」に対する脅威の背後にマルクーゼの思想を見出す、エイプリル・ケリーウォスナーの議論にも言及した。

批判理論に対するわたしの態度が変わったのは、ごく最近のことである。きっかけは、次節で取り上げるユルゲン・ハーバーマスの思想に関心を抱いたことからだ。といってもハーバーマスの文章は難解なことで知られているので『1冊でわかる　ハーバーマス』という本から入門したところ、そこでハーバーマスの「前座」のように扱われているアドルノやホルクハイマーにも興味をそそられたのだ。

その後、『フランクフルト学派と批判理論　〈疎外〉と〈物象化〉の現代的地平』（スティーヴン・エリック・ブロナー著、小田透訳、白水社、2018年）や『現代の思想家　マルクーゼ』（アラスデア・マッキンタイアー著、金森誠也訳、新潮社、1972年）、『アドルノ入門』（ロルフ・ヴィガースハウス著、原千史、鹿島徹訳、平凡社、1998年）と読み進めていった。なにしろフランクフルト学派の文章は晦渋でありハードルが高く、また邦訳書の多くは高額であったり絶版になったりしているために入手が困難であることから、アクセル・ホネットの著作を除けば本人らの文章にはまだきちんと触れられていない。だが、入門書を読んでいくうちに、わたしは以前に比べて批判理論を提唱した人々の問題意識に共感を抱けるようになっていった。

わたしのごく素朴な理解によると、マルクス主義の流れを汲んで「疎外」や「物象化」を問題視する批判理論（批判的社会理論）とは、資本主義経済のメカニズムや科学の論理などの「道具的合理性」がわたしたち個々人や社会にとって大切な物事――政治や公共性、仕事や芸術、家族や友人との関わりや日々の生活など――に侵食してくることを批判する思想だ。つまり、現代の社会は経済や科学が発展して一見すると豊かになっているが、実際にはさまざまな価値が毀損されている。さらに道具的合理性はわたしたちの感情や思考を歪めて「自律」を奪っていることを、批判理論は問題視する。

このような発想は「昔は良かった」という不毛なノスタルジーに終始することもあれば「自分たちだけが真の芸術や自律を理解している」という独善的なエリート主義をもたらすこともあるし、陰謀論になってしまうこともあるので注意が必要だ。また、第六章でも触れたように「人々に新自由主義の価値観が内面化された」という類の言説は現代日本でもよく耳にするが、わたしは基本的にこういった主張は大雑把に過ぎると思うので賛同しない。

その一方で、テクノロジーやメディアやプラットフォームなどによって（良くも悪くも）変容させられたわたしたちを取り巻く環境、そして社会人としてのわたしたちに課せられるルールや要請が、わたしたちの感情や思考に影響を与えていることはたしかであり、この事実を無視するわけにもいかない。

実は、ヒースはハーバーマスの弟子であり、自身の哲学がフランクフルト学派と批判理論の伝統に連なることをはっきりと表明している。第二章でも触れた通り『啓蒙思想２．０』ではインターネットやＳＮＳが「政治的言説の質」に悪影響を与えていることが論じられていた。そして同書の別箇所では、企業がわたしたちがビデオゲームやファストフードなどの商品に「依存」するよう工夫を凝らしていること、そして目論見通りに依存させられたわたしたちは時間と金銭を浪費させられているだけでなく、睡眠時間を奪われたり栄養に問題のある食事をさせられたりすることで健康も害されていることが指摘されている。さらに、ヒースはインターネットやＳＮＳを通じて大量に与えられる広告メッセージは人々の認知能力を全般的に低下させるという点で「理性に対する全面攻撃も同然だ」と書いてもいるし、「愚かさをもたらすのが商業主義なのだ」と嘆いてもいれば、わたしたちの認知を歪めて有害な方向に突き動かせる状況を「世界は『敵対』化した」とも表現している（ヒース、２３８〜２４１頁）。

ヒースの哲学は自然科学の考えを取り入れたり合理的な経済学の発想を重視したりしている点で旧来の批判理論とは一線を画しているが、社会の状況や制度が人々の理性を奪うこと（そして商業主義がそれを助長すること）に対する問題意識は、過去のフランクフルト学派の人々と共通しているのだ。

４-２　人間に敵対し、公共に侵食する「道具的合理性」

今時は多くの人が仕事でインターネットと関わっている。ＩＴやウェブ業界の会社員のみならず、個人事業主も自分の商品やサービスを宣伝するためにＳＮＳを活用している。

わたし自身、前職では会社員として長らくウェブマーケティングを行ってきたが、マーケティングとは他者を操作して支配・管理を行う道具的合理性の賜物だ。たとえば自社のウェブサイトをグーグルの検索結果の上位に位置付けるために行うＳＥＯ（検索エンジン最適化）マーケティングでは、サイトに含まれる情報の内容や価値よりも、グーグルのアルゴリズムに付け込んでごまかすための工夫のほうが重要になる。以前にいた会社では自社の提供するサービスの本質的な価値とは何ら関係のない小細工をチマチマと行い続けて毎日の検索順位やＰＶの上下を確認し続けさせられていたが、「おれって何のために生きているんだろう」という虚しさがつのったものだ。また、誤情報・偽情報や有害な内容を掲載したウェブサイトを運営する業者たちも自分と同じようにＳＥＯの小細工を熱心にしており、そしてグーグルのアルゴリズムがまんまと付け込まれる（というよりもグーグルの側にまともに改善する気がなく誤情報や有害サイトを半ば意図的に放置している）ことにより世の中に流通する情報がロクでもないものばかりになるという裏側の事情を目の当たりにさせられたことにも、うんざりした。だが、とりわけイヤだったのは、検索エンジンを使用するユーザーたち……つまり自分を含んだこの社会の大半の人々が、自分が行っているようなマーケティングによって容易く操作されている事実を知らされることだった。こういった仕事を続けていると「人間ってしょうもない存在だな」とか「みんなバカみたいだ」とかいった、冷笑的で露悪的な人間観をどうしても形成させられてしまう。

作家の永江朗は著書『私は本屋が好きでした　あふれるヘイト本、つくって売るまでの舞台裏』（２０１９年、太郎次郎社エディタス）で、嫌韓や反中などをテーマにした「ヘイト本」を製造して流通させる出版業界――出版社や取次のみならず、書店や末端の書店員まで――の問題を取り上げ、「出版業界はアイヒマンだらけ」と書いている。

哲学者のハンナ・アーレントはナチスの高官アドルフ・アイヒマンを取り上げながら、与えられた課題に疑問を抱かず思考停止して処理を行う「悪の凡庸さ」がナチズムの本質だと喝破した。永江はその「悪の凡庸さ」を、現代日本の出版業界にも見いだしているわけだ。現代ではアーレントによるアイヒマン評は検証が積み重ねられてかなり疑問視されているし、永江の主張に対しても業界の人々からは批判が多数あった。とはいえ、永江に対する批判には言い訳がましいものも多かったし、アーレントの「悪の凡庸さ」論も問題提起としては依然として有用なものだ。

永江が指摘しているように韓国や中国に関わる人々への差別はいまだに出版業界の飯のタネとなっているし、近年ではそこに性的マイノリティに対する差別が加わっている。とはいえ、わたしが「悪の凡庸さ」を強く感じるのは、良い文章や優れた知識と理解や正確な情報を世に提供することが仕事であるはずの人々が、むしろ世の中を愚かで下品にすることに加担しているという問題だ。たとえばSEOに適応したウェブライティングとは文章を細切れに解体した後に検索上位のキーワードを散りばめながら醜く組み直して量産する作業であり、文章を書くことが好きで仕事を始めたライターほど、書けば書くほど嫌気をつのらせていくはずだ。学者やプロの著述家が編集者に依頼されてネットに公開される記事は、本文はSEOやウェブライティングの作法に毒されていないとしても、結局は扇情的なタイトルを付けられて内容と関係のない不毛な反応や諍いを生み出す。そして、書籍出版の世界の人々すらマーケティングのためにインターネットとSNSの流儀に適応していく。

第二章や第2節でも触れたこのような問題は、自分たちを取り巻く環境を有害で敵対的なものへと組み替えていく営みに、多くの人々が自ら加担している事実を表している。この事実からある程度までは目を逸らし続けることもできるが、ふと我に返って考えてしまうことはだれにでもあるはずだ。すでに世の中には検索エンジンやSNSが存在していてそれに基づく競争のルールが成立しており、自分の仕事をこなすためには既存のルールにしたがって競争に参加しなければならず、そして生きていくためには何らかの仕事はしなければならないから仕方がない、とわたしを含めたほとんどの人が自分に言い聞かせているだろう。とはいえ、その言い訳こそが「悪の凡庸さ」である。

上述したようなことはマーケティングやウェブ業界・出版業界ではとくに顕著だが、多かれ少なかれ、他の職種や業界の人々も経験しているはずだ。物事を測定して数値化する技術が発達したことで、いまや会社員の大半は業績評価やKPIに追われて、短期的な数値目標を達成するためにその場しのぎで仕事を拙速にこなしたりごまかしに手を染めたりしている。そのような仕事の仕方は、長期的には当の会社にも社会全体にも不利益を発生させることがある。[*14] そうでなくとも、上司の命令や仕事の都合からロクでもないと承知している行為に加担せざるを得ない問題は、古来から人間を悩ませてきた。

社会人として生きることを通じてさまざまな物事を諦めてしまうこと――自分に対しても他人に対しても「人間なんてこんなものさ」と思って期待をかけなくなり、自分の仕事によって世の中から品性や理性を失わせながら「そもそも社会なんてもともと程度の低いものだ」と自分を納得させること――は、公共に対する信頼を毀損するという点で問題だ。
たとえばマーケティングをしていたら人間がバカに見えてくるのは、操作と管理の対象として人間を眺めているからである。そして、職業上でどのように他人を扱っていようが、仕事が終わった後や休日には職業のメガネを外して別の角度から人間や社会を眺めることは、可能であるはずだ。しかし、あまりに多くの時間が仕事に割かれることによって、職業を通じて培われた人間や社会に対する印象が定着してしまい、その印象を自分の思考から引き離すことは困難になっていく。

4-3 想像力と「より良い合理性」の必要

批判理論では想像力が重視されることが多い。おそらく、現代社会で職業生活やメディアがわたしたちの認知を歪ませることをフランクフルト学派の人々はよく理解していたのであり、だからこそ「いまとは別の方法で人間と社会を眺めて考えなければならない」と警告を発していたのだろう。牽強付会かもしれないが、批判理論の背景にはこのような考えもあるとすれば、本書の議論とあながち矛盾するわけではない。

ロルフ・ヴィガースハウスはアドルノの思想について以下のように表現している。

＊14―この問題について取り上げた『測りすぎ　なぜパフォーマンス評価は失敗するのか?』（ジェリー・Z・ミュラー著、松本裕訳、みすず書房、２０１９年）は、発売当時、大いに話題となった。

彼が展開した理性批判と文明批判は、多くの点でハイデガーやフランスのポスト構造主義者の批判と重なってはいたが、しかし合理主義やこれまで支配的であった文明化のもつ合理性に対するその種の（かつてホルクハイマーがいったような）「やぶにらみの批判」に、まさに代わるものを提供しようとしている。それは、「理性のがわに立って〔不完全な〕合理性を相手に上告審」（…）を起こし、合理性の廃棄ではなく完全な合理性を求め、主観の抹殺ではなく主観の自発的な関与を、客観の崇拝あるいは支配ではなく客観への自由を、求めようとしているのだ。

（ヴィガースハウス、２４７頁）

単に合理性を否定するのではなく「完全な合理性」を求めている、つまり合理性をより良くすることを求めているアドルノの思想には、賛同できるところもありそうだ。

本書では、物事について客観的に把握することの大切さや合理的に考えることの大切さを繰り返し説いてきた。その一方で、自分自身の主観や感情を切り離して客観的・合理的になることの難しさも強調してきた。そして、自らを客観的であったり理性的であったりすると自認する人ほど、実際には合理的になることの難しさに向き合うことができず、不完全で独善的な「合理性」に基づいて他人の主観や感情をむげに切り捨てるという事態にも言及してきた。

高校生のときにオタクっぽいグループに所属していて、文理選択の際に文系に進むことを決めた男性であれば、それだけで理系を選んだ友人たちから勝ち誇られたりバカにされたりするという経験に覚えがあるかもしれない。また、わたしが大学で得た友人のなかには自らが「文転」をしたことについて失意を抱いたり自嘲したりしている男性たちも何人かいた。言うまでもなく、ある人が文系であるか理系であるかなんて極めてどうでもいい問題であり、大人になってまでそんなことを気にする人はいない。……いないはずなのだが、残念ながら、少なくともネット上では「文系は主観的で非合理的で愚かだ」「理系は客観的で合理的で賢い」といった二分法で物事や人々を判断する、高校生レベルの発想が大手を振るっている。こういった発想の背景には「とにかく統計やデータがあれば客観的で、そうでなければ主観的」などの短絡的な基準で物事を手っ取り早く判断したいという怠惰さもあれば、他人を論破するために論理やデータを振り回したいという攻撃的な願望もあるのだろう。

　そして、この種の浅はかな「理系至上主義」や「エビデンス万能主義」「論破主義」を批判する議論も、古代哲学研究者からポストモダニストまで、もう十分な数の人々が行ってきた。だから今さらわたしが付け加えられる主張もとくにないのだが、あえていうなら、主観や感情を批判するならまずはその矛先を自分に向けることからはじめるべきだ。

5 討議、承認、自尊

5-1 ハーバーマスの「討議倫理学」

アドルノの後を継いだユルゲン・ハーバーマスは、道具的合理性を批判しながらも「コミュニケーション的合理性」や「対話的合理性」というポジティブなかたちの合理性について論じた。また、彼は「市民的公共性」について論じたことでも有名だ。そして、本書の議論とくに関連深いのが、なんといっても「討議倫理学」である。『1冊でわかる　ハーバーマス』を引用しながら、その概要を紹介してみよう。

ハーバーマスは［ジョージ・ハーバート・］ミードからいくつかの教訓を引きだしてくる。その第一は、理想的な役割取得ということは、一人称の視点から三人称の視点への転換を必要とするわけではなく、それどころか、それを禁じるということである。普遍化をおこなう人は、生活世界における一行為者としてのみずからの一人称の視点と袂を分かち、自分自身の状況に関して超越的な三人称の視点をとることによって、中立性を得ようとしてはならない。道徳的な義務は一人称でわれわれに語りかけるのであり、一人称で言い表されるべきものだからである。道徳的討議の参加者は、理想的な仕方で推論する人でもなければ、たんに合理的に選択する人でもない。彼らは生活世界に現実に生きる人びとであり、生活世界の行為者であって、彼らはみずからが討議のルールに導かれるのにまかせるのであり、そしてそれによってみずからを、ハーバーマスが「理想化された〈われわれ〉視点」と呼ぶものの一部として思い描くようになるのである。

（…）

第二の重要な教訓は、ハーバーマスのいわゆる「無制限なコミュニケーション共同体」という統制的な理想にいたりつくには、個人の有限な視点のこうした理想的な拡張が必要なのだが、こうした拡張が効果を発揮できるためには、実際の討議がおこなわれなければならないということである（…）。たとえ討議が実在しない人びとを含むまでに拡張されなければならないとしても、規範が正当化されるべきであるならば、現実の討議がじっさいにおこなわれなければならないのである（…）。第三の教訓は、討議が本質的にダイアローグ的だということである。個人的な行動指針の普遍化可能性に関するカントのモノローグ的な検証とはちがって、道徳的討議は個人の推論だけによってはなされえない。四番目に、そして最後に、ハーバーマスは、討議は個人がみずからを社会へと統合していく過程であると結論する。適切に社会化された道徳的な行為者は、みずからの利害とアイデンティティを集団的な利害と調和させる。個々の行為者は、妥当な規範にもとづいて行為することによって〈万人共通の善いこと〉にみずからを役だてる。ハーバーマスは、妥当な規範は「普遍化可能な利害」を含んでいるというテーゼを、妥当な規範は「万人にとって善である」という主張と等価だと考えている。このようにして、一種の公平性が達成されるのだが、しかしそれは、一人称と二人称の視点を犠牲にすることによってではないのである。

これまでのことを総括すればこうなる。つまり、規範の候補がその参加者たちの視点からしても歓迎できるかどうかを知るために、道徳的討議はその規範の候補によって潜在的に影響をこうむるかもしれないほかのすべての人の立場に身を置くよう参加者たちに要求するということである。（フィンリースン、125～127頁）

また、ハーバーマスは近代の社会では政策や法律には「合理的な理由」が求められるとも論じている（フィンリースン、125～127頁）。政治学者の齋藤純一と谷澤正嗣の著書『公共哲学入門』によると、ハーバーマスの提示する討議においては参加者がきちんとした論拠を提出しながら議論して「数の力」や「金の力」ではなく「理由の力」に基づいた合意を目指すこと、さらには討議を通じて現在通じている規範が妥当性を持っているかどうかも問い直すことが理想とされる。

討議は、理想的には、「理由の力」以外のすべての諸力が無効化され、参加者が「よりよい理由のもつ強制なき強制」によってのみ動かされるような、反省形態のコミュニケーションである。もちろん現実には理由をめぐる検討にもさまざまな力は作用するし、討議を尽くすだけの時間も得られない。しかし、社会のさまざまなところで並行して行われる討議は、断続的ながらも、吟味・検討を経てより妥当とみなされるようになった理由を、政治文化に蓄積していくことができる。そのようにして蓄えられた「理由のプール」はそのつどの意見－意思形成の資源となるとともに、ありうる立法の幅に一定の制約を課して

いく。（齋藤・谷澤、69〜70頁）

そして、ハーバーマスの思想ではコミュニケーションや討議は合理的に行うものであることが前提にされており、発言には真理性（真理を表明しようとする）・正当性（正しい規範に従おうとする）・誠実性（自分の意図どおりのことを述べる）、くわえて理解可能性（他の人にも理解できるかたちで表現する）という四つの「妥当性」が要求される。つまり、堂々と規範を主張するのではなく、裏技であるレトリックや相手を混乱させる不誠実な戦略に頼ることは、ハーバーマス流の「討議」では認められない。[*15]

お互いに理由を提示しながら相手を説得して、最終的には相互の了解や納得を目指すこと。討議倫理の理念は、本書でたびたび強調してきた「公共的理性」の理念と軸を一にしている。実際、ハーバーマスはドイツ語圏の伝統に身を置きながらも、ジョン・ロールズを主とする英語圏の（分析哲学を背景にした）リベラリストたちとも議論や論争を行ってきた。ロールズとハーバーマスとの間では色々と意見の相違もあったようだが、彼らの思想には共通点も多い。

ロールズは、社会を「協働の冒険的企て（cooperative venture for mutual advantage）」と表現した。日本語だと「協働」や「冒険」という単語のせいで仰々しくなっているが、要するに

*15—『ハーバーマス　コミュニケーション的行為』（中岡成文著、講談社、2003年）によるとハーバーマスは「まじめでない言語はまじめに相手しない」というスタンスであったようだ。第四章で「からかい」批判をしたわたしとしては、勝手ながらハーバーマスには共感できる。

以下のような意味だ：人々が集まって協力しながら生きようと試みる（＝社会を成立させようとする）ことは、人それぞれに異なる利害や価値観が存在するがゆえに衝突が起こってしまい瓦解する可能性もあるが、もし成功するなら、より豊かになったりより多くの選択肢が得られたりして、人々全員にとっての利益に資する。

また、ハーバーマスは個々人が討議やコミュニケーションを行うことで、他の人々や集団と利害や意見を擦り合わせて調和させていき、自らを社会に統合させることができると論じた。社会とはみんなのための、みんなで協力して成り立たせる必要があるものだということ、そして個々人は自分の利害やアイデンティティやそれらに基づく意見をはっきりと主張することで社会に積極的に参加できるということ……こうした発想は理想論に過ぎると思う人が多いだろうし、わたしも以前は疑念を抱いていたが、いまでは嘘っぱちだとは思わずに賛同できる。

5-2 「一人称の視点」から始めることの大切さ

もちろん、闘技的政治論者がリベラリズムに対して行っていたような批判はハーバーマスにも当てはまる。ハーバーマスはあまりに「ブルジョワ的」であり、彼が理想とするところの「討議」は財産と教養（と時間）を十分に得られているごく一部の市民にしか実践できない、というのはごく定番の批判だ。また、現代ではネットを通じてどんな市民でもしようと思ったら気軽に〝討議〟に参加できるようになったが、その結果訪れた惨状を目の当たりにすれば「討議なんてさせないほうがマシだ」と思うのも無理はない。

とはいえ、ケリーが闘技的政治論者に対して反論していたように、こういった主張もやはり一面を切り取った極端なものに過ぎない。時間や資源の制限がありながらも、機会を積極的に設けたり仕組みを工夫したりすることで、理想に準ずるかたちで討議を実現することはできるだろう。[*16] たとえば、日本でもタウンミーティングが実施されることはあるし、町内会の看板を目にしてみると市民が自治体のルール作りに参加したり意見を表明できたりする機会は意外なほどに多い。近年各地で行われている「哲学対話」には、難しい問題や社会の規範が関わる問題について話し合うことで参加者に公共性を育む効能があるとも言われている。また、サークル活動を経験した人であれば、人間は自分の意見を表明しながら自分の所属している集団のルール作りに参加することを望んでいるという見方に納得できるところがあるかもしれない。そして、ネット上であっても、金銭的インセンティブなどに左右されずあくまで公共的な目的に基づきながら時間と労力をかけて意見を発信する場合には、社会に参加できているという実感は得られるし、実際に前向きで生産的な討議に貢献できる可能性もあるかもしれない。

＊16―「討議倫理学」に共通する考え方として「熟議デモクラシー」論があり、この論に対してもやはり「熟議なんて成立するわけがない」「お花畑の理想論だ」といった批判が投げかけられる。しかし、学生時代に政治哲学者のロバート・グッディンが熟議デモクラシーについて書いた本（*Innovating Democracy: Democratic Theory and Practice After the Deliberative Turn*, Oxford Univ Press ,2008）をたまたま手に取って読んでみると、「お花畑」なイメージとは裏腹に熟議デモクラシーを実践するための具体的でプラグマティックな方法が事細かに書かれていることが印象に残った。この本を読んで以降、議論や討議については実践できるか／できないかの二択で判断するのではなく、方法や仕組みを具体的に検討する必要がある、とわたしは考えるようになった。

ロールズの『正義論』が「自分がどういった立場にいて、どういった利害やどういった価値観やアイデンティティを持っているかもわからないという前提に立ちながら、仮に自分がどんな立場であっても必要であって認められるルールはなにかを考えてみよう」という「無知のヴェール」の思考実験に基づいていることはよく知られている。とはいえ、この思考実験やそれに基づくロールズの議論は誤解を招きやすいし、無知のヴェールの前提からは特定の普遍的なルール（「正義の二原理」）が導かれるというロールズの論法には数々の批判がなされている。また、そもそも自分の所属している社会の問題について実際に考えようとする際に、なぜ架空の状況から始めなければいけないのか、ということには納得しづらい。

一方で、まずは自分の立場や価値観（一人称の視点）に基づいて意見を主張することから始めて、その次に他の人々の意見はどうであるか（二人称の視点）を聞いて考えていき、視点を拡張させながら結論にたどり着く……というハーバーマスの流儀のほうが、社会の問題について考えて発信する際には適切だ。この場合にも視点を拡張させて考えていった結果として普遍的な原理にたどり着くことはできるし、初めから抽象的に過ぎる思考をするよりも自分が置かれている具体的な状況からスタートした末に得られた結論のほうが、心からの納得を得られやすい。また、討議において自分の利害や価値観を他の人に説明して理解してもらうためには、自分も他の人の利害や価値観を理解するように努める必要があるし、その相手が置かれている状況について想像してみる必要がある。そうやって相互的なコミュニケーションをしていくことで、社会はお互いに協力して成立させているのだという事実も理解しやすくなるし、自分たちの利益だけを不合理に主張するということも行いづらくなる。

5-3 ホネットの「承認」論

「二人（以上）の人々が、お互いの主観を共有し合うこと」は「間主観性」と呼ばれている。そして第3節でも触れたアクセル・ホネットはヒースと同じくハーバーマスの弟子であり、フランクフルト学派直系の哲学者として間主観性をキーワードとした議論を展開している。

ホネットの最初の著作であり、おそらく日本でもっともよく知られているのが『承認をめぐる闘争』だ。印象的でキャッチーなタイトルに反してこの本は前半でゲオルク・ヘーゲルの哲学を細かく論じており、後半の議論もヘーゲルやジョージ・ハーバート・ミードの哲学に基づいた、学術的で硬派な内容になっている。[*17]

『承認をめぐる闘争』というタイトルからは「承認欲求」という単語を連想する人も多いだろう。また、どうにも以下のようなイメージを抱いている人が多いようだ：社会が提供する、限りある「承認」という資源をめぐって、対立する集団AとBが争い合う。

*17―より具体的に言えば、ヘーゲル哲学のなかでも「イエレナ期」と呼ばれる一時期が取り上げられている。なお、ピーター・シンガーの『ヘーゲル入門　精神の冒険』（島崎隆訳、青木書店、1995年）では、自由や社会、自己意識や間主観性に関するヘーゲルの思想が非常にわかりやすく解説されており、わたしが『承認をめぐる闘争』を読んだ際にも参考としてかなり役立った。

だが、実際に読んでみると、ホネットの言う承認とは互いに行い合うものであることがわかる。個々人の間で行い合う承認は「愛」と呼ばれ（性愛だけでなく友情や親子愛も含む）、社会から個人に対しては「権利」というかたちでの法的承認が行われたり、個人の価値や能力が評価されて尊厳が認められるというかたちで承認がされたりする。そして、他の人々には認められている権利が自分たちには認められていなかったり、侮辱を受けて尊厳が貶められたりした場合には、社会運動を通じて承認を得るための闘争が行われる。だが、それはゼロサムゲームの奪い合いではない。最終的には、社会からの承認はすべての人が得られるものだ。

第六章でも触れたように現代ではマイノリティの権利が認められたりマイノリティに配慮がなされたりすることがマジョリティに「自分は社会から気にかけてもらえない」という感覚を引き起こしており、その感覚が社会の進歩に対する反動やマイノリティへの攻撃にまでつながっている。この事実をふまえると、そもそも承認は限りある資源ではないこと、マイノリティとマジョリティの承認は両立するということは改めて強調すべきだ。

そして、もし自分が社会から承認されていないと感じているのなら、社会の構成員である他の人々に向かって、自分の権利や尊厳を自分が主張する必要がある。そして承認は相互行為であること、自分が承認されたいのなら自分も他の人々を承認する必要があることを失念すべきではない。

5-4　政治参加と自尊心

ホネットは、社会に向かって要求や討議を行うことと承認されることとの関係を以下のように論じている。

諸個体が権利をもつというのは、社会的に受容された要求をおこなえることを意味するわけだから、他のすべての人間から尊重されていると自覚する正当な活動の機会を個々の主体にあたえる。相互行為のパートナーが行為者という権限を担い手にあたえることで諸個体の権利が獲得する公共的な性格こそ、自尊心の形成を可能にする力をあたえてくれるのである。（…）主体は、法的承認を経験するなかで、共同社会の他のすべての成員とおなじく、討議による意思形成に参加する能力をあたえる性質をもった人格とみなすことができるという結論を導きだすことができる。そして、このようにして、自分自身と肯定的に関係する可能性を、われわれは「自己尊重」と名づけるのである。

（ホネット、162〜163頁）

政治的な要求を行ったり政治参加をしたりすること自体が個々人の自尊心にとって重要である、という議論はホネットに限らず英語圏や日本の政治学者たちもよく主張することだ。以前には、わたしはこういった議論を疑わしく思っていた。そもそも、政治に関わらなくても自分に満足して幸福そうに暮らしている人はごまんといる（日本ではとくにそういった人が目立つ）。むしろ、政治的な行為というのは人にしんどい思いをさせたり醜くさせたりするものであるように思える。政治について研究する人たちが政治に関心を抱いたり政治が大切だと思ったりするのは当然のことだが、彼らが「人が自尊心を得るためには政治に関わることが必要だ」と主張するのは、政治学者たちの価値観を他の人々に押しつけているようにしか思えなかったのだ。

だが、こうして本書の終わりが見えてきたいまとなっては、政治学者たちが言いたいことが自分にもわかるような気がしてきた。結局のところ、世の中に向かって自分の意見や立場を主張して、その主張を多くの人々に聞いてもらい、そしてできれば自分の主張が受け止められて何らかのかたちで世の中の状況や制度が変わるということを望むという「公共性」は、わたしにも備わっているのだ。

公共性は必ずしも良いものだとは限らないかもしれない。たとえば、自分の意見を聞いてもらいたいからといって短時間で思い浮かんだ粗雑な主張を繰り返したり、他の人々に対する攻撃や侮辱ばかりを行っていたりすると、わたしは世の中に対して悪影響を及ぼすだけでなく自分自身のことも尊重できなくなるだろう。

しかし、きちんと時間をかけて考えた意見を丁寧に主張して、また同じく丁寧に主張された他人の意見もきちんと受け止めるという営みは社会をより良くするはずだし、そういった営みに参加している自分自身についても肯定的な気持ちを持つことができる。

いまのところ、他の人々が真面目に書いた本を読みながら自分でも真面目に本を書くことが、わたしにとっては「公共的理性」や「討議倫理」に参加するための最善の方法だ。もちろん、なにが最善であるかは人によって異なるだろう。社会運動を行っている人もいれば、職業生活を良質な公共性に結びつけられている人もいるだろうし、身近な友人たちとの関わりや家庭生活を通じて良質な公共性を拡げられている人もいるかもしれない。

いずれにせよ、社会をより良い場所にするという目的を忘れないようにしながら、他の人々の抱いている感情にも配慮しつつ理性に訴えかけることが、まわりまわって自分を尊重することにもつながる。そういった最善のかたちで公共性を実現することは可能なのだと、わたしは信じたいと思う。

6 リベラリズムと理性の未来

6‐1 二つの戦争が引き起こす問題

先の段落でこの終わらせることができたら、本書はきれいにまとまった。

しかし、2024年の年始から本書の単行本化作業を開始して以降、どうしても無視できない問題がある。2023年10月のハマスによる襲撃を嚆矢として始まった、イスラエルとパレスチナとの間の戦争だ。

実際には「戦争」と表現するにはあまりに一方的な状況だ。報道によると、2024年6月末の時点でイスラエル側の戦死者は約1100人であるのに対してパレスチナ側の死者は約3

万8000人。ガザ地区の死者の多くは非戦闘員の女性や子どもである。また、イスラエルは病院や国連の運営する学校までをも空爆の対象にしており、パレスチナの住民を意図的に飢餓に追い込んでいるとも批判されている。

そして、2022年2月にロシアがウクライナに軍事侵攻したことで始まった両国間の戦争も、いまだ続いている。

わたしの父方の祖父母はウクライナの都市・リヴィウ出身で、ホロコーストを逃れるためにアメリカに渡ったという経歴を持つ。だから、二つの戦争はわたしにとって他人事ではなく感じられる。

そして、これらの戦争は本書にとってもまずい問題を突きつけている。現状だけでなくこれまでの長年にわたってイスラエルの無法な所業を西洋諸国が放置してきたという事実、またロシアの横暴を西洋が止められない事実は、西洋発祥とされる理念――リベラリズムや民主主義、あるいは「合理性」を重視する哲学――は無力で役立たずであり、偽善的で欺瞞に満ちているという印象を与えてしまうのだ。

原則論を言えば、ある理念や思想が発祥した文明や国の現状と、その理念や思想そのものの正しさや価値は無関係である。また、思想や哲学とは究極的には個々人の考えや信念から生まれるのであり、安易に国や文化と直結させるべきではない。当然のことながら「素晴らしい理念が生まれた国なら状況も素晴らしくあるはずだ」といった発想もまったく的外れだ。

たとえばジョン・ロールズが1971年に『正義論』を書いたことが、それだけでロールズの出身国であるアメリカの正義を増させたわけでもなければ、他よりも正義が実現されている国にしたわけでもない。逆に、アメリカ国内の状況やアメリカで実現される政策などが『正義論』の理想をまるで反映していないからといって、ロールズの思想に価値がなかったり無力であったりするわけでもない。単純に言って、アメリカの国民も政治家もその大半は『正義論』なんて読んだことがないだろうし、「正義の二原理」なんて耳にしたことがない人も、聞いたことはあるが同意しない人も多くいるはずだ。哲学者がどれだけ優れた思想を構築して発表したところで、その思想がすべての人に共有されるなんてことはないし、すべての人を納得させたり同意させたりするはずもない。……だが、同時に、ロールズの『正義論』とその入門書・解説書（こっちのほうが重要かもしれない）はアメリカと世界中の人々に読まれ、人々の考えや実践を変えてきたし、世界各地の国や自治体の政策にまで多かれ少なかれ影響を及ぼしている。

　また、「いくら哲学者たちが口では立派なことを言ってきても西洋諸国は世界中に災厄をもたらしてきた」とか「正義や倫理などの理念は西洋による価値観を他の文明に押しつけて支配を維持するための口実として用いられている」とかいったタイプの批判については、大体の場合には、わたしはただの言い訳と見なして取り合わないことにしている。たしかに、一般論としては過去の思想家たちに含まれる植民地主義や人種差別・女性差別などの問題については取り上げられて批判されるべきだ（そして実際に最近の思想家研究ではそういった批判が大流行りである）。また、現実の政治や国際関係で理念がどのように利用されているかをしっかりと見据える必要があることも認めよう。しかし、前述したような批判をする人々の大半は、実際には自分が

「立派なこと」について考えて反省することを嫌がり、「正義」や「倫理」にしたがって自分の行動を変えたり自分の利益を手放したりすることを避けたがっているだけの、怠惰で利己的な態度を正当化しようとしているに過ぎない。

とくに動物倫理に関する議論を読んでいると、当の哲学者たちですら怠惰や利己主義を正当化するために理屈をこねているとしか思えない場面に多々出くわす。また、無道徳主義（アモラリズム）や徹底した相対主義・利己主義などは倫理学上あり得る立派な思想的立場だが、哲学上の立場からズレたメタ的な観点から「正義」や「倫理」を相対化するタイプの言説の多くは中途半端であるために言い訳と区別がつかず、触れていても不毛さを感じる。このあたりが、不まじめな相対主義のイメージが強いフランス流のポストモダニズム、そして日本の現代思想にわたしが関心を惹かれない理由でもある。[*18]

6-2 イスラエル問題に対する哲学者たちの反応

もっとも、具体的な事態に対して、個々の具体的な人々が問題のある言及をしている場合、あるいは無視しているように見える場合には、話が異なってくる。

2023年11月、本章の後半で肯定的に紹介したハーバーマスが「連帯の原則」と題された公開書簡を発表したことは、多くの人々に失望を招いた。[*19] 書簡はハマスに対する反撃を肯定し、イスラエルにジェノサイドの意図があるという批判を否定する内容だったからだ。

ドイツという国に特有の歴史的経緯は考慮する必要があるだろう。また、書簡ではハマスが

「ユダヤ人の生活全般を破壊すること」を公然と目的としていることが、イスラエルの反撃が「原則的に正当化される」理由とされている。今回の戦争が始まってからかなり初期のタイミングで発表されたことを考えると、ハーバーマスにはその後イスラエルが攻撃の対象を非戦闘員にまで拡大し続けることを予測できていなかったのかもしれない。しかし、そうだとしても、中東における実際の状況やイスラエルとパレスチナの間の歴史的な問題や現在の戦力差などを考慮しない、ナイーブで見当外れな主張だったという批判は免れない。また、書簡は現地での戦争そのものよりもドイツにおいて反ユダヤ主義が復活することのほうを主に問題視しており、その問題自体はたしかに重要で深刻なものだとしても、パレスチナに住む人々のことがほとんど考慮されていないように読めることは否めない。

西洋の大物哲学者のなかでも今回の戦争について積極的に発言して株を上げたのが、ポストモダニストのジュディス・バトラーだ。そして、その発言が原因で、彼女は２０１２年に受賞したテオドール・アドルノ賞が取り上げられそうになったほか、２０２３年12月に登壇するようだったパリ市の講演会がキャンセルされ、その後にもいくつかの講演会や講義が中止されて

＊18—とはいえ、フランスや日本の思想に対するこのイメージは我ながら古臭いものだと自覚している。また、以前は苦手だったドイツ流の「批判理論」の魅力が最近になってわかってきたのと同じように、フランスのポストモダン思想の良さもそのうちわかるような気もする。日本思想については、小熊英二著『〈民主〉と〈愛国〉 戦後日本のナショナリズムと公共性』（新曜社、２００２年）が「まじめ」に思想がなされていた時代の軌跡を詰め込んだ内容になっているのでオススメだ。

＊19—https://www.normativeorders.net/2023/grundsatze-der-solidaritat/

いるようだ。

批判理論系の哲学者であるナンシー・フレイザーも、2023年11月にパレスチナを支持する内容の公開書簡「パレスチナのための哲学」に署名をしたことが原因で、2024年4月にケルン大学への招聘を取り消された。[*20] フレイザーの件については学術団体「Critical Theory in Berlin（ベルリン批判理論）」が中心となって大学側に対する抗議のための公開書簡を発表し、書簡には約140名の学者が署名している。[*21] そのなかにはホネットのほか、哲学者のセイラ・ベンハビブもいる。

そのベンハビブも、「パレスチナのための哲学」書簡の内容に対しては反対している。この書簡の公開と同月に公開された「『パレスチナのための哲学』に署名した友人たちへの書簡」は、イスラエルの戦争犯罪を批判したりパレスチナ国家の樹立を支持したりはしているものの、「連帯の原則」書簡と同じく、ハマスがイスラエル国家の破壊やユダヤ人の絶滅を掲げる組織であることを批判する内容になっている。

アメリカ各地の大学では反イスラエルのデモが盛んに行われており、その運動を大学当局や警察が弾圧する様子は日本のインターネットにも流れてくる。とくに、2024年4月に抗議運動に参加していたエモリー大学哲学科長のノエル・マカフィーが逮捕された場面は、表現や学問の自由が侵害されている事態が象徴的に示されているため、多くの人々の印象に残っただろう。戦争の初期である2023年10月には「イスラエルは今回の事態に全面的な責任を負っている」という旨の主張や署名をした学生が脅迫を受けたり内定を取り消されたりしたことも報道された。

とはいえ、フレイザーの招聘キャンセルとフレイザーが署名した書簡の内容の両方に反対したベンハビブのように、少なくとも個々の学者たちのレベルでは、今回の事態についても「言論の内容」と「言論の自由を守ること」を切り分けて対処できている人々も多いようだ。

全体として、イスラエルを支持する論者はハマスが掲げている目標に注目して「ユダヤ人の絶滅やイスラエル国家の破壊を唱える組織を許容することはできない」と主張している一方で、イスラエルを批判する論者は現にイスラエルが民間人まで殺害している事実やこれまでの歴史的な経緯を問題視している。また、実際にユダヤ系の住民が多数居住しているアメリカやヨーロッパの社会では、抗議運動が国内のユダヤ人に対する差別や攻撃につながることへの懸念を「抗議を抑圧するための口実に過ぎない」とは必ずしも言い切れないだろう。そして、それぞれの論者の発言がどのタイミングで行われたのか——ハマスによる誘拐が行われた直後にあたる2023年10月や11月であるか、それ以降であるか——も、発言を評価するうえで無視できないことだと思える。

2024年5月、ピーター・シンガーはイスラエルのベンヤミン・ネタニヤフ首相がアメリカの大学で行われている抗議運動をナチスになぞらえたことを批判する論考を発表した。[*22] シン

*20—https://sites.google.com/view/philosophyforpalestine/home
*21—https://criticaltheoryinberlin.de/en/interventions/stellungnahme-zur-ausladung-von-nancy-fraser-von-der-albertus-magnus-professur-an-der-universitaet-zu-koeln/

ガーは、抗議運動の一部が反ユダヤ主義者によって利用されていることは認めつつも、全体として今日のイスラエルに対する批判は反ユダヤ主義ではないと論じている。

第二章でも取り上げたように「表現の自由」の強固な支持者であるシンガーが、現在でも変わらず一貫した主張を続けていることを目にして、わたしは安堵の念を抱くことができた。無論、欧米の大学や政府・自治体が表現と学問の自由を侵害していることは由々しき事態なのだが、それ自体は（残念ながら）昨今に始まった問題でもない。わたしにとってまず重要なのは、リベラリズムや理性について語ってきた哲学者たちが、今日、どんなことを語ってどんな実践をしているかだ。そしてこの文章を書くにあたって昨年10月から現在（２０２４年７月）までの彼らや彼女らの発言を調べて、読み進めていったところ、状況は想像していたよりも悪くなかったのだ。

6-3 リベラリズムと理性を手放さないために

……とはいえ、哲学者たちの発言にまずこだわるのは、わたしの関心や問題意識に拠るものである。大多数の人々が関心を抱いているのは、今回の事態を受けて個々の哲学者がどんな主張をしているのかでもなければ、欧米の大学で表現や学問の自由が守られているかということですらない。イスラエル・パレスチナ戦争やロシア・ウクライナ戦争によって今後の国際社会や世界はどうなっていくか、ということがなによりも重要な問題であるはずだ。

前作『21世紀の道徳』の終章では、歴史を通じて経済や法律・政治に関する制度が発達しただけでなく、人々が理性的になり行動や価値観が進歩したことによっても世界は平和で豊かになっていき、二つの世界大戦を経た20世紀やその後の21世紀にも世界の状況はおおむね良くなり続けていると論じる、心理学者スティーブン・ピンカーの『暴力の人類史』を紹介した。わたしもピンカーの主張に賛同しているし、該当の章で行った議論も基本的には『暴力の人類史』の内容に基づいている。

　しかし、ロシアがウクライナに攻め込んだ２０２２年の事態、またそれ以前のコロナ禍などを受けて「ほんとうに世界は平和になっているのか？」「人類が進歩を続けているなんてウソではないか？」という疑念を抱いた人は多いはずだ。２０２４年現在では、疑念はますます強くなっているだろう。

　もっとも、戦争に関する報道を見聞することで「世界は以前よりも暴力が増えて悲惨になっている」と感じたとしても、それは印象に過ぎないかもしれない。とくにウクライナについては「被害者」の側が「西洋」の仲間とされていること、もっと露骨にいえば攻め込まれて苦戦している側が白人であることが、同様の状況に立たされている他の国々に比べて注目を浴び報道が増えている理由だということは、戦争の初期から指摘されてきた。

　逆に言えば、ロシアとウクライナとの間で戦争が始まる以前からも、そして現在も、中東やアフリカを主として戦争や内戦・紛争が続いている国は他にも多数存在するのだ。さらには、

＊22—https://www.project-syndicate.org/commentary/are-us-anti-israel-protesters-anti-semitic-by-peter-singer-2024-05

ロシアや中国などの権威主義諸国の国内で行われる弾圧によって死者が多数生じていることも忘れてはならない。そして、飢餓や疫病に苦しむ人々は、現在の世界にも数多く存在している。だが、わたしたちの目に入りづらく印象的ではないそれらの問題を全てひっくるめて統計を取り計上してみれば、たとえば1990年代よりも2000年代のほうが、2000年代よりも2010年代のほうが、死傷者数も戦争自体の数や頻度も、そして弾圧や飢餓などの問題も減少しているという点で世界は確実に平和になっている、というのがピンカーの主張の骨子だ。

報道が多くなされる事態や最近に起こった物事ばかりを気にして、報道が少なく自分の目に入ってこない事態や過去に起こった物事の存在を失念してしまう発想は「利用可能性バイアス」や「特定可能な犠牲者効果」などの心理的傾向の影響を受けた、不合理なものである。それよりも、大規模な調査に基づく総合的なデータや統計を参照することで現在の世界の進路がどうなっているかについての正確な知識を得て、モチベーションを失わせる悲観主義を根絶し、成功しているので維持すべき対応や政策と失敗しているので棄却・是正すべき対応や政策を冷静に分別しながら、理性の力に基づいてより良い世界を目指していく……こうしたピンカーの信念は『21世紀の啓蒙　理性、科学、ヒューマニズム、進歩』（橘明美ら訳、草思社、2019年）や『人はどこまで合理的か』（上下、橘明美訳、草思社、2022年）などの著作でも一貫している。ピンカーの主張の廉価版ともいうべきハンス・ロスリングの『FACTFULNESS　10の思い込みを乗り越え、データを基に世界を正しく見る習慣』（上杉周作、関美和訳、日経BP、2019年）は日本でもベストセラーになったため、この種の考え方を耳にしたことのある人も多いだろう。

言うまでもなくピンカーの主張する「合理性」からは、資本主義や民主主義、リベラリズムにグローバリズムなどがおおむね肯定されることになる。ただし、彼が統計やデータを用いるのはあくまでより良い世界を目指すためであり、西洋諸国や白人男性の利益を身勝手に強弁するためではないことは強調しておきたい（『21世紀の啓蒙』ではアドルノがこき下ろされているし、アドルノも生きていたらピンカーのことを嫌っていたとは思うが）。

2022年にピンカーにインタビューした際に「世界の状態が改善しているといっても、『傷つきやすいアメリカの大学生たち』に書かれているようにキャンセル・カルチャーの問題は近年のほうが盛んになっていることについてはどう答えるのか」と質問したら「自分は人類の状況が改善していることをデータによって示してはいるが、全ての時代で全ての人にとって全ての物事が良くなっていると主張しているわけではない」と怒られてしまった。たとえば『21世紀の啓蒙』のなかでは貧困の減少や余暇の増加など数多くの物事が改善している事実が指摘されており、ひとつやふたつの物事が悪化していることを示したところで「全体的・総合的には世界は良くなっている」という主張に対する反論にはならないのだ。

当然のことながら、ロシア・ウクライナ戦争やイスラエル・パレスチナ戦争が起こっているという事実も、それだけでピンカーの主張を論駁できるわけではない。さらに言えば、ピンカーは物事が毎年よくなっていると主張しているわけでもないことにも注意すべきだ。もしかしたら2020年代の前半には2010年代の後半よりも世界の状況は悪化したかもしれないが、2030年代に振り返ってみれば2020年代にはやはり世界の状況はそれ以前よりも改善されているのかもしれない。

だが、非合理で事実に基づかないものであるとしても、印象は人々の感情や思考に影響を与え、ときには価値観も変えて、政治や政策にまで影響を及ぼすことは否定できない。リベラリズムや合理性には世界を改善できるポテンシャルがあるとしても、実際にそれを実践して改善をもたらすためには、データや説得を通じて人々のバイアスを是正することだけでなく、リベラリズムや合理性の価値と実力を人々に信じてもらう必要もある。これこそが、ピンカーが同じような主張を長年にわたって力説し続ける理由だ。

どちらかといえば西洋に属する側であるウクライナがロシアに対して苦戦を続けているうえに、西洋はどうにもウクライナに冷淡で十分な支援もしていない。それどころか、明らかに国際法のルールを逸脱して国際連合を露骨に軽視しているイスラエルが、欧米諸国から積極的に支援されてしまっている。こうした事態がリベラリズムや民主主義が無力で偽善的だという印象を与えてしまうことは明らかだし、失望した人々が遠ざかることで、世界を良くするための力が実際に失われてしまうリスクは重大だ。無論、リベラリズムや民主主義は西洋や欧米だけのものではないし、ましてや理性はすべての人に備わっている。この節の前半で述べたように、リベラリズムや合理的な哲学の発祥の地が西洋であっても、個々の思想の意義や価値と発祥地の現状は、本質的には何の関係もない。だが、残念ながら、欧米の人々だけでなく日本を含めた外部の人々も、これらを結び付けて考えてしまいがちなのだ。

こういった状況に対して、ピンカーと同じくリベラリズムと理性（と留保付きで民主主義）を大切だと思っているわたしは、どうすればいいのだろうか。

ひとつのプラグマティックな選択肢は、リベラリズムや民主主義の印象が回復するまで静観しておくことだ。たとえば、振り返ってみれば、コロナ禍の初期には中国は感染の封じ込めに成功しているように見えており、感染が拡大していた欧米諸国と比較されて、日本国内でも一部の反リベラルや反民主主義者が「リベラル・デモクラシーの失敗が露呈した」と盛んに喧伝していた。だが、2022年には中国でも感染者数が拡大して、2023年にはゼロコロナ政策は失敗のまま終了し、経済への悪影響は欧米諸国よりも長引くことになった。ほんの数年前までは「中国を手本に日本も緊急時には民主主義を破棄すべきだ」という論者があれだけ目立っていたのに、いまでは彼らはすっかり大人しくなっている。……そして、コロナ禍に限らず、歴史上のさまざまな現象や問題に関して同じようなサイクルが生じてきたのだから、いま起こっている戦争の問題についても状況が好転するまで待っておくのがよいかもしれない。

だが、状況が必ず良くなるという保証はないのだし、そもそも黙っておくことには耐えられない。

結局のところ、ここでも、わたしにできるのは良いかたちの公共性を最善の方法で発揮することだ。世界や国内で起こっている問題について、できるだけ事実を調べたりしっかりと考えたりしたうえで、自分がすべきだと思った発言をすること。また、リベラリズムや理性の価値、そして複雑な問題に取り組むための支えとなる哲学やその他の学問の価値を、粘り強く説き続けること。

世の中をより良くしたいという思いを持ちながら、他の人々の理性に訴え続ける営みは、いつか必ず実を結ぶはずだ。本書を通じて、読者の方々ともこの信念を共有することができたら幸いである。

引用・参考文献

・アイリス・マリオン・ヤング著、飯田文雄ら訳『正義と差異の政治』法政大学出版局、2020年
・アクセル・ホネット著、山本啓、直江清隆訳『承認をめぐる闘争　社会的コンフリクトの道徳的文法』法政大学出版局、2014年
・ジョセフ・ヒース著、栗原百代訳『啓蒙思想2・0　政治・経済・生活を正気に戻すために』NTT出版、2014年
・ロルフ・ヴィガースハウス著、原千史、鹿島徹訳『アドルノ入門』平凡社、1998年
・ジェームズ・ゴードン・フィンリースン著、村岡晋一訳『1冊でわかる　ハーバーマス』岩波書店、2007年
・齋藤純一、谷澤正嗣著『公共哲学入門　自由と複数性のある社会のために』NHKブックス、2023年

あとがき

本書の一章から七章は、２０２２年２月から８月までの各月に晶文社のサイト「ＳＣＲＡＰ ＢＯＯＫ」に掲載された記事を原型にしている。つまり、終章を除けば、この本に収められている文章は２０２２年の前半に書かれたものに基づいている。ただし、発表時点から内容が長大で前中後編に分けて掲載されていた七章を除けば、どの章にも大幅に文章を追加しており、ウェブ掲載時の二倍前後やそれ以上の文字数になっている。また、議論の構成や結論、趣旨やメッセージが掲載時からだいぶ変わってしまった章もある。

当初の予定では、本書は「公共哲学」ではなく「政治哲学」を副題にするつもりだった。また、ウェブ掲載された記事に加えて「自己責任論」や「能力主義と平等」、「民主主義の是非」などをテーマにした章を書き下ろしで収録することを想定していた。２０２２年の後半は、これらのテーマに取りかかるために政治哲学の本を読みつつ、本文中にも登場した『「社会正義」はいつも正しい』や『傷つきやすいアメリカの大学生たち』を含むいくつかの本の書評を書いたりしながら、本書を完成させるための準備を進めていた。

雲行きが怪しくなってきたのは年末に母親から電話があり、癌になったこと、それもすでにかなり進行していることを打ち明けられてからである。２０２３年は年始から不安で落ち着かなかった。治療に関する医者との打ち合わせや看護などは父と兄が肩代わりしてくれ、わたしは二度ほど東京から京都まで見舞いに戻ったくらいだから時間や手間の負担はほとんど生じていないが、それでも精神的にはかなりの影響が出た。結局、母は同年の8月に亡くなった。

2023年は他にもいろいろなことが起こった。付き合っていた女性と結婚を前提にした同棲を始めるため、春先に四ツ谷から赤羽に引っ越したが、引っ越しの手続きと作家としては初の確定申告が重なってしまったために文章を書く余裕がまるでなくなった。また、結婚に合わせて以前に勤めていた会社に正社員として復帰したから、執筆や読書に割ける時間は大幅に減った。7月に婚姻届を提出したが、初の同棲や新婚生活には色々とトラブルも起こった。奄美大島から保護された雄猫を引き取って「チャオズ」と名前をつけて飼い始めたが、当初は夜鳴きが激しく睡眠不足にさせられたし、その後も素行が悪いせいで何度か夫婦の間に悶着を起こしてくれた（幸いにも現在は猫の素行はだいぶ改善されており、人懐っこく膝の上に乗ったり夜は一緒に寝たりしてくれることでわたしの精神的な支えになってくれている）。夏風邪にもかかったし、秋には新型コロナウイルスに罹患して頭がまともに働かなくなった。三章でも触れたように、結婚や母の死に伴う諸々の手続きにはふつうの日本人以上の手間と時間をかけさせられた。また、本文中でも言及したイスラエル - パレスチナ戦争が起こり、SNSに流れてきたハマスによる誘拐事件やイスラエルの爆撃などの映像を目にしてしまったことからも、心理的なダメージを負った。これらの事情から、この年は執筆作業を一切進められなかった。

結果として、本書は、書いたり出版したりする側としてはおそろしくコストパフォーマンスの悪い書籍になってしまった（担当編集者の方にはこの場を借りてお詫びする）。実際には半分以上が書き下ろしなのだが「ネットに掲載された記事の焼き直しなら読まなくていいや」と思う人は出てきてしまうはずで、少なからず売れ行きに影響するかもしれない。また、デビュー当初、とある出版社の編集者から「物書きとしてやっていくためには一年で一冊のペースで本を出していかなければ仕事の依頼が来なくなるし、書店でのスペースも確保されづらくなる」と釘を刺されたことがある。彼の言う通り、前著を出版した直後の２０２２年には雑誌原稿の依頼が定期的に来ていたのが、２０２３年になった時点でピタリと止まった。作家としてのキャリアを考えるなら、さっさと本書を完成させて次の本に取りかかっていたほうがよかったのだろう。

とはいえ、物事について時間をかけて考える必要性、自分の認知と感情を冷静に振り返ることと他人の立場に配慮することの大切さは本書のなかでも説いてきた。わたしとしては、本書に時間をかけられたのは、結果的には良いことだったと考えている。

そもそも、前著『21世紀の道徳　学問、功利主義、ジェンダー、幸福を考える』を執筆している頃から、二冊目は「ポリティカル・コレクトネス」をテーマにすることは決めていた。『21世紀の道徳』と本書は、どちらもわたしが運営してきたブログ「道徳的動物日記」で取り上げてきたトピックを書籍向けに内容を深めて論じる本であり、いわば「A面」と「B面」の関係にあたる。『21世紀の道徳』では「倫理学」と「進化心理学」に関わるトピックを中心に扱った。これらもわたしのブログの中心的な題材ではあったが、世間的にはむしろ、わたしは「反ポリティカル・コレクトネス」の論客として認知されていたと思う。

（２０１７年に太田出版の『atプラス』という雑誌に論考を載せたことを除けば）２０２０年に、二章でも言及したスティーブン・ピンカーを学会の要職から除名させることを要求する公開書簡が発表される事件が起こり、この事件の経緯と問題点、またその背景として欧米で起こっている

「キャンセル・カルチャー」の風潮を解説する記事をウェブメディア「講談社現代ビジネス」に発表したのが、わたしの商業デビューである。その後も雑誌などで「反ポリティカル・コレクトネス」の記事をいくつか書いたし、出版社の編集者たちに英語圏で「反ポリティカル・コレクトネス」なテーマを扱った複数の書籍の邦訳を出すように推薦もした。それらの本は読んでいて面白かったり興味深かったりするというのもあるが、単に現在の風潮を分析して批判するだけでなく代わりとなる理念や打開策も提示されている建設的で前向きな内容であることが、推薦の理由だ。

わたし自身のブログで書いてきた記事のなかにも「ポリティカル・コレクトネス」を批判しているものは多々あったが、だんだんと不毛に感じられてきたので、そういった記事の数は減らしていった。欧米のアカデミアで顕著な「風潮」が日本に輸入されるのに先立ってその風潮に対する批判を紹介することで、日本の人々に「免疫」をつけてもらうことが、それらの記事を書きはじめた当初の目的だった。しかし、結局、欧米の「風潮」は数年遅れで日本のアカデミアやネットの一部にもしっかりと根付いてしまったのだから、あまり意味は無かったかもしれない。また、振り返ってみると、単なる批判に終始していて理念や打開策をきちんと提示できていなかったことが、功を奏しなかった理由でもあったと思う。文章を通じて言論を発するなら、読者と社会に対して自分の言論がどのような道筋を示しているのか、どのような「出口」を作ることができるのかも意識しなければならないと、わたしは遅まきながらに理解していった。

そのため、本書の執筆当初から、ポリティカル・コレクトネスに関連した諸々の風潮や理論に対する散発的な批判に終始させるのではなく、各章を通じる「軸」を持たせて前向きで建設的な議論を行うことを、目標にしていった。そして書き進めながら徐々に発見していったのがリベラリズムの理念だ。だが、同時に自分自身がリベラリズムをきちんと理解していないこともわかってきたので、さまざまなリベラリストの書籍を読んで勉強することが必要になった。そして、2022年後半や2023年に出版された書籍も参考にしながら時間をかけて勉強をしていったおかげで、「公共的理性」の概念やストア哲学、フェミニズム思想や批判理論に関する理解も深めていき、本書に反映させることができた。

一方で、2022年頃から、ネット上では女性やマイノリティに対する攻撃や嫌がらせが以前にも増して激しくなっていった。このあとがきを書いている2024年7月の時点で、すでに複数の「論客」が名誉毀損訴訟に敗訴しており多額の損害賠償を命じられているが、彼らは差別的な言論や活動を通じてそれ以上の金銭を収益化することに成功してしまっている。「こんな状況下で何も考えずに〝反ポリティカル・コレクトネス〟をテーマにした本を出版しても、有害な潮流を助長することにしかならないぞ」という危機感は強まっていった。

2024年の年初から執筆作業を再開したときにまず意識したのは、まえがきにも書いたように、異なる立場の人々と本書の議論を共有すること、つまり女性やマイノリティや「リベラル」と他称される人々にも読んでもらうことを前提にしながら書き直していくことだった。ウェブ掲載時の文章を約二年ぶりに読み返してみると、「フェミ」や「リベラル」などに対する批判としては間違っていなかったり的を射たりしているとしても、攻撃的であったり嫌味が過ぎたり配慮が足りていなかったりして「自分がこんな物言いをされたらイヤな気持ちになったり腹が立ったりして、議論に向き合う気が失せてしまうだろうな」と思わされる箇所が多々あったからだ。

また、自分自身が経験したエピソードを具体的に記すことで、特権理論やマイクロアグレッション理論や弱者男性論などについて自分はどのように感じるか、現状の日本の制度や世界情勢やネット環境に対して自分はどのような思いを抱いているか、この社会のなかで自分はどう生きたいか、はっきりと表現することを意識した。社会学とか心理学とかを使いながらポリティカル・コレクトネスやキャンセル・カルチャーの問題を「客観的」に分析する本なんてもうごまんと出ているわけだし、いまさら同じような本を一冊付け加えるだけじゃつまらない。それよりも、哲学とともにわたしの人生経験も伝えることで、この社会のなかで自分が何を感じ、何を考えて、どう生きるか、読者の方々に振り返ってもらう……それが、「出口」を作るため自分にできる最良の方法だと判断したのだ。

もっとも、実は、キャンセル・カルチャーとか男性特権とかインターセクショナリティとかトーン・ポリシングとかマイクロアグレッションとか弱者男性論とか、そういった言葉を見たことも聞いたこともない、という人々はわたしの身近にも多数いる。本書ではポリティカル・コレクトネスに関する理論や風潮がさも重大で深刻なものであるかのように扱ってきたが、終章で論じたように、ネットを通じて眺められる「社会」と実際に人々が生きて暮らす社会はまったくイコールではない。テーマ的に仕方がないこととはいえ、本書で扱ったトピックは、世間の人々の目からすれば狭くてマニアックなものになってしまった。

これからは、もっと広い世界の人々にとって重要な、普遍的な意義を持つ題材に挑戦していきたいと思う。とりあえず、次作では「自由」をメインテーマとしながら、本書では棚上げにした「責任」や「能力主義」、「民主主義」や「法の支配」などのトピックに切り込む政治哲学の議論を行うことを予定している。期待して待っていてほしい。

ベンジャミン・クリッツァー

著者について

ベンジャミン・クリッツァー
Benjamin Kritzer

1989年京都府生まれ。立命館大学文学部英米文学専攻卒業（学士）、同志社大学グローバル・スタディーズ研究科卒業（修士）。哲学者、書評家。哲学を中心に、進化論・心理学・社会学などの知見を取り入れながら、社会や政治と人生の問題について考えて執筆。著書に『21世紀の道徳 学問、功利主義、ジェンダー、幸福を考える（犀の教室）』（晶文社、2021年）、論考に「感情と理性：けっきょくどちらが大切なのか？」（『群像』2022年7月号、講談社）など。

犀の教室
Liberal Arts Lab

モヤモヤする正義《せいぎ》
感情と理性の公共哲学

2024年9月25日　初版

著者　ベンジャミン・クリッツァー
発行者　株式会社晶文社
東京都千代田区神田神保町1-11　〒101-0051
電話　03-3518-4940（代表）・4942（編集）
URL https://www.shobunsha.co.jp
印刷・製本　ベクトル印刷株式会社

ISBN978-4-7949-7443-3 Printed in Japan